한국교육인류학회 방법론 총서 03

질적 연구
분야별 접근

조용환 · 옥일남 · 박윤경 · 신현정 · 강경숙
홍덕기 · 오덕열 · 박선운 · 강성종 공저

Qualitative Research Methodology 03

Fields and Trends

학지사

한국교육인류학회 질적 연구방법론 총서 발간에 부쳐

한국교육인류학회가 25년이 넘는 시간의 두께를 통해 축적한 한국 질적 연구자들의 실천적 지식을 방법론 저서로 출판하는 일을 감히 시작하고자 합니다. 한국교육인류학회는 그동안 한국 교육학계뿐만 아니라 한국 사회과학 전반에 질적 연구를 소개하고 확산하여 우리 사회의 고유한 교육현상과 문화현상을 이해하고, 이를 통해 나와 너, 우리의 세상이 좀 더 나은 방향으로 나아가도록 하는 데 중요한 기여와 노력을 해 왔다고 자부합니다. 이제 성년이 훌쩍 넘은 한국교육인류학회가 이 노력의 과정을 체계적으로 정리하되 초심으로 돌아가 과거에 대한 성찰뿐만 아니라 미래의 비전을 밝히는 오늘을 만들어 나가고자 합니다.

한국교육인류학회는 질적 연구방법론이 한국 학계에서 온전히 수용되지 않았던 1990년대 후반부터 지금까지 한국의 다양한 질적 연구자가 처음으로 자신의 연구자됨을 온전하게 드러내고 그 문제의식을 함께 공유해 온 둥지와 같은 곳이었습니다. 그러나 학회의 외연이 커지고 사회과학계에서 질적 연구방법론이 '정상화(正常化)'되면서 그와 관련된 다양한 학회가 생겨나기 시작한 가운데, 한국교육인류학회의 위상과 정체성뿐만 아니라 질적 연구의 정신과 원리를 다시 한번 확인하면서 시대에 맞게 새롭게 창조해 나가야 할 필요성에 맞닥뜨리게 되었습니다. 한국교육인류학회는 북미와 유럽의 질적 연구방법과 그 철학적 근간들을 열심히 탐구하면서도 한국의 고유한 현상과 문제의식 그리고 오랜 철학적 토대를 존중하며 질적 연구방법론의 '토착화'에 힘썼습니다. 그 결과로 '문질빈빈(文質彬彬)'이라는 한국교육인류학회만의 고유한 원리와 정신을 드러내어 밝히게 되었습니다. 이제 번역본에 기대지 않고 질적 연구방법론에 대해 우리만의 고유한 목소리를 글로 담아 책으로 펴내게 되었습니다.

건국대학교 염지숙 교수를 비롯한 한국교육인류학회의 12대 임원진들이 중심이 되어 2019년 여름부터 시작된 질적 연구방법론 저서 발간의 과정은 학회의 오랜 도반(道伴)들이 함께 모여 자신의 생각과 마음을 나누고, 그 나누고 이어진 관계에 힘입어 학회가 다시 도약할 수 있는 기회였습니다. 학회 회원을 중심으로 총 21명의 집필진이 약 2년간에 걸쳐 글을 쓰고 고치고 다듬었으며, 학회 초대 회장이자 고문이신 서울대학교 조용환 교수의 도움을 받아 발간의 전체 틀과 집필진 구성, 추진 과정의 어려움을 해결해 나갔습니다. 또한 필요에 따라 학회의 학술행사와 학술지 등을 활용하여 방법론 저서에 실릴 글의 질적 수준을 학회 전체가 검토하고 발전시킬 기회를 가졌습니다.

총서 발간에 앞서 집필진들에게 발간위원회에서 특별히 부탁드렸던 것은 크게 두 가지입니다. 하나는 해외의 방법론적 전통을 소개하는 것을 넘어서 한국의 교육인류학 연구자들의 문제의식과 체화한 실천적 지식이 잘 드러나도록 하자는 것이었습니다. 같은 맥락에서 다른 하나는 해외의 연구사례뿐만 아니라 무엇보다 연구자 자신을 포함한 국내 연구자들의 사례를 중심으로 소개하고 구체적인 연구물에 근거하여 논의를 전개해 달라는 것이었습니다. 이 두 가지 부탁을 드렸던 것은 질적 연구는 연구의 도구이자 주체인 연구자의 상심과 실천적 지식이 가장 중요하기 때문이며, 그렇기에 이 총서는 한국의 질적 연구자들이 한국이라는 생활세계 속에서 생성된 자신들의 상심과 문제의식에서 시작된 질적 연구의 과정에서 겹겹이 축적한 연구 체험들의 '총화(總和)'로 드러나기를 바랐기 때문입니다. 그 첫걸음으로 이제 다음과 같이 한국교육인류학회 질적 연구방법론 총서 1권, 2권, 3권을 발간합니다.

총서 1권, 『질적 연구, 전통별 접근』은 질적 연구방법의 원리와 전통을 개관하고 다섯 전통을 소개하는 총 6개의 장으로 구성되었습니다. 제1장(조용환 집필)은 한국교육인류학회를 중심으로 한국 사회과학계에 토착화한 질적 연구의 개념과 원리로서 '문질빈빈(文質彬彬)'을 소개하고 질적 연구의 우산 아래 들어올 수 있는 20개의 다양한 전통과 접근을 개관하였습니다. 제2장(박순용 집필)은 현대적 의미의 질적 연구의 모태이자 버팀목이라고 할 수 있는 문화기술지의 발전사뿐만 아니라, 고전적 · 비판적 · 해석적 문화기술지의 장르적 분류와 그 특징을 소개하고 분석상의 공통점으로 직관과 논리의 상호보완성과 이야기꾼이자 해설자로서의 연구자로서 역할을 강조하였습니다. 제3장(염지숙 집필)은 내러티브 탐구가 어떻게 듀이의 경험 철학에 근거하여 교사의 경험적 지식을 연구하는 연구로부터 출발하여 다양한 학문 분야에 적용될 수 있는 방법적 원리와 절차, 질적 준거를 형성하였는지 그 과정과 내용을 소개하고 국내외의 연구사례를 통해 연구 수행에 도움을 주고자 하였습니다. 제4장(서근원 집필)은 실행연구의 방법론적 토대를 마련한 것으로 알려진 레빈(Lewin)의 연구방법론을 '실천탐구'로 새롭게 개념화하고, 그 방법적 특성과 절차를 레빈의 연구사례를 통해 설명한 후 교육연구에 적용한 사례로 '아이의 눈으로 회인(誨人)탐구'를 소개하였습니다. 제5장(강대중 집필)은 사회과학의 다양한 분야에서 활용되기 시작한 생애사에 대한 일반적 이해와 더불어 교육학의 고유한 질문에 대한 답을 찾거나 새로운 각도로 교육에 대한 질문과 탐구를 할 수 있는 방법론으로 학습생애사를 소개하고 그 방법적 절차를 안내하였습니다. 제6장(서덕희 집필)은 필자가 참여한 다양한 질적 사례연구를 통해 형성된 방법론적 상심에 근거하여 사례연구의 방법론적 특징을 사례, 비교, 맥락, 일반화, 실천지를 중심으로 체계화하고 그 과정에서 구체적인 연구사례들을 소개하였습니다.

총서 2권, 『질적 연구, 과정별 접근』은 질적 연구 수행의 전 과정에 대한 내용을 다루었으며 총 6개의 장으로 구성되었습니다. 제1장(전은희 집필)은 연구현장 진입에 관한 것으로 질적 연구에서 현장 들어가기의 의미와 절차, 전략, 향후의 이론적 과제에 대해 다루고 있습니다. 제2장(배은주 집필)은 질적 자료수집 중 참여관찰에 대한 내용을 다루었으며, 참여관찰의 의미와 목적, 특성, 참여관찰의 유형과 기록, 유의사항과 팁에 대해 기술하였습니다.

제3장(신혜숙 집필)은 심층면담에 대한 것으로 심층면담의 장단점과 전략, 기법, 심층면담 실행의 과정과 심층면담을 통한 연구 과제 등을 다루었습니다. 제4장(전현욱 집필)은 질적 연구에서의 분석 작업을 다루었으며, 질적 연구에서 자료분석의 성격, 자료분석의 형태와 과정 등을 기술하였습니다. 제5장(전가일 집필)은 질적 연구의 글쓰기에 대한 내용으로 질적 연구에서 글쓰기의 의미, 독특성, 질적 논문의 구성, 결과 쓰기의 사례, 좋은 질적 논문의 기준 등에 대해 다루었습니다. 제6장(권효숙 집필)은 질적 연구에서 재현의 새로운 방식 중 사진활용을 중심으로 한 시각적 접근에 대한 내용으로, 사진에 대한 기호학적 개념들, 질적 연구에서의 사진활용과 이에 대한 성찰 등을 기술하였습니다.

총서 3권, 『질적 연구, 분야별 접근』은 각 연구 분야에서의 질적 연구 동향과 과제를 다루었으며 총 7개의 장으로 구성되었습니다. 제1장(조용환 집필)은 문화와 교육의 관계, 그 상호작용을 연구하는 학문이며 질적 연구의 학문적 근간이 되는 교육인류학 분야의 동향과 과제를 다루었습니다. 제2장(옥일남 집필)은 1990년대 초중반부터 질적 연구에 부응하는 인식론과 패러다임이 제기된 사회교육 분야의 변천 과정과 경향을 분석하였습니다. 제3장(박윤경, 박선운 집필)은 2000년대 이후 관심이 고조된 다문화교육에서의 질적 연구 동향과 과제에 대해 기술하였습니다. 제4장(신현정 집필)은 상담과 질적 연구의 유사성을 기반으로 상담 분야의 질적 연구 동향을 다루었습니다. 제5장(강경숙, 강성종 집필)은 특수교육 분야에서의 질적 연구가 함의하는 바를 바탕으로 연구의 흐름과 동향, 향후 과제에 대해 논의하였습니다. 제6장(홍덕기 집필)은 1990년대에 등장한 국내 체육교육 분야의 질적 연구 동향과 과제를 실험적 시도 사례와 더불어 다루었습니다. 제7장(오덕열 집필)은 다양한 개념으로 논의되는 평화교육 분야의 질적 연구 현황과 과제에 대해 기술하였습니다.

마지막으로 한 가지 더 드리고 싶은 말씀은 이 총서는 열린 체제로 발간할 예정이라는 것입니다. 일종의 질적 연구방법론 핸드북의 성격을 띠되 열린 체제로 구성하여 전통, 과정, 분야의 세 가지 분류체계에 따라 지속적으로 추가 발간이 가능하도록 기획하였습니다. 학계의 원로와 중견학자뿐만 아니라 소장학자들이 자신의 실천적 지식에 근거한 목소리를 내고 이를 함께 공유할 장을 마련함으로써 서로 다른 전통과 분야의 질적 연구방법론들이 함께 만나 서로의 질적 수준을 고양하고 새로운 다양성을 창출할 장을 만들고자 합니다. 다른 것은 말할 것도 없이 같은 방법론적 전통, 과정, 분야라 하더라도 필자에 따라 혹은 시기에 따라 새로운 글을 실을 수 있도록 하였습니다. 새로운 물결이 과거의 물결을 지워 버리는 것이 아니라 시간의 두께가 켜켜이 쌓이되 구분이 되는 나이테처럼 총서의 영향사적 흐름 속에서도 '지금', '여기' 새로운 시작이 가능하도록 하였습니다. 독자 여러분이 바로 이 '시작'을 함께 향유하는 도반이 되기를 바라고 원합니다. 감사합니다.

집필진을 대신하여 발간위원회 1기 씀

차례

제3장 다문화교육에서의 질적 연구 109

제4장 상담과 교육 그리고 질적 연구 145

제5장 특수교육 그리고 문질빈빈 207

제6장 체육교육 분야 질적 연구의 동향과 과제 257

제7장 평화교육 분야 질적 연구의 현황과 과제 307

제1장

교육인류학의 질적 연구

조용환(서울대학교)

교육인류학은 삶과 문화와 교육 사이 상관작용을 연구하는 학문이다. 우리 인간의 삶은 항상 이미 문화적이다. 문화는 삶의 중요한 틀 혹은 형식이다. 인간은 자연을 있는 그대로 두지 않고 인간의 필요와 의미에 따라서 길들인다. 그 길들임은 의식주는 물론이요, 우리 삶의 일거수일투족에 배어 있다. 우리는 사람, 사물, 사태 모두에 대해서 의미화를 하고 중요성을 부여한다. 문화가 그렇듯이 교육 또한 삶의 중요한 틀이요 형식이다. 교육은 더 나은 인간을 형성하고자 하는 존재론적 지향의 삶이다. 배움과 가르침의 상호작용을 변증법적 대화의 과정으로 영위하는 삶이 교육이다. 인간은 학습 없이 인간다운 인간이 될 수 없도록 진화하였다. 그 생물학적 진화는 문화적 과정을 수반하여 지금의 모습으로 교육을 구성해 왔다. 우리는 교육에 작용하고 있는 문화를 파악하는 동시에, 문화에 작용하는 교육을 파악함으로써 삶을 더 깊이 이해하고 잘 실천할 수 있다.

그렇다면 교육인류학은 구체적으로 어떤 연구의 전통을 수립해 왔는가? 특히 질적 연구와 어떤 관련성을 가져왔는가? 이 질문들에 대해서 내 답변을 제시하는 것이 이 장의 목적이다. 이 장에서 나는 먼저 교육인류학이 어떤 학문이며 어떤 연구 전통을 이어 왔는지에 대해서 간략히 개관할 것이다. 이어서 교육인류학이 질적 연구와 어떤 방법론적 관계가 있는지를 살펴볼 것이다. 그리고 교육인류학 분야의 질적 연구가 주로 어떻게 이루어져 왔는지, 연구 사례들을 중심으로 그 동향과 특징을 검토하고자 한다. 이 작업 속에서 향후 교육인류학 분야에서 좀 더 주목해야 할 연구과제와 새로운 시도에 대한 나의 비판적인 견해를 덧붙이기로 한다.

1. 교육인류학

교육인류학의 모태이자 포괄 학문인 문화인류학은 질적 연구를 생성한 초기 토양이었으며, 이후에도 질적 연구를 주도한 견인차 가운데 하나였다. 무엇보다도 인류학자들은 현지조사의 전통을 수립했고, 그 과정에서 문화상대주의를 이론화하였다. 현지조사와 문화상대주의는 미국의 시카고학파와 아이오와학파, 영국의 맨체스터학파와 현대문화연구소(Center for Contemporary Cultural Studies: CCCS) 학파 등에 의해서 계승·발전되었고, 페미니즘과 포스트모더니즘을 형성하는 데에도 중대한 영향을 미쳤다. 그 모두는 오늘날 질적 연구를 여러 갈래로 파생시킨 일종의 모태라 할 수 있다. 북미권 질적 연구 개척자 가운데 한 사람인 월코트(Wolcott, 1992)는 질적 연구의 다양한 접근방법을 개관하면서 인류학자들이 현지조사에서 수행해 온 세 가지 작업이 모든 질적 연구의 공통적인 작업이 되었다고 하였다. 그 셋, 즉 '3E'는 참여관찰(Experiencing: participant observation), 심층면담(Enquirying: in-depth interview), 그리고 현지자료 조사분석(Examining: field material analysis)이다. 월코트는 이 세 가지 작업 가운데서 어느 것에 더 치중하느냐에 따라 질적 연구의 다양한 접근방법이 파생해 왔다고 보았다.

인류학은 시간과 공간을 교차하며 생물학적 존재와 문화적 존재로서 인류가 걸어온 발자취와 나아갈 길을 연구하는 방대한 학문이다. 인류학은 자연적 존재로서 인간을 연구하는 자연인류학과, 문화적 존재로서 인간을 연구하는 문화인류학으로 대별된다. 그리고 문화인류학은 다시 고고인류학, 언어인류학, 사회문화인류학 셋으로 구분된다. 고고인류학은 생활상이 문자로 기록되어 있지 않아서 발굴을 통해 얻게 되는 유물자료를 추론하여 한 사회집단의 문화를 연구하는 학문이다. 언어인류학은 인간을 인간답게 만든 최고의 진화물인 말과 글, 즉 음성언어와 문자언어를 문화적 맥락에서 연구하는 학문이다. 일상생활에 사용되는 자연언어(natural language)뿐만 아니라 수학, 과학, 공학 등이 만들어 활용하는 다양한 인공언어(artificial language)까지 연관 지어서 연구한다. 마지막으로 사회문화인류학은 이 두 부류를 제외한 문화인류학의 외연 전반을 포괄하는 인류학이다. 따라서 여기에는 정치인류학, 경제인류학, 사회인류학, 종교인류학, 예술인류학, 스포츠인류학, 심리인류학, 기술인류학, 산업인류학 등 인간의 모든 삶에 걸친 문화연구가 두루 포함된다. 교육인류학은 바로 이 사회문화인류학의 한 분과학문으로 분류되고 다루어져 왔다.

교육인류학은 인류학의 한 분과학문으로 출발하였지만, 다문화사회의 학교 안팎 교육을 이해하고 연구하고 실천하는 데 인류학적인 지식과 방법이 절실하게 필요해짐에 따라서 교육학계에 광범위한 영향을 미치게 되었다. 특히 미국과 같은 다인종 · 다문화 · 다언어 복합사회에서는 일찍이 교원양성과정의 교직과목 가운데 하나로 교육인류학이 정착되었다. 그 과정에서 인류학과 교육학의 접목이 다양한 형태로 모색되었고 상당한 성과도 거두게 되었다. 나는 이 두 학문의 접목 방식과 양상에 대해서 이미 여러 차례 논의한 바 있다(조용환, 1991, 1997, 1998a, 1998b, 2001a, 2011b). 여기서는 초창기와 달리 지금은 국내외를 막론하고 인류학자보다 교육학자들 사이에서 교육인류학이 더 폭넓게 연구되고 있는 추세라는 사실을 강조하고자 한다. 그리고 나의 교육인류학은 인류학이 아닌 교육학의 관점과 관심에 중심을 둔 것이라는 사실도 미리 밝혀 둔다. 또한 인류학과 교육학의 여러 분과학문 중에서 유독 교육인류학이 질적 연구에 대한 관심을 지속적으로 가지고 그 발전에 기여를 해 왔다는 사실도 지적해 두고 싶다.

한마디로 말해서 교육인류학은 삶의 두 가지 중요한 틀인 문화와 교육의 관계, 그 상호작용을 연구하는 학문이다. 이 양자 사이의 작용은 대단히 복잡다단하게 이루어진다. 그러나 두 방향의 작용으로 단순화하여 말할 수도 있다. 그 하나는 문화가 교육에 작용하는 방향이며, 다른 하나는 교육이 문화에 작용하는 방향이다. 교육인류학자들은 전자를 '교육의 문화적 과정', 후자를 '문화의 교육적 과정'이라 구분하여 논의하고 연구한다.

먼저, 문화가 교육에 작용하는 방향을 살펴보자. 교육은 그 목적, 내용, 방법, 제도, 여건, 평가 등에 걸쳐서 두루 문화의 영향을 받는다. 문화에 따라서 교육을 통해 기르고자 하는 인간의 상이 달라지며, 어떤 교육이 좋은 교육인지에 대한 평가가 달라진다. 누가, 언제, 어디서, 무엇을, 어떻게 가르치고 배우는지에 대한 생각이나 신념도 문화에 따라서 천차만별이다. 학교에서의 수업, 평가, 생활지도, 상담 등에 문화가 미치는 영향은 지대하다. 그래서 우리는 학교문화, 교사문화, 학생문화, 수업문화, 입시문화 등의 표현에 익숙하다. 그리고 문화가 다르면 교육이 개인과 사회에 어떤 의미와 기능을 가져야 하는지에 대한 기대가 달라진다. 교육이 제도화되는 방식이 달라진다. 또한 국가와 지역사회와 가정이 교육에 대해서 제각기 어떤 역할을 해야 하는지에 대한 관점이 달라진다. 그 밖에도 문화가 교육에 미치는 영향은 너무나 방대하여 일일이 다 열거할 수 없을 정도이다. 그러니 교육에 관심을 가진 사람이라면 누구나 문화에 대해서 관심을 가지지 않을 수 없다.

다음으로, 교육이 문화에 작용하는 방향을 살펴보자. 한 사회의 크고 작은 문화 혹은 문화유산은 교육을 통해서 전승된다. 여기서의 교육은 보육, 양육, 훈육, 훈련, 사회화, 교화, 계몽, 양성, 육성 등 숱한 다른 이름으로 불리고, 서로 다른 방식으로 기획 · 실천된다. 그 어떤 형태로든 교육이 문화를 전달하고 소통하고 공유하는 핵심적인 장치임에는 틀림이 없다. 한 사회 내부의 문화전달만이 아니라 외국의 문화가 교육을 통해서 국내로 유입되기도 하고, 국내 문화가 교육을 통해서 외국에 영향을 미치기도 한다. 그 결과, 이 사회 저 사회의 문화와 교육문화가 변화하기도 한다. 교육은 이러한 문화접변(acculturation) 기능 말고도 전혀 새로운 문화를 창출해 내는 혁신의 장치가 될 수도 있다. 그리고 다양한 문화가 혼재하는 복합사회에서 교육은 문화를 비판적으로 선택하는 역량을 제공하기도 한다. 최근 우리나라가 급격히 다문화사회로 변모하면서 교육을 통해 다양한 문화 간의 소통과 상생의 길을 찾으려는 노력이 급증한 것도 이와 같은 맥락에서 봐야 할 것이다. 그러니 문화에 관심을 가진 사람이라면 누구나 교육에 대해서 관심을 가지지 않을 수 없다.

이 두 가지 방향의 작용, 즉 문화와 교육의 상호작용을 연구하는 학문이 교육인류학이다. 교육의 목적, 내용, 방법, 제도, 여건, 평가 등을 좀 더 교육적으로 구성하기 위해서, 교육의 본질에 부합하는 교육을 정립하기 위해서 교육인류학자들은 인류학의 두 가지 핵심이라 할 수 있는 문화상대주의와 현지조사 전통을 다각도로 활용해 왔다.

교육인류학은 무엇보다도 문화상대주의를 통해서 교육 상황의 문화적 차이 혹은 다양성을 주목한다. 교육인류학자들은 학습, 학습자, 학습 과정의 문화적 특성과 배경을 중시하여 중요한 연구과제로 삼는다. 교수, 교수자, 교수활동의 문화적 배경과 특성을 주목하여 연구한다. 교육의 제도나 정책과 실제 현장 사이에 문화가 어떻게 작용하는지에 대해서도 깊은 관심을 가진다. 한마디로 말하여 교육의 모든 과정과 결과에 걸쳐서 문화적인 '횡적 상대성'을 살피고 되살핀다. 그와 동시에 교육적인 '종적 상대성'도 통찰한다. 인간의 문화는 서로 다를 수밖에 없다. 그러나 문화를 초월하여 더 나은 인간을 형성하고자 하는 교육에서는 문화 가운데서 더 나은 문화를 판단하고 선택하는 작업을 소홀히 할 수 없다. 모든 문화를 동등하게 교육에 반영할 수 없고, 비판 없이 수용할 수 없다. 비록 잠정적일지라도 부단히 교육적으로 더 의미 있고 더 바람직한 문화를 판단하고 선택해야 한다. 아무리 나름대로 의미 있고 가치 있는 문화라 할지라도 교육이라는 삶의 형식에서는 종적 상대성으로써 더 나은 것을 선별하지 않을 수 없다.

이와 같이 교육인류학은 문화의 횡적 상대성과 교육의 종적 상대성 사이에서 조화와 균형을 추구하는 학문이라 할 수 있다. 다양성 가운데서 서로 다름을 이해하고 존중하되, 함께 나아가야 할 더 나은 방향을 부단히 모색하는 일이 바로 교육인류학자의 일이며 교육인류학의 과제이다. 그런데 서로 다름을 이해하고 함께 더 나음을 모색하기 위해서는 교육에 참여하는 사람 모두가 '나의 것'만이 아닌 '나와 다른 사람들의 것'에 겸허하게 다가가야 한다. 자폐적인 주체가 아닌 타자 속의 주체가 되어야 한다. 실상 우리 인간은 타자 속에서, 타자와 더불어, 타자를 통해서 비로소 자신을 온전히 볼 수 있다. 그래야만 '나'와 '너'와 '우리' 모두를 온전히 볼 수 있다. 그리고 타자를 이해하는 최선의 길은 타자의 생활세계에 직접 참여하는 것이다. 인류학자들이 현지조사를 통해 보여 주었듯이 '나의 것'을 잠시라도 접고, 기존의 판단을 최대한 중지한 채 타자의 의식주를 체험하고, 타자의 몸으로 지각하고, 타자의 언어로 생각하고, 타자의 기준으로 분별해야 한다. 그야말로 문화상대주의적인 현지조사를 수행하는 것이다. 만약 그것이 불가능하다면 타자의 생활세계를 생생하게 기술한 연구물이나 다큐멘터리 혹은 문학작품 등을 통한 간접 체험이라도 최대한 풍부하게 해야 하는 것이다. 우리가 조금만 마음을 열고 관심을 가진다면 타자를 이해하는 이러한 차선의 길은 얼마든지 열려 있다.

문화는 인류가 각양각색의 환경에 적응하면서 생존과 실존을 위해 자연을 길들이고 의미를 부여하고 가치를 매겨 온 삶의 방식이고, 과정이며, 그 소산이다. 우리 인간은 야생 동물에서 가축을 길들이고, 야생 식물에서 채소를 선택하며, 소리에서 말을 얻고, 빛에서 색을 변별하며, 짝짓기에서 혼인을 제도화하였다. 이때 무엇'에서'라고 표현된 앞의 무엇들, 즉 야생 동물, 야생 식물, 소리, 빛, 짝짓기 등은 자연의 것 혹은 질적인 것이다. 반면에 가축, 채소, 말, 색, 혼인 등은 문화의 것 혹은 문적인 것이다. 본래 바탕으로서 '질(質)'의 무한한 가능성과 달리 구성된 무늬로서 '문(文)'은 유한한 선택이다. 모든 선택은 배제를 수반한다. 어떤 차이를 선택할 때 다른 차이들은 미루어지는 '차연'(Derrida, 1967, 1976)의 이치이다. 예컨대, 어떤 교사가 자기 학급의 학생들을 성적에 따라서 구분할 때 성별, 키, 몸무게, 성격, 학업성적, 가정배경 등은 관심에서 제외되어 배경으로 후퇴하는 이치이다. 장(場)이론에서 말하는 전경과 배경의 역동이다(Merleau-Ponty, 1945). 여기서 우리는 사람, 사물, 사태를 '있는 그대로' 이해하기 위해서는 부각된 차이 이면의 미루어진 차이들에 다시 주목해야 한다는 사실을 깨닫는다. 존재를 온전히 이해하기 위해서, 현상의 본질을 직관하기 위해서 우리는 구성된 '문'을 답습하지 않고 해체하여 그 발생적 연원인 '질'로 돌아가 새롭고 더 나은 구성의 가능성을 찾는 현상학적 환원을 해야 한다. 이것이 질적 연구의 원리인 '문질빈빈(文質彬彬)'이다.

문화에 대한 이해와 적용에서 교육인류학과 질적 연구는 '문질빈빈'을 한 뿌리로 공유한다. 문질빈빈은 『논어』 옹야(雍也) 편에 등장하는 "질승문즉야 문승질즉사 문질빈빈 연후군자(質勝文則野 文勝質則史 文質彬彬 然後君子)"라는 말에서 내가 따온 것이다. 직역하자면 "질이 문을 압도하면 거칠고, 문이 질을 압도하면 틀에 갇히게 된다. 문과 질의 어우러짐, 그것이 군자의 길이다."라는 뜻이다. 문질빈빈은 본래 사람됨 혹은 군자됨을 논하는 말인데, 질적 연구자로서 내가 눈여겨보아 질적 연구의 원리를 정립하는 말로 새롭게 의미화한 것이다. 이 말을 알고부터 나는 질적 연구의 근본 원리를 이 문질빈빈에서 찾고 있다. 여기서 질(質)은 사람, 사물, 사태의 자연적인 '바탕'으로서 그냥, 있는 그대로, 그 자체로의 즉자적 존재태를 일컫는다. 그와 달리 문(文)은 인간이 만든 '무늬'로서 사람, 사물, 사태에 가해진 명명, 분류, 범주화, 체계화, 구조화, 의미화 등을 통칭하는 대자적 존재자들이다. 신영복(2015: 18)은 "문(文)은 문(紋)과 같은 뜻이다. 자연이란 질료(質料)에 형상(形象)을 부여하는 것"이라고 하였다. 자연적인 바탕으로서 '질'은 무한한 차이의 부단한 역동 그 자체이다. 그와 달리 인위적 무늬인 '문'은 더불어 살이(communal life)의 더불어 소통(communication)을 구성하는 특정한 차이들에 대한 유한한 주목이며 규정이다. 인간은 '질'의 바탕에 무늬 '문'을 새기는 과정, 즉 문화(文化)의 길을 걸어 왔다. 그리하여 인간은 항상 이미 '문화적인 존재' 혹은 '세계-내-존재'(Heidegger, 1927)가 되었다. 문화적 존재로서 인간은

'질'을 쉽게 알 수 없고 '질'로써 살 수 없다. 그렇지만 서로 다른 문화들 간의 갈등과 대립 속에서 "도대체 이 문화들의 본래 바탕 혹은 뿌리는 무엇인가?"라는 질문(質問)을 던지게 된다. 질문은 질을 묻고, 질적으로 묻고, 질까지 묻는 깊은 물음이다. 현상학자들은 이를 근원적인 '존재물음'이라 칭한다. 질적 연구는 이 질문과 존재물음의 방식으로 사람, 사물, 사태에 관련된 여러 현상을 연구한다. 일상적으로 당연시해 온 문화적인 개념, 이름, 범주, 분류, 판단, 선택 등을 내려놓고 그 본래, 바탕, 뿌리를 찾아가고자 한다. 그렇게 함으로써 이미 구성(construction)되어 있는 문화의 이해와 실천에 머물지 않고 해체(deconstruction)와 재구성(reconstruction)으로 나아가고자 한다. 그래야만 새로운 발견이 가능하고 독창적인 연구가 가능하기 때문이다. 질적 연구는 우리 인간의 실존을 구성하는 신체, 시간, 공간, 관계를 낯선 눈으로 다시 보고 더 나은 그것들로 나아가고자 한다. 질적 연구가 선행 학문의 문제, 방법, 가설, 이론, 성과 등을 최대한 유보한 채 '판단중지'(bracketing)의 방식으로 연구하는 까닭이다. 질적 연구자가 자신의 선입견, 편견, 고정관념을 성찰하고 반성하면서 현지 참여자의 생활세계를 최대한 '있는 그대로' 연구하고자 하는 까닭이기도 하다.

이와 같이 문화를 해체주의적으로 연구할 수밖에 없다는 점에서 교육인류학과 질적 연구는 동근성(同根性)을 가진다(조용환, 2012a). 그렇다면 한 뿌리에서 나온 두 이름, 교육인류학과 질적 연구는 좀 더 구체적으로 어떤 연관성을 가지는가? 특히 연구의 문제의식과 접근방법, 그 성과를 분석하고 해석하는 과정에서 어떤 공통성과 차이성을 가지는가?

2. 교육인류학과 질적 연구

학문 간의 경계가 날로 흐려지고 연구문제를 중심으로 한 학제적 접근이 활발하게 이루어지고 있는 지금, 특정 학문의 연구 경향을 따로 떼어 논하는 것 자체가 다분히 구태의연하다는 생각이 든다. 그러나 학제적 접근이 온전히 이루어지기 위해서는 참여하는 각 학문의 독자성이 명확해야 하므로 애써 경계를 짓고 논의할 필요도 있다. 왜냐하면 학제적 접근은 한 문제를 다양하고 이질적인 시각과 방법을 동원하여 연구하는 상호보완적 접근이기 때문이다.

교육인류학은 명칭 그대로 교육학과 인류학이 결합된 학문이다. 따라서 교육인류학은 교육학이기도 하고 인류학이기도 하지만, 교육학과 인류학 그 어느 것도 아니라고 말할 수도 있다. 학문의 이름으로서가 아닌 연구로서 교육인류학은 '인류학적 교육연구'와 '교육학적 문화연구'를 포괄하는 양면성을 지니고 있다. 전통적으로 교육인류학은 "인류학적 지식이나 연구방법을 교육에 원용하고, 교육현상을 인류학적으로 탐구하려는 일련의 학문적 노력"(김영찬, 1984: 3)으로 규정되어 왔다. 이 규정에 의하면 교육인류학은 교육학이 아닌 인류학의 한 하위학문이다. 반면에, 교육인류학을 "다양한 형태의 삶 속에 붙박여 있는 교육을 연구하는 문화의 교육학"(조용환, 1998a)으로 규정할 수도 있다. 후자와 같이 교육인류학을 교육학의 한 하위학문으로 정립하려는 노력은 그 연조가 그리 오래지 않다.

인류학의 이론적 특성과 방법론적 특성을 하나씩만 들라고 하면 단연코 '문화상대주의'와 '3E'를 들 수 있다고 나는 믿는다. 인류학의 연구 동향이 어떻게 변화해 왔고 앞으로 어떻게 변화할지라도, 이 두 가지 특성은 일종의 상수(常數)로서 인류학을 특징지어 왔으며 앞으로도 그럴 것이다. 그리고 이 두 특성은 인류학 자체의 세계에 머물지 않고 다른 여러 학문에 영향을 미치기도 하였다. 그 단적인 예가 질적 연구이다. 질적 연구자로서 나에게 질적 연구의 원리와 기법 특성을 하나씩 들라고 한다면 나는 단연코 '문질빈빈'과 '3E'를 들 것이다. 이 입장에 기초하여 '인류학적 교육연구'와 '교육학적 문화연구'의 국내외 동향을 검토해 보기로 하겠다. 먼저, 전자의 동향을 살펴본 다음에 이어서 후자의 동향을 살펴볼 것이다. 그 동향에 대한 비판적 검토도 더불어 하겠다.

1) 인류학적 교육연구

20세기 초 보아스(Boas), 말리놉스키(Malinowski), 미드(Mead) 등이 본격적인 인류학적 현지연구를 시작하면서 인류학은 소규모 부족사회에 대한 장기간 참여관찰 연구의 전통을 수립하였다. 그리하여 이른바 '원시적인 생활'을 하는 오지 마을에서 현지 주민의 방식으로 먹고 입고 자면서 그들의 생활을 열심히 관찰노트에 기록하는 인류학자의 전통적 이미지가 형성되었다. 문화적 경계가 뚜렷한, 그리고 구성원의 생활방식이 동질적인 소규모의 단순한 사회를 연구하던 시절의 인류학자들은 한 지역 주민의 생활 영역 전반을 포괄적으로 연구할 수 있었다. 이때, 교육은 정치, 경제, 종교, 예술 등과 마찬가지로 인류학자의 한 관심 영역을 차지하였다. 바꾸어 말하면, 교육에 관한 연구가 학문적으로 분화되거나 전문화되지 않았던 것이다. 또한 이 시기의 인류학적 교육연구는 엄밀한 의미의 '교육'에 관한 연구보다는 '사회화'에 관한 연구가 주를 이루었다(조용환, 1997, 2021). 당시 인류학자들의 관심은 한 사회의 문화가 어떻게 다음 세대로 전승되며, 특히 한 사회의 구조와 변동에 따라서 자녀 양육이 어떻게 달리 이루어지는지에 집중되어 있었다. 단적인 예로, 개인의 인성과 사회의 문화 간 상관관계를 밝히는 연구를 인류학자들은 '문화와 인성 연구'라 지칭하였다.

20세기 중반 이후 두 차례 세계대전의 영향과 교통 통신의 획기적 발달로 종래 부족사회들이 급속히 대규모 국가사회에 편입되면서 도시화와 산업화의 물결에 휩싸였다. 그 결과, 인류학은 더 이상 고립적인 부족사회 연구에 매달릴 수 없게 되었다. 인류학의 중심 무대가 소규모 부족사회에서 복잡다단한 대규모 사회의 하위집단으로 바뀌게 된 것이다. 그리하여 인류학자들은 한편으로는 사라져 가는 부족사회의 문화를 조금이라도 더 연구하기 위해 노력하면서, 다른 한편으로는 외세의 유입과 내부 혁신으로 야기되는 문화변동 또는 문화접변의 양상을 연구하는 데 치중하였다. 구 식민지와 신 식민지, 외부 식민지와 내부 식민지 현상의 연구를 통해서 한 사회의 문화 전통이 어떻게 쇠멸하거나 보전되는지에도 큰 관심을 가졌다. 교육인류학자들은 특히 그 과정에서 교육이 어떤 기능을 하고 어떻게 달리 의미화되는지에 주목하였다.

이러한 변화는 인류학의 새로운 과제와 동향을 초래하였다. 무엇보다 먼저 부족사회에 대한 지식이 축적되고 연구 무대가 산업사회로 바뀌면서 '낯선 것을 친숙하게 만들기(making the strange familiar)' 못지않게 '친숙한 것을 낯설게 만들기(making the familiar strange)'가 인류학자의 새로운 과제로 대두되었다. 특히 연구자 자신의 문화를 연구하는 자문화기술지(autoethnography)에서는 전자보다 후자가 더 어려운 작업이 되었다. 연구의 규모 혹은 영역으로 말하자면, 하임즈(Hymes, 1978)가 구분한 소규모 집단에 대한 '포괄적 문화연구'가 줄어들었다. 그 대신에 사전 지식 없이 낯선 사회를 연구할 때는 불가능했던 '특정 주제 중심의 문화연구'가 급증하였다. 심지어 경험과학적 연구에서 흔히 해 오던 '가설 검증적인 문화연구'도 적잖이 등장하였다. 소규모 사회의 문화를 전수조사하던 때와 달리, 한 문화의 일부 집단이나 생활세계의 일부 측면 또는 주제를 선택하여 연구하게 됨으로써 '표집' 혹은 '표본조사'의 문제가 현저히 부각되기 시작했다. 즉, '부분'을 보고서 어떻게 '전체'를 추론하거나 주장할 수 있느냐는 타당성과 일반화 문제가 심각해진 것이다. 달리 말하면 한 문화에 대한 '큰 이야기'가 아니라, 연구의 범위와 한계에 한정된 '작은 이야기'를 하게 되는 전환이 일어난 것이다. 이 점에서 일반화를 전제하거나 유의하는 양적 연구와 달리, 현장이론(grounded theory) 또는 현지이론(folk theory)에 한정된 '작지만 깊은 이야기'를 지향하는 질적 연구가 인류학의 새로운 연구 추세로 등장하게 되었다. 연구의 사례성을 한편 감안하고, 다른 한편 초월하기 위해서 '비교사례적 대조'와 '비교문화적 대조'를 중요한 과제로 여기기 시작한 것이다.

교통과 통신의 발달로 연구자가 먼 현장에 가서 장기적으로 거주할 필요성이 줄어들면서 현지조사에 임하는 연구자의 경제적 · 심리적 부담이 많이 줄었다. 그리고 동시에 혹은 제한된 시간에 여러 현장을 연구할 수 있게 되면서 '다현장 연구(multi-sited research)'가 늘어났다. 또한 기록과 재생과 공유의 도구 발달로 인류학 연구의 설계 방식이 다양해진 점도 큰 변화 가운데 하나이다. 특히 온라인 연구, SNS 연구, 빅데이터 연구 등이 새로운 추세로 자리를 잡아 가고 있다.

이론적 측면에서는 전통적인 구조기능주의와 1960년대 이후 '민속과학(ethnoscience)'의 실증주의적 전통에서 벗어나 해석학, 현상학, 기호학, 페미니즘, 포스트모더니즘 등 다양한 패러다임의 연구가 활성화되고 있다. 그러나 구조기능주의와 민속과학이 인류학 이론의 중심적 지위를 완전히 상실한 것은 아니다. 다른 한편, 네오-마르크시즘에 뿌리를 둔 '비판주의 인류학(critical anthropology)'은 영국 CCCS(The Center for Contemporary Cultural Studies) 계열과 결합하여 대중문화 연구의 확산에 크게 기여하였다. 한마디로 말해서, 오늘날의 인류학은 백가쟁명(百家爭鳴)의 이론적 토대 위에서 '3E' 현지조사라는 방법론적 특유성으로 그 정체성을 유지하고 있다고 말할 수 있다.

이러한 인류학의 연구 동향은 '인류학적 교육연구'에서도 비슷하게 나타나고 있다. 교육인류학 분야의 질적 연구에서도 마찬가지이다. 그리고 이 대목에서 한 가지 더 언급하고 넘어가야 할 동향으로는 인류학과 사회학의 경계가 흐려지면서 교육인류학과 교육사회학의 구분이 희미해진 점이다. 특히 1970년대에 등장한 '신교육사회학' 또는 '교육과정사회학'은 이론적으로나 방법론적으로 교육인류학과 유사한 면이 많다. 그러므로 교육인류학의 독자성을 '교육문화'(이종각, 1995)라는 탐구 영역에서 찾기보다는 인류학적 연구의 방법, 즉 문화상대주의와 현지조사에서 찾는 것이 더 타당하다고 보는 교육인류학자가 많다. 그렇게 되면서 인류학적 교육연구는 '질적 교육연구'와 혼동되거나 교차하는 양상을 더 뚜렷이 보이고 있다. 그러나 교육인류학이 질적 연구의 전통을 형성하는 데 기여를 해 왔고 질적 접근을 주로 취하기는 하지만, 여타 인류학과 마찬가지로 인류학 특유의 의미화 방식과 이론화 방식이 있다는 사실은 간과할 수 없다. 요컨대, 교육인류학적인 질적 연구도 있지만, 그렇지 않은 질적 연구도 얼마든지 있을 수 있다. 마찬가지로 질적인 교육인류학 연구도 있지만, 그렇지 않은 교육인류학 연구도 흔히 있다.

1970년대 초반 미국에서 교육인류학이 유입된 이래로 우리나라의 교육인류학은 처음 한동안은 인류학적 지식과 연구방법을 소개하고 그것을 교육문제의 분석과 해법에 응용하는 단계에 머물렀다. 그러다가 1980년대 후반에 접어들면서 참여관찰, 심층면담, 현지자료 조사의 방법으로 교육현장을 연구하는 인류학적 교육연구들이 서서히 나타나기 시작하였다. 인류학적 교육연구에서는 현장이 '교육'이라면, 분석과 해석과 논의의 틀은 '문화'이다. 이런 관점에서 교육인류학 분야 질적 연구에서 발견되는 몇 가지 특징과 문제점을 간추리면 다음과 같다.

첫째, 학교를 대상으로 한 현지조사 연구가 가장 우세하다. 일찍이 1983년부터 1994년 사이에 행해진 42편의 인류학적 교육연구에서 학교 연구는 31편을 차지하고 있으며, 학교 밖의 교육 현상을 연구한 것은 11편에 불과하다(조용환, 1998a). 이는 교육을 학교와 동일시하는 풍조의 탓이라 여겨진다(조용환, 2021). 아무튼 이 학교 연구는 크게 세 부류의 연구로 나누어 볼 수 있다. 우선 학교의 수업과 생활지도, 평가와 입시에 관련된 인류학적 연구로서 연구물의 대부분을 차지하고 있다. 그리고 극히 일부이지만 학교 특유의 조직, 운영, 정책, 관습과 같은 측면을 다루는 연구가 있다. 마지막으로 학교를 규정하는 방식, 즉 학교의 개념과 의미와 기능에 관련된 사회적 합의와 갈등에 대한 연구는 찾아보기 어렵다. 그런데 이 연구들의 가장 큰 문제점은 문화로 연구를 한다고 하면서 '문화가 무엇인가'에 대해 숙고하지 않는 데 있다. 인류학적으로 연구를 한다고 하면서 '인류학이 무엇인가'에 대해 진지한 물음을 던지지 않는 데 있다.

둘째, 연구현장에 1년 이상 장기적으로 체류하면서 심층적인 참여관찰을 수행한 연구보다는 6개월 안팎의 단기간에 현장을 출입하면서 연구자의 의도와 계획에 따라서 전략적으로 자료를 수집한 연구가 더 지배적이다. 그다지 심층적이지도 않은 면담 위주의 연구에 치중하여 참여관찰은 물론 현지자료를 충실히 조사하고 분석한 연구도 찾아보기 힘들다. 말하자면 '3E'

의 균형과 교차가 제대로 이루어지지 않았다는 지적이다. 리스트(Rist, 1980)는 일찍이 이와 같은 연구를 히틀러의 병사들이 전략적 요충지를 정복하기 위해 기습적 공격을 감행한 것에 비유하여 '기습적 문화기술지(blitzkrieg ethnography)'라고 비판한 바 있다. 한 사회의 생활세계 속에서 어떤 현상이 차지하고 있는 위치와 의미를 총체적 시각으로 확인하지 않은 상태에서 연구자가 특정한 관심을 가지고 현장에 들어가 필요한 자료만을 수집할 때 결국 나의 안경을 쓰고 그들의 세상을 바라보는 과오를 범하기 쉽다. 현재 우리 학계의 연구환경을 전반적으로 고려할 때 '기습적 문화기술'이 불가피한 면도 없지는 않다. 가시적인 산출물이 즉각 제시되지 않는 현지연구를 위해서 많은 경비와 장기간의 출장을 허용하는 풍토가 연구소나 대학의 관리자들 사이에 마련되어 있지 않으며(조용환, 2009), 돈 없고 시간 없는 대학원생들의 논문연구가 장기적이고 포괄적인 참여관찰을 바탕으로 이루어지기를 기대하는 것도 무리이기 때문이다. 학교를 비롯한 교육현장에서 교육인류학과 질적 연구에 대한 이해가 충실하지 않아서 다양한 '진입장벽(gate keeping)' 때문에 어려움을 겪고도 있다. 선행 연구자들이 교육현장에 좋은 인상을 남기지 않아서 후속 연구자들에게 불리한 여건을 조성한 과오도 지적하지 않을 수 없다. 무엇보다도 질적 연구가 어떤 연구이며, 교육인류학이 어떤 학문인지에 대한 연구자들의 보다 철저한 이해가 부족하고 준비가 부진했던 것이 실태이다.

셋째, 인류학적이고 질적인 교육연구의 정신 또는 철학을 충실히 따르기보다는 단순히 그 기법만을 차용하는 연구가 참으로 많다. 연구 논리(research logic)는 한 연구의 이면에 전제되어 있으면서 그 연구를 지배하는 과학철학적 방법론(methodology)을 말한다. 세상이 어떤 모습으로 존재하기 때문에 어떤 시각을 가지고 어떤 방법으로 연구해야 한다고 보는 철학이 다르면 연구의 방향과 과정이 전혀 달라진다. 반면에 연구기법(research technic)은 자료를 수집하고 분석하고 해석하는 테크닉, 즉 방법론의 보다 도구적이고 방편적인 측면을 일컫는다. 요컨대, 인류학적 질적 교육연구를 제대로 하기 위해서는 단순한 기법보다 그 논리와 원리, 정신, 철학을 최대한 충실히 이해하고 실천해야 한다. 내가 보기에는 지금까지의 인류학적 교육연구에서 그 점이 너무나 미흡하고 미진하다.

지금까지 인류학적 교육연구의 지난 동향을 살펴보았다. 간단히 말해서 인류학적 교육연구는 인류학의 이론과 방법으로 교육을 연구하는 것이다. 가정, 학교, 사회를 비롯한 이른바 교육현장에서 문화가 교육을 통해 어떻게 형성되고 전승되고 변동되는지가 주된 관심사이다. 따라서 그 성과가 인류학에 집결될 가능성이 크다. 하지만 문화와 교육의 상관작용을 연구하는 교육인류학자에게 이 '인류학적 교육연구'는 '교육학적 문화연구' 못지않게 대단히 중요한 것이다. 그럼에도 불구하고 교육인류학도들 가운데에는 이 분야, 이 성격의 연구 성과들을 너무나 등한시하는 경향이 있다. 보다 구체적으로 말해서 인류학계의 여러 학회와 학술지에 대한 관심이 너무 부족하다는 지적이다.

2) 교육학적 문화연구

인류학적 교육연구와 달리, 교육학적 문화연구는 교육학의 이론과 방법으로 문화를 연구하는 것이다. 교육학적 문화연구에서 현장이 '문화'라면, 분석과 해석과 논의의 틀은 '교육'이다. 가정, 학교, 사회에 걸친 우리 생활세계에 어떤 문화들이 존재하는지 파악하는 일이 이 연구의 일차적 과제이다. 그 다음은 그 서로 다른 문화가 가정교육, 학교교육, 사회교육에 어떤 영향을 어떻게 미치는지를 조사하고 분석하는 것이다. 이 연구의 성과들은 인류학보다는 교육학에 집결될 가능성이 크다. 교육학의 하위학문 중에서 문화를 본격적으로 연구하여 교육문제의 이해와 해법에 적용하는 학문으로는 교육인류학이 우선이며, 따라서 그 모범이어야 한다.

그런데 '교육학의 이론과 방법으로'라는 말은 도대체 무슨 말인가? 그런 것이 확정되어 있는가? 그럴 리 없다. 국내만 하더라도 숱한 교육학자가 있고 교육연구자가 있어서, 교육에 관련된 이론과 방법을 둘러싼 논쟁이 끊이지 않고 있다. 현실태 '교육'들을 문제시하고 풀어 나가는 일종의 준거 패러다임으로서 '교육'에 대한 교육학자의 이념형은 다양하기 마련이고 또 그래야 한다. 어떻게 보면 교육학은 이 이념형들 간의 대화와 경쟁일지 모른다. 교육학자의 이념형은 가장 근본적으로 '교육이 무엇인가'에 답해야 한다. 즉, 교육의 본질이 무엇인가에 답해야 한다. 그래서 나는 그 본질을 세 가지 구성체이자 통일체로 답한다(조용환, 2012b, 2021). 첫째, '학습과 교수의 해석적 상호작용'이라는 양상적 본질이다. 둘째, '더 나은 인간 형성의 존재론적 지향'이라는 지향적 본질이다. 셋째, '변증법적 대화의 과정'이라는 방법적 본질이다. 이 셋은 교육의 양상, 지향, 방법 측면을 따로 살피되, 한데 어우러져서 하나의 통일된 '교육'을 정립한다. 이 세 가지 구성체 가운데 어느 하나가 미흡하거나 결여되어서는 온전한 의미의 '교육'이 될 수 없고 이루어질 수도 없다.

교육의 이 본질이 충족될 때 우리는 사람, 사물, 사태에 대해서 '교육적'이라는 형용 혹은 평가를 덧붙일 수 있다. 교육적인 사람, 교육적인 책, 교육적인 수업 등으로 말이다. 반면에 이 본질을 온전히 충족하지 못하는 사람, 사물, 사태에 대해서 우리는 '비교육적'이라는 형용 또는 평가를 덧붙인다. 비교육적인 교사, 비교육적인 교실, 비교육적인 평가 식으로 말이다. 그리고 교육과 직접 상관이 없는 다른 삶의 형식에 속하는 현상을 우리는 '교육외적'인 현상이라 일컫는다. 또한 교육을 망각하거나 거부하거나 회피하는 문화를 우리는 '반교육적' 문화라고 일컫는다.

요컨대, 교육학적 문화연구는 생활세계의 여러 현장과 사태에 드러나 있거나 숨어 있는 문화들이 교육에 어떤 영향을 미치는가를 주목한다. 예컨대, 학교라는 현장에, 수업이라는 사태에 드러나거나 숨어 있는 문화에 주목한다. 그 문화의 이름이 학교문화이며 수업문화이다. 따라서 학교문화에 대한 교육학적 연구의 핵심은 무엇보다도 학교가 교육의 본질에 얼마나 충실한지, '교육다운 교육'을 촉진하거나 저해하는지를 살피고 따지는 데 있다.

그렇다면 교육학적 문화연구의 '현장'으로서 문화는 도대체 무엇인가? 숱한 인류학자들이, 또는 문화연구자들이 '문화가 무엇인가'에 대해서 이래저래 숱한 문답을 해 왔다. 그리하여 현실태 '문화'들을 문제시하고 풀어 나가는 일종의 준거 패러다임으로서 '문화'에 대한 인류학자와 문화연구자의 다양한 이념형이 있었고 또 있다. 어떻게 보면 인류학과 문화연구는 이 이념형들 간의 대화와 경쟁일지 모른다. 그들의 이념형은 가장 근본적으로 '문화가 무엇인가'에 답해야 한다. 즉, 문화의 본질이 무엇인가에 답해야 한다. 그래서 나는 그 본질을 세 가지 구성체로 답한다(조용환, 2020b). 첫째, '자연의 길들임(domestication of the nature)'이라는 인간화의 본질이다. 들소가 가축인 소가 되듯이, 문화는 자연을 인간에게 가져오는 과정이며 그 산물이다. 둘째, 우리 '일거수일투족의 길(ways of -ing)'이라는 방식화의 본질이다. 인간은 어떤 일도 아무렇게나 하지 않는다. 먹이를 먹는 방식(way of eating)이 있고, 옷을 입는 방식(way of dressing)이 있으며, 집을 짓고 사는 방식(way of housing)이 있다. 멀쩡하게 좌측통행을 해 오던 사람들에게 '더 나은 보행문화의 정착을 위해서 협조해 달라'며 우측통행을 종용한다. 셋째, '의미와 중요성의 변별(signification and significance)'이라는 의미화의 본질이다. 이 셋은 문화의 인간화, 방식화, 의미화 측면을 따로 살피되, 한데 어우러져서 하나의 통일체로서 '문화'를 정립한다. 이 세 가지 구성체 가운데 어느 하나가 미흡하거나 결여되어서는 온전한 의미의 '문화'가 될 수 없고 이루어질 수 없다.

지극히 간단히 말해서 다양한 삶 이면의 다양한 방식과 길들임, 그 의미화 체제가 문화이다. 교육은 한 사회의 문화 속에서 구성되고 소통되고 실천되지만, 그 문화를 위해서 이루어지거나 문화의 기준으로 평가되는 것은 아니다. '문화적 인간'과 '교육적 인간'은 일치할 수도 있지만, 대개는 일치하지 않는다. 왜냐하면 교육이 문화를 초월하여 더 나은 인간의 형성을 지향하는 일이기 때문이다. 이를테면 『갈매기의 꿈』(Bach, 1970)에 등장하는 갈매기 조나단은 비유적으로 자기 사회의 '비교육적인 문화' 속에서 부단히 '교육적인 향상'을 위한 비행 학습에 몰입한다. 아름다운 비행이 갈매기를 비롯한 모든 새의 본질이라고 작가는 간주한다. 먹이에 갇힌 단순한 생존 너머 새의 본질을 추구하는 실존이 있다고 간주한다. 그래서 작가는 자신의 꿈을 추구하고 그 성취를 다른 갈매기들과 나누는 조나단의 삶을 통해 진정한 의미의 '교육적인 삶'이 무엇인가를 문답하고 있다. 이와 같이 '교육학적 문화연구'는 한 사회의 문화들 속에 교육이 어떤 모습으로 존재하며, 그 문화들이 얼마나 교육적이거나 비교육적인지를 탐구한다. 그리고 어떤 문화가 어떻게 교육을 촉진하거나 방해하는지에 관해 탐구한다. 예컨대, 이은지(2021)의 성소수자문화 연구에서와 같이, 굳이 교육세계의 문화가 아니더라도 우리 생활세계에 존재하는 크고 작은 문화들을 교육의 관점에서 이해하고 설명하는 연구는 모두 '교육학적 문화연구'라 할 수 있다. 내가 수행한 「뇌호흡 수련의 교육적 의미에 관한 참여관찰 연구」(조용환, 2001b) 또한 그 한 예라 할 수 있다. 교육은 학교에만 있는 것이 아니라 우리 생활세계 구석구석에 편재(遍在)하고 있는 삶의 틀이며, 그 모든 현실태에 문화가 작용하고 있다.

교육학적 문화연구는 우리 삶을 구성하는 다양한 문화적 활동에서 '교육'들을 드러내어 더 나은 교육, 더 교육다운 교육을 찾아가는 작업이다. 본질적인 '교육'을 정립하고 그에 부합하는 실천의 길을 모색하자는 것이다. 그러나 교육의 논리와 과정에 충실한 문화연구는 아직까지 대단히 미진한 상태이다. 다만 나의 권면과 종용 속에서 서울대학교 대학원 교육학과 학생들의 학위논문 가운데서는 조금씩 그러한 연구가 싹터 자라나고 있다.

이 대목에서 우리가 교육학적 문화연구를 할 때 문답해야 할 세 가지 사항을 '학교문화'를 중심으로 예시하고자 한다. 첫째, 우리의 학교문화 속에서 '학교가 교육을 어떻게 길들여 왔는가'이다. 보다 구체적으로 학생들의 학습하는 몸, 학습의 시간과 공간, 학습 네트워크를 어떻게 지배하고 통제하고 관리해 왔는가? 그 길들임 속에서 교육적이지 않은, 비교육적이거나 교육 외적이거나 반교육적인 것은 없었는가? 혹시나 학교가 교육을 열어 가지 않고 닫아 가지는 않았는가? 둘째, 우리의 학교문화 속에서 '학교가 교육의 이름으로 어떤 길을 선택하고 어떤 방식을 배제해 왔는가'이다. 이 선택과 배제의 역사를 나는 두루 깊이 반성한 적이 있는가? 고생스럽지만 더 나은 대안적인 길을 찾고 대안적인 길을 걸어가고 있는가? 셋째, 우리의 학교문화가 '학습과 교수와 교육을 어떻게 의미화해 왔는가'이다. 보다 구체적으로 학습과 교수와 교육에서 무엇을 중요시하느라, 무엇을 경시하고 무시하고 도외시하고 등한시해 왔는가? 교육에 관련된 사람, 사물, 사태를 둘러싼 의미화의 대립과 갈등이 있을 때 나는 어떻게 대처해 왔는가?

학교문화는 '학교 사람들의 문화'이거나 '학교에 대한 사람들의 문화'이거나 '학교를 움직이는 문화'이다. 이 모두를 아우르는 문화이기도 하다. 바꾸어 말하면 학교문화는 학교에 대한 사람들의 이미지, 기대, 평가와 아울러 학교의 운영에 관련된 관행, 규범, 전략 등을 통칭하는 개념이다. 또한 학교문화는 학교를 구성하거나 학교에 관여하는 집단들이 학교 안팎에서 상호작용(교환, 의존, 갈등, 협상)하는 방식과 그 원리를 의미한다. 학교는 다양한 사람으로 구성되어 있고 다양한 사람이 관여하고 있다. 그들은 학교와 관련된 생활을 하면서 제각기 독특한 방식, 즉 문화를 형성하고 공유한다. 사람들은 학교에 대해서 다양한 이미지, 표상체제를 가지고 있다. 다시 말해, 자신이 다녔던 학교, 자기 자녀의 학교, 한국의 학교, 외국의 학교 등에 대한 이미지를 가지고 있다. 좋은 학교와 나쁜 학교에 대한 이미지가 있고, 학교의 현실태 이미지와 이념형 이미지가 있다. 사람들의 학교에 대한 이미지는 각자가, 그리고 각 집단이 처한 입장에 따라서 다를 수 있다. 특히 학교가 일차적 삶의 터전인 교사와 학생들에게서 우리는 교사문화와 학생문화를 발견할 수 있고, 그 양자의 관계를 우리는 흔히 중심적인 학교문화로 규정한다. 거기에다 학부모와 학교행정가의 문화를 덧붙이면 좀 더 넓은 학교문화가 구성된다. 물론 교사문화에도 여교사와 남교사, 진보적인 교사와 보수적인 교사의 문화가 달리 있을 수 있다. 학생문화에서도 모범생과 문제아, 우등생과 부진아, 인문계 학생과 실업계 학생의 문화가 다를 수 있다. 대도시 학부모의 문화와 농어촌 학부모의 문화가 같을 수도 다를 수도 있다. 그러나 이런저런 교사문화, 학생문화, 학부모문화, 학교행정가문화의 산술적 합이 곧 학교문화는 아니다.

학교문화는 구성체인 동시에 유동체이다. 학교문화의 변이(變異 · 變移)는 시대와 상황과 사안에 따라서 천차만별로 구성되고 유동한다. 문화는 생활세계 이면에 잠재하다가 구체적인 존재사건 낱낱에서 여러 모습으로 그 얼굴을 드러낸다. 그래서 학교문화는 명사형이 아닌 동사형으로 대할 때 제대로 드러나고 제대로 보인다. 학교문화는 교사, 학생, 학부모, 학교행정가 어느 한 집단이 일방적으로 형성하거나 변화시킬 수 없는 총체성을 가진다. 학교문화는 부단히 움직이고 흔들리는 '관계의 문화'이다. 학교문화는 학교를 둘러싼 생태계적 환경 조건 속에서 외부의 영향력과 내부의 상호작용이 결합하는 가운데 형성되고 변화한다. 달리 말해 학교 내부의 집단 간 상호작용과 외부의 영향력 속에서 학교를 움직이는 관행, 규범, 전략 등이 등장하며 그것을 일컬어 학교문화라 하는 것이다. 학교문화는 학교 현장에서 구성원들의 말과 행동으로 표현된다. 현장의 기호적이거나 상징적인 사물로도 나타난다. 물론 학교와 관련된 제도와 정책의 과정 및 산물에도 다양한 문화가 관여하거나 배제되고, 대립하거나 협상한다. 그러므로 학교문화의 부분적 단면이나 표면에 휘둘리지 않고, 그 부분–전체와 표층–심층 사이의 '해석학적 순환'(Gadamer, 1960ab)을 주목할 때 비로소 충실히 연구할 수 있다. 새로운 학교문화, 더 교육적인 학교문화를 구상하고 만들어 갈 수 있다.

문화는 쉽게 알 수 없고 쉽게 바뀌지 않는 것이어서 심층적인 질적 연구를 요청한다. 특히 개혁이나 개선을 모색하기 위해서는 반드시 질적 실행연구(조용환, 2015)가 요청된다. 학교문화를 깊이 연구해 보지도 않고서 이러쿵저러쿵 논하는 것은 대단히 위험하다. 거기에서 학교문화에 대한 이해가 아닌 오해들이 비롯된다. 학교문화는 많은 문제와 과제를 가지고서 연구의 관심, 연구자의 발길을 기다리고 있다. 폭넓고 깊이 있는 충실한 이해와 해석과 실천을 요청하고 있다. 도서관의 서고를 뒤지고 인터넷을 검색하면서 문화를 연구할 수도 있겠지만 그것은 문화연구의 온전한 접근일 수 없다. 인류학자들이 그랬듯이 문화는 현장에 가서 현장 사람들의 삶과 지식, 기술, 가치 등을 말과 행동과 사물로 직접 대하면서 이해를 해 나가야 한다. 문화 자체가 살아 움직이는 것이기에, 문화연구 또한 살아 움직이는 방식과 방법으로 이루어져야 한다.

3. 교육인류학 분야 질적 연구의 동향

교육인류학도로서 나는 교육인류학이라는 학문을 너무나 좋아하고 즐겨 한다. 지금까지 교육인류학이 이루어 온 것들에 흠뻑 매료되기도 하지만, 앞으로 해야 할 일이 산적해 있는 것도 알고 있다. 내 자신이 하고 싶었지만 못다한 일들도 많다. 그래서 내가 만일 다시 인간으로 태어날 수 있다면 지금과 똑같이 교육인류학 공부를 하며 사는 삶을 살고 싶을 정도이다. 그런데 서구 학계, 특히 북미권 학계와 달리 우리 학계에는 교육인류학이 널리 알려져 있지 않고, 교육인류학자를 자처하는 학자가 그리 많지 않은 실정이다. 우리 교육학계에 교육인류학 전공 교수를 임용하는 대학은 서울대학교와 연세대학교 두 곳뿐이다. 인류학계의 교육인류학 전공 교수까지 포함하면 숫자가 조금 더 늘어날 수는 있지만, 그 또한 미미하기 그지없다. 그러니 대학원 교육을 통해서 배출되는 교육인류학 전공자 역시 많을 수가 없다. 한국교육인류학회의 경우에도 회원들 가운데 교육인류학 전공자는 지극히 소수에 불과하다. 내 제자들만 해도 교육인류학에 깊이 매료되어 그 공부에 몰두하는 학생은 거의 없다. 교육인류학도임을 자처하는 제자들도 많지 않다. 오히려 질적 연구를 좋아하고, 질적 연구자를 자처하는 경우가 더 흔하다.

그러다 보니 교육인류학 분야의 질적 연구라고 온전히 특정할 만한 연구는 흔치 않다. 물론 삶과 문화와 교육의 관계를 폭넓게 연구하는 데까지 적용할 경우 그 외연은 더 커질 수 있다. 그리고 질적 연구의 학제적 성격에 기인하는 것이겠지만, 교육인류학과 타 분야에 걸쳐진 질적 연구는 상당히 많은 편이다. 지금부터는 '인류학적 교육연구'와 '교육학적 문화연구'를 포함하여 교육인류학 분야의 질적 연구를 연구의 내용에 따라서, 그리고 연구의 방법에 따라서 개관을 하기로 한다. 지면의 한계로 연구물 하나하나의 인용을 최소화하고 전형적인 사례 중심으로 묶어서 논의할 것이다. 특히 1986년부터 현재까지 서울대학교 대학원 교육학과의 교육인류학 전공 석 · 박사학위논문 전수조사를 기초로 동향을 살펴볼 것이다. 그 논문연구들을 내가 지도했기 때문에 연구의 문제, 방법, 과정, 성과, 특징, 한계 등을 잘 알기 때문이다. 물론 당연히 그 범주의 연구만을 다루지는 않을 것이다. 다음에 인용하는 어떤 연구에 대해서도 긍정적 · 부정적 평가를 하지는 않을 것이다. 오로지 연구의 동향을 분석하는 데 이 작업의 목적이 있기 때문이다. 이 개관을 통해서 우리는 교육인류학 분야에서 어떤 질적 연구가 어떻게 수행되었는지 개괄적으로나마 파악을 할 수 있을 것이다. 반면에 어떤 연구가 잘 수행되지 않았는지에 대해서도 그 여지를 살필 수 있을 것이다. 질적 연구의 초심자들이 연구주제를 잡는 데에도 도움이 되리라고 본다.

1) 연구의 내용별 동향

연구 동향을 분석하는 데에는 귀납과 연역의 두 가지 접근법이 있을 수 있다. 연구물들을 있는 그대로, 드러나는 대로 분류하고 범주화하는 과정에서 분석의 틀이 생성되는 방식이 귀납법이다. 그와 달리 관심에 따른 분석의 틀을 미리 가지고서 연구물들을 분류하고 범주화하는 방식은 연역적이라 할 것이다. 둘 다 장단점이 있겠지만, 기실 그 둘을 넘나들면서 최적의 동향 분석을 해내는 것이 최선이라고 본다. 이 글을 준비하면서 나는 여러 가지 사정과 제약 때문에 귀납적인 조사분석을 치밀하게 체계적으로 할 수가 없었다. 그래서 다음의 동향 분석들은 기본적으로 연역의 방식을 취한 것이다.

나는 누누이 학교가 곧 교육이 아님을 강조하고 있다. 그러나 우리 사회는 일종의 '학교형 사회'인지라(조용환, 2021), 학교를 중심으로 혹은 기준으로 교육 연구와 교육 실천이 이루어지고 있는 현실태를 어찌하기는 어렵다. 그래서 먼저 학교 연구와 학교 밖 연구를 나누어서 교육인류학 분야 질적 연구의 동향을 개관할 것이다. 그리고 학교 연구 안에서는 학교급별, 학교 구성원별, 주제별 연구 동향을 개관할 것이다. 국외 연구를 제외한 국내의 질적 연구만 하더라도 그 규모가 엄청나게 방대하며 날로 급증하고 있다. 학교 안팎의 문화와 교육에 관련된, 즉 교육인류학 분야의 질적 연구에 국한하더라도 치밀하고 체계적인 리뷰는 결코 쉽지 않은 일이다. 그래서 학위논문, 학술지논문, 저서 전반에 걸친 충실한 리뷰를 다 할 수가 없었다. 다만 국내 교육인류학 분야 질적 연구의 변방이 아닌 나름대로 중심에 내가 처해 있었기 때문에 다음과 같은 예시적인 개관을 어느 정도 할 수 있었다. 선택적 집중의 한계를 미리 밝힌다.

(1) 학교 연구

서울대학교 대학원 교육학과의 교육인류학 전공에서 학교 연구와 학교 밖 연구는 거의 반반 정도로 이루어져 왔다. 엄격한 양적 비교는 무의미하지만, 학교 연구보다 학교 밖 연구가 오히려 좀 더 많은 편이다. 이와 달리 다른 학교나 연구기관에서의 교육인류학 분야 질적 연구는 학교 연구가 훨씬 더 많은 편이다. 학교 안과 밖의 경계를 문제 삼거나, 그 경계를 넘나드는 문제를 다룬 연구도 있다. 서덕희(2008)의 홈스쿨링 연구가 그 좋은 예이다. 이기연(2006)의 연구에서처럼 방송대학교 주부학생의 학습 체험을 다룬 연구도 있다. 윤지혜(2018)는 학교의 비정규 교육과정에 예술강사가 어떻게 참여하는지를 내러티브 연구로 다루었다.

학교의 계열별로는 이전의 공업계, 상업계, 농업계 학교들에 대한 연구가 조금씩 있다. 야간학교에 대한 연구도 있었지만 야간학교와 함께 연구도 사라지고 있다. 지역별로는 도시학교 연구가 대부분인 반면에, 농촌학교는 드물게 연구되고 있다. 도서벽지의 학교와 분교장, 학교 통폐합 문제에 대한 질적 연구가 필요하다고 생각하지만 아쉽게도 찾아볼 수 없다. 도시 빈민지역 청소년의 학교 안팎 생활에 대한 연구도 드물게 이루어지고 있다. 평준화 지역과 비평준화 지역의 학교교육과 입시문화를 비교하는 연구도 있다. 일반학교 이외에 대안학교 연구는 질적 연구가 활발한 편이다. 이부미(1999)의 공동육아문화 연구와 청소년센터와 같은 대안적 교육기관에서의 연구(배은주,

2004)도 이에 포함하여 살펴볼 수 있을 것이다. 외국에 있는 한인학교에 대한 연구도 눈에 띈다. 여러 장애를 가진 학생들의 학교교육 기회와 관련 제도에 대한 연구는 그간 많이 늘어났다. 재활교육기관을 포함하는 각종 특수학교의 교육을 다룬 연구들이 있다. 일반학교 내 통합학급에 대한 연구도 적지 않다(강희연, 2006). 이 맥락에서 이정희(2020)는 시각장애인의 '이료교육'에 대한 생애사적인 연구를 수행하였다. 그 밖에도 학교의 조직체 측면과 공동체 측면을 다룬 연구, 학교문화와 대중문화 사이 갈등과 통합에 대한 연구 등도 이루어지고 있다. 학교 안팎의 교육문화에 대한 국제비교연구는 의외로 찾아보기 어렵다. 교육인류학 분야의 중요한 연구과제임에도 말이다.

학교급별로 살펴보면 유치원, 초등학교, 중학교, 고등학교의 문화와 교육에 대한 연구가 두루 이루어지고 있다. 반면에 대학과 대학원에 대한 연구는 미진한 편이다. 포괄적인 연구 일부만 예시하자면 유치원 교육은 염지숙(1999)과 이혜정(2001)의 연구, 초등학교는 서근원(2004)과 김영천(1997)의 연구, 중학교는 이혜영과 류방란, 윤여각(2001)의 연구, 고등학교는 조용환(2009)의 연구를 들 수 있다. 고등교육 분야에서는 전문대학의 신현정(2012)과 전가일(2014)의 연구, 대학의 이용숙(2001)의 연구, 대학원의 윤여각(1997)의 연구를 들 수 있다. 재수생의 삶과 문화를 다룬 연구들도 있고, 기숙학원 학생들의 생활과 학업을 살펴본 문화기술지도 있다. 취학전교육 연구의 주요 주제는 어린이집과 유치원의 초기 적응 과정, 유아와 아동의 생활세계, 기초생활교육, 놀이와 신체활동, 관계맺기와 사회성 발달, '착한 아이' 되기, 장애유아의 보육과 교육 등이다. 중등학교 연구의 주요 주제는 교칙과 규제와 징계, 학생 인권, 영재교육 등을 포함해서 대단히 다양한 주제가 다루어지고 있다. 보다 상세한 리뷰는 다음에서 이어가도록 하겠다. 고등교육 연구의 주제로는 대학생 문화, 대학원생 문화, 학생운동, 춤패와 노래패, 사범대생들의 생활, 대학생의 진로 멘토링 체험, 생활협동조합의 학생 참여 등이 있다. 이 모든 학교급별에서, 특히 초중등학교에서 학업 성취에 작용하는 다양한 학생 요인, 학교폭력의 양상과 처방, 교육실습을 포함하는 교원양성과정의 문화와 교육, 기간제 교사와 교과전담교사의 애로, 각종 사교육 참여의 정도와 방식과 문제점 등은 공통적으로 다루어지고 있는 주제이다. 유 · 초등 단계에서의 조기교육과 중등 이후의 어학연수, 고등 단계에서의 교환학생 경험 등은 제각기 공통점과 차이점을 가진 채 연구되고 있다.

학생, 학부모, 교사, 학교 행정가로 구분할 수 있는 학교의 구성원들에 대한 연구에서는 학생 연구와 교사 연구가 압도적으로 많다. 학생문화 연구의 주요 주제는 학교생활의 구조, 성적에 관련된 긴장과 갈등, 진학과 취업 고민, 또래 사이 권력관계, 집단 따돌림, 일탈 문화, 동아리 활동, 학교 밖 생활, 텔레비전 시청을 비롯한 대중매체 경험, 스마트폰의 사용 정도와 방식, 각종 아르바이트 경험 등이다. 수학 공부나 영어 공부와 같이 특정 교과의 학습에 관련된 연구들도 있다. 권효숙(2002)은 외국에 나갔다가 귀국한 학생들의 적응 문제를 다루었다. 교사문화 연구는 교직 사회화, 교사의 직무 스트레스, 학생들에 대한 교사의 통제, 학생 갈등의 교사 중재, 남녀 교사의 문화적 차이, 교사의 학생 범주화 과정, 다양한 연수 체험 등을 주제로 다루고 있다. 지난 10년 동안 교사들의 학습공동체에 관한 연구가 크게 늘어나고 있다. 이인효(1990)의 인문계 고등학교 교직문화 연구는 이 분야에서 가히 선구적인 연구라 할 수 있다. 체육교사의 직업 정체성 형성에 관한 생애사 연구(류태호, 2000)도 이후 교사문화 연구에 많은 영향을 주었다. 전현욱(2014)은 교육운동에 참여하는 교사들의 교육적 변화 과정을 연구하였다. 학부모와 관련된 연구로는 학부모의 교육열, 자녀교육의 방법과 고민, 자녀교육의 기대와 지원, 모성과 부성의 차이, 학부모의 학교교육 참여, 학부모 운동 등의 문제를 다룬 연구들이 있다. 학교 행정가 연구는 다른 세 구성원 집단에 비해서 많이 이루어지지 않았다. 연구되고 있는 주제들은 학교장의 삶과 문화와 다양한 역할, 교내외 장학, 학교 컨설팅, 학교운영위원회 등이다. EBS 수능강의 정책을 다룬 문화기술지 연구(김병모, 2007)는 교육제도와 교육정책에 대한 문화연구의 한 가지 예라 할 수 있다.

주제별로 살펴보면, 학교 수업에 관련된 연구가 가장 많다. 수업에서의 언어적 상호작용, 크고 작은 평가, 교사들의 수업 운영 방식, 학생들의 수업 참여 방식, 좋은 수업의 특성 분석, 수업 전문성, 모둠활동과 전체토론, 수준별 수업, 수업에 대한 인식과 체험 등이 수업 연구의 주요 주제이다. 하영유(2018)는 수업 사태에서 학생들이 보이는 침묵의 의미를 정체성 문제와 연관 지어서 연구하였다. 반면에 교사의 침묵문화를 연구한 것도 있다(장홍재, 1999). 수업 다음으로는 교육과정과 교과서에 대한 연구가 많다. 그 주제는 교육과정 개발, 창의성 교육과정, 교사들의 교육과정 구성, 교과서에 나타난 성차별주의 등을 포함하고 있다. 이 연구들에는 각 교과별로 다룬 것도 있고, 교과들 간에 비교를 행한 것도 있다. 그리고 다문화교육에 대한 연구도 질적 연구로 많이 수행되고 있다. 여기에는 학교와 교실 공간을 중심으로 다룬 것과, 학습자 개인 혹은 집단의 문제를 다룬 것으로 나누어 볼 수 있다. 이른바 다문화가정의 양육과 교육 전반에 걸친 문화기술지 연구는 폭넓게 이루어지고 있는 편이다. 그 밖에도 혁신학교, 통합교육, 미래교육, 통일교육 등을 문화와 교육의 관계 속에서 다룬 질적 연구들이 있다. 학교의 계급적인 사회재생산과 문화재생산 문제를 질적으로 다루는 연구는 소수이지만 주목할 만한 연구들이다. 이혁규(2001)의 대학수학능력시험 출제문화에 대한 연구 같은 것은 교육학적 문화연구의 새로운 과제를 제시하고 있다.

(2) 학교 밖 연구

학교 밖 교육의 문화와 상호작용에 대한 연구는 대단히 다양한 주제로 풍부하게 이루어져 왔다(배은주, 2010). 여기에는 교육만이 아니라 사회화, 교화, 훈련, 훈육, 육성, 계몽 등이 혼재해 있다. 먼저, 노동야학과 장애인야학을 포함하는 각종 야학에 대한 문화기술적 연구가 한 가지 전형이다. 노년층 학습자만이 아니라 노동이주민과 결혼이주민의 문해교육도 중요한 연구주제이다. 평생교육 차원에서 각종 사회교육 프로그램, 백화점 문화센터, 주민센터 취미교실, 노인대학, 환경운동단체 등의 문화와 교육을 연구한 예가 많다. 그리고 성악, 보컬, 민요, 판소리 등을 개인 레슨을 통해서 또는 국악 동호회와 같은 공동체 속에서 교습하는 현장의 문화기술지 연구가 많이 수행되었다. 김한미(2009)의 연구에서와 같이 학교교육과는 다른 도제식 교수-학습을 들여다볼 수 있는 연구들이다. 동성애자의 정체성 형성에 관한 연구, 성소수자 부모의 커밍아웃에 대한 연구(이은지, 2021)도 주목할 만하다. 실천공동체, 이주여성들의 자조단체, 박물관 활동 등을 통한 교육적 성장에 관한 질적 연구도 눈에 띈다.

기관이 아닌 학습자를 중심으로 학교 밖 교육을 연구한 것들도 있다. 이를테면 학교 밖 청소년들의 문화, 뮤직 비디오와 유튜브를 위시한 청소년의 매체 경험, 연예인 팬클럽 활동, 컴퓨터 게임 개발자들의 몰입 체험, 연극 작업의 교육적 의미 등에 관한 연구들이 그러하다. 성지영(2018)의 연구에서와 같이 탈북 청소년의 삶과 정체성 혼란 문제를 다룬 연구도 현저히 늘어나고 있다. 한국에 유학 온 재외동포 또는 외국인 학생들의 삶과 문화와 교육에 대한 연구도 주목할 만하다. 여기서는 한국어 교육 현장에서 언어와 문화가 어떻게 교수되고 학습되는지를 중점적으로 다루고 있다. 언어교육에 관해서는 외국어 교습에 임하는 한국인 강사와 외국인 강사의 차이점을 다룬 연구도 흥미롭다. 스포츠교육 분야에서 검도 수련, 고산등반 체험, 테니스 동호회 활동 등을 교육인류학적으로 분석하고 해석한 연구들이 있다. 또한 종교교육의 맥락에서 원불교의 마음공부와 수행 과정을 들여다본 문화기술지 연구들도 있다. 강신무의 성무(成巫) 과정에 대한 교육인류학적 해석 연구(조정호, 2000)도 독특하다. 산업체 노동자들의 인성교육을 살펴본 연구(이현경, 2009)와 그들이 노동자로서 주체를 형성하는 과정에 문화와 교육이 어떻게 갈등하는지를 다룬 고경임(2000)의 연구도 있다. 치과의사와 같은 전문직업인의 교육적 발달을 비교문화적으로 연구하기도 한다. 재취업한 사람들의 새로운 사회화 과정을 연구한 것도 인상적이다.

2) 연구의 방법별 동향

질적 연구에는 스무 가지 이상의 하위갈래 연구가 있다(조용환, 2019). 그러나 교육인류학 분야의 질적 연구는 대다수가 문화기술지(ethnography)로 이루어지고 있다. 그 다음으로는 생애사(life history) 연구가 많다. 그 이외에는 현상학적 체험연구, 내러티브 연구, 사례연구 등이 조금씩 이루어지고 있을 뿐이다. 이는 문화기술지가 인류학의 가장 기본적이고 전통적인 연구방법인 까닭과 상통한다. 그리고 생애사 연구 또한 인류학의 중요한 연구 전통이었던 까닭과 닿아 있다. 교육인류학 분야의 질적 연구물에서는 '질적 연구'를 포괄적으로 표방하거나, 아니면 '내러티브 연구'처럼 하위갈래의 질적 연구방법을 적시하는 두 가지 양상을 보인다. 특정한 하위갈래 방법에 집중하지 않았거나, 그 갈래를 적시하기 애매한 경우에 포괄적인 표기도 무방하다고 본다. 또한 방법이 질적 연구라 하더라도 제목에는 '교육학적 해석', '교육인류학적 연구', '참여관찰 연구' 등으로 표기하는 경우가 흔히 있다. 그러므로 선행연구를 검색할 때 이 점을 감안해야 할 것이다.

(1) 문화기술지와 생애사 연구

교육인류학 분야의 질적 연구는 문화기술지가 주를 이룬다. 그 연구들에서 제목은 '문화기술적 연구', '문화기술적 분석', '문화기술적 사례연구' 등으로 대개 표기되어 있다. 문화기술지 연구의 핵심은 'ethnos(사람들)'와 'graphia(기술)'의 결합에 있다. 여기서 'ethnos'는 고대 그리스에서 '민족'을 뜻하는 말이었다. 특히 이교도, 이방인, 미개인 등을 비하하는 투로 쓰였다고 한다. 초창기 서구 인류학의 자민족중심주의(ethnocentrism)를 반영하기도 한다. 그러나 현대 인류학에 와서는 영어로 'heterogeneous population, as distinguished by customs, characteristics, language, common history, etc.'의 의미로 쓰인다. 여기서 알 수 있듯이 'ethnos'는 우리와 관습, 특질, 언어, 역사 등이 다른 사람들을 일컫는다. 인류학자들이 전통적으로 연구해 온 낯선 종족, 부족, 민족의 사람들이다. 그리고 'graphia'는 고대 그리스에서 '쓰다' 혹은 '그리다'를 뜻하는 말이었다. 이 용법은 지금도 고스란히 유효하다. 그래서 인류학자들은 'ethnography'를 어떤 민족의 삶에 관한 기록이라는 뜻으로 '민족지(民族誌)'라 번역해 왔다. 그런데 인류학자들이 연구하는 사람들의 단위가 민족이 아닌 지역, 계층, 성, 연령, 직업, 종교, 성향, 취향 등의 잣대로 다양하게 구분되기 시작하면서, '민족지'보다 '문화지(文化誌)'나 '문화기술지(文化記述誌)'라는 번역이 더 적절하다는 인식이 싹터 확산되었다. 나도 인류학적 연구가 사람들의 삶 자체가 아니라, 그 이면의 문화를 연구하는 것이라는 점에서 그 번역들이 더 적절하다고 본다. 문화의 '기술', 즉 'graphia'는 생생하고 상세한 사실적 묘사(vivid and detailed realistic description)가 핵심이다. 따라서 이는 문화기술지 연구의 기본 지침이기도 하고, 문화기술지를 평가하는 최우선 잣대이기도 하다. 그렇다면, 어찌하면 사람들의 삶과 문화를 가장 생생하고 상세하게 사실적으로 묘사할 수 있을까?

교육인류학 분야 문화기술지 연구의 현장은 학교가 가장 많다. 학교 밖의 가정이나 마을, 교육에 연관된 각종 조직체와 공동체도 적지 않게 연구되고 있다. 이를테면 명상 수련단체, 종교단체 등을 연구한 것들이 있다. 그리고 현장이 아닌 참여자 집단을 중심에 두고서 문화기술지 연구를 한 것들도 있다. 최근에 와서는 연구자가 자신의 문화를 연구하는 자문화기술지(autoethnography) 연구가 현저히 증가하고 있다. 낯선 세계로 이동하여 거주하지 않아도 되고, 진입장벽(gate keeping) 문제를 겪지 않아도 되는 편리함 때문인 듯하다. 그런데 자문화기술지는 연구자 자신을 자신의 문화와 분리하여 '거리두기'를 하고 타자화해야 하는 결코 쉽지 않은 과제에 봉착한다. 이 과제를 잘 해결하지 못할 경우에 양적 연구자들이 흔히 지적하는 '주관주의의 함정'에 빠질 수 있다. 한편으로 문화의 이해와 해석을 넘어서 '실천'과 '해방'을 추구하는 비판적 문화기술지(critical ethnography)는 아직 드물지만 조금씩 나타나고 있다(김홍정, 2013).

생애사 연구는 한 사람 혹은 그 이상 참여자의 생애를 역사적 맥락과 연관

지어 연구함으로써 '역사 속의 주체'와 '주체 속의 역사'를 넘나들며 연구하는 방법이다(조용환, 1999). 생애사는 초개인적 맥락에서 기록하고 구성하는 공적인 역사(history)와 구별된다. 다큐멘터리나 문학적 전기(biography) 또는 자서전(autobiography)과도 구분해야 한다. 역사학자들이 오래전부터 수행해 온 구술사(oral history) 연구와도 구분된다(김귀옥, 2010, 2014; 윤택림, 1993). 구술사는 비문자 사회나 문맹 집단에서 사료를 수집하는 방법에 더 무게를 두는 것이다. 한마디로 말해서 생애사는 참여자의 생활담(life story)을 근거로 삼아서 참여자 세계의 역사와 문화를 연구자가 문질빈빈하여 재구성하는 것이다. 그럼에도 불구하고 적지 않은 연구자들이 자문화기술지와 자전적 생애사(autobiographic life-history) 연구를 혼동하고 있다. 자문화기술지가 문화에 방점을 두는 것이라면, 자전적 생애사는 생애사에 방점을 두는 것이다.

교육인류학 분야의 생애사 연구에서는 한 명을 연구하기보다 두 명 이상을 비교하면서 연구한 경우가 더 많다. 최근에는 연구자 자신을 참여자로 삼은 자전적 생애사 연구가 늘어나고 있다. 예컨대, 최문연(2018)은 동아시아 삼국, 즉 중국, 일본, 한국을 전전한 자신의 삶과 문화와 교육 체험을 비교 연구하였다. 여기서 그녀는 다문화 주체로서의 갈등과 상생에 주목하였다.

(2) 그 밖의 연구방법

문화기술지와 생애사 연구를 제외한 교육인류학 분야의 질적 연구는 미미한 수준이다. 가장 많기로는 사례연구가, 그 뒤를 이어서 내러티브 연구가 많이 이루어지고 있다. 사례연구는 실상 모든 질적 연구에 붙일 수 있는 이름이라 할 수 있다. 요즘의 질적 연구는 거의 모두가 전수조사를 하지 않거니와, 모집단을 염두에 둔 확률적 표본조사를 하지도 않기 때문이다. 연구의 폭보다 깊이를 더 중시하는 질적 연구의 성격상 국지적 사례를 연구하는 것은 표집(sampling)의 제약이 아닌 전략적 선택(selection)이라고 보아야 한다(조용환, 1999: 27). 이때, 그 선택의 전략이 얼마나 타당한가는 연구자가 치밀하게 방어해야 할 몫이다. 질적 사례연구는 대체로 세 가지 부류가 있을 수 있다.

첫째는 유일하거나 극히 희귀한 사례인지라 불가피하게 사례연구를 하는 경우이다. 둘째는 가장 전형적인 사례를 선택함으로써 그 사례가 속한 전체에 다가가고자 하는 경우이다. 국맛을 보기 위해서 솥의 국물을 다 먹어볼 필요가 없는 것과 비슷한 이치이다. 그런데 대부분의 연구 세계 혹은 현장에서 어떤 사례가 가장 전형적인 사례인지는 연구를 시작하여 진행해 보지 않고는 알 수 없다. 설혹 웬만큼 알 수 있다 하더라도 '판단중지'를 해야 할 판이니 섣불리 전형성을 예단해서도 안 된다. 그래서 셋째는 사례를 선택하는 여러 가지 전략 가운데 하나를 취하여(조용환, 1999: 28), 사례성을 충실히 감안한 연구를 하는 경우이다. 사례성을 감안하기 위해서 질적 연구자들은 자신이 선택한 사례가 아니지만 밀접하게 관련이 있는 대조사례들을 여력이 닿는 대로 함께 연구한다. 남교사를 연구할 때 여교사와 비교하고, 저학년을 연구할 때 고학년과 대조하는 방식이다. 이를 나는 '비교사례적 대조분석'이라 칭한다. 사례를 다룬 모든 질적 연구에서, 특히 질적 사례연구를 표방한 연구에서조차 이 사례성의 문제를 깊고 체계적으로 검토하고 반영한 연구는 흔치 않다.

내러티브 연구는 기본적으로 삶(life)과 이야기(story)의 나선형적 반복을 통해서 문질빈빈을 수행하는 연구이다. 우리 인간은 이야기를 나누지 않고는 살 수 없는 존재이다. 누군가가 막아서 이야기를 못하게 되면 몸과 마음의 병을 앓게 된다. 이야기를 통해서 우리는 자신의 삶을 구성하고 해석한다. 즉자적 존재의 삶을 대자적 존재자로서 의미화를 하는 것이다. 이야기를 함으로써 우리는 삶을 돌아보고 또 내다본다. 그리고 어떻게 다시 살까를 염려하고 기획한다. 이러한 이야기를 연구자와 참여자가 거듭해서 나누는 과정이 내러티브 연구의 골자이다. 그런데 국내의 많은 내러티브 연구는 단순한 면담 연구와 구별이 되지 않은 채 이루어지고 있다. 참여자를 만나 몇 차례 인터뷰를 하고서는 덥석 '내러티브 연구'라 이름을 붙인다. 이야기가 삶에 스며들고, 그 삶이 다시 이야기되는 과정의 거듭남이 전혀 없이 말이다. 그나마 이 과정을 잘 진행한 연구가 윤지혜(2018)의 '예술강사 되기' 연구이다. 내러티브 면담은 일반적인 질적 연구의 인터뷰와 결코 같지 않다. 변화를 도모하고 추적한다는 점에서 내러티브 연구는 실행연구와 비슷한 점이 있다(조용환, 2015).

교육인류학 분야의 질적 연구에서 현상학적 연구도 조금씩 늘어나고 있다. 그런데 현상학적 연구가 참여자들의 주관적 체험 구조를 중시한다는 점에서 인류학적인 집단문화와 상충하기 마련이라는 사실을 숙고하지 않는 경향이 있다. 다시 말해, 교육인류학 분야의 현상학적 연구는 문화와 주체 사이의 긴장 갈등 관계를 치밀하게 살펴보아야 한다. 그리고 현상이 무엇이며, 현상학이 무엇인지에 대해서 충분한 공부가 전제되어야만 올바른 현상학적 연구를 할 수 있다. 과연 그런 연구가 얼마나 있는가? 좋은 연구의 예를 들자면 유혜령(2005)의 연구를 들 수 있다. 최근에 와서 '현상학적 내러티브 연구'처럼 두 가지 이상의 연구방법을 결합해서 연구하는 경우도 늘어나고 있다. 그 밖에도 근거이론 연구, 실행연구, 기호학적 연구, 담론분석 연구 등이 교육인류학 분야에 새롭게 등장하여 질적 연구의 다양화에 기여하고 있다. 상담 혹은 치료와 연관된 자서전 연구나, 서제희(2014)의 자전적 성찰 연구도 이 맥락의 다른 예들이다.

(3) 연구 과정별 특징

서울대학교 대학원 교육학과의 교육인류학 전공 학생들의 석·박사학위논문은 거의 모두가 1년 이상 장기간 현장에서 체류하면서 현지조사를 한 연구들이다. 그와 달리 다른 대학이나 연구기관에서 이루어진 질적 연구 중에는 6개월 내외, 혹은 그보다 짧은 기간에 집중적으로 이루어진 연구가 많다. '3E', 즉 참여관찰과 심층면담, 현지자료의 조사분석을 잘 교차하면서 연구를 해야 하는데 그렇게 수행한 연구는 많지 않다. 한 연구자 개인이 수행하기는 어렵지만, 연구소나 국가기관이 일정한 준거집단(cohort)을 5년 혹은 10년 주기별로 장기 추적하면서 어떤 문제에 대한 인식과 실천에 어떤 변화가 있는지를 살펴보는 질적 종단연구(qualitative longitudinal study)는 꼭 필요한 연구이다. 미국 하버드대학교의 종단적 '성인발달연구(혹은 행복연구)'는 그 좋은 예이다. 국내에도 '종단적 사례연구'라는 제목을 단 연구가 있지만, 이는 종단적 연구를 온전히 이해하지 못한 것이다.

연구방법상, 앞에서 언급한 '비교사례적 대조분석'을 잘 이행한 연구 또한 드물어서 안타깝다. 질적 연구의 불가피한 사례성을 단점이 아닌 장점으로 만들기 위해서는 연구의 설계, 진행, 평가 전 과정에서 '비교사례적 대조분석'이 이루어져야 한다. 하위문화들을 포괄하는 상위문화, 상위문화의 갈래들인 하위문화 사이 관계를 유념하는 분석은 이 대목에서 볼 때 대단히 유용한 작업이다. 연구방법상의 다른 특징으로는 현상학적 실존을 구성하는 신체, 시간, 공간, 관계를 분석하는 연구가 최근에 늘어나고 있다(서덕희, 2008). '레비나스의 접근', '비고츠키의 언어적 매개', '아렌트의 행위성', '메를로-퐁티와의 조우', '고진의 사상체계' 등과 같이 특정 학자나 이론적 패러다임을 명시하여 분석하고 해석하는 연구도 있다. 기호학적 분석, 상호작용 분석, 해석학적 분석, 질적 네트워크 분석(박순용, 2009) 등에 집중하는 연구도 볼 수 있다. 학교생태학이나 교실생태학의 관점을 적용한 연구, 'PBL(문제중심학습)' 같은 독특한 교수-학습 방법을 적용한 연구, 도덕성 발달 이론을 정체성 형성 문제와 결부한 연구 등도 같은 맥락의 것이다. 분석 작업에서 소상황-(매개상황)-대상황 분석을 하는 경향도 늘어나고 있다(강은영, 2010). 이 맥락에서 볼 때 문화에 대한 '미시기술'과 '거시기술'을 별도로 다루는 연구는 한계가 있다. 초점집단면담(Focused Group Interview: FGI) 연구가 아니면서도 참여자들 간 체험의 '나눔 사례'를 집중적으로 분석한 연구도 눈에 띈다(권정희, 2017).

4. 교육인류학 분야 질적 연구의 향후 과제

지금까지 거칠게나마 교육인류학 분야 질적 연구의 동향을 개관하였다. 나의 핵심적인 관심 분야인지라 많은 연구는 내가 깊이 들여다본 것들이다. 그러나 다소 깊이 없이 살펴본 연구도 적지 않다. 따라서 나의 리뷰에 허점이 많이 있을 것이라고 본다. 지금부터는 나를 비롯한 교육인류학 분야의 질적 연구자들이 함께 반성하고 개선했으면 하는 점 몇 가지를 짚어 보기로 한다.

첫째, 질적 연구는 시간과의 싸움이다. 지금까지 국내 교육학계에서 이루어진 질적 연구의 가장 큰 취약점은 짧은 연구 기간과 불충분한 현장 체류이다. 현장 사람들과 친밀관계(rapport)를 형성하는 데에도 최소한 몇 개월이 걸린다는 점을 감안할 때, 반년도 채 안 되는 짧은 시간으로는 어떤 질적 연구라도 결코 온전하게 이루어질 수 없다. 교육인류학 분야의 질적 연구는 교육학 다른 분야의 질적 연구에 비해서 보다 장기적이고 '3E'에 충실한 연구가 많은 편이다. 그러나 인류학자들이 일종의 전통으로 대물림하고 있는 참여관찰의 '참여', 즉 'participation'이 무엇을 의미하는지 숙고하고 반영하는 연구가 절실하게 요청된다. 무엇에 참여한다는 말은 적당히 발을 걸치고 있음을 뜻하지 않는다. 그 일, 그 세계의 한 부분이 되어서 최대한 온몸으로 직접적인 체험을 많이 한다는 뜻이다. 그래야만 그 일이 무슨 일인지, 그 의미가 무엇인지를 제대로 파악할 수 있기 때문이다. 그 세계의 'what'과 'how', 'why'를 온전히 이해할 수 있기 때문이다. 현상학자들은 이런 작업의 정신과 방법을 '자유변경을 통한 본질직관'이라 하였다. 연구현장에 얼마나 그리고 어떻게 '거주'해야 할지는 현장 생활세계의 특성과 허용에 따라서, 그 세계 특유의 주기와 리듬에 따라서 달라질 것이다. 그리고 지속적으로 줄곧 참여할지, 단속적으로 참여를 반복할지도 현장의 특징과 연구의 성격에 따라서 달리 설계될 수 있을 것이다.

둘째, 질적 해체 혹은 현상학적 환원이 이루어지기 위해서는 '문'에 대한 충실한 파악과 비판적 분석이 반드시 필요하다. 있는 그대로 즉자인 '질' 존재 자체를 대자인 인간이 직접 파악할 수 없기 때문이다. 이미 '문화'되어 있는 존재자들을 통해서 최대한 직관을 모색해야 하기 때문이다. 특히 평균적이거나 규범적인 사례들보다 '소수자'나 경계에 처한 '불온한 것들'(이진경, 2011)을 두루 살피는 작업이 모든 질적 연구에 필요하다. 교육인류학자들이 학교문화를 연구하는 경우를 생각해 보자. 학교문화는 학교 자체로만 또는 학교 내부에서만 구성되는 것이 아니라, 사회 전체의 각 부문과 교육이 아닌 다른

'삶의 형식'들과 부단히 교차하면서 구성되는 것이다. 학교문화의 연구를 통해 교육의 더 깊은 이해와 더 나은 개선을 도모한다면, 평생교육의 관점에 기초하여 가정교육과 학교교육과 사회교육의 연관성을 주목해야 한다. 비록 수업에 초점을 둔 연구라 할지라도 수업에 관련된 여러 활동을 최대한 함께 관찰해야 한다. 그리고 학생들이 학교에 머무는 시간만이 아니라, 가능한 한 생활시간 전반에 대한 파악 속에서 학교생활을 연구해야 할 것이다. 참여자들의 온몸을 주목하고, 그 실존적인 신체가 처한 실존적인 시간과 공간과 관계를 총체적으로 살펴보아야 하는 까닭도 온전한 질적 해체를 위해서이다(van Manen, 1990, 2014).

셋째, 교육인류학은 문화와 교육의 상관작용을 연구한다. 그러므로 어떤 연구에서도 '문화가 무엇인가'와 '교육이 무엇인가'에 대한 연구자의 진지한 검토가 있어야 한다. 연구자 나름대로의 정견이 있어야 한다. 이 자체가 곧 문화와 교육에 대한 '문질빈빈' 작업이기도 하다. 어떤 연구에서도 마찬가지지만, 질적 연구에서는 특히 연구의 핵심 문제, 주제, 개념 등에 대한 연구자의 고정관념, 편견, 선입견이 더 작용할 수 있다. 흔히 말하듯이 이는 '알게 모르게' 작용한다. 그 점에서 연구자의 자기분석(self analysis)은 질적 연구의 핵심 과제 가운데 하나이다. 문화는 낱낱의 언어, 행동, 사물이 아니다. 인간의 일거수일투족 그 자체가 아니다. 그 이면에 잠재해 있거나 표면 혹은 표현을 생성해 내는 심층의 구조적 원리 같은 것이 문화이다. 문화가 '집단의 것'임에도 불구하고, 연구참여자들의 집단적 정체성과 의미구조에 대한 비판적인 검토를 충실히 수행하는 연구가 드물다. 오히려 개개인 언행의 산술적 평균이나 합산으로 문화를 연구했다고 착각하는 경향이 있다. 내가 보기에 교육인류학 분야의 질적 연구에서 문화 자체에 대한 깊은 이해가 너무나 소홀하다. 문화가 무엇인지에 대한 숙고가 없이 좋은 문화연구가 이루어질 리 만무한데도 말이다. 연구자가 어떤 질적 분석과 해석을 할 때, 반드시 왜 그렇게 분석하고 해석하는지에 대한 근거지표(grounding indicators)들을 제시해야 한다. 문화와 교육을 연구하는 만큼 문화와 교육을 제대로 논의하고 있는지에 대한 근거지표가 최대한 충실히 제시되어야 하지 않겠는가.

넷째, 질적 연구는 내 연구의 참여자를 대상화하지 않는다. 메를로-퐁티(Merleau-Ponty, 1964)는 타자(autre)와 타인(autrui)을 구분한다. 사르트르(Sartre, 1943)는 '대상인 타자'와 '주체인 타자'를 구분한다. 주체인 타자는 곧 타인이다. 대상화는 분리와 거리두기를 전제하며, 객체화를 전제한다. 대상 그 자체의 능동성, 자기주도성, 주체성을 배제한다. 물론 질적 연구에서도 연구자와 참여자가 온전히 하나가 될 수 없고, 그래서도 안 된다. 하지만 앞서 말한 '참여'가 그렇듯이, 질적 연구자는 연구하는 생활세계 속으로 최대한 들어가서 그곳 사람들의 생활을 함께 겪어 보아야 한다. 마치 연애를 하듯이 말이다(조용환, 2019). 현장에 대한 질적 연구자의 지식은 머리가 아닌 온몸으로 체득하고 습득하는 것이다. 내 연구의 참여자들은 연구자인 나와 마찬가지로 의식, 판단, 선택, 분석, 해석의 주체이다. 내가 그들을 볼 때 그들도 나를 보며, 내가 그들에게 문답할 때 그들도 나를 향해 문답한다. 그럼에도 불구하고 아직까지 '연구대상'이라는 표현을 별 생각없이 쓰는 자칭 '질적 연구자'가 너무나 많다.

다섯째, 내가 '객관주의 불안'과 '일반화 욕망'이라 칭하는 걸림돌 때문에 질적 연구의 질이 저하되고 있다(조용환, 2011a). 모든 사람, 사물, 사태에 맞는 진리의 지식, 기술, 가치는 세상에 없다. 유한한 인간으로서 연구자들은 그에 근접하고자 최대한 노력할 따름이다. 교육인류학 분야의 질적 연구는 법칙정립적(nomothetic)이기보다 사례기술적(idiographic)인 것이다. 그렇다고 해서 학문적 일반성에 관심을 갖지 않는 것은 결코 아니다. 다만 한 문화의 연구에 충실하되 연관된 문화들과의 비교문화적 대조를 통해서 학문적 일반성에 다가가는 접근법을 취할 뿐이다. 그럼에도 불구하고 비교문화적 대조와 비교사례적 대조에 충실한 연구를 찾아보기가 어렵다. 글레이저와 스트로스(Glaser & Strauss, 1967)는 비록 일반화에 한계가 있고, 소규모의 국지적인 적용 범위를 가졌다 하더라도 깊은 질적 연구에 기반한 탄탄한 이론을 'grounded theory'라 하였다. 홀랜드와 퀸(Holland & Quinn, 1987)은 나와 다른 세계에 살고 있는 사람들이 그들 특유의 관점으로 문제를 보고 방법을 찾는 이론적 체계를 'folk theory' 또는 'cultural theory'라 칭하였다. 검증을 추구하거나 어느 정도 검증된 학자들의 'scientific theory'와 그것들을 구분하였다. 질적 연구는 이와 같은 국지적인 현장의 이론, 토속적인 이론, 문화적인 이론들에 주목한다. 그 이론들이 잘 다듬어져서 언젠가는 과학적인 이론이 될 수 있기 때문이다. 아니면 과학적인 이론의 한계나 허점을 오히려 지적하고 보완해 줄 수 있기 때문이다. 그러므로 질적 연구자들은 내 연구의 범위와 한계를 '있는 그대로' 숙지하고, 내 연구가 '부족하나마 최대한 타당한' 연구가 되도록 해야 한다. 두루 깊이 연구하지도 않고서 과도하거나 엉뚱한 포장을 하지 말아야 한다. 과잉 분석과 과잉 해석을 연구자 스스로 경계해야 한다.

여섯째, 교육인류학 분야의 질적 연구가 너무 학교 또는 학교교육에 치우치지 않아야 한다. 학교는 교육만 하는 곳이 아니며, 교육이 학교에서만 이루어지는 것도 아니기 때문이다(조용환, 2021). 다른 생활세계에 존재하는 모든 삶의 형식이 학교에도 존재한다. 학교는 총체적인 삶의 세계이면서, 교육을 으뜸으로 하는 세계이다. 이를테면 학교의 핵심 활동인 수업도 다른 활동들과의 연관 속에서 이루어지기 마련이다. 그럼에도 불구하고 총체적인 생활세계의 관점에서 이루어진 학교문화 연구를 찾아보기 어렵다. 학교교육의 미시적인 단면들을 심층적으로 다루면서도, 교수-학습생태계를 주목하는 거시적 접근이 병행될 때 좋은 학교문화 연구가 가능하다. 좀 더 부연하자면 생태계-하위생태계, 문화-하위문화 식의 중층적 체제와 대상황-(매개상황)-소상황 연관을 체계적으로 살펴볼 필요가 있음에도 불구하고 그렇게 수행한 교육인류학 분야의 질적 연구가 드물다. 학교문화에 대한 질적 연구 내부를 들여다보아도 한계점이 많이 드러난다. 먼저, 학교 구성원의 문화에 대한 연구가 압도적으로 학생문화와 교사문화 연구에 편중되어 있다. 학부모와 학교행정가의 문화에 대한 질적 연구가 부진하다. 학교교육의 과정에 대한 연구에서는 잠재적 교육과정, 교육과 사회화의 차이, 문화의 긍정과 부정 양면성 등에 관련된 질적 연구가 충실하게 이루어지지 않고 있다. 그리고 입시문화에 대한 연구는 적지 않으나, 정작 학교교육 내부의 평가문화에 대한 연구는 의외로 부진하다. 우리 학교문화에서 차지하는 평가의 비중을 감안할 때 놀라운 사실이다. 학교교육의 생태적 환경과 제도적 조건에 대한 질적 연구도 크게 부족한 실정이다. 취학전교육과 초 · 중등교육에 대한 연구의 풍성함에 비해서 고등교육에 대한 질적 연구는 미진하다. 대학입시를 정점으로 한 그 이전의 학교교육과 그 이후의 고등교육이 어떻게 연계를 이루고 있으며, 또 이루어야 하는지에 대한 연구가 활성화되어야 한다. 더 나아가 취업을 비롯한 학교 이후 본격적인 '사회생활'과 이전 '학교생활' 사이의 연계성에 대한 연구가 필요함에도 불구하고 제대로 이루어지지 않고 있다. 학교 안에서는 교실연구가 지배적이다. 반면에 운동장, 복도, 급식실과 같은 교실 밖 공간에서 일어나는 문화적 상호작용이 제대로 연구되지 않고 있다. 특히 교사가 없는 시공간에서 학생들 사이에 어떤 교육적 · 비교육적 관계가 형성되고 작동하는지가 문화적 차원에서 질적으로 잘 연구되지 않고 있다.

일곱째, 자료들을 분석하고 해석하여 글쓰기에 이르는 과정에서 이해가 아닌 설명, 질적 서술이 아닌 문적 분석, 특수성이 아닌 보편성, 상호주관성이 아닌 객관성을 알게 모르게 중시하는 경향이 있다. 그로 인해 가시적이고 효율적인 범주, 요인, 유형, 단계 중심의 구조적 분석에 치중하는 연구가 지배적이다. 따라서 현상 이면의 복잡다단한 흐름, 변곡, 계기, 동기, 갈등, 모순 등을 경시하는 '생태학적 오류(ecological fallacy)'를 범하는 연구가 많다. 선험적인 분석 틀에 질적 자료를 대입하는 연구도 많이 볼 수 있다. 그렇게 해서는 학교 현장의 '있는 그대로' 무엇을 온전히 발견해 낼 수가 없다. 아무리 권위가 있는 틀일지라도 내부자 세계에서 공유되고 있는 특유의 질서, 고통, 의미 등을 분석해 내는 데에는 한계가 있기 마련이다. 같은 맥락에서, 현상 자체를 충실히 '이해'하지 않은 채 객관적이고 일반적인 '설명'에 치중하는 연구는 위험하다. 현장의 충실한 근거(근거지표) 없이 성급한 대책이나 개선책을 제시하는 연구도 위험하다. 혁신의 이름으로 기획된 숱한 제도와 정책들이 현장에 뿌리를 내릴 수 없었던 까닭도 이러한 성급함, 섣부름, 무모함 때문이다.

내 연구의 참여자들이 생활세계 속에서 어떤 '몸틀'로 교육적 관계를 맺고 상호작용을 하는지 '몸'에 초점을 맞춘 연구가 거의 없다. 교육적 변화는 단순히 '머리'에서 일어나는 것이 아니라, '온몸'에 일어나는 것이다.

여덟째, 방법론상으로 연구 계획의 수립, 연구 문제의 구조화, 자료의 수집 및 분석, 해석과 논의, 글쓰기, 연구윤리에 대한 검토에 이르기까지 일종의 '정형성(틀에 박힘)'이 발견된다. 외국의 방법론 '교과서'나 국내 '지도교수'의 선행연구 모델에 의존할 수밖에 없었던 초창기 혹은 과도기의 한계였을 것이라 짐작된다. 그러나 앞으로는 그런 정형들에서 진일보한 보다 독창적인 질적 연구가 많이 이루어져야 할 것이다. 무엇보다도 교육인류학 분야의 질적 연구에서조차 인류학적 문화기술지의 '3E' 전통을 충실히 따르지 않는 연구들이 비일비재하다. 너무나 짧은 시간에 깊이가 없는 연구들, 특히 결코 심층적이지 않은 '심층면담'에 치우친 연구가 적지 않다. 그로 인해 이름과 무늬만 '질적인' 연구가 양산되고 있다. 질적 연구는 현상학적 생활세계를 중시한다. 문제와 해법 모두를 생활세계 속에서 찾는다. 따라서 논문의 허두, 즉 연구의 필요성과 목적을 서술할 때부터 요약 및 결론에 이르기까지 시종일관 '생활(生活)', 즉 살아 움직임과 '세계(世界)', 다시 말해 맥락성을 중시한다. 특히 논문 허두에서 생활세계의 문제를 최대한 생생하게 서술적으로 제기할 필요가 있다(조용환, 2020a). 질적 연구는 참여자의 생활세계와 개인심리 깊숙이 파고드는 특성으로 인해 참여 동의를 구하기가 쉽지 않고, 연구 과정 내내 친밀관계를 유지하기도 어렵다. 그래서 연구 계획 단계에서 충실한 예비조사를 통해 계획의 '실현 가능성'을 최대한 확인해야 한다. 그럼에도 불구하고 예비조사를 충실히 행하지 않은 질적 연구가 허다하다.

지금부터는 교육인류학 분야 질적 연구의 전체 과정에 대한 향후 과제를 살펴보기로 한다. 먼저, 질적 연구의 자료는 연구자의 '수집'을 기다리며 이미 만들어져 있는 것이 아니라, 현장에서 연구자와 참여자가 함께 '구성'하며 만들어 가는 것이다(조용환, 2018ab). 부단히 '자료화'를 해야 한다는 말이다. 그런데 지금까지의 국내 질적 연구에서는 자료를 '이미 만들어져 있는 것'처럼 다루는 경향이 지배적이다. 질적 연구에서 자료는 분석에 앞설 뿐만 아니라, 분석을 넘어서 있다. 실험이나 질문지 연구는 분석틀을 가지고 조사에 임하기 때문에 분석이 자료에 앞서며, 분석과 자료가 최대한 일치해야 한다. 그러나 현상을 '있는 그대로' 대하는 질적 연구의 경우, 자료에 비해서 분석이 과도하거나 지나치게 추상적이거나 왜곡되지 않도록 경계를 해야 한다. 그리고 질적 연구의 성과에 대한 논의는 해석적으로 이루어져야 한다. 서구에서 도입된 '해석(interpretation)'이라는 말은 본래 '사이(inter)'에 '섬(pret)'을 의미한다. 무엇과 무엇 사이에 선다는 말인가? 다음 [그림 1-1]에서 보듯이 학자들의 학문세계와 연구참여자의 생활세계 사이에 선다는 말이다. 보편지향적인 '에틱(etic)'과 특수지향적인 '에믹(emic)' 사이에 선다는 말이다. 간단히 말해서 에틱은 객관적 잣대로 비교 가능하고 문화보편적인 학문세계의 것이다. 반면에 에믹은 평면적 비교가 불가능한 문화특수적인 생활세계의 것이다(조용환, 1999; Harris, 1976). 이는 학문적 언어와 일상적 언어 사이의 통역 혹은 번역을 의미한다. 질적 연구자는 자신이 속한 학문세계(대학원)를 잠시 떠나 자신의 연구현장인 생활세계(현지)로 가서 자료를 수집하고 분석한다. 그리고는 학문세계로 되돌아와서 자신의 현지연구 성과를 논문으로 정리하여 그곳의 독자(논문심사위원)들과 공유하고 평가를 받아야 한다. 이 두 세계에 사이에 연구자가 서게 된다. 연구자는 참여자의 생활세계 및 그 언어와 내 분야 학자들의 학문세계 및 그 언어 모두에 친숙해야 한다. 그리고 그 사이의 통역과 번역을 최적화해야 한다. 그것이 바로 질적 연구의 해석 작업이다. 그런데 지금까지의 질적 연구에서 연구 성과의 해석, 즉 두 세계 사이의 통역과 번역이 적절하고 타당하게 잘 이루어진 연구를 찾아보기가 쉽지 않다. 생활세계에서의 연구 성과를 충분히 잘 전하지 못한 채, 학계의 언어로 재단하여 견강부회(牽强附會)나 곡학아세(曲學阿世)를 일삼는 연구물이 적지 않다. 질적 연구의 해석적인 논의는 '이 현장연구를 하지 않았더라면 정말 몰랐을 이야기'를 '현장에 가 보지 않은 사람들도 이해하고 공감할 이야기'로 만드는 작업이다.

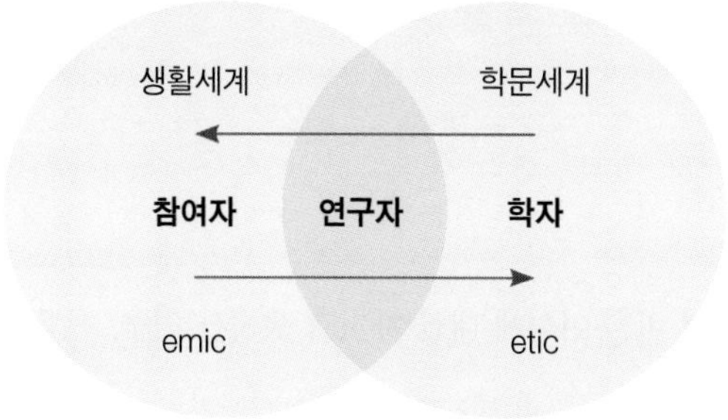

[그림 1-1] 질적 연구의 해석 작업

한 가지만 덧붙이자면, 연구기관심의(IRB)가 제도화되고 일반화되면서 질적 연구의 윤리 문제가 '고지된 동의(informed consent)'를 중심으로 형식과 절차에 얽매이고 있다. 'IRB'가 연구를 지원하기보다 통제하는 걸림돌이 되고 있다. 내가 생각하는 질적 연구의 윤리는 소극적인 '생명' 보호 차원을 넘어서서 연구자-참여자 공동의 진정한 '참여'와 적극적인 '해방'의 윤리로 나아가야 한다(조용환, 2019). 지금까지 언급한 모든 지적과 제언은 실상 누구보다도 나 자신을 향한 것이다. 질적 연구를 충실히 수행하는 데 필요한 여러 가지 여건의 불비(不備)로 인하여, 어떻게 해야 제대로 하는지를 모르지 않으면서도 충실하게 연구를 수행하지 못하는 상황이 참으로 안타깝다.

참고문헌

강은영(2010). 자발적 비혼 여성에 대한 자전적 생애사 연구. 서울대학교 대학원 박사학위논문.

강희연(2006). 통합학급 장애유아와 일반유아의 상호작용에 대한 질적 연구. 서울여자대학교 대학원 박사학위논문.

고경임(2000). 노동자 주체성의 특징과 교육적 형성과정에 대한 연구. 숙명여자대학교 대학원 박사학위논문.

권정희(2017). 수업나눔 사례분석을 통한 숲교육의 의미탐구. 서울대학교 대학원 박사학위논문.

권효숙(2002). 초등학교 '귀국반' 아동의 적응에 대한 문화기술적 사례연구. 서울대학교 대학원 박사학위논문.

김귀옥(2010). **구술사: 기억으로 쓰는 역사**. 서울: 아르케.

김귀옥(2014). **구술사 연구: 방법과 실천**. 서울: 한울.

김병모(2007). EBS 수능강의 정책에 대한 문화기술적 연구. 고려대학교 대학원 박사학위논문.

김영찬(1984). **교육인류학논고**. 서울: 교육과학사.

김영천(1997). **네 학교 이야기: 한국 초등학교의 교실생활과 수업**. 서울: 문음사.

김한미(2009). 도제식 교수-학습의 방법과 구조에 관한 질적 연구: 성악 레슨을 중심으로. 서울대학교 대학원 박사학위논문.

김홍정(2013). 특수교육 대상 학생의 과학교육에서 과학적 유창성에 대한 비판적 문화기술 연구. 대구대학교 대학원 박사학위논문.

류태호(2000). 체육교사의 직업정체성 형성에 관한 생애사적 연구. 서울대학교 대학원 박사학위논문.

박순용(2009). 질적 네트워크 분석을 통한 미국 청소년들의 사회성 발달 연구. **교육인류학연구, 12**(1), 173-201.

배은주(2004). 청소년센터에서의 대안적 학습에 관한 문화기술적 연구. 서울대학교 대학원 박사학위논문.

배은주(2010). 학교 밖에서 배우기: 개인·몸·통합의 교육. 서울: 원미사.

서근원(2004). 산들초등학교의 교육공동체 형성에 관한 교육인류학적 연구. 서울대학교 대학원 박사학위논문.

서덕희(2008). 홈스쿨링을 만나다. 서울: 민들레.

서제희(2014). 미술교사의 성장 체험에 관한 자전적 성찰 연구. 서울대학교 대학원 박사학위논문.

성지영(2018). 탈북청소년의 삶과 정체성에 관한 예술기반연구. 서울대학교 대학원 박사학위논문.

신영복(2015). 담론: 신영복의 마지막 강의. 서울: 돌베개.

신현정(2012). 전문대학생의 삶과 앎, 그 체험적 구성: 학교생활을 중심으로. 교육인류학연구, 15(1), 187-227.

염지숙(1999). 내러티브 탐구를 통한 유아세계 이해: 유치원에서 초등학교 1학년으로의 전이 경험 연구를 중심으로. 교육인류학연구, 2(3), 57-82.

유혜령(2005). 아동교육연구의 현상학적 접근: 역사와 과제. 교육인류학연구, 8(1), 57-90.

윤여각(1997). 태극대학교 대학원의 학문적 수월성 유지 기제에 관한 문화기술적 사례연구. 서울대학교 대학원 박사학위논문.

윤지혜(2018). 가르치는 예술가 되기: 한 사진 예술강사의 사례를 중심으로. 서울대학교 대학원 박사학위논문.

윤택림(1993). 기억에서 역사로: 구술사의 이론적, 방법론적 쟁점에 대한 고찰. 한국문화인류학, 25, 273-294.

이기연(2006). 성인여성의 학습체험에 관한 질적 연구: 방송대 주부학생의 사례. 서울대학교 대학원 박사학위논문.

이부미(1999). '공동육아' 문화의 교육적 해석. 중앙대학교 대학원 박사학위논문.

이용숙(2001). 대학교 수업의 개선을 위한 문화기술적 연구. 교육인류학연구, 4(3), 227-252.

이은지(2021). 성소수자 부모의 커밍아웃 체험과 그 실존적 의미에 관한 교육인류학적 사례연구. 서울대학교 대학원 박사학위논문.

이인효(1990). 인문계 고등학교 교직문화 연구. 서울대학교 대학원 박사학위논문.
이정희(2020). 시각장애인 이료교육에서 몸의 학습에 관한 교육생애사. 서울대학교 대학원 박사학위논문.
이종각(1995). **교육인류학의 탐색**. 서울: 하우.
이진경(2011). **불온한 것들의 존재론**. 서울: Humanist.
이혁규(2001). 대학수학능력시험의 출제문화에 대한 연구. **교육인류학연구**, 4(3), 289-322.
이현경(2009). 노동자 인성교육 과정의 전환적 특성 연구. 서울대학교 대학원 박사학위논문.
이혜영, 류방란, 윤여각(2001). **중등학교 교사의 생활과 문화**. 서울: 한국교육개발원.
이혜정(2001). '유치원교육'에 관한 문화기술적 사례연구. 서울대학교 대학원 박사학위논문.
장홍재(1999). 초등학교 교사의 침묵문화에 관한 문화기술적 연구. 경북대학교 대학원 박사학위논문.
전가일(2014). 전문대학 유아교육과에서 좋은 수업 만들어 가기: 해석학적 질문과 대화를 통한 실행연구. **교육인류학연구**, 17(2), 59-110.
전현욱(2014). 교육운동 참여의 자유변경 과정에 관한 사례연구. 서울대학교 대학원 박사학위논문.
조용환(1991). 한국교육의 문화적 전제와 교육인류학. **교육이론과 실천**, 1(1), 123-134, 마산: 경남대학교 교육문제연구소.
조용환(1997). **사회화와 교육: 부족사회 문화전승 과정의 교육학적 재검토**. 서울: 교육과학사.
조용환(1998a). 교육인류학의 연구동향. **교육개발, 통권 115**, 48-52, 서울: 한국교육개발원.
조용환(1998b). 교육학에서의 문화연구. 김광억 외 공저, **문화의 다학문적 접근** (pp. 129-155). 서울: 서울대학교출판부.
조용환(1999). **질적 연구: 방법과 사례**. 서울: 교육과학사.
조용환(2001a). 문화와 교육의 갈등-상생 관계. **교육인류학연구**, 4(2), 1-27.
조용환(2001b). 뇌호흡 수련의 교육적 의미에 관한 참여관찰 연구. **인체과학**, 2(1), 20-39.

조용환(2009). 고등학생의 학업생활과 문화 연구. 서울: 한국교육개발원.

조용환(2011a). 질적 연구논문의 작성과 평가. 서울: 서울대학교 교수학습개발센터.

조용환(2011b). 다문화교육의 교육인류학적 검토와 존재론적 모색. 교육인류학연구, 14(3), 1-29.

조용환(2012a). 교육인류학과 질적 연구. 교육인류학연구, 15(2), 1-21.

조용환(2012b). 어떤 변화가 필요한가 교육의 본질에서 본 공교육 개혁의 의미. 조용환 외 공저, 새로운 공교육의 이해와 실천 (pp. 3-34). 서울: 한국방송통신대학교 종합교육연수원.

조용환(2015). 현장연구와 실행연구. 교육인류학연구, 18(4), 1-49.

조용환(2018a). 질적 연구의 자료와 그 구성. 한국교육인류학회 하계 워크숍 자료집, 질적 연구 논문에서의 질적 자료 수집 (pp. 3-13). 서울: 한국교육인류학회.

조용환(2018b). 질적 연구의 자료에 대한 근본적 재검토. 한국교육인류학회 추계학술대회 자료집, 질적 연구에서 자료 구성의 의미와 실제 (pp. 7-14). 서울: 한국교육인류학회.

조용환(2019). 질적 연구의 원리와 기법. 서울대학교 교육연구소 질적 연구방법론 워크숍 자료집. 서울: 서울대학교 교육연구소.

조용환(2020a). 질적 연구의 계획과 예비조사. 한국교육인류학회 하계 워크숍 자료집, 질적 연구의 계획과 설계 (pp. 3-16). 서울: 한국교육인류학회.

조용환(2020b). 학교 문화와 질적 연구. 한국교육인류학회 추계학술대회 자료집, 교육혁신과 질적 연구: 학교 안과 밖에서 새로운 길을 모색하다 (pp. 7-41). 서울: 한국교육인류학회.

조용환(2021). 교육다운 교육. 서울: 바른북스.

조정호(2000). 강신무의 성무과정에 관한 교육학적 연구. 한국정신문화연구원 박사학위논문.

최문연(2018). 다문화 학습주체의 갈등-상생에 관한 자전적 생애사 연구. 서울대학교 대학원 박사학위논문.

하영유(2018). 침묵의 의미와 주체성 형성: 미술교육의 맥락에서. 서울대학교 대학원 박사학위논문.

Bach, R. (1970). *Jonathan Livingston Seagull: A Story*. 송은실 역(1996). 갈매기의 꿈. 서울: 소담출판사.

Derrida, J. (1967). *L'Ecriture et la Difference*. 남수인 역(2001). 글쓰기와 차이. 서울: 동문선.

Derrida, J. (1976). *Of Grammatology.* Baltimore, MD: The Johns Hopkins University Press.

Gadamer, H.-G. (1960a). *Wahrheit und Methode: Grundzüge einer Philosophischen Hermeneutik* (6th ed.). 이길우 외 공역(2012). 진리와 방법: 철학적 해석학의 기본 특징들 (제1부). 서울: 문학동네.

Gadamer, H.-G. (1960b). *Wahrheit und Methode: Grundzüge einer Philosophischen Hermeneutik* (6th ed.). 임홍배 역(2012). 진리와 방법: 철학적 해석학의 기본 특징들 (제2, 3부). 서울: 문학동네.

Glaser, B. G., & Strauss, A. (1967). *The Discovery of Grounded Theory: Strategies for Qualitative Research.* Chicago, IL: Aldine Publishing Co.

Harris, M. (1976). History and Significance of the Emic/Etic Distinction. *Annual Review of Anthropology* 5: 329-350.

Heidegger, M. (1927). *Sein Und Zeit* (15th ed.). 이기상 역(1998). 존재와 시간. 서울: 까치.

Holland, D., & Quinn, N. (Eds.). (1987). *Cultural Models in Language and Thought.* London: Cambridge University Press.

Hymes, D. (1978). What Is Ethnography?. *Texas Working Papers in Sociolinguistics* Vol. 45.

Merleau-Ponty, M. (1945). *Phenomenologie de la Perception*. 류의근 역(2002). 지각의 현상학. 서울: 문학과 지성사.

Merleau-Ponty, M. (1964). *Le Visible et l'invisible.* Paris: Editions Gallimard. 남수인 외 공역(2004). 보이는 것과 보이지 않는 것. 서울: 동문선.

Rist, R. (1980). Blitzkrieg Ethnography: On the Transformation of a Method into a Movement. *Educational Researcher* (Feb. 1980). 8-10.

Sartre, J.-P. (1943). *L'être et le Néant.* 정소성 역(2009). 존재와 무(제2판). 서울: 동서

문화사.

van Manen, M. (1990). *Researching Lived Experience: Human Science for an Action Sensitive Pedagogys*. 신경림 외 공역(1994). 체험연구: 해석학적 현상학의 인간과학 연구방법론. 서울: 동녘.

van Manen, M. (2014). *Phenomenology of Practice: Meaning-Giving Methods in Phenomenological Research and Writing*. Walnut Creek, CA: Left Coast Press.

Wolcott, H. (1992). Posturing in Qualitative Inquiry. In M. LeCompte, W. Millroy, & J. Preissle (Eds.), *The Handbook of Qualitative Research in Education*. (pp. 3-52). New York: Academic Press.

제2장

사회과교육에서 질적 연구의 변천 과정과 경향[1)]

옥일남(서원대학교)

1. 들어가기

1) 사회과교육에서 질적 연구 경향에 관한 연구의 필요성

국내 사회과교육 분야에서는 1990년대 초중반부터 질적 연구에 부응하는 인식론과 패러다임이 제기되고 질적 연구가 수행되기 시작하였다. 이 이전의 실증주의에 기반한 과학적 연구 등의 인식을 통해서는 사회과에서 해결하기 어려운 연구 영역이 존재했으며, 무엇보다 이러한 영역의 연구에 대한 의미가 사회과교육에서 제대로 부각되지 못했다. 그러나 질적 연구방법을 적용한 연구가 사회과에 도입되어 많은 연구자가 사회과 수업을 미시적으로 바라보기 시작하였다. 그동안 사회과 수업 현상의 원인과 효과를 검증하려는 연구

1) 제2장은 『교육인류학연구』 제24권 3호(2021년 9월)에 게재된 「사회과교육에서 질적 연구의 변천 과정과 경향 들여다보기」(옥일남)의 내용을 약간 수정하여 제시한 것임.

등에서 벗어나 연구자와 밀접한 관련을 맺고 있는 학교의 현장과 수업의 맥락 속으로 들어가 연구를 하기 시작한 것이다. 이를 통해 사회과교육의 본질 속으로 좀 더 다가가려는 움직임이 나타나기 시작하였다. 이러한 사회과교육의 연구현장을 바라보는 인식이 변화되면서 질적 연구에 임하는 연구자의 역할도 함께 변화되고 있다.

이러한 질적 연구 경향의 태동은 학교교육 현장을 새롭게 바라보고 사회과 수업 현장의 맥락과 인간의 상호작용에 더 많은 의미를 부여하며 연구를 하려는 사회과 연구자들의 새로운 몸짓이었다. 이후 이러한 질적 연구들이 사회과에 도입되면서 어떤 변화 과정을 맞이하게 되었으며 사회과의 학문 연구 경향의 변화를 어떻게 이끌어 오는지 살펴보는 것은 의미가 크다.

사회과에서 이러한 질적 연구의 변천 과정을 분석하는 이 연구는 사회과교육에 질적 연구방법을 적용함으로써 연구주제나 학문적 시각, 연구자의 참여가 어떤 경향으로 변화 · 확산되고 있는지 그 경향성을 살펴보는 데 필요하다. 또한 사회과교육의 연구에 있어 질적 연구가 도입되어 나타난 사회과 교실 연구 경향의 질적 변화 과정과 질적 연구와의 적합성을 살펴보는 데도 필요하다. 그리하여 사회과 수업 현장을 연구함에 있어 질적 연구방법 중 주로 어떤 구체적인 유형을 활용하여 수업이나 수업의 상호작용을 들여다보려고 하는지 파악할 수 있다. 나아가 이러한 구체적 질적 연구방법을 통해 이해하려는 연구주제는 어떠한지 파악할 수 있다. 이를 통해 사회과 수업 현장을 연구하려는 연구자의 인식론적인 시각과 연구방법의 부합성을 파악할 수 있다.

이 장에서는 사회과교육에서 질적 연구의 태동 과정부터 현재에 이르기까지 변화 양상을 종합적으로 살펴보기 위해 『시민교육연구』, 『사회과교육』 두 학회지를 선정해 여기에 게재된 질적 논문들을 시기별로 분석하며 그 특징을 고찰해 보기로 한다. 이 두 학회지는 사회과에서 질적 연구 경향이 등장한 초창기 시기부터 사회과에 널리 알려져 질적 연구의 도입기부터의 변화 과정을 살펴볼 수 있는 대표적인 학회지이다.

그리하여 질적 연구가 사회과교육 분야에 도입되어 사회과교육 현장과 교실 수업을 연구하는 하나의 주요한 이론적 근거로 작동하면서 사회과 현장 및 교실 수업 연구의 근간에 중요한 인식론적 기초를 마련해 나가는 과정을 살펴볼 수 있다. 또한 이러한 질적 연구의 확산 과정을 고찰함으로써, 사회과에서의 연구 영역에 대한 인식 변화가 연구에 참여하는 연구자에게 미치는 영향력을 파악할 수 있다. 연구의 결과를 사회과교육 현장에 적용하며 현장을 개선하는 연구 과정으로서의 교육자와 연구자 간 연구 주체의 의미 있는 변화 과정도 살펴보는 기회가 될 것이다.

이와 같이 사회과에서의 질적 연구 경향의 변천 과정을 이해함으로써 사회과교육에서 질적 연구가 왜 필요하여 이 방법을 적용하게 되었는지 그 적합성을 탐색하는 계기가 될 것이다. 사회과의 질적 연구 변천 과정을 탐색하며 사회과의 학문적 시각이 변화되어 사회과교육의 새로운 이론적 접근 방식을 생성해 내고 다시 사회과 수업 현장의 개선을 위해 투입되는 질적 연구 과정의 특성을 파악하게 될 것이다.

2) 사회과교육의 과거 연구 경향

1990년대 중반 이전 국내의 사회과교육의 연구자 대다수가 실증주의적 양적 연구가 과학적이라고 인식하고 있었다. 질적 연구 경향은 외국이나 국내 교육학계에서 먼저 논의가 이루어지고 있었으나, 이 당시 국내 사회과교육의 분야에서는 아직 널리 보급되지 않은 초창기였으며, 양적 연구에 익숙한 대부분의 기존 연구자에게 질적 연구는 낯설고 수용되기 어려운 분위기였다.

인식론의 차이에서 실증주의와 해석주의의 두 입장을 비교하여 살펴볼 수 있다. 뒤르켐(Durkheim) 같은 실증주의자들은 대규모 현상을 조사하는 양적 방법을 선호하는 반면, 베버(Weber) 같은 해석주의자들은 인간 집단 생활의 의미 있는 특징을 드러내기 위한 질적 방법을 도입하고 있다. 해석주의자들은 사회학적 분석의 목적은 사회구성원들이 자신의 행동을 어떻게 이해하는지 표현하는 것이어야 한다고 보았다(Travers, 2001: 9-10). 이러한 해석주의 입장은 문화기술지 등의 질적 방법론을 활용하게 되며, 또한 적용하는 목적이 환경과 맥락 속에서 행위가 이루어지는 교육현장을 표현하려는 질적 연구자들의 목적과 통하고 있다.

그러나 과거 사회과교육에서 연구방법은 질적 연구방법보다는 실증주의적으로 통계를 이용한 과학적 연구가 주요한 흐름이었다.

먼저, 셰이버(Shaver)에 의하면 미국에서 1979~1988년 발행된 사회과 연구물 205편 중 3/4인 176편(86%)이 양적 방법론으로 수행되었으며, 29편(14%)은 질적 연구방법론으로 수행되었다고 한다(이광성, 2004: 168에서 재인용). 1973~1997년 동안의 미국의 연구물을 분석한 에만(Ehman)에 따르면 1988년 말까지는 양적 연구가 다수를 차지하였으나 1988년 이후 질적 연구가 양적 연구를 능가하는 경향을 보여 주었다고 한다(이광성, 2004: 169에서 재인용).

국내 사회과 연구 경향을 살펴본 허종렬과 장원순(2000)은 1990년대 사회과교육 관련 학회지, 보고서, 학위논문 등 연구물 566편을 분석해 보았다. 이 중 이론적 연구방법은 389편(68.6%), 경험적 연구방법은 116편(20.4%), 역사적 연구방법은 45편(7.9%), 비교연구방법은 17편(2.9%)이었다(허종렬, 장원순, 2000: 666). 이 당시 90년대는 아직 질적 연구방법론의 범주가 설정되지 않았을 정도였다.

사회과 교실 수업 연구의 동향을 살펴본 김순희(2008)는 1997~2007년 동안 간행된 학술지와 학위논문을 분석하였다. 여기서 수업 방법을 주제로 한 연구 비율이 높았으며, 수업 인식을 주제로 한 연구 비율은 낮게 나타났다. 연구 패러다임상으로 과정-산출 연구 비율이 높았는데, 1997~2002년 시기에는 수업 방법과 과정-산출 연구 편중 현상이 나타났으나 2003~2007년 시기에는 연구주제나 연구 패러다임의 다각화를 확인할 수 있었다고 한다.

그리하여 미국 사회과 논문의 경우 1988년 이후부터 양적 연구보다 질적 연구 논문이 더 많이 양산되고 있었다. 국내 사회과의 경우 2000년대 중반부터 후반까지도 서서히 양적 연구 비중이 점차 높아지고 있었다. 국내 사회과에서 1990년대 초중반까지는 질적 연구 현황 조사가 거의 이루어지지 않았다. 그러나 1990년대 후반부터 2000년대 들어 질적 연구 패러다임들이 등장하고 있음이 드러나고 있다. 그리하여 이 장에서는 이러한 질적 연구 동향이 최근까지 어떻게 변화되고 있는지 살펴보면서 사회과에 질적 연구가 도입되면서 달라지는 연구의 변화 경향도 고찰해 볼 것이다.

3) 사회과교육에서 질적 연구 경향의 태동

1990년대 질적 연구 경향을 제시하며 사회과교육 전공자들에 알리기 시작한 연구자는 미국에서 질적 연구를 접하고 귀국 후 서울대에 재직하게 된 조영달이었다. 그는 일상생활 방법론, 미시기술적 연구 등을 통해 질적 연구 경향을 제시하였다. 또한 손봉호는 가핑클(Garfinkel)의 일상생활 방법론을 대학원 과정에서 학생들에게 제시하기 시작하였다. 이러한 질적 연구의 배경이 되는 철학과 질적 연구방법에 대한 탐색과 지도는 사회교육과 대학원 학위과정에 있는 후학들에게 질적 연구에 대한 호기심과 도전 의식을 불러일으키게 되었다.

이러한 분위기의 일환으로 1990년대 중반 이혁규(1994: 3-5)는 사회과교육의 교수에 대해 세 가지 패러다임을 정리해 보았는데, 경험-분석적 패러다임, 해석학적 패러다임, 비판적인 패러다임으로 제시하였다. 경험-분석적 패러다임은 실증주의적 방법론으로 과학적 탐구를 추구하며 가설을 설정하여 주로 인과적 관련성을 밝히고자 한다. 해석학적 패러다임은 미래를 예측하려는 이러한 방법보다는 행위자의 행위에 해석을 부여하고 상호작용에서 일어나는 맥락에 의미를 부여한다. 이 과정에서 법칙의 발견보다는 행위나 현상의 이해를 목적으로 한다. 이러한 해석학적 연구 패러다임 속에서 그는 질적 연구의 가능성을 찾아가게 되었다.

이러한 교수의 연구 경향의 검토에 이어 이혁규(1995a)는 교실 수업 과정을 연구하는 경향으로, 과정-산출 연구, 인지주의적 연구, 교실 생태학적 연구(문화기술적 접근법)를 살펴보았다. 과정-산출 연구는 과거부터 내려오던 연구 경향으로 여러 종류의 변인을 설정하고 그 관계를 연구하고자 한다. 인지주의적 연구는 교사와 학생의 인지 과정이나 의사결정 등에 대해 살펴보며 교사의 여러 종류의 지식에 관해 살펴본다. 반면, 교실 생태학적 연구(문화기술적 접근법)에서는 사람과 환경 간 상호작용에 관심을 두고 교수와 학습도 이러한 상호작용으로 파악하며 여러 상황이나 맥락에 대해 관심을 두고 있다. 이러한 연구 접근은 질적 연구와 닿아 있다. 1990년대에 사회과에서 질적 연구는 문화기술적 연구라는 명칭으로 자주 거론되었다.

이와 같이 1990년대 중반에는 질적 연구의 가능성을 타진하고 교육 분야에서 교실 수업의 현상을 연구하는 데 적합한 연구방법에 대해 관심을 갖고 이론적 논의를 진행하였다. 사회과교육에서는 1990년대 중후반부터 질적 연구, 일상생활 방법론에 대한 관심이 생겨나고 있었다. 양적 연구 경향으로는 파악하기 쉽지 않은, 아니 양적 연구로 파악하는 경향에 대한 반작용으로 질적 연구에 대한 관심이 생겨나고 있었다. 국내 교육학계나 사회과교육 학계에 질적 연구방법이 도입되면서 연구자들이 질적 연구에 관심을 보이기 시작했으며, 1990년대 중반부터 2000년대 초반에 국내 사회과교육에서는 질적 연구방법을 적용한 박사학위논문이 출간되기 시작하였다. 그동안 학문적 패러다임에서 부각되지 않았던 질적 연구가 1990년대부터 나타나기 시작하며 교실 생태계 속에서의 사회과 수업의 맥락과 상호작용 과정을 미시적으로 또는 해석학적으로 바라보고자 하는 인식론이 제기되고 있었다. 학회지에 질적 연구물이 많이 게재되기 시작한 것은 2000년대 초중반부터였다. 학문적으로 질적 연구의 경향은 2000년대 들어 서서히 늘어나기 시작했다.

이 장에서는 질적 연구의 도입기부터 현재까지 시기별 변천 과정을 살펴보고 이에 따른 사회과에서의 질적 연구방법의 도입에 따른 구체적 변화, 연구주제의 변화나 연구자의 성장과 변화 등에 대해서 연대기별로 살펴보고자 한다. 이를 통해 사회과교육 전반의 질적 연구 현황을 전체적으로 돌아보며, 사회과에서 질적 연구의 도입과 확산으로 사회과교육의 학문적 연구 경향과 질적 연구와의 부합성이나 사회과교육의 연구 분야에 일어난 연구주제의 질적 변환 과정에 대해서 파악하는 계기가 될 것이다. 아울러 사회과에서 연구 주체의 혁신적인 변화 패러다임의 특성도 살펴볼 수 있을 것이다.

2. 사회과교육에서 질적 연구 경향 분석 방법

1) 분석 대상

1990년대 중반부터 질적 연구들이 사회과 관련 학회지에 등장하기 시작하였다. 1990년 중반 국내 사회과에서 질적 연구 흐름이 나타나고 2000년대 들어 질적 연구의 흐름은 다양해지면서 더 많은 연구가 나타나고 있다. 그리하여 사회과교육에서 질적 연구 경향과 변천 과정을 살펴보기 위해 사회과교육과 관련이 깊은, 유서 깊은 학회지로 『시민교육연구』와 『사회과교육』을 선정하였다. 한국사회과교육학회에서 발간하는 『시민교육연구』 학회지는 1972년에 창간되었으며 초창기 학회지명은 『사회와교육』이었는데, 1998년 10월부터 『시민교육연구』로 변경되어 2021년도에 53권을 발행한 역사를 갖고 있다. 여기에는 시민교육이나 사회과교육과 관련이 있거나 또는 정치, 경제, 사회문화, 법 등 주로 일반사회 영역의 전공과 밀접한 주제들이 게재되고 있다. 한국사회과교육연구학회에서 발간하는 『사회과교육』 학회지는 1963년에 창간호가 발간되어 2021년에 60권을 발행하고 있다. 이는 사회과교육이나 일반사회, 지리, 역사 영역의 세 가지 영역의 주제를 모두 아우르고 있다. 이 두 학회지는 사회과에서 질적 연구가 나타나던 초창기부터 이미 사회과에서 널리 알려져 발간이 되어 왔다.

그리하여 사회과교육의 학회지상에서 질적 연구의 초창기의 모습부터 현재까지 이어진 변화 과정을 연결하여 살펴보기 위해 사회과에서 발행 역사가 가장 오래되어 90년대부터 이미 널리 알려져 온 이 두 학회지를 기반으로 살펴보고자 한다. 제한된 학회지의 분석으로 인해 일부 질적 연구자가 누락되는 현상이 발생할 수 있으나 사회과교육에서 질적 연구의 개략적인 변천 과정의 특성을 파악하는 데는 큰 무리가 없다고 판단된다.

이 장에서는 사회과교육 관련 주제를 담고 있는『시민교육연구』,『사회과교육』학회지에 게재된 논문 중 시기별로 질적 연구물을 선정하는 작업을 실시하였다. 질적 연구로 선정하는 과정에서 질적 연구물이 보이는 다음의 몇 가지 전형성과 질적 연구의 특징을 고려하여 포괄적으로 질적 연구물로 선정하였다.

첫째, 전형적인 질적 연구방법을 논문 제목 수준에서 제시한 경우 선정하였다. 질적 연구물은 고유한 사례에 관한 연구물이 많았다. 질적 연구의 경우, 질적 방법 중 하나인 사례연구, 미시기술적 연구, 근거이론, 실행연구, 내러티브 탐구, 현상학적 연구 등을 적용했음을 제목 수준에서 제시하고 있는 경우가 많았다.

둘째, 논문 제목 수준에서 전형적으로 특정 주제에 관한 '이해'를 명시하는 경우 논문 내용을 살펴보고 선정하였다. 양적 연구물이 주로 무엇에 관한 인식이나 분석 등의 명칭을 제목에서 사용하는 반면, 질적 연구물은 특정 주제에 관한 의미나 이해를 추구하는 경향이 많았는데, 이 경우 해석적 패러다임에 기초하였기 때문이다.

셋째, 특정 제목 수준에서 파악이 되지 않는 경우 논문의 연구방법에서 질적 연구방법을 명시하거나 본문 등 세부적 기술 내용에서 질적 연구의 특성을 제시한 것을 살펴본 후 질적 연구로 판단이 될 경우 질적 연구물로 분류하였다. 이 경우 자료수집 방법으로 소수의 사례를 선택하거나, 참여관찰을 사용해 자료를 전사하기도 하고, 면담 등을 활용하는 경우이다. 이때 심층면담, 반구조화된 면담 등의 용어를 사용하는 경향이 많았다.

이처럼 자료수집의 방법이나 이 결과물을 기술하는 방식에서 상호작용의 맥락을 제시하거나 면접의 내용을 기술하는 등 질적 연구 경향을 보일 경우 질적 연구물로 선정하였다. 그러나 일차적으로는 질적 연구물로 선정하였으나 구체적인 연구방법의 분류 과정이 애매한 경우는 기타로 분류하였다.

이 선정 과정에서 두 학회지에서 질적 연구물로 분류된 논문은 총 81편이며 이 논문들을 대상으로 시기별 특징이나 적용한 질적 연구방법의 특징이나 연구주제의 변화, 연구참여자의 변화 과정 등을 살펴볼 것이다. 사회과교육 학회지에서는 90년대 중반부터 질적 연구물들이 등장하기 시작하였기에 1990년대 중반부터 2021년 6월까지 간행된 학회지의 연구 결과를 분석하기로 한다.

2) 연구방법

1990년대 중반부터 2021년 6월까지의 사회과의 질적 연구물들의 경향성을 파악하기 위해 분석 대상 논문에 따른 분석 시기 구분을 하였는데, 이와 관련된 내용을 제시하면 <표 2-1>과 같다.

질적 논문의 현황을 파악하기 위해 10년 단위로 시기 구분을 하였다. 질적 연구가 사회과에 도입된 1990년대 시기부터 10년 단위로 어떻게 변화되고 있는지 그 특징과 현황을 살펴보고자 한다.

질적 연구 논문의 시기별 특성을 파악한 후 그 결과에 따라 해당 시기가 도

표 2-1 사회과의 분석 대상 논문과 질적 연구 분석 시기 구분

구분	분석 대상과 시기 구분
분석 대상 논문	- 한국사회과교육학회 발간『시민교육연구』(초창기『사회와교육』 명칭) 한국사회과교육연구학회 발간『사회과교육』 - 국내 사회과교육 학회지에 질적 연구가 게재된 1990년대부터 2020년대 초반(현재 분석 시기인 2021년 6월호 발행본까지) 분석 기간에 해당하는 질적 연구 논문 총 81편(1990년대: 3편, 2000년대: 28편, 2010년대: 37편, 2020년대 초반: 13편)
분석 시기 구분	- 10년 단위의 연대별(시기별)로 구분 1990년대/2000년대/2010년대/2020년대 초 현재까지의 시기별 특성

입기, 확산기, 발전기, 안착기 중에 해당이 되는 경우 이 용어로 명명해 나가고자 한다. 도입기는 사회과교육 학회지에 질적 연구물이 게재되기 시작한 초창기를 지칭한다. 확산기는 질적 연구물이 확산되면서 여러 가지 질적 연구방법을 다양하게 적용하기 시작하고 도입기보다 질적 연구물이 늘어나는 시기이다. 발전기는 질적 연구물의 수가 상당 수준으로 늘어나면서 연구참여자의 증가가 가시적으로 늘어나는 시기이다. 안착기는 질적 연구물이 다양하게 많이 산출되고 연구참여자도 확산되면서, 특히 연구주제의 특성을 파악하여 초보연구자도 자연스럽게 질적 연구방법을 도입하여 연구하는 시기이다. 그리하여 이러한 연대별 시기 구분에 따라 분석 결과를 반영해 각 연대별 특성을 파악해 나갈 것이다.

또한 사회과 질적 연구물에 적용된 구체적인 질적 연구방법에 대해서도 살펴보고자 한다. 시기별로 어떤 유형이 많이 채택되었는지, 연대기별 연구방법의 변화 과정은 어떠한지 살펴볼 것이다. 이를 위해 질적 연구에 사용되는 구체적 하위 유형을 제시하면 〈표 2-2〉와 같다.

표 2-2 사회과 질적 논문에 적용된 구체적 질적 연구방법

방법	구체적 질적 연구방법
질적 연구 유형	미시기술적 연구/일상생활기술적 연구/문화기술적 연구/사례연구/실행연구/내러티브 탐구/근거이론/생애사 연구/현상학적 연구/기타

이러한 유형 구분을 위해 연구자가 논문의 제목이나 연구방법 기술 부분에서 질적 연구 유형을 명시한 방법이나 용어를 참조하여 분석해 나갈 것이다. 또한 연구자가 질적 연구방법 유형을 명시하지 않았을 경우 논문 전체를 살펴보고 해당 유형을 분류해 나갈 것이다. 다만, 질적 연구방법의 주요 도구인 면담 등을 일부 사용하기는 하였으나 질적 연구방법의 구분이 모호한 경우는 '기타'로 분류하고자 한다.

다음으로 연구방법별로 채택된 연구주제를 분석하여 유형화해 나갈 것이다. 이는 연구 제목 수준에서 나타나는 주제를 포착하여 주제 영역별로 다시 구분하여 질적 연구에서 많이 선정되는 주제 영역의 분포를 살펴보고자 한다. 이를 통해 질적 연구방법을 적용함에 있어 관심을 갖는 연구주제나 연구목적의 특성을 파악할 수 있을 것이다.

또한 시기별 질적 논문의 변화 경향 파악에 있어서 연구자의 참여 변화를 살펴보고자 한다. 분석 대상 논문의 연구자도 함께 포착하여 신진 연구자인지, 또는 지속적인 질적 연구참여자인지, 또는 학교 현장의 교사인지, 전문 연구자인지, 교사로서 학위과정의 연구로 지도교수와 협업하여 게재한 것인지, 또는 연구주제에 따라 양적 연구자가 질적 연구방법을 활용한 것인지 등을 개략적으로 파악해 볼 수 있을 것이다.

이러한 연구 과정을 통해 사회과에서 1990년대 중반부터 현재까지의 질적 연구물의 변화 과정의 경향성을 제시하기 위해 시기별로 표를 이용하여 사회과의 질적 논문을 연대별로 제시하고 그 특징을 기술해 나갈 것이다. 분석 결과의 기술 과정에서는 해당 시기의 특정 논문에 대해서는 세부 주제를 드러냄으로써 사회과에서 특정의 연구방법을 적용하여 어떤 주제로 연구가 진행되었는지 제시해 나갈 것이다. 이를 위해 연구주제나 구체적 연구방법 선정 과정에서 특정의 의미가 부여되는 논문을 사례로 선택하여 하위주제를 함께 기술하여 사회과의 질적 연구의 주제 관련성을 드러내고자 한다.

이를 통해 사회과에서 연대별 질적 연구주제의 경향이나 자주 사용된 질적 접근의 방법을 살펴볼 수 있다. 또한 사회과 영역에서 질적 접근을 자주 활용한 저자들도 파악할 수 있다. 그리하여 각 10년 단위의 시기별 질적 연구의 변천 과정과 변화된 특징을 고찰하여 사회과에서 활용해 온 질적 연구 경향을 종합적으로 탐색하고자 한다.

3. 사회과교육 질적 연구 경향의 변천 과정

1) 1990년대 사회과의 질적 연구 경향: 도입기

사회과의 학문적 분야에서 1990년대 초중반에는 대학원 수업의 과정에서 가핑클(Garfinkel)의 일상생활 방법론(ethnomethodology) 등 질적 연구방법에 대한 학습과 탐색이 이루어졌다. 가핑클에 의해 기초가 마련된 일상생활 방법론적 접근은 더 작은 미시적 연구를 지향하여 미시적 문화기술지를 자주 활용하고 있다. 일상생활 방법론(또는 민속방법론)은 사람들이 자신들의 일상적 삶을 어떻게 만들어 내고 이해하는지에 관심을 둔다(Bogdan & Biklen, 2003: 29). 김영천(1998)은 교육에서 이러한 민속방법론이 기존에 당연하게 받아들여지던 일상적 활동에 대해 의미를 두고 다시 살펴보게 한다고 하였다. 그리하여 교육에서도 기존에 주어지는 것이 아니라 실제 상호작용을 통해 성취되는 것을 실재로 간주해 나가야 한다고 보았다(이용숙, 김영천, 1998: 53-54).

이 방법론의 입장에서는 일상적인 사소한 행위를 간과하기보다는 이러한 행위 뒤의 상황이나 사회적 상호작용의 의미와 상징을 이해하고자 한다. 그리하여 어느 정도 규모의 대상의 상관관계 등을 탐구하여 타당성을 확보하는 등 과학적으로 사회 현상을 연구해야 한다는 기존의 양적 연구 입장에 대해, 인간 사회 현상에서 이러한 질적 연구가 가능하다는 학문적 주장은 새로운 반향을 불러일으켰다. 이 접근은 매일의 일상적이고 제도적인 수다나 대화를 조사하고 대화를 분석하는 기법을 개발해 왔다. 교사와 학생 간 언어적 상호작용을 드러내며 숨어 있는 맥락을 살펴보기 위해 이러한 대화 분석 방법도 수업 현장 연구에서는 유용하게 활용할 수 있다.

이러한 관점의 도입은 이전의 수량적 · 통계적 연구 경향에서 일반화를 모색해 오던 연구방법에 한계가 있었던 학교 현장과 수업의 현상에 관한 주제 등에서 미시적으로 살펴보는 데 도움이 되기 시작하였다. 이러한 흐름으로 인해 1990년대 사회과 연구자들은 질적 연구방법을 학문적 방향으로 새롭게 인식하기 시작했다. 노이만(Neuman, 2003)은 일상생활 방법론(ethnomethodology)과 문화기술지(ethnography)의 의미를 비교하여 제시하고 있다. 일상생활 방법론(ethnomethodology)은 일상적인 지식에 관한 연구로 자연스러운 환경에서 진행되는 사회적 상호작용에 사용되거나 생산되는 것을 관찰하여 상식을 연구한다. 또한 질적 연구의 일환으로 문화기술지(ethnography)가 등장하기 시작하는데, 여기서 ethno는 사람, 민속을 의미하고 graphy는 무엇을 묘사(기술)하는 것이라고 보며 ethnography는 어떤 문화를 기술하거나 원주민의 관점에서 삶의 또 다른 방식을 이해하는 것이다. 이러한 접근은 미시적 상황의 분석을 포함한다. 사회적 의미라는 것은 고정된 것이 아니라 진행되는 과정에서 생산된다고 보았다(Neuman, 2003: 366-367).

이러한 질적 연구 경향을 반영하여 1990년 중후반 국내 사회과 수업의 분야에서 일상생활기술적 연구, 미시기술적 연구가 사회과 학회지에 등장하기 시작하였다. 이 당시 논문 현황은 3편으로 〈표 2-3〉과 같다. 게재된 학회지 상으로 보면 『시민교육연구』(전신은 『사회와교육』)에서 질적 연구물이 먼저 나타나고 있어 사회과 영역 중 일반사회 전공 연구자에게서 질적 연구 경향이 먼저 발견되고 있다.

표 2-3 1990년대 사회과의 질적 연구 목록(3편)

년도	논문 제목	저자	권(호)	연구 유형
1994	한 · 일 중등학교 경제수업의 이해: 한 · 일 청소년의 수업문화 이해	조영달	사회와교육 18집	미시기술적 연구
1995	통합사회과 교실 수업에 대한 일상생활 기술적인 연구	이혁규	사회와교육 21집	일상생활 기술적 연구
1999	한국 중학교 경제수업의 참여구조 변화에 대한 이해-미시기술적 연구를 중심으로	조영달	시민교육연구 29집	미시기술적 연구

1990년대 중후반 수업에 대한 미시기술적 분석을 하는 연구자로 조영달과 이혁규가 등장하였다. 조영달(1994: 142)의 연구에서는 일상생활세계에 관심을 두고 교실의 제도적 틀 속에서 교사와 학생의 상호작용을 살펴보고자 하였으며, 이 과정에서 미시기술적 연구방법(Micro-ethnographic Case Study)을 사용하였다. 연구 과정에서 교실을 관찰하기 위해 영상을 분석하였으며, 교사와 학생을 면담하는 방법을 주로 활용하였다. 교실 수업 연구에서 기존에 설문조사 등으로 많이 실시하거나 교실을 통제하고 비교하던 투입과 산출을 통한 효과성 연구 경향을 벗어나기 위한 새로운 움직임이었다. 이러한 미시적 연구를 통해 교실 수업의 학습 구조를 파악하는 데 관심을 갖고 교실 수업 흐름의 의미나 상호작용의 유형 등을 파악하고자 하였다.

뒤이은 이혁규(1995b: 228-230)의 연구에서는 교실 수업을 이해하기 위해 교과의 수업 주제에 따라 교실 상호작용이 달라지는 양상, 교사의 전공 배경에 따라 사회과 교실 수업에서 선정되는 내용이 다루어지는 방식 등을 살펴보는 것이 필요하다고 하였다. 이러한 직접적 상호작용에 초점을 두고 있어 미시기술적 연구방법을 적용하였으며, 특정의 사례를 대상으로 분석하는 사례연구 방식을 활용하였다. 이러한 접근 방식을 일상생활기술적 연구 방식으로 기술하였으며 연구의 구체적 맥락과 국지적 지식에 관심을 가지고 있다.

그리하여 90년대 중반에 사회과에서 나타나기 시작한 질적 연구 경향은 일상생활기술적 연구방법을 활용한 미시기술적 연구가 주를 이루었다. 1990년대 후반 조영달(1999)은 수업의 참여구조를 이해하기 위해 미시기술적 연구방법을 사용하였다. 경제 수업의 조직, 상호작용, 대화의 이동 양식을 분석하여 수업의 참여구조의 유형을 제시하였다.

90년대 후반부터는 일상생활기술적이라는 단어의 사용이 현저히 줄어들기 시작하고 미시기술적 연구라는 단어로 사용되고 있었다. 그러나 대학원 과정에서 손봉호 등의 수업에서 일상생활기술적 방법에 대한 탐색이 이루어지고, 조영달의 질적 연구에 대한 지도는 사회과 연구자들에게 질적 연구방법에 대한 관심을 불러일으켜 이 연구방법을 적용하도록 하는 데 영향을 미치게 되었다. 그리하여 국내 사회과 질적 연구의 초창기에는 조영달, 이혁규의 연구가 이 시기 일어나던 질적 연구 도입의 의미 있는 결과물로 처음으로 학회지에 등장하였다.

2) 2000년대 사회과의 질적 연구 경향: 확산기

사회과교육에서 1990년대 중순과 후반부터 미시기술적 연구, 일상생활 방법론을 활용한 논문이 출간되고 있었지만, 학문적으로 질적 연구방법을 다양하게 활용하는 경향은 2000년대 들어서부터였다. 이 시기 들어 사회과에서 질적 연구의 경향은 확산되기 시작하여 28편의 논문이 제시되고 있는데 논문 현황은 〈표 2-4〉와 같다.

표 2-4 2000년대 사회과의 질적 연구 목록(28편)

년도	논문 제목	저자	게재 권(호)	연구 유형
2001	제7차 사회과 교육과정 개정과정에 대한 문화기술적 연구	이혁규	시민교육연구 32집	문화기술적 연구
	제7차교육과정 중학교 사회과 교과서 채택 과정에 대한 연구-교과서 채택 과정에서 드러난 사회과 교사들의 교과서 선호이해	박윤경	시민교육연구 33집	사례연구
2002	다문화 교육을 통한 세계사학습의 현장 사례연구	이지영	사회과교육 41(3)	사례연구
2003	사회과 수준별 교육과정 실행에 대한 연구	박윤경	시민교육연구 35(1)	실행연구
	귀국학생 교육프로그램의 현황과 국제성 함양의 과제-'귀국반'에 대한 사례연구를 중심으로	권효숙	사회과교육 42(2)	사례연구

2003	기본 학습 능력 대 고급 사고력: 두 교사의 수업 딜레마	강기원	사회과교육 42(2)	사례연구
2004	교사의 교실수업활동과 수업 방안에 관한 연구-호주의 사례	조영달	시민교육연구 36(2)	사례연구
	공통사회 전공의 시행과정에 대한 이해	황상주	시민교육연구 36(2)	일상생활 기술적 연구
	사회과 교육과정 실행 기제에 대한 연구	박윤경	사회과교육 43(1)	사례연구
	사범대생의 눈으로 본 사범대학 교육의 의미: 서울대학교 사범대학 사회교육과의 사례를 중심으로	이정우	사회과교육 43(4)	사례연구
2005	재현의 정치: 우리가 지워버린 사람-어느 장애인 관련 사회과 수업 실천의 의미	류현종	사회과교육 44(3)	기타
	중학교 사회과 수업의 이해와 교과 수업 개선 방향에 관한 연구	박영석	시민교육연구 37(3)	미시기술적 연구
	연구자로서 교사-중학교 사회과 신임교사의 수업 활동에 대한 사례연구	이소연 조영달	시민교육연구 37(4)	사례연구
2006	시민성교육으로의 대안학교의 이해-꽃동산 학교의 사례에 관한 질적 연구	김영신	시민교육연구 38(3)	사례연구
	수업연구발표대회에 관한 질적 사례연구	강기원	사회과교육 45(3)	사례연구
2007	사회과의 '사회참여' 수업 실행에 대한 사례연구	옥일남	시민교육연구 39(1)	실행연구
	다문화 접촉 경험의 교육적 의미 이해-초등 예비 교사들의 문화 다양성 관련 변화를 중심으로	박윤경	시민교육연구 39(3)	기타
	초등사회과 교사되기-교대생의 '사회과 심화과정' 경험 이해를 중심으로	김순희	시민교육연구 39(3)	기타
2008	행위 중심의 인권프로젝트에 관한 실행연구	박길자	시민교육연구 40(1)	실행연구

2008	사회과 예비교사의 사회과에 대한 관심 형성의 배경에 관한 생애사 연구	옥일남	시민교육연구 40(3)	생애사 연구
	한국 중등 사회과 교사의 토론수업 인식 특성: 근거이론 접근	오연주	시민교육연구 40(3)	근거이론
	'담임 반 수업'과 '담임 아닌 반 수업'의 차이와 그 의미 : 사회과 수업관찰 및 면담 결과를 중심으로	설규주	사회과교육 47(2)	문화기술적 연구
	사회과 수업연구방법의 새로운 대안 모색: 포스트모던 탐구 전략으로서 내러티브 사례연구	배영민	사회과교육 47(2)	내러티브
2009	사회과 예비교사의 교육실습 경험에 관한 내러티브 탐구	옥일남	시민교육연구 41(1)	내러티브 탐구
	중학교 사회과 교사의 수업 포트폴리오 활용 연구	박인옥	시민교육연구 41(3)	사례연구
	초등 사회수업에서 교사의 형성평가 실행에 관한 연구	박영석	시민교육연구 41(4)	실행연구
	초등 사회과 수업에 나타난 내용교수지식(PCK) 분석 연구–초임교사와 경력교사 사례를 중심으로	설규주	사회과교육 48(2)	사례연구
	초등학교 사회 수업에서의 포트폴리오 활용 사례연구	박인옥	사회과교육 48(4)	사례연구

그동안 학교 수업과 사회과 수업의 맥락과 내부적인 수업의 현실을 들여다보는 연구방법론에 대해 연구자들이 가진 갈증을 반영하여 늘어났다고 할 수 있다. 양적 연구가 갖는 제도적 · 거시적 통계 분석을 통한 파악과 실험적 조작을 통한 인간 집단의 연구에서 한계를 체감하던 이들에게 질적 연구방법은 학교의 일상생활에 대한 이해에 좀 더 부합하는 연구방법으로 다가오기 시작하였다. 이는 실증주의 과학의 탐구 방식에 대한 도전적 흐름이기도 하였다.

2000년대 들어서 질적 연구의 방법은 후학 세대들에게 활용되기 시작하여 연구자의 분포 측면에서도 다양해졌다. 90년대 초창기 연구자인 조영달과 이혁규 외에 2000년대 들어 박윤경, 옥일남, 강기원, 이정우, 설규주, 박인옥, 김영신, 박영석, 이지영 등 여러 연구자가 질적 연구방법을 활용한 연구를 하기 시작했다. 학교의 환경과 교실 수업 연구 등의 주제에 부합할 경우, 질적 연구방법을 활용하는 사례가 늘어났다.

또한 이 시기부터는 활용되는 구체적인 질적 연구방법이나 유형이 다양해졌다. 문화기술적 연구, 실행연구, 사례연구, 근거이론, 내러티브 탐구, 생애사 연구 등 다양한 유형의 방법이 등장하고 있다. 이는 질적 연구방법론에 대한 인식의 공유와 확산적 적용에 따라 학교 현장과 수업 연구에서 다양하게 접목해 나간 결과로 볼 수 있다.

2000년대 초반 이혁규(2001)의 연구에서는 교육과정 개정 과정에 대하여 '문화기술적 연구'를 실시하였다. 개정 과정에서 발생하는 쟁점이나 문화적 맥락을 파악하기 위해 개발 과정의 문화적 특성이 갖는 교육적 의미를 고찰하고자 하였다. 이러한 문화기술적 연구라는 용어가 사회과 학회지의 제목 수준에서 등장한 것은 처음이었다. 이후 설규주(2008)의 연구에서 담임반의 사회 수업과 담임이 아닌 반의 사회 수업의 차이를 이해하기 위해 이 방법이 적용되었다.

조용환(2005)은 '문화기술지'란 연구대상 집단의 생활세계 속에서 참여관찰을 통해 얻게 된 그 사람들의 가치, 지식, 기술을 정리하여 문화를 이해하도록 과정을 기록하는 것이라고 보았다. 이러한 문화기술지의 주요한 연구기법으로 참여관찰과 심층면담을 제시하고 있다(조용환, 2005: 114-119).

2000년대 초반 들어서부터 질적 연구를 활발히 수행하기 시작한 연구자는 박윤경이었다. 박윤경(2003)의 연구에서는 중학교 교사를 대상으로 수준별 교육과정이 실시되는 과정을 파악하는 실행연구가 이루어졌다. 교육과정에 적용된 원리가 수업 현장에 실행되는 과정을 살펴본 실행연구였다. 이러한 실행연구가 옥일남(2007)의 경우에는 수업에 적용하는 실행 과정을 직접 기술해 나가는 방향으로 이루어졌다. 사회과의 '사회참여' 수업을 연구자가 직접 실시하는 과정을 기술하고 분석하는 실행 사례연구였다. 이 외의 실행연구는 박길자(2008), 박영석(2009) 등의 연구에서 실시되었다.

2000년대 질적 연구 유형은 특히 사례연구(case study)라는 이름으로 많이 수행되었다. 질적 연구대상으로 다수의 사례를 선정하기보다는 의미 있는 특정 소수의 사례를 대상으로 깊이 있는 이해를 추구하는 경향을 반영한 것이다. 이러한 사례연구방법을 통해 질적 연구방법을 추가로 접목하여 연구를 수행하기도 하였다. 그리하여 특정의 질적 연구 유형을 사용하는 기저에는 사례연구를 근간에 두고 있는 경우가 많았다. 사례연구를 통해 파악하고자 하는 맥락이나 내재된 의미, 특징을 보다 더 깊이 있고 분명하게 드러낼 수 있는 장점이 있다. 이러한 특징을 반영하여 질적 연구물의 제목 수준에서 무엇에 관한 '이해'라는 단어를 자주 사용함으로써 그 사례와 관련된 현상을 기술하여 좀 더 깊이 있게 파악하여 이해하려는 목적을 드러내고 있다.

2000년대 후반 생애사 연구 사례가 나타나는데, 옥일남(2008)의 연구에서 생애사 연구가 이루어졌다. 이 연구에서는 예비교사의 사회과에 대한 관심이 생애 과정에서 어떻게 형성되어 사회교육과로 진학하고 사회과 교사를 희망하게 되었는지 살펴보고 있다. 이 과정에서 연구참여자의 초등학교 때의 일기, 과거로의 회상 구술, 반구조화된 질문지, 성장기 성적표, 심층면담, 노트, 수업 관찰, 사진 자료 등 총체적인 다양한 자료가 수집되어 분석에 활용되었다.

특히 생애사 연구는 산업화 등 변동의 과정에서 개인의 주체적 시각을 이론적 기초로 삼아 분석하고 있어 구술을 통해 재구성되고 재고찰되기도 한다. 구술자의 실재적 · 심층적 삶의 의미화의 과정이 심층적으로 기술되는 것이다. 여기서 객관적으로 존재하는 것을 밝히는 것보다 개인이 삶에 부여하는 의미를 찾아내는 것이 중요하다고 본다. 일상생활에서 자신의 의미 부여와 타인의 의미 부여도 함께 고려한다(박성희, 2004: 223-228). 특정인의 긴 생애를 둘러보는 연구로 구술 등 자료수집 차원에서 다각적인 노력이 요구되나 특정인의 삶의 의미를 심도 있게 이해하므로 그 의미가 있으나 사회과의 주요 학회지에서는 생애사 연구는 거의 많이 나타나지 않고 있다.

2000년대 후반 들어 내러티브 연구나 내러티브 탐구가 수행되었는데, 배영민(2008), 옥일남(2009) 등이 있었다. 배영민(2008)의 내러티브 사례연구에서는 사회과 수업 연구방법으로 내러티브 연구를 통해 보는 시각을 제시하였다. 학교 수업 사례를 통해 보편적 이해를 하기보다는 내러티브식 이해를 하고자 하였는데 시간성과 인과성을 고려하고 이야기 형태로 기술하는 것을 제시하고 있다. 옥일남(2009)의 내러티브 탐구에서는 사회과 예비교사의 교육실습 경험의 과정을 이야기로 풀어 가고 있다. 실습의 과정을 시간성 차원으로 살펴보며 과거, 현재, 미래의 차원을 연결 짓고자 했으며 연구자와 예비교사의 경험을 이야기하며 상호 간의 성장을 모색해 나가도록 교육적 · 사회적 의미를 탐구하고 있다.

2000년대 후반 들어 근거이론 접근법을 사용한 연구가 제시되었는데, 오연주(2008) 등이 이에 해당한다. 오연주(2008)는 사회과 교사가 인식하는 토론수업의 개념을 유형화하기 위해 근거이론을 사용하였다. 그리하여 교사들의 개념 파악을 토대로 경험적으로 근거가 있는 것을 기반으로 귀납적으로 유형화하며 결론을 도출하였다.

이와 같이 2000년대 들어 사회과 수업 현장에서 질적 연구 경향에 대한 관심이 증가하기 시작하여 연구자들이 다양한 질적 연구방법으로 연구를 시작하였다. 박사학위논문에서 질적 연구방법을 활용하는 사례가 점차 많이 나타나기 시작하고 이를 학회지에 게재하는 경향이 늘어났다. 또한 질적 연구방법 중 세부적인 연구주제에 따라 다양한 질적 방법의 유형이 적용되었다. 이러한 질적 연구 과정에서 대부분 소수의 의미 있는 사례를 기반으로 연구가 수행되었다. 그리하여 일정 정도의 대규모 사례에 기반한 연구를 수행하여 보편적 이해를 추구하려는 양적 연구의 논리가 좀 더 만연하던 당시에는 질적 연구 과정에서 삼각 검증이나 타당성을 보완하는 노력으로 이에 대응하려고 하였다.

3) 2010년대 사회과의 질적 연구 경향: 발전기

2010년대 사회과의 질적 연구는 2000년대와 유사한 경향을 보이기도 하나 질적 연구 논문이 37편으로 더 많이 증가하고 있었는데 <표 2-5>와 같다.

표 2-5 2010년대 사회과의 질적 연구 목록(37편)

년도	논문 제목	저자	게재 권(호)	연구 유형
2010	미국 가정의 시민성 교육에 관한 사례연구	옥일남	시민교육연구 42(2)	사례연구
	초등학교 초임교사 사회과 수업컨설팅에 관한 실행 연구	변정현	사회과교육 49(1)	실행연구
	다문화 학부모의 시각으로 바라본 미국 공립학교의 교육 사례 고찰	정한호 한춘희	사회과교육 49(4)	사례연구
2011	세 가지 시선으로 수업 읽기-초등사회 문화재 수업에 대한 수업비평	이혁규	시민교육연구 43(1)	기타
	블록타임제 중학교 사회수업의 구성형태에 대한 질적 사례연구-일상적 최적화론과 수업정책의 시사점을 중심으로	박선운 조영달	시민교육연구 43(2)	사례연구
	한국 유학생들의 '인종차별경험'이해에 관한 질적 사례연구: 영국의 대학교를 중심으로	김현경	사회과교육 50(1)	사례연구
	저경력 교사의 사회 · 문화 수업에 대한 멘토링 사례연구	박영석 은지용	사회과교육 50(3)	사례연구
	사회과 예비교사들의 해외 학습 프로그램 경험에 대한 이해: 액션리서치	최윤정 최민식	사회과교육 50(3)	실행연구
2012	다문화가정 학생 다수 학교에 대한 비교 사례연구: 가능성과 한계를 중심으로	조영달 박선운 박윤경 김재근	시민교육연구 4(2)	사례연구

2012	사회과 수업에서 교사의 "테크놀로지 활용 교수법적 내용지식(TPACK)" 형성 과정에 대한 사례연구	성경희 조영달	사회과교육 51(2)	사례연구
	미국 초등학교의 일상지리적 특성 고찰: 캘리포니아주 K초등학교의 사례	이간용	사회과교육 51(4)	사례연구
	디지털 교과서를 활용하는 사회과 교수 행위에 대한 질적 사례연구	성경희	시민교육연구 4(3)	사례연구
	유학생들의 타인종 접촉과 다문화적 태도에 관한 사례연구	김현경	시민교육연구 44(4)	사례연구
2013	청소년 참여 실행 연구가 다문화 시대 비판 시민 교육에 지니는 의의	남채봉	시민교육연구 5(2)	실행연구
	인턴제 교육실습에 대한 질적 연구-국가수준 교육실습 교육과정에 대한 시사점	조대훈	시민교육연구 45(4)	기타
	사회과 디지털 교과서 활용 수업 사례 분석	김혜숙	사회과교육 52(1)	기타
	케이팝(K-pop)을 통한 성인 여성의 다문화시민성 함양에 관한 경험 연구	김영순 배현주	사회과교육 52(2)	기타
	사회과 수석교사의 역할형성과 갈등상황에 관한 질적 사례연구	변정현	사회과교육 52(3)	사례연구
2014	교사들의 반성적 글쓰기를 통해 본 배움중심수업의 특징과 의미	남미자 길현주 오춘옥	시민교육연구 46(1)	기타
	다문화시대 한국인 정체성의 의미-서울지역 초등학생의 목소리를 중심으로	박윤경	시민교육연구 46(3)	사례연구
2015	사회과 교사들의 교육과정 재구성 경험에 관한 이해-혁신학교 사례를 중심으로	길현주 박가나	시민교육연구 47(1)	사례연구
	금융이해력향상을 위한 경험중심 경제교육-미국 고등학교 금융교육 수업 사례 연구	최윤정 김예지	시민교육연구 47(1)	근거이론

2015	좋은 사회과 수업으로서 '숙의하는 수업'을 위한 실행연구: 교사 신념과 수업 실제의 정교화	김지연	시민교육연구 47(4)	실행연구
2016	인문사회 영재에 대한 질적 사례연구	안보형	시민교육연구 48(3)	사례연구
	교육실습, 이상과 현실의 괴리-사회과 예비교사의 교육실습 경험에 대한 연구	이은해 최윤정	시민교육연구 48(3)	현상학적 방법
	초등학교 학생들의 갈등해결 및 사회참여 능력 향상을 위한 자치법정과 학급회의 연계 모형 실행연구	임민선 허종렬	사회과교육 55(4)	실행연구
2017	대전지역 두 학교 인권 이야기-중등학교 인권 문화에 관한 비교사례연구	박하나 이지혜 설양환 장원순	사회과교육 56(2)	사례연구
2018	근거이론을 활용한 초등교사의 다문화 특별학급에 대한 인식 분석-경기도 다문화 특별학급 사례를 중심으로	전영은 박원진	시민교육연구 50(1)	근거이론
	예비 직업사회화와 경제교육적 함의-저소득가정 청소년의 "탈주적 직업정체성"에 관한 내러티브를 중심으로	박하나	시민교육연구 50(1)	내러티브 탐구
	교육과정 재구성을 통한 세계시민되기 수업 사례연구-2015 개정 중학교 사회과 교육과정을 중심으로	김현경	시민교육연구 50(3)	사례연구
2019	민주시민교육을 위한 학교 조성 방안 탐색-혁신학교와 일반학교 교사들의 민주시민교육 경험에 대한 질적 사례연구	박하나 옥일남	시민교육연구 51(1)	사례연구
	초등 사회과 양성평등 프로젝트 학습 참여 경험 분석: 초등학생들의 젠더 인식의 변화를 중심으로	김숙이 박윤경	시민교육연구 51(2)	기타
	초등교사에게 사회 교과서란 무엇인가?-세 교사의 사회 교과서 이야기	백선영	시민교육연구 51(4)	내러티브 탐구

2019	근거이론을 활용한 어린이의 장소애착 형성 과정 분석	김혜진	사회과교육 58(1)	근거이론
	역사덕후들의 역사흥미 형성 과정에 관한 사례연구	서영석 김봉석	사회과교육 58(1)	사례연구
	초등 사회수업으로 본 정체성 변화과정: 고려인 4세에 대한 내러티브탐구	김영현	사회과교육 58(2)	내러티브 탐구
	2015 개정 교육과정 '통합사회'의 교육과정 실행에 대한 질적 사례연구	임은진 길현주 이정우	사회과교육 58(3)	사례연구

사회과의 수업 연구방법으로 질적 연구와 질적 분석을 활용하는 경우가 늘어나고 있다. 또한 질적 연구방법으로 교육 현상과 수업 현상을 분석하려는 시도가 많이 나타났으며 다양한 저자가 등장하고 있다. 이 시기에 들어서는 기존의 2000년대 연구자 외에도 후학 연구자가 늘어났다. 변정현, 박선운, 김현경, 성경희, 조대훈, 박하나, 최윤정, 김혜숙, 길현주, 김영현, 전영은, 김지연, 안보형 등 다양한 저자가 질적 연구를 수행하였다. 그동안 질적 연구를 수행하지 않았던 저자들이 질적 연구방법을 활용하는 등 저자들의 외연이 확산되는 현상도 나타났다. 2010년대에 들어 초등학교 또는 중등학교 교사와 지도교수 간 공동 연구로 질적 연구에 참여하는 경향도 증가하고 있다.

사회과에서 사용된 질적 연구방법을 살펴보면 〈표 2-5〉에서와 같이 사례연구방법이 자주 활용되고 있는데, 특정의 의미가 큰 소수의 사례를 통해 주제를 이해하고자 하는 연구방법을 자주 사용하고 있었다. 이 과정에서 심층면담, 관찰 등을 자료수집 방법으로 활용하고 있다. 또한 실행연구, 근거이론, 내러티브 탐구 등의 여러 가지 유형이 사용되고 있다. 2000년대에 나타나기 시작한 이러한 유형의 질적 연구방법이 2010년대 들어 더욱 확산되어 대중화되어 가고 있다.

2010년대 후반에는 내러티브 탐구가 자주 활용되는 경향을 보였다. 박하나(2018), 백선영(2019), 김영현(2019)의 연구 등에서 사용되었다. 박하나(2018)

의 연구에서는 생애적 직업사회화 과정으로 내러티브 탐구 방법을 사용하여 연구참여자의 경험을 탐구하고 있다. 김영현(2019)은 고려인 4세의 정체성의 변화 과정을 내러티브 탐구 과정으로 살펴보았다. 그리하여 내러티브 탐구가 지향하는 삶을 살아가기, 이야기하기, 다시 이야기하기, 다시 살아가기 단계를 거쳐 가며 경험을 표현하고 재해석하는 과정을 제시하고자 하였다.

또한 근거이론에 의한 연구방법도 늘어나고 있다. 최윤정과 김예지(2015), 전영은과 박원진(2018), 김혜진(2019) 등의 연구에서 적용되고 있다. 김혜진(2019)은 어린이의 장소 애착 형성 과정을 근거이론 방법으로 살펴보았다. 삶의 현장에서 이를 경험한 체험 자료에 기반하여 개념과 속성을 발견하고자 하였다. 이 과정에서 개방 코딩, 축 코딩, 선택 코딩 과정을 거쳐 장소 애착의 과정을 설명하고자 하였다.

이 시기에는 현상학적 연구방법을 활용한 연구가 나타나고 있다. 현상학의 목적은 인간적인 이해를 증진시켜 삶의 경험과 자신의 생활세계 내의 목적을 이해하는 것이라고 본다. 이 연구에서는 사물의 현상과 외양에 대해 연구하지만 본질을 발견하려고 한다. 그래서 이론이나 모델을 만들며 일반적인 설명을 하려는 근거이론 등과는 다르며, 연구 중인 현상의 경험을 정확하게 서술하는 것에 목표를 둔다. 이 과정에서 충분하게 토론하고 타인에게도 본질에 대한 서술이 통할 수 있도록 연구의 타당성을 확보하는 것이 필요하다고 보았다(Morse & Field, 1995: 46-47). 이러한 측면에서 현상학적 연구는 학교 수업 현장의 교사나 학생의 경험을 직관적으로 들여다보며 본질의 의미를 파악하며 일반화의 과정을 발견하기도 하지만, 일반화 과정이 반드시 존재한다고 기대하지 않는다.

브리먼(Bryman)은 사회실재는 인간의 상호작용을 통해 의미가 구성되므로 사회실재에 대한 참여자의 경험에 초점을 둬야 한다고 보았으며(이용숙, 김영천, 1998: 51에서 재인용), 김영천은 이러한 현상학적 접근에서 교육의 현상은 참여자가 그 현상에 부여하는 의미에 의해 이해되고 접근되어야 한다고 보았다(이용숙, 김영천, 1998: 51-52). 이은해와 최윤정(2016)의 연구에서 교육실습

과정에 대해 이 연구방법을 적용하여 행위자의 경험, 인식을 통해 특정 현상과 상황을 주관적으로 해석하고자 하였다.

이와 같이 2010년대 질적 연구 경향은 기존 연구자뿐 아니라 학교 현장의 새로운 연구자들에게 널리 확산되어 가고 있다. 인간 사회의 현상과 경험에 대해 질적으로 해석하고 미시적으로 살펴보며 그 상호작용이 일어나는 맥락 속에 내재화된 의미를 포착하고자 하며, 경험의 내면을 이야기하고자 하는 질적 연구방법에 공감하는 연구자들이 늘어나고 있다. 이러한 폭넓은 확산 과정에서 학교 현장 연구자들이 질적 연구를 활용함에 있어 연구방법의 타당성에 대한 심리적 안정감을 얻고 있다고 볼 수 있다.

4) 2020년대 사회과의 질적 연구 경향: 안착기

2020년대에는 2010년대의 질적 연구의 확산과 보편화 경향을 반영하여 다양한 주제에서 적용되고 있다. 2020년대의 초반인 2021년 6월까지의 게재 현황으로 볼 때, <표 2-6>과 같이 13편에 이르므로 1년 반만의 편수로 보면 상당하다.

표 2-6 2020년대 사회과의 질적 연구 목록(13편)

년도	논문 제목	저자	게재 권(호)	연구 유형
2020	학교 수업에서 정치사회적 이슈를 다룬다는 것의 의미 이해-서울 지역 중·고등학생들에 대한 질적 사례연구	박윤경 조영달	시민교육연구 52(4)	사례연구
	코로나 팬데믹 상황에서 실시된 중학교 사회과 원격수업에 대한 질적 사례연구	황미영	시민교육연구 52(4)	사례연구
	프로젝트 학습을 통한 한국문화 수업사례연구: 광주광역시 고려인 초등학생을 대상으로	김정미 홍기대	사회과교육 59(2)	사례연구

2020	중등 사회과 교사의 창의교육 실천 양상과 교사 전문성 함양에 대한 사례연구	이예지 최윤정	사회과교육 59(3)	사례연구
	가다머의 대화와 지평융합에 기반한 역사 체험학습의 개념화와 방향 설정	김경미 김봉석	사회과교육 59(3)	기타
	지속가능성 및 세계시민성을 지향하는 초등 사회과 미래학습 실행연구	심광택 박현석	사회과교육 59(4)	실행연구
	협력적 문제 해결 과정에서 초등학생 지리적 사고의 특징 분석- 근거 이론을 중심으로	홍서영 양병일	사회과교육 59(6)	근거이론
2021	어린이의 흥미 · 경험 · 시선으로 재구성한 초등 현대사 수업 연구	강화정	사회과교육 60(1)	사례연구
	코로나19, 팬데믹 상황에서의 초등 사회과 수업 사례연구	문현진	사회과교육 60(1)	사례연구
	빅데이터 기반 사회과 교수 · 학습 모형의 현장 수업 적용 사례연구	황홍섭	사회과교육 60(1)	사례연구
	학교급별 민주시민교육, 무엇을 가르쳐야 할까	박하나 조현희 김종훈 정수정 엄수정	시민교육연구 53(2)	사례연구
	독일의 통일교육 내용과 방법에 관한 질적 사례연구	전영은 정문성	시민교육연구 53(2)	사례연구
	코로나19 상황에서 초등학교 사회과 원격수업 컨텐츠 제작 경험에 관한 내러티브 탐구	송하인	사회과교육 60(2)	내러티브 탐구

이 시기는 2010년대와 유사하게 교육현장에서 질적 연구를 통해 깊이 있는 이해를 하고자 하는 사례연구가 많이 선택되고 있으며, 근거이론이나 실행연구 경향도 나타난다. 학교 현장, 특히 수업의 현장에서 그 맥락적 상황이나 경험을 자세하게 묘사하고 의미를 담아내려는 움직임이 여러 유형의 질적 연구를 통해 제시되고 있다.

2020년대에는 질적 연구의 보편화의 경향을 반영하여 기존의 질적 연구 경향에서 포착되지 않았던 기존의 연구자 중에서도 질적 연구방법을 활용하는 사례가 나타나고 있다. 그만큼 질적 연구의 방법이 확산되어 다양한 연구자에게 선택되는 경향이 증가하였다고 할 것이다. 그리하여 양적 연구 경향을 통해 실증적 패러다임으로 보편화하려는 기존의 패러다임에 대해, 드디어 교육 현장에서 질적 연구방법이 인간 사회 현상의 특이성을 드러내는 등 학문 사회에서 인정받는 연구방법으로 안착이 되었다고 할 수 있다.

또한 2020년대에도 2010년대와 유사하게 학교 교사와 지도교수 간 공동 연구로 질적 연구에 참여하는 경향도 증가하는 현상이 나타나고 있다. 학교에서 질적 연구를 통해 연구를 수행하려는 현직 교사 대학원생과 이를 지도하는 지도교수 간의 공동 연구로도 나타나 질적 연구가 지도 교수에게도 영향을 미치며 점차 확산되어 나가고 있었다. 또한 학교 현장에 근무하는 현장 교사들이 연구자로 참여하며 질적 연구방법을 활용하는 현상도 증가하고 있다.

2020년대는 현재까지 1년 반 동안의 편수로 보면 그 양이 상당하므로, 앞으로도 여전히 늘어날 것으로 전망할 수 있다. 그동안 교실 수업의 현장과 교사와 학생의 경험을 이해하려는 많은 개별 연구자에게 질적 연구방법은 유용하게 활용되어 왔으며 사회과의 많은 연구자에게 널리 확산되어 보편화되었기에 지금 시기에는 질적 연구방법을 좀 더 쉽게 활용하는 현상이 나타나고 있다.

4. 사회과교육 질적 연구 변천 과정의 종합적 이해

1) 사회과의 교육현장과 질적 연구방법의 확산 배경

오늘날 학교 교실수업 현장과 관련한 사회과의 연구 과정에서 질적 연구방법이 과거보다 점차 더 많은 호응을 얻으며 사용되는 과정을 살펴보았다.

1990년대 중반 국내 사회과 학회지에서 질적 연구물이 게재되기 시작하여 2000년대 이후 질적 연구방법을 활용한 연구자가 늘어나기 시작했으며, 질적 연구방법을 사용하지 않았던 연구자들이 이 방법을 사용하는 경향도 발견되었다. 또 학교의 현장 연구자와 공동 연구를 통해 질적 연구에 함께 참여하는 사례도 늘어났다.

사회과에서 연구자들이 질적으로 연구하게 된 배경에는 질적 연구방법의 공유와 확산에 따른 영향도 있으나, 학교 환경이라는 연구주제의 영향도 크다. 학교 환경에는 양적으로 대규모로 연구할 수 있는 분야가 있으나, 질적으로 맥락을 파악하고 상황 속에서 그 의미를 이해하고자 교육현장을 미시적으로 서술하려는 분야들이 존재하고 있다.

보그단과 비크렌(Bogdan & Biklen, 2003: 236-246)은 교육현장을 관찰할 수 있는 여러 환경과 요소를 <표 2-7>과 같이 구분하여 제시하였다.

표 2-7 교육현장의 관찰 영역들

교육현장	학교 환경	인적 환경	학습 환경
세부 관찰 영역	- 물리적 환경 - 경제적 · 사회적 · 문화적 환경 - 의미적 환경	- 교사 - 다른 직원 - 교직원과 학생: 의사소통 - 학생들 - 행정가(교장 등) - 학부모	- 학습 상황 - 교사와 학생의 관계 - 훈육과 통제

출처: Bogdan & Biklen (2003: 236-246).

<표 2-7>에서 학교 환경, 인적 환경, 학습 환경의 세부 영역의 요소들을 보면 질적 연구를 통해 교육현장의 맥락 속에서 학생과 교사의 경험이 드러날 필요가 있는 영역이 있다. 사회과에서 질적으로 연구할 수 있는 학교 및 교실 환경에는 이러한 여러 맥락과 하위환경이 존재한다. 사회과에서 질적 연구를 통해 수업 맥락에서 발생하는 다양한 경험의 이해를 통해 교육 환경

을 파악하여 드러내고 기술하고자 하며, 이는 연구자의 연구주제 선택에 따른 연구 동기와 부합하고 있다.

인과관계로 명확하게 기술하기 어려운 인간 사회 현상의 연구에서 질적 연구의 특징은 많은 사회과 연구자에게 새로운 유인제가 되고 있다. 질적 연구는 사회적 실체나 현상이 어떻게 해석되고 이해되며 경험되는가에 관심을 두며, 이를 위한 자료수집 과정에서 자료가 생성되는 사회적 맥락에 더 많은 관심을 두고 융통성 있게 자료를 수집한다. 이러한 결과, 질적 연구는 상황적 · 세부적 자료를 통해 좀 더 완숙한 이해를 창출하는 데 목적을 두고 있다(Mason, 1996: 18-20).

이러한 질적 연구는 사회해석학적 전통의 범주에 해당되는 현상학, 민속방법론, 상징적 상호작용 등과 밀접하게 연계되어 있다. 상징적 상호작용은 쿨리(Cooley)나 미드(Mead)의 이론적 저작물에서 나타나는데, 실험 조건 상황보다는 보통의 일반적 환경에서 인간이 어떻게 말하고 행동하는지를 관찰하는 것에 기초해 이론적 추진력을 얻게 되었다(Travers, 2001: 18). 그리고 지식관에 있어 구성주의의 확산으로 교실 속에서 생성되는 실천적 지식과 구성원의 경험의 이해에 더 많은 관심을 갖게 되었다. 역사적으로 이러한 철학적 논의의 활성화는 인간 사회 현상에 대한 연구에서 질적 연구방법을 적용하게 하는 기폭제가 되어 주었다. 이러한 입장은 학생들이나 교사 등의 인적 환경을 통제하기보다는, 일상적인 수업 맥락 속에서 드러나는 인간의 행위를 이해하려는 사회과 수업 현장의 연구자들에게 더욱 적합성을 갖게 되었다.

이러한 학문적 흐름의 영향 속에서 양적 연구를 통해 일반화를 모색하는 연구가 과학적 연구라는 기존의 대중적 논리에 맞서, 질적 연구 경향이 사회과의 연구자들의 인식 속으로 확산되어 점진적으로 보편화되어 갔다. 질적 연구방법과 이를 뒷받침할 수 있는 철학에 관한 학습이 증가하면서 사회과에서는 질적 연구의 논문이 늘어났으며, 이는 후학들에게 질적 연구방법의 전례가 되어 갔다. 질적 연구의 타당성과 학문적 외연이 확장되어 질적 연구도 늘어나면서 질적 연구의 타당성과 보편성을 반드시 증명해야 하는 부담도 점차 줄어들었다. 사회과의 이러한 교육 환경에서 나타나는 경험을 이해하기 위해 질적 연구방법이 사회과교육에서 설득력을 얻어 가고 있다.

2) 사회과교육에서 활용한 질적 연구방법의 부합성

(1) 사회과교육에서 자주 사용된 시기별 질적 연구방법

국내 사회과교육 학회지에 게재된 질적 연구 논문에 적용된 질적 연구방법의 유형을 시기별로 종합하면 <표 2-8>과 같다.

1990년대 도입기에는 질적 연구를 나타내기 위해 미시기술적 연구, 일상생활기술적 연구 등의 용어를 사용하며 이 당시 유행했던 질적 연구방법의 단어를 논문 제목에서 사용하였다. 이 시기는 질적 연구방법을 적용한 저자가 적어 다양한 연구방법이 활용되지는 않았으나, 질적 연구 논문이 처음으로 게재되기 시작했다는 측면에서 의미를 갖는다. 도입기의 이러한 연구방법은 2000년대에도 한 편씩 이어졌으나, 그 이후로는 거의 나타나지 않고 있다.

2000년대 확산기에 접어들어 질적 연구방법의 유형이 다양하게 등장하기 시작하였다. 이 시기부터는 질적 연구 유형으로 사례연구라는 유형을 가장 많이 사용하고 있다. 소규모의 의미 있는 사례를 통해 심층적인 이해를 하고자 하는 질적 연구의 특성을 반영한 것이다. 또한 대다수 논문에서는 질적 연구방법에서 구체적인 다른 명칭을 사용하더라도 기본적으로 사례연구의 특징을 기반으로 하는 경우가 많았다. 그러나 연구자가 사례연구라는 용어보다 더 직접적으로 적용한 질적 연구방법의 유형이 있는 경우 이를 명시하고 있다.

또한 이 시기에는 교육현장에서 실행하면서 기술하는 실행연구를 그다음으로 자주 사용하기 시작하였다. 그다음으로는 교사와 학생 간 이야기를 통해 살펴보려는 내러티브 탐구도 새롭게 나타났다. 교실 환경의 맥락에서 교사와 학생의 상호작용 속에서 제시되는 이야기를 통해 연구를 진행하는 경향이 나타났다. 또한 학교의 문화적 환경과 맥락에 더 많은 의미를 부여하려는

표 2-8 시기별 사회과 질적 논문의 질적 연구방법의 분포 **(단위: 편)**

시기	도입기: 1990년대		확산기: 2000년대		발전기: 2010년대		안착기: 2020년대		질적 연구방법 전체	합계
질적 연구방법 유형	미시기술적 연구	2	사례연구	13	사례연구	19	사례연구	9	사례연구	41
	일상생활 기술적 연구	1	실행연구	4	실행연구	5	실행연구	1	실행연구	10
			내러티브 탐구	2	내러티브 탐구	3	내러티브 탐구	1	내러티브 탐구	6
			문화기술적 연구	2	근거이론	3	근거이론	1	근거이론	5
			미시기술적 연구	1	현상학적 연구	1	기타	1	미시기술적 연구	3
			일상생활 기술적 연구	1	기타	6			문화기술적 연구	2
			근거이론	1					일상생활 기술적 연구	2
			생애사 연구	1					생애사 연구	1
			기타	3 3					현상학적 연구	1
									기타	10
논문	3		28		37		13		전체 논문 (편)	81

문화기술적 연구도 이 시기에 이루어졌으나 이후에는 거의 나타나지 않았다. 한편으로 생애사 연구도 이 시기에 나타났으나 이후로는 발견되지 않고 있다. 이러한 경향 속에 학교 현장의 경험에 근거한 근거이론이 이 시기부터 나타나기 시작했다.

2010년대 발전기에는 질적 연구물이 더 많아지면서 2000년대와 마찬가지로 질적 연구방법도 다양하게 나타나는데, 사례연구, 실행연구, 내러티브 탐구, 근거이론 등이 나타났으며 현상학적 경험적 연구도 처음 나타났다. 2010년대에는 2000년대까지 나타나던 미시기술적 연구, 일상생활기술적 연구, 문화기술적 연구라는 유형이 이 시기부터는 거의 나타나지 않고 있는데, 이러한 연구방법은 질적 연구의 초입기에 더 많이 활용되었음을 알 수 있다.

2020년대는 안착기라고 할 수 있으며, 현재 이 시기에 파악된 연구방법은 2010년대와 유사한 경향을 보이며, 사례연구, 실행연구, 내러티브 탐구, 근거이론 등이 나타났다. 2010년대의 경향을 이어받아 질적 연구가 확산되어 연구자도 늘고 있으며, 질적 연구 논문도 증가 추세에 있다. 2020년대 들어서 연구 논문도 늘어날 것이며 연구방법의 다양성도 나타날 것으로 전망된다. 그리하여 학교 현장에서 연구주제에 따라 연구자들이 질적 연구방법을 자연스럽게 활용하는 안착기에 접어들고 있다.

이와 같이 사회과교육에 질적 연구방법이 등장한 초창기에는 주로 미시기술적 연구, 일상생활기술적 연구라는 명칭으로 제시되었다. 이러한 구체적인 연구방법의 경향은 2000년대에도 이어졌으나, 2010년대 이후부터는 거의 나타나지 않고 있다. 사회과 질적 논문에서는 사례연구가 가장 많으며 그 외로는 실행연구, 내러티브 탐구, 근거이론 순으로 자주 사용되고 있다.

한편, 사회과에서 질적 연구 경향은 점진적으로 확산되어 안착기에 이르고 있으나 변천 과정에서 특정 부류의 질적 연구방법에 많이 쏠려 있는 경향이 발견되었다. 사회과에서 사례연구, 실행연구, 내러티브 탐구, 근거이론 등으로 더 많은 연구가 이루어진 반면, 초창기 확산기에 나타난 문화기술적 연구, 생애사 연구나 발전기에 나타난 현상학적 연구 등은 아주 소수만 발견되었으며, 최근에는 거의 나타나지 않고 있다. 그리하여 사회과 수업 현장과 학교 연구 경향에서 구체적인 질적 연구방법의 폭넓은 다양성은 나타나지 않고 어느 정도 제한된 다양성을 보인다. 사회과에서 질적 연구의 광범위한 확산으로 인해 누구나 주제 적합성에 따라 질적 연구를 시도하고 있으나, 연구방법 선택 측면에서는 좀 더 대중화되고 상대적으로 파악이 수월한 질적 연구방법을 선택하는 경향이 나타나고 있었다.

(2) 사회과에서 활용한 질적 연구방법과 사회과 맥락과의 관계

사회과에서 가장 자주 활용해 온 질적 연구방법과 그 특성에 대해 살펴보며 사회과 수업 연구와 이 연구방법의 특성과의 관련성을 고찰해 보기로 하자.

먼저, 사회과에서 가장 많이 활용해 온 질적 연구방법은 '사례연구(case study)'이다. 교실 수업 상황에서 교사와 학생의 상호작용이 일어나는 맥락을 분석하고 이들의 이야기를 드러내며 의미를 구성해 내는 과정에서 특정의 사례가 선택된다. 메리엄(Merriam, 1998)은 질적 연구방법 중에서 특히 이러한 사례연구방법이 교육의 영역에서 널리 퍼져 있다고 보았다. 스테이크(Stake)는 질적 사례연구에서는 그 하나의 사례에서 특별히 배울 수 있는 질문에 관심을 두므로 사례연구라는 것이 강조된다고 보았다(Denzin & Lincoln, 2005: 443). 윈(Yin)은 사례연구란, 특히 현상과 맥락 간 경계가 분명하지 않을 때 실제 삶의 맥락 안에서 동시대적인 현상을 조사하는 경험적 탐구라고 보았다(Merriam, 1998: 27에서 재인용). 그래서 메리엄은 질적 사례연구란 하나의 사례, 현상, 사회 단위에 대해 집중적이고 전체적으로 기술하고 분석하는 것이라고 보았다(Merriam, 1998: 26-27). 그러나 때로는 의도에 따라 하나 이상의 복수의 사례를 선택하기도 하고 집합적 사례를 살펴보기도 하고, 비교 사례나 반대 사례를 살펴보기도 한다. 그리하여 메리엄은 교육에서 사례연구는 문화기술적 평가이며, 프로그램의 묘사이고, 역사적인 해석이자 사회학적 연구라고 보았다(Merriam, 1998: 40).

사례연구가 갖는 이러한 맥락적 현상과 경험적 탐구, 문화기술적 평가의 의미까지 반영하여 사회과의 교육현장에서 사례연구는 가장 많이 선택되고 있다. 이는 대규모 집단을 연구하기 어려운 연구자의 한계 상황을 반영한 것이기도 하지만, 대신 의미가 큰 소규모 사례를 통해 사회과의 수업 현장에 관해 깊이 있는 이해를 도모하고자 하는 본질적 목적에 질적 사례연구가 부합한다고 할 것이다.

사회과에서 두 번째로 자주 활용한 방법은 '실행연구(action research)'였다. 리즌과 브래드버리(Reason & Bradbury, 2001)는 실행연구란 "인간에게 가치 있는 목적을 추구하는 데 필요한 실천적 지식(practical knowledge)을 획득해 가는 참여적이고 민주적인 과정"이라고 묘사하였다(이용숙 등, 2005: 22에서 재인용). 학교 수업 현장에서 생성되는 실천을 통한 현장의 지식을 구성해 나가는 데 실행연구는 교육현장에서 적합성을 갖는다고 할 것이다.

사회과 교사는 교육 실행연구를 통해 현장의 개선에 기여하는 주요한 통로를 확보할 수 있다. 밀스(Mills, 2003)는 실행 과정에서 형성적 피드백을 바탕으로 교수법을 개선하며, 반성을 통해 계속적인 실행으로 연결되어 결국에는 실행연구를 통해 교사의 작업이 전문가의 작업으로 인정받을 수 있다고 보았다(Mills, 2003: 220, 232). 연구의 과정에서 현장의 사회과 교사가 직접 실행하며 연구에 참여하므로 '자기반성'이라는 의미가 부각된다. 실행 효과에서 의도된 것과 의도되지 않은 것을 살펴보며, 실천에서 제기된 쟁점을 파악하며 반성을 거치는 과정이 교육적으로 의미가 크다고 할 것이다(Mills, 2003: 220).

많은 사회과 현장의 연구자는 교육현장에 실천적으로 참여하고 실행하며 반성하고 재실행을 수행하는 과정에서 자신의 행위에 대해 거리두기를 하며 성찰할 기회를 가질 수 있다. 이는 더 나은 전문가로서의 역량을 개발하는 효율적인 방법이 된다. 그리하여 실행연구는 교육현장의 이해뿐만 아니라 교육현장의 개선에도 기여하는 유용한 방안으로, 또한 연구자의 변화까지도 가져올 수 있는 방법으로 사회과에서 활용하는 사례가 늘고 있다. 이러한 경향은 사회과 교실수업 현장에서 질적 연구자가 늘어나는 동력이 되기도 한다.

사회과에서 세 번째로 자주 활용한 질적 연구방법은 '내러티브 탐구(narrative inquiry)'였다. 이는 교육현장을 담아내는 이야기를 제시함으로써 사회과의 수업 연구에 자주 활용이 된다. 클랜디닌과 코넬리(Clandinin & Connelly)는 내러티브 탐구는 경험을 이해하는 방법으로, 환경과 사회적 상호작용을 하면서 연구자와 참여자가 협력하며 탐구자는 삶을 살아 내며 이야기하고, 다시 살아 내며 다시 이야기하는 가운데 존재하며, 삶을 만드는 경험 이야기는 개인적 · 사회적인 것으로 판단하며 앞으로 나아간다고 보았다(Clandinin, 2013: 28에서 재인용). 그리하여 이 탐구에서는 시간적 영속성 속에 관계적 삶을 함께 살아가는 것에 기초하여 서로 이야기를 하며 서로의 삶의 일부가 된다(Clandinin, 2013: 34-35).

이러한 내러티브 탐구 과정을 통해 사회과 수업 현장에서 교사와 학생, 또는 탐구자와 참여자가 서로 이야기를 나누며 살아 내고 다시 이야기를 하며 관계를 맺는다. 내러티브 탐구 과정에서 이야기는 중요하다. 삶을 살아 내고 이야기하며, 다시 이야기하고 다시 삶을 살아 내는 과정을 의미 있게 받아들인다(Clandinin, 2013: 48-49). 이 과정에서 탐구자, 참여자는 서로 관계를 맺으며 교육 현상에 대해 참여자가 이야기를 시작하며 연구자와 대화를 한다. 사회과 연구자와 현장의 교사와 학생들이 수많은 이야기로 구성될 수 있는 학교 수업 현장에서 이야기를 풀어 나가면서 교육 현상에 대한 탐구가 진행되며 이러한 관계 속에서 시간적 · 맥락적인 측면을 파악하는 데 이 탐구 방법이 유용하다.

사회과에서 네 번째로 자주 활용한 질적 연구방법은 '근거이론(grounded theory)'이었다. 근거이론은 글레이저(Glaser)와 스트로스(Strauss)에 의해 1967년에 개발된 것으로 귀납적 접근을 모색한다. 근거이론은 중간 범위의 이론을 개발하기 위해 자료가 포화 상태에 이르기까지 수집해 나가며, 분석하고 코딩하고 범주화를 모색하며 기술해 간다(Schreiber & Stern, 2001: 16에서 재인용). 근거이론과 관련해 차르마즈(Charmaz)는 이 이론이 탐구의 방법과 탐구로 인한 산출물에 관심을 둔다고 보았다. 연구자가 자료를 수집하며 자료를 분석하고 개념을 개발하여 중간 규모 정도의 이론을 귀납적으로 형성해 나가기 때문이다. 이 과정에서 자료 수집과 분석은 동시에 일어나며 초기 분석은 또 다른 자료수집을 하게 만든다(Denzin & Lincoln, 2005: 507-508).

이러한 근거이론을 적용해 사회과 연구자는 학교와 수업 상황에서, 또는 교사와 학생 간 상호작용의 자료를 통해 귀납적으로 도출되는 개념을 생성해 나가며 의미를 파악하고 이해하고자 한다. 이는 질적 연구방법으로 수집된 근거가 되는 사회과 수업 현장의 자료에 기반하여 교육 상황의 이론을 개발하려고 노력해 나간다는 점에서 새로운 의미가 있다. 질적 연구 중 범주화를 모색하고 중간 수준의 일반화를 모색하는 노력을 통해 질적 연구 중에서 어느 정도 보편성을 추구해 내려는 노력으로도 볼 수 있다. 모스(Morse)는 이러한 이론이 추상적 속성을 가지면서도 맥락과 관련을 지으며 참여자의 삶과도 관련되고 있다고 보았다(Schreiber & Stern, 2001: 23). 그리하여 근거이론을 통해 도출되는 범주나 중간 규모의 이론은 사회과 수업 현장의 맥락과 교사와 학생의 상호작용을 반영하므로 사회과의 교육현장에 적용하는 데 의미가 있다.

그리고 사회과에서는 초창기 도입기와 확산기에 미시기술적 연구, 일상생활기술적 연구가 활용되어 왔으나, 발전기 등으로 나아가면서 이러한 연구방법의 명칭이 현저히 줄어드는 현상이 나타났다. 사회과에서 초창기 질적 연구방법에 대한 철학적 기초를 다지면서 이러한 질적 연구방법을 시도했다. 사회과에서 문화기술적 연구는 2000년대 확산기에 두 편 등장하였으나, 이 시기 이후 현저히 줄어들었다. 그러나 참여관찰과 심층면담의 자료수집 방법은 질적 연구에서 지속적으로 이어져 오며 또 다른 명칭의 질적 연구방법 속에 문화기술지의 속성이 약간씩 깃들고 있다.

여기까지 사회과에서 자주 활용되어 온 질적 연구방법으로 사례연구, 실행연구, 내러티브 탐구, 근거이론 등의 특성과 사회과교육 현장에서 이것들이 활용되어 온 연구방법의 특성과 관련 요인에 대해 살펴보았다. 이를 통해 사회과 수업 현장에 대해 탐구하고 이해하고자 하는 연구자의 연구 경향을 시기별로 살펴보는 기회가 되었으며, 최근으로 오면서 자주 사용되는 질적 연구 유형과 그 특징도 파악할 수 있었다.

3) 질적 연구로 사회과 연구 초점 변화와 연구주제 선택

사회과교육에서 질적 연구가 점진적으로 증가해 왔으며 이 과정에서 여러 가지 연구방법이 선택되어 왔다. 이러한 질적 연구방법의 선정 과정에서 영향을 많이 준 것은 특히 사회과의 연구주제라고 할 것이다. 그리하여 연구방법별로 사회과의 연구주제로 선정된 것을 주제 영역별로 분류하여 살펴보면 〈표 2-9〉와 같다.

표 2-9 질적 연구방법별 사회과 질적 논문의 주제 분포

연구방법 전체 (81편)	주제 영역 (편)	연구주제
사례연구 (41)	교사의 수업 경험 (13)	- 교과서 채택 과정에서 드러난 사회과 교사들의 교과서 선호 - 두 교사의 수업 딜레마 - 사회과 교사의 교실 수업 활동과 수업 방안 - 사회과 신임교사의 수업 활동에 대한 사례 - 사회과 수업연구 발표대회 - 사회과 교사의 수업 포트폴리오 활용(2편) - 내용교수지식(PCK) 분석-초임교사와 경력교사 - 저경력 교사의 사회 · 문화 수업에 대한 멘토링 - 교사의 테크놀로지 활용 교수법적 내용 지식 형성 과정 - 사회과 수석교사의 역할 형성과 갈등 상황 - 혁신학교와 일반학교 교사들의 민주시민교육 경험 - 사회과 교사의 창의교육 실천 양상과 교사 전문성
	교실수업 (12)	- 세계사학습의 현장 사례 - 귀국학생 교육프로그램의 현황 사례 - 블록타임제 중학교 사회수업의 구성 형태 - 디지털교과서를 활용하는 사회과 교수행위 - 수업에서 정치사회적 이슈를 다룬다는 것의 의미 - 사회과 원격수업 - 한국문화 수업 사례 - 어린이의 경험 · 시선으로 재구성한 초등 현대사 수업 - 팬데믹 상황에서의 초등 사회과 수업 - 교수 · 학습 모형의 현장 수업 적용 사례 - 민주시민교육, 무엇을 가르쳐야 - 독일의 통일교육 내용과 방법

사례연구 (41)	학생의 문화 경험 (8)	- 사범대생의 눈으로 본 사범대학 교육 - 한국 유학생들의 '인종차별 경험' 이해 - 예비교사들의 해외 학습 프로그램 경험 - 유학생들의 타인종 접촉과 다문화적 태도 - 다문화 시대 한국인 정체성 - 인문사회 영재 - 중등학교 인권 문화에 관한 비교 사례 - 역사덕후들의 역사 흥미 형성 과정
	학교 환경 (4)	- 시민성 교육으로의 대안학교 - 미국 공립학교의 교육 사례 - 다문화가정 학생 다수 학교에 대한 비교 사례 - 미국 초등학교의 일상지리적 특성
	교육과정 (3)	- 사회과 교육과정 실행 기제 - 사회과 교사들의 교육과정 재구성 경험 - '통합사회'의 교육과정 실행
	교육 경험(1)	- 가정의 시민성 교육
실행연구 (10)	교사의 수업 실행 (7)	- '사회참여' 수업 실행 - 인권 프로젝트에 관한 실행 - 사회과 교사의 형성평가 실행 - 초임교사 사회과 수업 컨설팅에 관한 실행 - 사회과 교사의 '숙의하는 수업'을 위한 실행 - 세계시민성을 지향하는 초등사회과 미래학습 실행 - 자치법정과 학급회의 연계 모형 실행
	학생 수업 경험 (2)	- 예비교사들의 해외 학습 프로그램 경험 - 청소년 참여 실행
	교육과정(1)	- 사회과 교사의 수준별 교육과정 실행
내러티브 탐구 (6)	수업 방법 (3)	- 포스트모던 탐구 전략으로서 내러티브 - 예비교사의 교육실습 경험 - 원격수업 컨텐츠 제작 경험
	정체성 (2)	- 청소년의 "탈주적 직업정체성" - 정체성 변화과정
	교과서(1)	- 사회과 교사의 사회 교과서 이야기

근거이론(5)	교사 인식(2)	- 사회과 교사의 토론수업 인식 특성 - 다문화 특별학급에 대한 인식 분석
	학생 인식(2)	- 어린이의 장소 애착 형성 과정 분석 - 초등학생 지리적 사고의 특징 분석
	수업 방법(1)	- 사회과 교사의 경험 중심 경제교육
미시기술적 연구(3)	수업 문화(3)	- 사회과 수업 문화 이해 - 사회과 수업의 참여구조 변화 이해 - 사회과 수업의 이해
문화기술적 연구(2)	교육과정(1)	- 사회과 교육과정 개정과정
	수업 문화(1)	- 담임반 수업의 차이와 그 의미
일상생활 기술적 연구(2)	교실 수업(1)	- 사회과 교실 수업의 일상생활 이해
	전공(1)	- 통합사회 전공의 시행과정 이해
생애사 연구(1)	관심(1)	- 예비교사의 사회과에 대한 관심 형성 배경
현상학적 연구(1)	교육 경험(1)	- 예비교사의 교육실습 경험
기타(10)		

사회과교육의 질적 연구방법에서 가장 많이 선정된 사례연구(41편)에서는 교사의 수업 경험(13편)과 관련되거나, 교실수업(12편)에 관한 연구가 가장 많았다. 뒤이어 학생의 문화 경험(8편), 학교 환경(4), 교육과정(3편), 교육 경험(1편)과 관련한 사례연구 순으로 나타났다. 두 번째로 많이 선정된 실행연구(10편)에서는 교사의 수업 실행(7편)과 관련한 연구가 가장 많았으며, 뒤이어 학생의 수업 경험(2편), 교육과정(1편) 순으로 나타났다. 세 번째로 많이 선정된 내러티브 탐구(6편)에서는 수업 방법(3편)과 관련한 연구가 많이 나타났으며, 뒤이어 정체성 형성(2편), 교사의 교과서 이야기 순으로 나타났다. 네 번째로 많이 선정된 근거이론(5편)에서는 교사의 인식(2편)이나 학생의 인식

(2편)과 관련한 연구가 많았으며 이어 수업 방법에 대한 연구가 이루어졌다.

이와 같이 사회과에서 질적 연구가 이루어진 주제 영역을 살펴보면, 교실 수업에서 교사의 수업 진행 경험이나 수업 방법과 관련한 연구가 가장 많이 나타나고 있는 것을 알 수 있다. 뒤이어 학생의 경험이나 학교 환경이나 맥락, 교육과정 등과 관련된 질적 연구가 이루어졌다. 이러한 여러 가지 질적 연구방법의 사용을 통해 접근하는 사회과의 연구주제들은 다수의 경험을 일반화하려는 기존의 양적 연구 경향에 대해 도전장을 제시하였다.

사회과에서는 연구 분야의 선정 과정에서 연구를 바라보는 시각이나 연구 목적에 커다란 변화를 맞이하고 있다. 질적 연구의 기초가 되는 철학적 기반과 구성주의 교육관 등의 확산으로 지식을 객관적으로 드러내기보다는, 연구의 과정에서 드러내고 생성하는 것에 대한 연구자의 인식이 공유되어 가고 있다. 이들은 사회과교육 현장의 목소리, 즉 구체적인 사회과 수업 현장에서의 경험과 교육 방법의 이해에 연구의 초점을 맞추기 시작하였다.

그동안 양적 연구가 지향하던 연구 방향과는 다른 차원, 질적 연구의 방향에서는 학교 현장 안의 사회과수업이 이루어지는 교실과 교실의 수업 방법에 좀 더 관심을 두고 연구하기 시작하였다. 이 영향으로 사회과 수업을 실시하는 교사가 질적 연구에 직접 참여하거나 관찰하는 현상도 늘어났다. 이로 인해 사회과 교실 수업 연구를 지향하는 많은 연구자가 질적 연구에 관심을 보이며 연구방법으로 선택하여 질적 연구방법의 학문적 연대를 형성해 가고 있다.

4) 사회과교육의 연구 주체로서 질적 연구자의 증가

사회과교육에서 질적 연구의 확산, 발전 과정을 거치면서 질적 연구방법은 사회과 학계에 널리 보급되었으며, 무엇보다 교실 수업 연구 등 사회과교육 분야에서 질적 연구의 적절성을 인정받기 시작했다. 그리하여 연구자의 참여도 더욱 증가하였는데 연구자 현황은 〈표 2-10〉과 같다.

표 2-10 사회과의 시기별 저자들의 변천 과정의 특징

시기 구분	도입기: 1990년대	확산기: 2000년대	발전기: 2010년대	안착기: 2020년대 초반 21년 현재
연구 참여자 변화 특성	• 사회과에서 질적 연구방법의 개척자들	• 질적 학위논문 증가 • 질적 연구 투고 증가 등 질적 연구자 확산	• 질적 학위논문 확산 • 다양한 저자로 확산 • 현장 교사의 참여 증가 • 기존 연구자의 현장 교사와 협업으로 질적 연구참여 증가	• 다양한 저자로 확산 • 기존 연구자의 현장 교사와 협업으로 질적 연구참여 증가 • 2010년대와 유사한 경향, 확산세 증가
연구자	조영달, 이혁규	박윤경, 옥일남, 박영석, 강기원, 박인옥, 황상주, 이정우, 김영신, 오연주, 김순희, 박길자, 이소연, 배영민 등	김현경, 박하나, 박선운, 최윤정, 성경희, 조대훈, 김혜숙, 길현주, 박가나, 전영은, 김혜진, 임은진, 김숙이, 은지용 등	황미영, 이예지, 홍서영, 강화정, 문현진, 황홍섭, 송하인 등

1990년대 사회과에서 질적 연구 경향을 제시하기 시작한 연구자는 조영달이었다. 그는 일상생활 방법론, 미시기술적 연구물 등을 통해 질적 연구 경향을 제시하였다. 뒤이어 이혁규, 박윤경, 옥일남, 이정우, 박영석, 성경희, 박선운, 김현경, 김영신, 박하나 등 여러 사회과 후학 연구자가 질적 연구방법으로 학위논문을 작성하거나, 질적 연구방법으로 연구에 참여하기 시작하였다. 이러한 질적 연구의 경향은 사회과 내 다른 연구자들에게도 자극이 되었으며 수업 연구와 학교 현장 연구에서 질적 연구의 적합성에 대한 공감대가 확산되어, 2000년대부터 연구자가 더욱 많이 늘어나기 시작하였다.

이러한 확산 과정에서 교실 밖 연구자들이 사회과 수업을 관찰하는 방법으로 사례연구를 많이 진행하였다. 또한 사회과 수업에 대해 내부 연구자인 교사가 주체적으로 실행하고 연구하는 연구자로서의 교사상을 만들어 나가기 시작하였다. 이로써 교사로서 연구자의 모습을 구현해 나갔으며, 이 과정에서 교실 수업과 학교 현장의 사례연구나 실행연구, 내러티브 탐구, 근거이론 등이 양산되는 결과를 낳았다. 특히 교사가 수업을 실행하며 연구하는 실행연구를 통해 자신의 수업에 대해 실천적 지식을 생성해 내며, 이러한 수업을 스스로 성찰하며 교사로서 전문성을 개발하고 있다.

5. 사회과교육 질적 연구 경향 분석의 마무리

이 장에서는 사회과에 질적 연구가 출현할 때부터 있었던 대표적인 학술지 2개를 선정해 질적 연구 논문의 도입기부터 시기별 경향과 사회과의 교실현장 연구에 있어서 질적 연구가 갖는 부합성을 살펴보았다. 사회과 수업 현장을 미시적으로 들여다보는 질적 연구에 대한 접근은 1990년대 중반 이후 점진적으로 확대되어 왔다. 2000년대 확산기, 2010년대 발전기를 거치고 2020년대 안착기를 맞이하면서 연구자와 질적 연구 논문이 점차 늘어났다.

사회과에서는 질적 연구방법으로 사례연구, 실행연구, 내러티브 탐구, 근거이론 등의 순으로 자주 사용되었다. 질적 연구방법에 대해 체계적인 준비를 해 오지 않아도 현장 연구방법으로 질적 연구방법을 도입하는 연구자도 늘어나고 있다. 질적 연구방법을 적용하는 과정에서 연구방법의 엄밀한 적용보다는 유연한 적용으로 수업의 맥락이나 미시적 상호작용 속의 경험을 드러내고 이야기하려는 연구자가 늘어났다. 그리하여 질적 연구방법으로 사례연구가 가장 많이 적용되어 왔다. 이로 인해 사회과에서 질적 연구자의 수는 늘어났으나, 구체적 연구방법 측면에서는 크게 네 가지 정도로 제한된 다양성을 보이기도 했다.

연구주제 측면에서는 교사의 수업 경험과 교실 수업과 수업 방법에 대한 연구가 가장 많이 이루어졌다. 다음으로는 학생의 경험과 문화에 대한 연구가 많이 이루어졌다. 그리고 학교 환경과 맥락이나 사회과 교육과정에 대한 질적 연구가 이어졌다. 사회과에서의 이러한 연구주제의 전환적인 변화는 연구와 이론에 대한 인식론적 시각의 변화가 영향을 미쳤다고 할 수 있다. 질적 연구의 철학적 기반과 지식의 구성주의 영향의 확산 속에 사회과 연구자들이 기반하고 있는 사회과 수업 현장 속으로 들어가 미시적으로 살펴보려는 경향이 늘어난 것이다.

이는 학교교육 현장과 수업에 대해 대상화하며 거리두기를 하였던 과거의 연구 경향을 벗어난 큰 움직임이라고 할 수 있다. 질적 연구방법을 적용하면서 교육 주체가 몸 담고 있는 교육현장 속으로 들어가 자신을 포함한 교실 생태계 속 주요한 주체로서 교사의 수업 경험과 학생의 경험에 대해 커다란 관심을 보이며 핵심적인 연구주제로 선정하기 시작했다. 이러한 연구 결과를 사회과교육 현장의 개선에 다시 투입하는 연결고리를 만들어 내기 시작한 것이다.

이 배경에는 학교 현장에서 질적 연구를 수행하는 현장 연구자가 증가하는 것도 깊은 관련성이 있다. 사회과에서 질적 연구의 확산으로 학교 교실 현장에 있는 교사가 질적 연구방법을 통해 주체적으로 연구자로 설 수 있는 주요한 환경이 마련되었으며, 교사는 이제 연구자로, 자신의 수업의 실행가로 실천적 지식을 생성하며 이를 성찰하는 이론가로 거듭날 수 있는 기회가 확대되고 있다. 연구를 통해 그 경험을 기술하고 이해하는 역할 외에도 자신의 교육 행위와 관련된 사회과 수업 현상을 개선하는 데 질적 연구를 능동적으로 활용해 나갈 필요가 있다.

이러한 질적 연구가 갖는 순기능적 역할은 질적 연구가 사회과교육 현장에서 더욱 확산되어야 하는 당위성을 불러일으킨다. 사회과교육에서 질적 연구방법을 적용함으로써 사회과의 교육현장의 이론적 기초를 다지고 실제 교육현장의 개선에도 기여하는 등 많은 의미를 가질 수 있을 것이다.

참고문헌

김순희(2008). 사회과 교실 수업연구의 한계와 가능성: 연구동향 분석을 중심으로. 사회과교육, 47(3), 213-240.

김영현(2019). 초등 사회수업으로 본 정체성 변화과정: 고려인 4세에 대한 내러티브탐구. 사회과교육, 58(2), 1-16.

김혜숙(2006). 사회과 교실수업연구를 위한 교실생태학의 가능성 탐색. 사회과교육, 45(2), 25-48.

김혜진(2019). 근거이론을 활용한 어린이의 장소애착 형성 과정 분석. 사회과교육, 58(1), 1-20.

박길자(2008). 행위 중심의 인권프로젝트에 관한 실행 연구. 시민교육연구, 40(1), 1-28.

박성희(2004). 질적 연구방법의 이해: 생애사 연구를 중심으로. 서울: 원미사.

박영석(2009). 초등 사회수업에서 교사의 형성평가 실행에 관한 연구. 시민교육연구, 41(4), 51-79.

박윤경(2003). 사회과 수준별 교육과정 실행에 대한 연구. 시민교육연구, 35(1), 143-172.

박하나(2018). 예비 직업사회화와 경제교육적 함의-저소득가정 청소년의 "탈주적 직업정체성"에 관한 내러티브를 중심으로. 시민교육연구, 50(1), 79-109.

배영민(2008). 사회과 수업연구방법의 새로운 대안 모색: 포스트모던 탐구 전략으로서 내러티브 사례연구. 사회과교육, 47(2), 229-258.

백선영(2019). 초등교사에게 사회 교과서란 무엇인가?-세 교사의 사회 교과서 이야기. 시민교육연구, 51(4), 125-149.

설규주(2008). '담임 반 수업'과 '담임 아닌 반 수업'의 차이와 그 의미 : 사회과 수업관찰 및 면담결과를 중심으로. 사회과교육, 47(2), 83-115.

오연주(2008). 한국 중등 사회과 교사의 토론수업 인식 특성: 근거이론 접근. 시민교육연구, 40(3), 65-97.

옥일남(2007). 사회과의 '사회참여' 수업 실행에 대한 사례연구. 시민교육연구, 39(1), 111-152.

옥일남(2008). 사회과 예비교사의 사회과에 대한 관심형성의 배경에 관한 생애사 연구. 시민교육연구, 40(3), 99-131.

옥일남(2009). 사회과 예비교사의 교육실습 경험에 관한 내러티브 탐구. 시민교육연구, 41(1), 73-106.

이광성(2004). 사회과교육에서 양적 연구의 가능성과 한계. 시민교육연구, 36(1), 165-180.

이용숙, 김영천 편(1998). 교육에서의 질적 연구: 방법과 적용. 서울: 교육과학사.

이용숙, 김영현, 이혁규, 김영미, 조덕주, 조재식(2005). 교육현장 개선과 함께하는 실행연구방법. 서울: 학지사.

이은해, 최윤정(2016). 교육실습, 이상과 현실의 괴리-사회과 예비교사의 교육실습 경험에 대한 연구. 시민교육연구, 48(3), 159-184.

이혁규(1994). 사회교육의 교수에 대한 연구 경향의 변화. 사회와교육, 18, 1-20.

이혁규(1995a). 교실수업과정의 연구경향 검토. 사회와교육, 20, 115-140.

이혁규(1995b). 통합사회과 교실 수업에 대한 일상생활 기술적인 연구. 사회와교육, 21, 227-258.

이혁규(2001). 제7차 사회과 교육과정 개정과정에 대한 문화기술적 연구: 7~9학년을 중심으로. 시민교육연구, 32, 249-292.

전영은, 박원진(2018). 근거이론을 활용한 초등교사의 다문화 특별학급에 대한 인식 분석-경기도 다문화 특별학급 사례를 중심으로. 시민교육연구, 50(1), 141-169.

조영달(1994). 한 · 일 중등학교 경제수업의 이해: 한 · 일 청소년의 수업문화 이해. 사회와교육, 18, 141-164.

조영달(1999). 한국 중학교 경제수업의 참여구조 변화에 대한 이해-미시기술적 연구를 중심으로. 시민교육연구, 29, 193-225.

조용환(2005). 질적 연구: 방법과 사례. 서울: 교육과학사.

최윤정, 김예지(2015). 금융이해력향상을 위한 경험중심 경제 교육-미국 고등학교 금융교육 수업 사례 연구. 시민교육연구, 47(1), 217-245.

허종렬, 장원순(2000). 1990년대 사회과교육 연구 동향 분석. 한국초등교육, 11(2). 572-698.

Bogdan, R. C., & Biklen, S. K. (2003). *Qualitative research for education: An introduction to theories and methods* (4th ed.). Boston: Pearson Education.

Clandinin, J. (2013). *Engaging in narrative inquiry*. 염지숙 외 공역(2015). 내러티브 탐구의 이해와 실천. 경기: 교육과학사.

Denzin, N. K., & Lincoln, Y. S. (Eds.) (2005). *Handbook of qualitative research.* CA: Sage Publications.

Mason, J. (1996). *Qualitative researching*. 김두섭 역(1999). 질적 연구방법론. 서울: 나남출판.

Merriam, S. B. (1998). *Qualitative research and case study application in education: Revised and expanded from case study research in education.* CA: Jossey-Bass Pub.

Mills, G. E. (2003). *Action research: A guide for the teacher reseacher*. 강성우 외 공역(2005). 교사를 위한 실행 연구. 서울: 우리교육.

Morse, J. M., & Field P. A. (1995). *Qualitative research methods for health professionals* (2nd ed.). 신경림 역(2003). 질적 간호 연구방법. 서울: 이화여대출판부.

Neuman, W. L. (2003). *Social research methods: Qualitative and quantitative approaches* (5th ed.). Boston: Pearson Education.

Schreiber, R. S., & Stern, P. N. (Eds.) (2001). *Using grounded theory in nursing*. 신경림 외 공역(2003). 근거이론 연구방법론. 서울: 현문사.

Travers, M. (2001). *Qualitative research through case studies.*. London: Sage Publications.

제3장
다문화교육에서의 질적 연구[1)]

박윤경(청주교육대학교)
박선운(청주교육대학교)

특정 학문 분야에서 새로운 연구방법론의 도입은 같은 것을 다르게 보고 접근할 수 있는 통로를 마련해 준다. 이는 학문적으로 주목받지 못했던 현상의 중요성을 드러내 주거나, 연구 현상에 대한 상투적인 접근 방식에 변화를 가져올 뿐 아니라, 현상 이해의 심화와 지식의 축적을 통해 관련 이론과 정책의 전환적 변화를 이끌어 내기도 한다. 이런 점에서 특정 학문 분야에서 하나의 연구방법론을 적용한다는 것은 단순히 자료수집이나 분석 도구를 선택하는 전략적 차원을 넘어서 연구 현상의 다른 면을 다르게 포착하도록 돕는 전혀 다른 연구론적 세계관을 취득하는 과정일 수 있다. 다문화교육학 분야에서 질적 연구가 갖는 의의도 이와 다르지 않다.

일찍이 다문화교육학의 흐름을 주도해 온 미국에서의 다문화교육 연구 발달사를 살펴보면, 1960~1970년대에 민족학 운동(ethnic studies movements)과 집단 간 교육(intergroup education)의 일환으로 다문화교육의 움직임이 태동

---

1) 이 장은 박윤경, 박선운(2021)의 논문 「다문화교육 질적 연구의 동향과 과제」의 내용을 수정 · 보완하여 작성한 것이다. 이 글을 작성하는 과정에서 3회에 걸친 독회 모임에 참여하여 국내 대표 사례 논문들을 함께 읽고 논평해 주신 이수정 박사님과 심소현 선생님께 심심한 감사를 표한다.

하기 시작한 이래 약 50여 년 동안 다양한 주제로 활발한 연구들이 수행되어 왔다. 그 과정에서 다문화교육의 개념과 범위가 확장되었으며 다문화교육의 올바른 지향점에 대한 이론적 논쟁이 치열하게 이루어졌다. 다문화교육 분야에서 이루어진 다양한 질적 연구는 그동안 교육현장에서 가려져 왔던 문제를 새롭게 드러냄으로써 다문화교육 패러다임의 변화에 중요한 역할을 수행했다.

이에 비해 국내 학계에서 다문화사회 및 다문화교육에 관해 본격적으로 논의하기 시작한 것은 2006년 이후로 학문적 연구의 역사가 상대적으로 짧은 편이다(최충옥, 조인제, 2010). 그럼에도 불구하고 단기간에 급격하게 진행된 사회적 변화 양상에 대응하기 위한 정책적 · 학문적 관심과 함께 다문화교육 연구가 활발하게 이루어지고 있다. 초기의 국내 다문화교육 연구는 이론 연구나 양적 연구가 주를 이루었으나 질적 연구 또한 지속적으로 증가하고 있다(김종훈, 2014; 박혜성, 박현숙, 2014; 이수진, 박영신, 2020; 장은영, 이정아, 2018). 국내의 다문화교육 관련 질적 연구물들은 학생, 학부모, 교사 및 학교 관리자 등 다양한 다문화교육 주체가 미리 준비되지 않은 낯선 상황에서 직면하는 교육적 도전과 어려움들을 생생하게 드러내 주었다는 점에서 의의가 있다. 하지만 다문화교육 분야에서 질적 연구의 필요성이 제기되는 다양한 연구주제와 연구참여자에 대한 폭넓은 관심, 방법적 엄밀성의 측면에서는 일정한 한계를 보이기도 한다. 이제 일정 정도의 양적 성장을 기반으로 하여 다문화교육 분야에서 질적 연구의 내실화를 위한 진지한 논의가 필요한 시점이다.

이에 이 장에서는 국내 다문화교육 분야에서 이루어진 질적 연구의 현주소를 살펴보고 향후 과제에 대해 제안하고자 한다. 이를 위해 먼저 다문화교육의 전개 과정을 개괄적으로 설명한 후, 다문화교육 분야에서 질적 연구가 차지하는 위상을 검토할 것이다. 그리고 국내 주요 학술지 논문에 대한 메타분석 결과를 바탕으로 다문화교육 분야에서 질적 연구의 동향을 살펴보고 향후 과제와 연구의 방향성에 관하여 논의하고자 한다.

1. 다문화교육과 질적 연구

1) 다문화교육의 전개 과정

지난 반세기 동안 나타난 전 지구적 수준의 변화를 설명할 수 있는 대표적인 용어 중 하나는 '다문화사회'일 것이다. 이미 인류 사회에는 수천 년 전부터 다양한 문화가 존재하고 있었으나, 문화적 다양성을 구성하는 요인들이 '보다 더 다양'해지고, 문화적 다양성이 '보다 더 부각'되는 현상이 나타나면서 다문화사회에 대한 관심이 증대되었다(구정화, 박윤경, 설규주, 2018: 16-17). 이러한 상황에서 다문화교육은 다양한 문화적 집단이 한 사회 내에서 공존하기 위하여 어떠한 교육이 이루어져야 하는지에 대한 논의를 그 출발점으로 하고 있다.

다문화교육은 각 사회의 지역적 · 역사적 배경에 따라 다르게 전개되어 오면서 그 개념과 의미가 변화해 왔다. 미국의 경우, 다문화교육 역사의 초기 단계인 1960~1970년대에는 주로 아프리카계 미국인을 중심으로 소수 민족 및 인종 집단의 역사와 문화 등을 다루는 민족학(ethnic studies)의 내용을 학교 교육과정과 교사 교육과정에 통합하기 위해 노력했다. 그러나 교육과정에 일부 내용을 추가하는 것만으로는 교육의 변화를 이끌어 내기에 충분하지 않다는 점을 인식하게 되면서, 다문화교육의 관심 범위가 교육과정에서의 내용 통합뿐 아니라 교수 · 학습 방법, 집단 간의 상호작용, 학교 문화 개선 등 학교 개혁의 다양한 요소를 포괄하는 방향으로 점차 확장되었다(Banks, 2004: 12-13). 1990년에 이르러 전미다문화교육학회(National Association for Multicultural Education)가 설립되면서 다문화교육은 하나의 독립된 학문 분야로 자리 잡게 되었다. 이후 다문화교육은 세계화에 따른 이민의 증가, 다양한 문화 집단의 등장 등 시대적 변화를 반영하며 다양한 양상으로 이루어지고 있다(Sleeter, 2018).

우리나라의 경우, 2000년대 후반 이주민의 유입이 급증하면서 국가 정책적 차원에서 다문화교육 도입의 필요성이 제기되었다. 이를 뒷받침하기 위해 교육부 지원하에 2007년에 서울대학교 사범대학에 중앙다문화교육센터가 설립되어 다양한 기초 연구가 수행되는 한편, 2008년에는 한국다문화교육학회(Korean Association for Multicultural Education)가 창립되면서 다문화교육에 대한 연구도 증가하기 시작하였다. 이 시기의 다문화교육은 주로 결혼이주자 자녀 및 이주노동자 자녀 등을 주요 교육 지원 대상으로 하여, 이들의 한국 생활 적응을 돕는 교육이라는 다소 제한적인 의미로 이해되는 경향이 있었다. 그러나 최근의 다문화교육은 인종과 민족을 넘어서서 계층, 성, 장애, 연령, 지역 등 여러 차원의 다양성을 포괄하는 광의의 개념으로 확장되고 있으며, 다양한 문화 집단 구성원 간의 이해와 존중, 주류 집단과 소수 집단 구성원 간 형평성 제고를 위한 교육을 포괄하고 있다(구정화, 박윤경, 설규주, 2018: 188-191).

이렇듯 다문화교육이 사회적 맥락에 따라 따라 다양한 양상으로 전개되고 발전되어 왔지만, 현재는 많은 학자가 다문화교육이 다양한 문화적 배경에 속한 모든 학생의 교육적 평등을 증진시키기 위한 교육 전반에 걸친 총체적인 변화와 개혁을 의미(Banks, 2019: 1)한다는 점에 동의한다. 이는 다문화교육의 목표와 범위에 대해 다음과 같은 함의를 내포한다. 첫째, 다문화교육은 인종, 민족, 언어, 종교, 성, 계층, 장애, 성적 지향 등 학생들의 문화적 배경과 관계없이 '모든' 학생이 평등한 교육 기회를 가지는 것을 목표로 한다. 이는 다양한 문화적 요인이 학생들의 성취와 학습 경험에 중요한 영향을 미친다는 믿음을 전제로 한다. 둘째, 다문화교육의 목표를 실현하기 위해서는 특정 학교급이나 교과만이 아니라 학교 체계와 교육 구조 전반에 걸쳐 총체적인 개혁과 변화가 이루어져야 한다. 실제로 다문화교육과 관계가 깊다고 여겨져 온 사회과나 언어 교과뿐 아니라 수학, 과학, 기술 교과 등에서도 다문화교육의 구현 방안에 대한 논의가 계속되고 있다(Damarin, 1998; El-Hani, & Mortimer, 2007). 또한 다문화교육은 유 · 초 · 중등 교육처럼 학령기뿐 아니라 성인을 포괄하여 전 생애에 걸쳐 이루어지는 평생교육의 차원으로 확장하여 논의되기도 한다(김진희, 2018). 이러한 다문화교육의 포괄적인 속성은 다문화교육이 독립적인 학문 분야로서 존재할 수 있는가(또는 존재해야 하는가)라는 학문적 정체성에 대한 논란을 낳기도 하지만, 다른 한편으로는 다문화교육의 지향점이 특정 경계와 범위를 넘어 교육 및 사회 전반에 반영되어야 함을 드러내 준다.

한편, 최근에는 지구적 수준의 변화를 반영하여 다문화교육의 관심 범위가 세계적 차원으로 확장하고 있다(Ladson-Billings, 2004). 오랜 기간 동안 다문화교육은 '한 국가 내'의 문화 다양성과 이러한 다양성을 지닌 국민에 주목해 왔다. 그러나 세계화가 점차 심화되고 초국적 이주가 증가하면서 정당한 국가 구성원으로 인정받지 못하더라도 한 사회의 구성원으로 함께 거주하고 있는 이주민과 그 자녀들의 교육 경험(Dabach, 2015; Dabach, Fones, Merchant & Adekile, 2018), 또는 국경을 넘나들며 교육을 경험하는 세계시민(cosmopolitan citizens)과 그들의 간문화적 역량(Osler & Starkey, 2003)까지 다문화교육의 관심 범위 안에 포함하고 있다.

2) 다문화교육에서 질적 연구의 위치

지난 2004년 미국에서 기존의 다문화교육 연구 성과를 집대성하여 출판된 『다문화교육 연구 핸드북(Handbook of research on multicultural education)』(Banks & Banks, 2004)은 다문화교육 연구 분야에서 질적 연구가 차지하는 위상을 여실히 보여 준다. 먼저, 다문화교육의 방향성에 대해 논의하는 장에서 래드슨-빌링스(Ladson-Billings, 2004)는 다문화교육 분야에서 나타난 연구 방법론적 변화가 새로운 연구 동향을 만들어 내고 있다고 설명하였다. 다문화교육 연구의 초기에는 주로 실증주의적 연구방법론에 기반을 둔 연구가 많이 수행되었지만, 점차 내러티브 연구, 문화기술지적 연구, 자문화기술지와 같은 질적 연구방법이나 소수 집단의 문화에 적합한 방식으로 수행되는 연구와 같은 새로운 연구방법론이 다문화교육 연구를 더욱 풍부하게 만들어 주었다는 것이다(Ladson-Billings, 2004: 61). 이와 더불어 독립된 두 개의 장에서는 미국 사회의 학교 및 지역공동체 등에서 이루어진 다양한 다문화교육 질적 연구물만을 다루고 있다(Heath, 2004; Wills, Lintz & Mehan, 2004). 또한 다른 세부 연구 분야에 관한 장에서도 다양한 질적 사례 연구물을 소개하고 있다. 이는 다문화교육 분야에서 질적 연구가 이미 주요한 연구방법으로 자리 잡았음을 보여 준다.

이렇듯 다문화교육 분야에서 질적 연구의 중요성은 다양한 측면에서 부각되고 있다. 일례로 틸만(Tillman, 2002, 2006)은 소수자 집단과 관련된 교육 현상을 연구하기 위해서는 특히 질적 연구가 적절한 방법이라고 주장하였다. 질적 연구방법이 다양한 문화 집단에 영향을 미치는 사회, 정치, 경제, 교육적 요인에 대한 종합적이고 맥락적인 상황을 탐색하고 연구하는 데 가장 적합하다고 보았기 때문이다(박선운, 2020). 이러한 생각을 기반으로 '문화적으로 민감한 연구(Culturally Sensitive Research: CSR)'라는 개념을 새로운 교육 연구 방법론으로 소개한 틸만의 주장은 여러 다문화교육 연구자에게 수용되어 다문화교육 학계에서의 질적 연구의 증가를 더욱 촉진하였다(조영달, 박선운, 2021).

국내 학계에서도 양적 연구에 비해서는 상대적으로 적지만 질적 연구가 다문화교육에서 하나의 연구방법론적 흐름을 형성해 왔다. 김종훈(2014)의 연구에 따르면, 2003년부터 2013년까지 다문화교육 분야의 교사 관련 연구를 분석한 결과, 전체 220편 중 문헌 연구, 양적 연구, 질적 연구가 각각 16.4%, 60.9%, 22.7%를 차지하고 있는 것으로 나타났다. 2010년부터 2019년까지의 유아 관련 다문화교육 연구물을 분석한 연구(이수진, 박영신, 2020)와 2000년부터 2013년까지 발표된 특수교육 학술지에 나타난 다문화교육 관련 연구물을 분석한 연구(박혜성, 박현숙, 2014)에서도 질적 연구가 전체 연구물의 약 1/3 또는 1/4 정도를 차지하는 것으로 나타나, 질적 연구가 다문화교육 분야의 대표적인 연구방법으로 자리매김하고 있음을 확인할 수 있다.

더 나아가 질적 연구가 더 큰 비중을 차지하는 경우도 있었다. 장은영과 이정아(2018)의 연구에 따르면, 2012년부터 2017년까지 발표된 74편의 이중언어 관련 연구물을 분석한 결과, 질적 연구가 36.5%로 이론적 문헌 연구(32.4%)나 양적 연구(27%)보다 더 큰 비중을 차지하였다. 이에 대해 연구자들은 이중언어 발달이나 교육이 언어, 사회, 문화 등 다각적인 접근을 필요로 한다는 점 때문에, 종합적 · 다각적인 분석에 강점을 갖는 질적 연구가 빈번히 선택되었을 것이라고 해석하였다. 이는 특정 다문화교육 연구 분야에서는 질적 연구가 더 강점을 가질 수 있음을 보여 준다.

2. 국내 다문화교육 질적 연구의 동향

앞서 언급한 바와 같이, 해외는 물론 국내 다문화교육 연구 분야에서도 질적 연구가 하나의 연구방법론적 흐름으로 정착하고 있다. 이 부분에서는 국내 다문화교육 관련 질적 연구의 동향을 질적 메타분석을 통해 확인해 보고자 한다. 구체적으로, 질적 접근 방식을 사용한 다문화교육 연구의 시기별 발전 경향을 살펴보고, 질적 연구 사례들의 연구 영역, 연구참여자, 연구방법 및 연구 패러다임을 중심으로 주요 연구 경향을 제시한다.

1) 분석 방법: 질적 메타분석

(1) 분석 자료

다문화교육 연구 분야 및 주제는 다문화교육 개념의 확장성만큼이나 광범위하다. 실제로 한국학술지인용색인에서 검색한 결과, '다문화교육'을 주제어로 제시한 연구물은 현재 총 810건이며, 해당 논문들을 발행한 학술지는 총 99개에 이른다(2021년 1월 25일 기준). 이는 '다문화교육'이라는 용어를 초록에 핵심어로 명시한 경우만을 검색한 것으로, 다문화교육의 세부 주제나 개념(예: 문화 다양성, 민족 정체성 등), 또는 연구대상(예: 북한이탈주민, 결혼이주 가정 자녀, 중도입국 청소년 등)으로 검색 범위를 넓힐 경우, 연구물의 수와 학술지의 수는 크게 증가할 것이다. 따라서 이 글에서는 질적 연구 분야 및 다문화교육 연구 분야에서 국내의 대표적 학술지를 분석 범위로 제한하고자 한다. 또한 국내 다문화교육 연구가 사회과와 가장 밀접한 연관을 가지며 실천되어 왔다는 점(모경환, 임정수, 2011)을 고려하여 사회과교육 분야의 대표 학술지를 포함하였다. 이러한 기준에 따라, 한국교육인류학회의 『교육인류학연구』, 한국다문화교육학회의 『다문화교육연구』, 한국사회과교육학회의 『시민교육연구』 및 한국사회과교육연구학회의 『사회과교육』의 4개 학술지를 선정하였다.

각 학술지에서 구체적인 분석 자료를 선정한 방법은 다음과 같다. 첫째, 『교육인류학연구』에서는 2004년도 창간호부터 2020년 12월까지 발간(23권 4호)된 총 299편의 논문 중 다문화교육 연구에서 다루는 광의의 주제인 인종, 민족, 성, 성적 지향, 계층, 종교, 언어, 장애와 관련된 용어를 초록의 핵심어로 다루고 있는 논문을 추출하였다. 이 중 내용상 다문화교육의 목적과 거리가 있는 논문은 분석 대상에서 제외하고, 영문으로 출판된 논문 중 핵심어가 제시되지 않은 경우도 분석에서 제외하였다. 최종 분석 대상 논문은 43편이었다. 둘째, 『다문화교육연구』에서는 초록 및 연구방법을 분석하여 질적 연구방법(문화기술적 연구, 생애사적 연구, 현상학적 연구, 내러티브 탐구, 실행연구, 사례연구)을 활용한 논문들을 추출하였다. 그 결과, 2008년도 창간호부터 2020년 9월(13권 3호)까지 발간된 총 259편의 논문 중 64편의 논문이 질적 연구방법을 활용한 것으로 나타났다. 이 중 원문 접속이 제한된 1편을 제외한 63편의 논문을 분석 대상으로 선정하였다. 셋째, 『시민교육연구』와 『사회과교육』의 경우, 다문화교육 관련 연구주제와 질적 연구방법의 활용이라는 두 가지 기준을 모두 고려해 분석 대상을 추출하여, 각각 11편과 8편의 논문을 분석 대상으로 선정하였다. 최종적으로 4개 학술지, 125편의 논문이 질적 메타분석 목록에 포함되었다.

이와 함께 질적 메타분석 목록에 속한 논문은 물론 그 외 국내 학술지에 발표된 논문들을 포함하여, 국내 다문화교육 분야에서 의미 있는 질적 연구 사례 30여 편을 새롭게 선정하여 꼼꼼하게 읽고 시계열 분석에 반영하였다. 선정 기준은 비교적 다문화교육 초기 연구들로서 인용지수가 높은 선도적인 연구 사례들(김정원, 2006; 박윤경, 2007; 배은주, 2006; 서현, 이승은, 2007; 오성배, 2005; 조영달 등, 2010; 조혜영, 서덕희, 권순희, 2008 등), 이주난민, 성소수자, 중도입국 청소년, 미등록 이주노동자 또는 종교와 이주, 장애와 이주 등의 교차성 문제 등 기존의 다문화교육 연구 분야에서 흔히 연구되지 않았던 미지의 영역을 개척한 연구 사례들(박순용, 서정기, 2014; 신경희, 2018, 2019; 염지숙, 2012; 오덕열, 2018; 오성배, 서덕희, 2012; 이민경, 김경근, 2014; 주재홍, 2017 등), 자전적 문화기술지나 연구자의 소수자성 등 새로운 방법론을 시도한 연구 사례들(서덕희, 2012; 조현정, 2019; 허창수, 2008 등)이다. 이와 함께 개인 연구자가 수행한 연구 사례들(전은희, 2012; 조대훈, 2012; 조혜영, 2009)과 대규모 정책 연구 사례들(박하나, 조영달 등, 2012; 조혜영, 서덕희, 권순희, 2008 등)의 연구방법론적 특징을 대비하여 살펴보았다.

(2) 분석 방법

다문화교육 질적 연구의 동향을 분석하기 위하여, 크게 연구주제, 연구참여자, 연구방법, 연구 패러다임을 분석 범주로 설정했다(〈표 3-1〉). 첫째, 연구 영역은 다문화교육과 관련되는 광의의 연구주제인 인종 및 민족, 성(젠더) · 성적 지향, 계층, 종교, 언어, 장애, 기타로 구분하였다. 둘째, 연구참여자는 주요 참여자를 기준으로 하여 크게 학생, 학부모, 교원, 기관인, 연구자로 분류하였다. 셋째, 연구방법은 먼저 질적 연구 전통을 고려하여 크게 문화기술지적 접근, 생애사, 현상학적 연구, 내러티브 연구, 실행연구, 사례연구로 구분하였다. 연구방법이 구체적으로 기술되어 있지 않고 질적 면담이나 참여관찰로만 서술된 경우에는 메리엄과 티스델(Merriam & Tisdell, 2016)의 구분에 따라 일반 질적 연구방법(basic qualitative research)으로 분류하였다. 다음으로 질적 자료수집 방법은 크게 심층면담, 참여관찰, 문서자료수집으로 구분했다. 넷째, 질적 연구 패러다임은 다문화교육 질적 연구물이 기반하고 있는 전제와 가치에 따라 크게 동화주의, 다원주의, 비판적 다문화주의로 구분하였다.[2)]

표 3-1 분석 범주

구분		하위범주
연구 영역		인종 · 민족, 성(젠더) · 성적 지향, 계층, 종교, 언어, 장애, 기타
연구참여자		학생(초, 중, 고, 대학생 이상), 학부모, 교사 및 교육자(현직 교사, 예비 교사, 학교관리자, 교수, 강사), 기관인(기관종사자), 연구자, 2개군 이상, 기타
연구 방법	연구 전통	문화기술지적 접근, 생애사, 현상학적 연구, 내러티브 연구, 실행연구, 사례연구, 일반 질적 연구 접근, 기타
	자료수집 방법	심층면담, 참여관찰, 문서자료분석, 기타
연구 패러다임		동화주의, 다원주의, 비판적 다문화주의, 기타

2) 이는 여러 학자(Banks, 2009; Banks & Park, 2010; Carter & Goodwin, 1994; Grant, Elsbree & Fondrie, 2004)가 제안한 다문화교육 패러다임 구분을 기반으로 문화에 대한 관점, 다문화사회에 대한 지향점, 다문화교육 연구의 목표, 연구 결과의 활용 등에 대한 상이한 입장을 반영하여 구분한 것이다. 먼저, 동화주의 패러다임(assimilation paradigm)은 기존 사회 구조와 권력 관계를 유지하는 것을 전제로 하여 다양성을 용인하고 수용하는 관점이다. 이 패러다임에 기반한 연구는 주로 소수 집단의 이질성이나 이들이 주류 문화로 적응하는 과정이나 어려움 등을 탐색하려는 형태로 수행된다. 다음으로 다원주의 패러다임(pluralistic paradigm)은 타문화 및 소수 집단의 고유성을 인정하고 보호하며 다양한 문화가 공존하는 사회를 지향한다. 다원주의 관점에 기반한 연구는 소수 집단 구성원들이 처한 상황과 맥락을 드러내고 이들의 다양한 경험과 관점, 목소리를 인정하는 방식으로 수행된다. 마지막으로 비판적 다문화주의 패러다임(critical multiculturalism paradigm)은 주류 문화와 소수 집단 간의 불평등한 권력 관계에 관심을 두며 사회 변화와 개선을 위해 모든 교육 이해관계자의 비판적인 성찰과 검토를 요구하는 관점이다. 이 패러다임에 기반한 다문화교육 연구는 교육 현상의 근원에 기초하는 갈등이나 권력 관계를 드러내거나 여러 교육 이해관계자의 성찰과 반성의 과정을 드러내는 방식으로 연구가 이루어진다. 좀 더 자세한 내용은 박윤경과 박선운(2021)의 연구를 참고할 수 있다.

자료분석은 각 논문의 초록, 서론, 연구 문제와 연구방법 장을 중심으로 해당 논문이 분석 범주의 하위범주 중에 해당하는 사항이 있는지를 검토하는 방식으로 이루어졌다. 또한 추가적으로 연구 패러다임이 어떠한 형태로 드러나고 있는지를 살펴보기 위하여 각 논문의 연구 결과 보고 및 해석 장에 대한 질적 자료분석을 병행하였다. 자료분석은 앞의 범주를 기반으로 하되, 분석 과정에서 새로운 경향이 나타난 경우에는 하위범주를 추가하는 방식으로 이루어졌다. 예를 들어, 연구 패러다임의 경우, 다문화교육의 패러다임이 명확하게 드러나지 않거나 두 가지 이상의 패러다임이 혼재되어 나타나는 경우가 다수 발견되었다. 따라서 '2개 이상 관점'과 '명시적 내용 확인 어려움'을 하위범주로 추가하였다.

2) 다문화교육 연구의 시계열적 발전 과정

우리나라의 다문화교육 역사가 15년 이상 지속되면서 다문화교육의 변천 과정을 분석한 연구 결과들이 보고되고 있다. 예를 들어, 양계민과 장윤선, 정윤미(2020)의 연구에서는 다문화교육 정책의 변화 과정을 크게 태동기(2006~2007), 도입기(2008~2011), 보완 및 지속 확대기(2012~2015), 체계화 및 정착기(2016~2020)로 구분한 바 있다(양계민, 장윤선, 정윤미, 2020: 431-443). 이와 같은 시기별 흐름은 이 글에서 분석 대상으로 삼은 다문화교육 질적 연구물의 양적 팽창을 통해서도 확인할 수 있다. 다음 〈표 3-2〉와 같이, 다문화교육의 태동기와 도입기에 해당하는 2003년부터 2010년까지는 다문화교육 질적 연구물이 19편에 불과하였다. 확대기에 해당하는 2011년부터 2015년까지의 5년간 출판된 다문화교육 질적 연구물은 47편으로 초기에 비해 약 2.5배 정도 증가하였으며, 그다음 정착기에 해당하는 2016년부터 2020년까지의 5년 동안에는 60편의 질적 연구물이 출판되었다. 이 글에서는 다문화교육 분야에서의 질적 연구의 발전 양상을 크게 도입기(2003~2010), 확장기

표 3-2 다문화교육 질적 연구물의 시기별 분포

구분	2003~2005	2006~2010	2011~2015	2016~2020	계
다문화교육연구	0	6(5)	21	37	64(63)
교육인류학연구	1	9	16	17	43
시민교육연구, 사회과교육	0	3	10	6	19
계	1	18(17)	47	60	126(125)

*괄호 안은 원문접속이 불가능한 논문을 제외한 숫자임.

(2011~2015) 및 정착기(2016~2020)로 구분하여 살펴보고자 한다.

우리나라의 다문화교육 질적 연구의 도입기에 해당하는 2003년부터 2010년 사이에는 주로 인종과 민족, 이주 경험, 타 문화 접촉 등에 대한 연구들이 주를 이룬다. 이주노동자 자녀 등 초·중등 다문화가정 학생이 경험하는 학교생활의 어려움(배은주, 2006; 우희숙, 2009), 예비 교사나 현직 교사의 다문화 접촉 경험이나 다문화학생에 대한 인식(박윤경, 2007; 조혜영, 2009)처럼 학교 구성원들의 경험과 인식을 살펴본 연구 사례들이 나타난다. 4개 학술지 논문 외에도, 코시안(Kosian), 국제결혼가정 자녀 및 외국인 근로자 자녀 등 다문화가정 자녀의 성장 환경이나 학업 수행 등의 학교생활에서의 어려움을 다룬 선도적인 연구 사례들이 이 시기에 발표되었다(김정원, 2006; 서현, 이승은, 2007; 오성배, 2005; 조혜영, 서덕희, 권순희, 2008 등). 또한 학교 현장에서 다문화교육이 이루어지는 실태를 광범위하게 분석한 정책 연구 결과도 나타난다(조영달 등, 2010). 이와 함께 다문화교육의 의미에 대해 성찰하는 연구들(서덕희, 2007; 허창수, 2008)이나 다문화교육 질적 연구의 준비 및 실행 과정에 대한 연구자들의 경험을 성찰한 연구들(김영천, 이동성, 황철형, 2010; 이동성, 김지인, 이다해, 2010)도 나타난다.

다문화교육 질적 연구의 확장기에 해당하는 2011년부터 2015년 사이에는 질적 연구의 양적 증가가 이루어짐과 동시에 질적 변화가 나타난다. 초기와 마찬가지로 국제결혼 및 이주노동자 가정에 대한 관심이 지속되는 가운데, 이 시기에는 연구참여자의 범위가 한층 확대된다. 외국인 유학생, 이주 난민, 북한이탈 청소년 등 다양한 이주 배경을 가진 소수 집단 구성원이 한국 사회에서 겪는 어려움을 이해하려는 연구들이 새롭게 나타나고(박동섭, 2011; 박성원, 신동일, 2014; 박순용, 서정기, 2014; 심미경, 한동호, 박창배, 2015; 이부미, 2012 등), 한국의 주류 집단 구성원의 다문화적 경험과 인식에 대한 질적 연구들도 수행되었다(김한나, 김홍석, 2012; 박윤경, 2014 등). 아울러 장애, 가족 형태, 계층 등에 초점을 둔 연구 사례들도 등장한다(박동섭, 2011; 이자형, 2011; 장동임, 2011; 정영선, 2015). 이 시기에는 국가 재원의 지원을 받아 수행된 학교 단위의 대규모 사례연구 결과물들이 계속적으로 산출되는 한편(박하나, 조영달, 박윤경, 2013; 조영달 등, 2012 등), 다문화교육 정책 대상으로 새롭게 부각된 중도입국 청소년에 대한 질적 연구물(류방란, 오성배, 2012; 오성배, 서덕희, 2012) 또한 발표되기 시작한다.

마지막으로, 다문화교육 질적 연구의 정착기에 해당하는 2016년부터 2020년 사이에는 연구참여자뿐 아니라 연구주제 등의 다양화 양상이 더욱 뚜렷하게 나타난다. 이전 시기에는 주로 연구참여자들의 경험에 초점을 두는 탐색적 연구가 주를 이루었다면, 이 시기에는 다문화구성원의 '정체성'에 주목하거나(강진웅, 2016; 김영현, 2019; 김자영, 2017; 남부현, 김민지, 2016; 박선운, 2019, 박하나, 2018 등), 수업이나 교육 프로그램 등 다문화교육 실천 사례를 중심으로 한 질적 연구가 다수 수행되었다(김숙이, 박윤경, 2019; 김정미, 홍기대, 2020; 양영자, 2016; 유지원, 부향숙, 2017 등).

이처럼 2010년대 이후부터는 다문화교육 분야에서 질적 연구의 주제가 특화되고 연구참여자들이 다양화되는 뚜렷한 발전 양상을 확인할 수 있다. 최근 10년 사이 다문화교육 연구에서 질적 연구방법이 주요 방법으로 안착됨에 따라 다양성의 교차성(intersectionality)을 다룬 연구 사례들도 나타나고 있다. 4개 학술지에 포함된 논문은 아니지만, 발달장애아를 둔 결혼이주여성과 같이 장애인 가족, 이주자 그리고 여성이라는 복합적인 정체성을 지닌 연구참여자(염지숙, 2012), 특정 종교적 배경과 이주 배경을 함께 지닌 연구참여자(오덕열, 2018) 등 이전에 주목하지 않았던 복합성을 가진 연구참여자들에 대한 연구사례가 증가하고 있다. 성소수자 관련 연구 사례들(신경희, 2018, 2019; 주재홍, 2017)이 발표된 것도 이 시기이다.

3) 연구 동향 분석 결과

앞서 시계열적 분석을 통해 다문화교육 질적 연구의 종적인 변화 모습을 살펴보았다면, 이 부분에서는 지금까지 축적된 연구의 동향을 세부 범주별로 분석한 내용을 서술하고자 한다. 이를 통해 질적 연구방법을 활용하여 수행된 다문화교육 연구의 전체적인 동향을 파악하고, 앞으로의 발전 방향에 대한 구체적인 시사점을 도출할 수 있을 것이다.

(1) 연구 영역

총 125편의 논문을 연구 영역별로 분석한 결과는 다음 <표 3-3>과 같다. 인종 · 민족 영역의 논문이 90편(72.0%)으로 가장 비중이 크고, 그다음 장애 관련 연구가 12편(9.6%)으로 나타났다. 성(젠더) · 성적 지향성 영역 연구는 2편에 불과한데 모두 성평등 교육과 관련하여 성(젠더)을 주제로 다루고 있으며(김숙이, 박윤경, 2019; 최문선, 2011), 성적 지향성을 다룬 논문은 없었다. 계층 영역 연구는 저소득층 가정의 자녀의 성장(조손가정, 아동복지시설 경험)을 주제로 한 논문들(박하나, 2018; 이자형, 2011; 장동임, 2011; 정영선, 2015)이다. 언어 영역 논문 5편은 이중언어교육이나 이중언어의 사용을 주요 주제로 연

표 3-3 다문화교육 질적 연구 영역 (단위: 편, 괄호 안은 %)

인종 · 민족	성 · 성적 지향	계층	종교	언어	장애	기타*	계
90(72.0)	2(1.6)	4(3.2)	0(0.0)	5(4.0)	12(9.6)	12(9.6)	125(100.0)

*기타: 국제교류, 다문화 전반(다문화교육에 대한 인식이나 교수실천 사례)

구하였다. 이 밖에 기타 연구물로는 한국 학생들의 해외 경험, 국내 거주 학생들의 국제교류 경험, 다문화교육 전반에 대한 구성원의 인식이나 교수 실천 사례 관련 연구 등이 있었다.

가장 많은 비중을 차지하는 인종 · 민족 연구 영역의 세부 주제를 살펴보면(<표 3-4>), 결혼이주자와 자녀 교육을 주요 주제로 다룬 논문이 65편으로 72.2%를 차지한다. 외국인 노동자와 외국인 유학생 등 '외국인'을 주요 핵심어로 하는 연구가 12편(13.3%), 탈북(북한이탈주민, 탈북청소년 등) 관련 연구는 10편(11.1%), 난민 관련 내용을 다룬 연구가 3편(3.3%)이었다.

표 3-4 인종 · 민족 영역 연구의 세부 주제 (단위: 편, 괄호 안은 %)

결혼이주	외국인	탈북	난민	계
65(72.2)	12(13.3)	10(11.1)	3(3.3)	90(100.0)

(2) 연구참여자

연구참여자의 경우 다음 <표 3-5>와 같이, 학생이 연구참여자인 논문이 39편(31.2%)으로 가장 많다. 학부모만을 대상으로 하는 연구는 8편(6.4%)인데, 결혼이민자 학부모, 장애 아동 또는 외국인 학생의 학부모가 포함되었다. 기관인 연구는 다문화교육 관련 활동가에 대한 연구였다(양영자, 2019; 이병준, 석영미, 2013). 2개군 이상 연구는 학교나 다문화 관련 기관에서 이루어진 교육 프로그램을 연구주제로 하는 경우가 많았다. 구체적으로 다문화가정 학생이 다수인 학교 사례를 연구한 조영달 등(2012)의 연구는 학교 관리자, 교사, 학부모 및 학생과 면담을 진행했고, 결혼이민자가족 센터의 한국어 수업을 연구한 권순정과 신수영(2010)의 연구는 센터장, 한국어 교실 교사, 한국어 수업에 참여한 이주 여성들을 면담하였다. 기타 연구에는 결혼이주여성, 장애 여성과 같이 자녀의 학부모가 아닌 '여성' 자신의 삶에 초점을 맞추어 성인 참여자를 연구한 연구들과 이주자(이주자, 이주난민), 삶의 전환을 경험한 성인 참여자(외국인 노동자에서 외국인 유학생으로; 학생에서 직업인으로 변화)를

표 3-5 다문화교육 질적 연구 참여자 (단위: 편, 괄호 안은 %)

학생	학부모	교원	기관인	연구자	2개군 이상	기타	계
39(31.2)	8(6.4)	25(20.0)	2(1.5)	7(5.6)	29(23.2)	15(12.0)	125(100.0)

대상으로 한 연구들이 포함되었다.

전체 연구물의 절반 이상을 차지하는 학생 및 교원 대상의 연구들을 세부적으로 분석한 결과는 다음 <표 3-6>과 같다. 학생 참여자를 학교급별로 구분한 결과, 대학생 이상의 성인 학생이 참여한 연구가 19편(48.8%)으로 가장 많고, 그다음 초등학생 연구가 12편으로 30.8%를 차지하였다. 2개 이상 학교급의 학생들이 참여한 연구는 2편(5.1%)으로 중학생과 고등학생이 함께 참여하였다. 2개 이상 학교급의 학생들이 참여한 연구는 2편(5.1%)으로 중학생과 고등학생이 함께 참여한 경우이다. 유아에 대한 연구는 발견되지 않았다. 교원의 경우, 현직 교사들이 참여한 연구가 16편(64%)으로 가장 많고 예비 교사 연구는 3편(12%)이며 교수, 강사, 교사, 2개군 이상 연구는 모두 2편씩이었다. 이 중에서 강사는 이중언어 강사와 통일전담교육사였다. 2개군 이상 연구는 교수와 예비 교사가 함께 참여한 연구(최윤정, 2016)와 학교 관리자(교장 또는 교감)와 교사가 함께 참여한 연구(장인실, 이은혜, 2019)이다.

표 3-6 학생 및 교원 참여자 분석 (단위: 편, 괄호 안은 %)

학생(학교급)	유아	초등학생	중학생	고등학생	대학생 이상	2개군 이상	계
	0	12(30.8)	4(10.3)	2(5.1)	19(48.8)	2(5.1)	39(100.0)
교원(직위)	현직 교사	예비 교사	관리자	교수	강사	2개군 이상	계
	16(64.0)	3(12.0)	0	2(8.0)	2(8.0)	2(8.0)	25(100.0)

(3) 질적 연구 전통

다문화교육 질적 연구 전통에 따른 분석 결과는 다음의 <표 3-7>과 같다. 질적 연구 접근 방식 중 가장 많이 활용된 것은 일반 질적 연구방법이었다(37편, 29.6%). 이와 관련하여 특징적인 점은 논문에서 연구방법을 서술하는 방식이다. 일반 질적 연구방법을 활용한 연구들은 대개 연구방법으로 질적 연구를 활용했다고 언급하지만 질적 연구의 구체적인 전통을 명시하지는 않거나, 질적 연구방법의 사용에 대한 언급 없이 세부 연구방법(심층면접, 참여관찰)을 설명하는 방식으로 연구방법을 서술하는 경우도 있었다.

다음으로는 내러티브 연구(24편, 19.2%)와 사례연구(19편, 15.2%)가 많았다. 내러티브 접근을 활용한 연구는 고려인 중도입국 청소년(김영현, 2019; 이남주, 김민, 2017)이나 부계 국제결혼가정(전은희, 2014)처럼 주로 특정 집단 배경의 구성원의 경험을 밝히는 연구에서 많이 사용되었다. 사례연구는 지역이나 학교(저소득층 밀집 지역의 학교, 다문화가정 학생 다수 학교, 다문화예비학교) 또는 특정 교육 프로그램(다문화아동 외가방문 지원사업, 국제교류 프로그램) 사례를 분석하는 연구가 주를 이루었다.

현상학적 연구와 생애사 연구가 각각 8편, 6편으로 다른 연구 전통에 비해 많지 않았으며, 상대적으로 장기간 수행되는 문화기술지는 다문화 청소년들의 또래 간 상호작용을 관찰하기 위해 다문화학생 14명을 대상으로 2년 동안 수행한 장연주와 신나민(2015)의 연구 1편에 불과했다.

기타에는 여섯 가지 질적 연구 전통 외에 자문화기술지(2편), 근거이론(2편), 객관적 해석학(전재수, 임운택, 2017), 자기생애사(허창수, 2008), 자서전적 내러티브 탐구(조현희, 2020) 등 다양한 질적 연구방법을 언급한 연구가 포

표 3-7 다문화교육 질적 연구 전통 (단위: 편, 괄호 안은 %)

문화 기술지	생애사	현상학적 연구	내러티브 연구	실행연구	사례연구	일반 질적 연구	기타	계
1(0.8)	6(4.8)	8(6.4)	24(19.2)	6(4.8)	19(15.2)	37(29.6)	24(19.2)	125(100.0)

함되었다. 이 외에 2개 이상의 연구방법을 활용한 연구와 구체적인 질적 연구의 전통이 드러나지 않은 연구가 기타로 분류되었다.

(4) 질적 자료수집 방법

질적 연구에서 자료수집은 대개 심층면담, 참여관찰, 문서자료분석 등을 결합하는 다양한 방식으로 이루어진다. 질적 자료수집 방법을 분석한 결과 절반이 넘는 68편이 단일한 자료수집 방법을 활용한 것으로 나타났다. 이 중에서 62편(49.6%)은 심층면담만을 활용하였으며, 이메일이나 저널 분석, 성찰일지 등의 문서자료만을 수집하여 활용한 연구가 6편(4.8%)이었다. 특히 자문화기술지 연구의 경우 문서자료분석이 주요 방법으로 활용되고 있었다.

심층면담은 단독으로 활용될 뿐 아니라 참여관찰, 문서자료분석과 결합하여 많이 활용되었다. 참여관찰과 교실현장에서 수집된 문서자료를 함께 분석한 연구는 1편으로, 초등학교에서 실행된 양성평등교육 사례를 분석한 김숙이와 박윤경(2019)의 연구이다. 이 연구는 양성평등 수업 활동에 대한 참여관찰 내용과 학생들이 작성한 배움일지를 함께 분석하여 프로그램의 실행 방식과 학생들의 변화를 기술했다. 기타로 분류된 연구에는 연구자의 자기 성찰적 글쓰기가 주를 이루고 있으며 별도의 자료수집 방법에 대해 구체적으로 서술하지 않은 2편의 연구(서덕희, 2012; 허창수, 2008)가 포함되었다.

표 3-8 다문화교육 질적 연구 자료 수집 방법 (단위: 편, 괄호 안은 %)

문서자료	심층면담	심층면담 · 참여관찰	심층면담 · 문서자료	심층면담 · 기타	참여관찰 · 문서자료	기타	계
6(4.8)	62(49.6)	28(22.4)	22(17.6)	4(3.2)	1(0.8)	2(1.6)	125(100.0)

(5) 연구 패러다임

다문화교육 패러다임에 따라 질적 연구물들을 분석한 결과, 다음의 <표 3-9>와 같이 다문화교육에 대한 관점이 명시적으로 드러나지 않는 연구물들이 41편(32.8%)으로 가장 많았다. 이들은 주로 이론적 배경에 대한 논의를 생략하고 연구대상의 인구학적 변화나 현황을 언급하는 방식으로 논문 내용이 전개되었으며, 연구의 주요 결과는 연구참여자의 경험이나 교육 프로그램 사례를 묘사하는 방식으로 기술되었다(김기영, 2014; 심미경, 2014). 이러한 연구들은 기존에 연구되지 않았던 집단 구성원들의 목소리와 경험을 구체적으로 기술하는 데 초점을 두고 있었다.

동화주의, 다원주의, 비판적 다문화주의의 세 패러다임 중에서는 다원주의적 관점의 연구가 30편(24.0%)으로 가장 많았다. 다원주의에 기반한 연구들은 연구의 문제 제기나 결과 해석, 논의와 제안 등에서 다원주의의 관점을 명시적으로 언급하는 경우가 대부분이었다. 예를 들어, 초등 예비 교사들이 참여한 다문화 접촉 프로그램 사례를 연구한 박윤경(2007)의 연구는 "예비 교사들이 문화 다양성과 관련하여 다원주의적 관점(cultural pluralism)에 접근하도록 도와야 한다."(박윤경, 2007: 154)라고 명시적으로 서술하여 다원주의의 관점을 반영하고 있음을 드러내었다. 이 외에도 다문화적 시민성에 대한 논의를 이론적 배경에 포함한 연구(김현경, 2012)나, 연구 제언에서 문화적으로 적합한 교수법의 필요성을 논의하거나 문화다원주의를 명시적으로 언급한 연구들(권효숙, 2003; 박창민, 조재성, 김영천, 2016; 이동성, 김영천, 황철형, 2012)은 다원주의적 관점으로 분류되었다.

동화주의 관점의 연구들은 25편(20.0%)인데, 다원주의적 패러다임에 기반하는 연구들과는 달리 '동화주의'의 용어를 연구에서 직접적으로 서술하고 있지는 않다. 이들은 적응의 관점을 지닌 이론을 연구의 주요 이론적 배경으로 서술하거나(히로세 준코, 2020), 연구참여자 집단 구성원들의 적응이나 부적응의 양상을 탐색하는 것을 주요 연구 문제로 제시하며 연구를 수행하였다(석영미, 이병준, 2016; 유지원, 부향숙, 2017). 연구의 결과로는 주로 연구참여자들이 겪는 어려움이나 갈등이 제시되며 문화 차이나 언어(주로 한국어 습득) 등이 그 원인으로 묘사되고 있다. 또한 이러한 연구들은 공통적으로 '한국 사회'에서 성공적으로 적응하고 정착할 수 있는 교육 지원을 제공하기 위하여 연구가 활용될 수 있으며 궁극적으로 연구참여자들이 "대한민국 국민"(전정이, 이은미, 2018), “미래 한국사회의 구성원”(이진석, 2014), 또는 “(다문화)가족을 한국 사회에 통합해 나가는 견인차 역할을 하는 주류 집단의 구성원”(나영이, 오지영, 2019)이 되어야 한다고 서술한다.

비판적 다문화주의의 관점은 13편의 연구물(9.6%)에서 발견되었다. 이들은 인종 · 문화적 편견과 고정관념(조대훈, 2012), 차별과 배제(박동섭, 2011) 등을 주요 주제로 삼아 논의하거나, 연구 결과를 해석할 때 사회구조적인 요인이나 권력적 위계 구조로 범위를 확장하여 논의하고 있었다(강진웅, 2016; 박성원, 신동일, 2014).

이 외에도 2개 이상의 다문화교육 패러다임이 혼재된 연구들도 있었다. 예를 들어, 다문화가정 중학생의 사회과 수업 경험에 대한 우희숙(2009)의 연구에서는 이론적 배경으로 동화주의적 관점을 반영한 이주자 적응 이론을 제시하였으나, 연구의 제언 부분에서는 “다문화가정 자녀들은 각기 다양한 차이를 지니고 있으며, 이러한 차이를 이해하고 그에 맞는 다문화 교수법을 제시해야 할 필요가 있다.”(우희숙, 2009: 151)라고 기술하여 다원주의 관점을 일부 드러냈다. 이와 달리, 다원주의와 비판적 다문화주의 관점이 동시에 드러나는 연구 사례도 있다. 안영빈과 김정원(2017)의 연구에서는 난민 배경의 가정과 그 자녀의 다양한 삶이 나타나는 모형을 제시하고 연구의 제언 부분에서 지역 사회의 인식 개선과 학교 차원의 비판적 교육의 중요성을 서술하여 비판적 다문화주의 관점을 일부 반영하였다.

표 3-9 다문화교육 실재 연구 패러다임 **(단위: 편, 괄호 안은 %)**

동화주의	다원주의	비판적 다문화주의	2개 이상 관점	명시적 내용이 없는 경우	계
25(20.0)	30(24.0)	13(10.4)	16(12.8)	41(32.8)	125(100.0)

3. 다문화교육 질적 연구의 과제와 방향

앞에서 국내 다문화교육 질적 연구의 시계열적 변화 양상과 연구 동향을 살펴본 결과는 다음과 같다. 첫째, 다문화교육 분야에서 질적 연구의 발전 양상은 초기 도입기, 확장기, 정착기로 구분하여 살펴볼 수 있는데, 시기적 변천 과정에 따라 질적 연구물이 양적 · 질적으로 성장하고 있었다. 질적 측면의 변화는 다양한 연구주제와 연구방법론적 시도 및 새로운 연구참여자가 포섭되는 방식으로 나타났다. 둘째, 지금까지의 연구 동향을 분석한 결과, 연구 영역의 측면에서는 인종 및 민족 영역에 대한 연구가 가장 활발하게 이루어졌으며, 연구참여자의 측면에서는 학생 대상 연구가 가장 많이 수행되었다. 연구방법으로는 일반 질적 연구가 가장 많았고, 자료수집 방법으로는 심층면담을 가장 활발하게 활용하였다. 마지막으로 연구 패러다임의 측면에서는 연구 관점이 명시적으로 드러나지 않는 연구가 가장 많았고, 그다음 다원주의 관점과 동화주의를 반영한 연구들이 발견되었다. 다음에서는 이러한 분석 결과 바탕으로 향후 다문화교육 질적 연구의 과제와 방향성에 대해 제언하고자 한다.

1) 연구 영역 및 연구참여자의 확장

다문화교육은 한 국가 내에 존재하는 인종 · 민족적 다양성뿐 아니라 성, 계층, 종교, 지역, 연령, 장애, 언어 및 성적 지향 등 다양한 문화적 배경을 지닌 모든 학생에게 평등한 교육 기회를 제공하는 것을 목표로 한다. 또한 국적 여부에 상관없이 초국가적인 이동으로 어려움을 겪는 새로운 사회 구성원들의 교육 기회에 이르기까지 연구 관심이 지속적으로 확장되고 있다. 다문화교육의 포괄적이고 확장적인 속성은 새로운 소수 집단에 대한 관심과 긴밀하게 관련되어 있다. 이는 다문화교육 질적 연구가 그동안 간과되어 온 우리 사회 문화 다양성의 여러 영역에 관심을 기울여야 함은 물론, 사회의 주변부에 머물러 있는 소수 집단 구성원들에 대한 연구에 주목할 필요가 있음을 시사한다.

그런데 메타분석 결과, 국내 다문화교육 분야의 질적 연구는 주로 인종 및 민족 영역 관련 연구에 초점을 맞추고 있으며, 다양성의 다른 요소에 대한 연구는 상대적으로 희소한 것으로 나타났다. 오랜 기간 침묵의 대상으로 교육계에서 다루어지지 않은 성적 소수자 문제(조대훈, 2006)나 첨예한 논쟁의 대상이 된 난민 문제(김진희, 이로미, 2019)처럼 질적 연구의 관심 밖에 있는 영역이 존재하고 있었다. 종교적 다양성의 문제 또한 교육과 밀접하게 관련되어 학생의 학습, 교사의 교육과정 구성, 학교와 학급 풍토 형성 등에 영향을 미칠 수 있음에도 불구하고 연구되지 않은 영역으로 남아 있다. 메타분석 대상 선정 시기(2003~2020년) 이후에 발표된 연구 중에서, 성소수자 관련 이슈에 대한 중등 학생들의 생각을 심층 분석한 박선운과 박윤경(2021)의 연구처럼 그동안 주목받지 않았던 다문화교육 연구주제를 다룬 질적 연구물들이 나타나고 있지만 아직도 그 수는 현저히 부족하다.

이와 같이 특정 영역과 주제에 연구가 집중적으로 수행되는 것은 국내 학계만의 독특한 현상은 아니다. 1990년대의 미국 다문화교육 연구 동향을 분석한 연구(Grant, Elsbree, & Fondrie, 2004)에서도 성적 지향성이나 종교와 관련된 연구는 거의 발견되지 않았다. 연구진은 이처럼 다문화교육 분야에서 특정 영역의 연구가 관찰되지 않는 이유에 대해서 두 가지로 추론했다. 하나는 연구자들이 특정 영역을 중요한 이슈로 인식하지 않고 있기 때문이며, 다른 하나는 연구 관심이 적은 영역에 대한 연구가 학계에서 수용될 것인가에 대한 우려로 인해 연구를 주저하기 때문이라는 것이다. 그러나 특정 집단 구성원들이 갖는 소수자적 위치와 이들의 목소리와 경험을 밝힘으로써 '모두'에게 평등한 교육 기회를 제공하는 데 기여하고자 하는 다문화교육 질적 연구의 특성과 목표를 고려한다면, 지금까지 학문적으로 깊이 있게 다루어지지 못한 다양성 영역들로 연구 관심을 확장할 필요가 있다.

연구 영역과 함께 연구참여자의 다양성도 확장할 필요가 있다. 메타분석 결과, 다문화교육 분야의 질적 연구는 다양한 교육 이해관계자 중에서도 학생과 교원을 주된 연구참여자로 설정하고 있었다. 학생 중에서는 대학원 이상의 성인이 과거의 교육 경험에 대해 회고적으로 이야기하는 연구가 가장 많았고, 교원의 경우에는 현직 교사에 대한 연구가 대부분이었다. 그러나 다문화교육이 추구하는 학교와 교육의 총체적인 변화를 위해서는 현재 진행형으로 이루어지고 있는 교육 경험에 대한 다양한 학교급에 속한 학생들의 생생한 목소리도 밝혀질 필요가 있다. 또한 교사 외에도 학교 관리자, 학부모 및 지역사회 구성원들의 이야기 또한 계속 축적되어야 한다. 아울러, 소수 집단 구성원의 복합적인 정체성(또는 교차성)을 다루는 연구와 함께, 주류 집단 구성원의 다문화사회의 시민적 정체성(예: 심소현, 박윤경, 조영달, 2021)에 대한 연구도 지속적으로 수행되어야 한다. 이처럼 다양한 다문화교육 구성원의 상이한 관점과 경험이 축적됨으로써 다문화교육이 추구하는 총체적인 교육 변화에 대한 논의를 전개하는 데 기여할 수 있을 것이다.

2) 질적 연구방법의 다양화 및 엄밀성 제고

다문화교육 관련 질적 연구물들에서는 질적 연구의 다양한 전통 중 일반 질적 연구와 내러티브 연구, 사례연구의 순으로 연구방법이 빈번하게 활용되고 있지만, 그 외에도 연구참여자 개인의 생애를 밝히는 생애사 연구, 교사 및 교육자의 실행연구, 연구참여자 경험의 의미를 살피는 현상학적 연구, 연구자 자신의 경험을 성찰하는 자문화기술지 등 다양한 질적 연구방법이 활용되고 있었다. 또한 질적 자료수집 방법의 경우, 단일한 자료수집 방법을 활용한 연구가 전체 연구의 절반 정도를 차지하지만, 2개 이상의 방법을 함께 활용한 경우도 빈번하게 관찰되었다. 다문화교육 분야에서 질적 연구의 방법이 다양화되고 있다는 점은 연구주제의 특화나 연구참여자의 확장에 기여할 수 있다는 점에서 고무적이다. 다양한 질적 자료수집 방법을 함께 활용하는 것 역시 자료의 삼각구도화를 통해 연구 현상에 대한 이해와 해석의 타당성을 높일 수 있다(조영달, 박선운, 2021: 424)는 점에서 강점을 갖는다.

이러한 긍정적인 연구 경향에도 불구하고 연구방법과 관련하여 몇 가지 비판적으로 검토할 점 또한 존재한다.

첫째는 문화기술지 연구나 참여관찰 방법을 활용한 연구의 수가 많지 않다는 점이다. 문화기술지 연구는 비교적 오랜 기간 연구현장에 몰입하여 관찰한다는 점에서 장기간 동안 연구자의 헌신을 요구한다. 참여관찰도 면담에 비해 상대적으로 긴 시간이 소요될 수 있으며 공간 이동을 위한 별도의 비용이 요구될 수 있다. 그러나 문화기술지 연구와 참여관찰 방법은 다문화교육 현장에서 실제로 무슨 일이 벌어지고 있는가에 대한 직접적인 자료를 수집할 수 있고, 특히 연구참여자의 일상적 모습을 있는 그대로의 자연스러운 방식으로 생생하게 드러낼 수 있다는 점에서 앞으로 좀 더 많은 연구물이 산출될 필요가 있다.

둘째는 기존의 연구들에서 연구방법의 선택과 세부 자료수집 방법에 대한 정당화나 이에 대한 상세한 서술이 보충되어야 하는 연구들이 종종 발견된다는 점이다. 메타분석 결과에서 드러나듯이 일반 질적 연구방법을 활용한 연구들의 경우, 질적 연구 전통 중에서 어떠한 방법을 활용하였는지에 대해 구체적으로 명시하지 않거나, 수행된 연구가 질적 접근이라는 점을 밝히지 않은 채 자료수집 방법만을 언급하는 경우가 있다. 일부 연구들은 서로 목적과 성격이 다른 질적 연구방법을 동시에 사용했다고 밝힌 경우도 있었다. 일례로 메타분석 대상 중 한 연구에서는 민속방법론과 자전적 문화기술지, 이야기 방법론과 사례연구 모두를 주요 연구방법으로 언급하고 있었다. 이 경우, 상이한 성격의 질적 연구방법이 한 연구에서 동시에 사용될 수 있는가에 대한 의문을 낳는다. 또한 연구방법 및 절차에 대한 서술이 충분하지 않을 경우 다문화교육 질적 연구의 엄밀성과 질적 수준에 대한 의문, 더 나아가 연구 결과의 타당성에 대하여 의문이 제기될 수 있다.

이런 점에서 그랜트와 엘스브리, 폰드리(Grant, Elsbree, & Fondrie, 2004)는 양질의 다문화교육 연구물을 산출하기 위해서는 연구자들이 연구 과정을 보다 상세하게 서술해야 한다고 강조한 바 있다. 연구 문제를 명확하게 제시하고, 연구방법의 선택에 대하여 정당화하며, 연구참여자와 자료수집 방법, 연구 분석 방법에 대한 자세하고 풍부한 서술이 필요하다는 것이다. 질적 연구 방법론의 측면에서도 연구자가 어떠한 연구방법을 왜 선택했는지, 어떻게 자료에 접근하고 연구참여자가 어떻게 참여했는지 등을 구체적으로 기술함으로써 연구의 신빙성과 진실성을 높이도록 노력해야 한다는 점은 많은 학자에 의해 강조되었다(조영달, 박선운, 2021; Merriam & Tisdell, 2016). 각각의 연구에서 방법론적 엄밀성을 제고하기 위한 개별적인 노력이 모여 집합적으로 다문화교육 연구와 현장 개선에 실질적으로 기여할 수 있는 양질의 지식이 확산되고 축적될 수 있을 것이다.

3) 연구 패러다임과 지향점의 성찰

연구 패러다임의 측면에서 연구 동향을 분석한 결과, 다문화교육에 대한 관점이 명확하게 드러나지 않는 연구가 가장 많았다. 명시적으로 연구 패러다임을 드러내는 연구들은 주로 다원주의나 동화주의 패러다임에 기반하고 있었다. 이에 비해 비판적 다문화주의 패러다임을 반영하고 있는 연구는 소수였다. 그리고 2개 이상의 연구 패러다임이 혼재되어 있는 연구도 있었다. 1990년대 미국 다문화교육 연구물을 분석한 연구에서도 다원주의 패러다임과 동화주의 패러다임이 모두 존재하는 것으로 나타났다(Grant, Elsbree, & Fondrie, 2004). 이처럼 여러 다문화교육 패러다임은 서로 경쟁하며 교육 연구, 정책 및 실천에 영향을 미치고 있었다(Banks & Park, 2010). 이런 점에서 다양한 연구 패러다임이 혼재하는 현상은 다원주의 사회의 일면을 반영하는 것으로 볼 수 있다.

그럼에도 불구하고 한 연구에서 다문화교육에 대한 입장이 상이한 다문화교육 패러다임이 혼재되어 나타나는 것에 대해서는 비판적인 검토가 필요하다. 이는 연구자가 자신의 연구가 전제로 하는 다문화교육 관점이 연구 현상을 분석하고 해석하는 데 중요한 영향을 미친다는 사실을 인지하지 못하고 있거나, 다문화교육 현상을 바라보는 자신의 관점에 대해 명확하게 정리하지 못한 결과일 수 있다. 이와 관련하여, 메타분석에 포함된 다수의 연구에서 연구 관점을 명확하게 제시하고 있지 않다는 점에도 주의를 기울일 필요가 있다. 이에 대하여 혹자는 질적 연구가 연구참여자들의 에믹의 관점(emic or insider's perspective)으로 현상을 이해하려는 특성을 지니고 있기 때문에 다문화교육 질적 연구에서도 연구참여자인 소수자 집단의 구성원의 경험과 관점을 묘사하는 것이 중요하다고 주장할 수 있다. 이런 관점에서는 다문화교육 패러다임이 드러나지 않는 것이 장점으로 생각될 수 있다. 하지만 질적 연구는 사실상 오히려 이와는 반대되는 특성과 철학에 기반한다. 질적 연구에서는 연구자 자체가 연구 자료의 수집과 분석을 위한 핵심적인 도구이다. 연구자가 연구의 도구가 된다는 것은 연구자가 가지고 있는 암묵적인 가정이나 사고가 연구 현상에 대한 이해에 개입될 여지가 있음을 의미한다. 이와 관련하여 메리엄과 티스델(Merriam & Tisdell, 2016: 16)은 질적 연구에서 연구자의 관점이나 주관성을 제거하려고 노력하기보다는 이를 계속적으로 확인하고, 검토하며, 자료의 수집과 해석에 어떻게 영향을 미치는지를 의식적으로 살펴야 한다고 주장한다. 따라서 질적 연구를 수행하는 과정에서 연구자의 위치성(positionality), 또는 연구자가 지니는 가정과 세계관, 이론적 지향 등을 비판적으로 검토하는 것이 선행되어야 하며, 연구 결과를 보고하는 논문에서도 이를 분명하게 밝힐 필요가 있다(조영달, 박선운, 2021; Creswell, 2013). 즉, 다문화교육 분야의 질적 연구에서도 다문화교육에 대한 연구자의 관점은 불명료하게 감추거나 숨겨져야 할 것이 아니라 연구물 내에서 명료하게 제시되어야 한다.

4. 정리

이 장에서는 다문화교육 분야에서 질적 연구가 차지하는 위상을 검토하고, 국내 연구의 동향을 살펴본 다음 향후 다문화교육 분야 질적 연구의 과제와 연구의 방향성에 대하여 논의하였다. 이 분야에서 수행된 질적 연구물의 시계열적 변화 양상을 살펴본 결과, 15년이라는 비교적 짧은 역사 속에서도 괄목할 만한 양적 · 질적 성장이 이루어지고 있음을 확인할 수 있었다. 이는 급격한 다문화사회로의 변화에 직면하여 개별 연구자와 정부가 적극적으로 반응하고 대응한 결과라는 점에서 긍정적인 현상이다. 그럼에도 불구하고 다문화교육 분야 질적 연구의 도입기, 확장기, 정착기를 넘어서 질적 도약을 이루기 위해서는 학문공동체의 지속적인 노력이 필요한 것도 사실이다. 이는 한편으로는 앞으로 직면할 다문화교육 현상이 계속 변화하면서 새로운 연구 문제, 새로운 연구참여자, 새로운 연구 관점이 등장할 수 있기 때문이다. 다른 한편으로는 기존 연구에서 질적 연구의 개념을 다소 느슨하게 적용해 온 것은 아닌지에 대한 우려와 반성의 목소리를 반영한 것이기도 하다.

앞으로 다문화교육 분야에서 질적 연구가 새로운 학문적 지식의 생성과 실천적 논의의 전환에 기여하기 위해서는 단순한 현상 기술에 그치지 않고, 엄밀한 방법론적 토대 위에서 우리 사회가 경험하고 있는 다양한 다문화교육 현상에 대한 좀 더 심화된 이해를 제공할 수 있어야 할 것이다. 또한 여전히 다문화교육 연구의 주변부에 머물러 있는 구성원들의 목소리에 더욱 주목할 필요가 있다. 다문화교육 연구의 영역과 범위가 계속 확장됨에 따라 앞으로 새로운 질적 연구 경향이 나타날 것으로 예상된다. 향후 이루어질 연구들은 이 장에서 논의한 바를 염두에 두고 다문화사회의 교육적 평등을 달성하기 위한 학술적 토대를 마련하는 데 일조할 수 있기를 기대한다.

참고문헌

강진웅(2016). 한국사회 결혼이주여성의 정체성 비교: 통섭적 관점에서 바라본 정체성의 동학. 다문화교육연구, 9(1), 1-24.

구정화, 박윤경, 설규주(2018). 다문화교육의 이해와 실천. 서울: 정민사.

권순정, 신수영(2010). 결혼이주여성을 위한 한국어 교실 체험에 담긴 문해교육의 의미 탐색. 교육인류학연구, 13(2), 83-113.

권효숙(2003). '귀국반' 구성원의 상호이해 과정. 교육인류학연구, 6(1), 1-27.

김기영(2014). 다문화 멘토링 프로그램에 참가한 멘토의 '동반성장' 사례연구. 다문화교육연구, 7(1), 29-50.

김숙이, 박윤경(2019). 초등 사회과 양성평등 프로젝트 학습 참여 경험 분석: 초등학생들의 젠더 인식의 변화를 중심으로. 시민교육연구, 51(2), 1-33.

김영천, 이동성, 황철형(2010). 다문화가정 학생 연구를 위한 인터뷰 가이드의 개발과정: 현장으로부터의 이야기. 다문화교육연구, 3(2), 5-35.

김영현(2019). 초등 사회수업으로 본 정체성 변화과정: 고려인 4세에 대한 내러티브탐구. 사회과교육, 58(2), 1-16.

김자영(2017). 나는 누구인가?: 한 다문화가정 소년의 자아정체성에 관한 사례 연구. 다문화교육연구, 10(2), 125-145.

김정미, 홍기대(2020). 프로젝트 학습을 통한 한국문화 수업사례 연구: 광주광역시 고려인 초등학생을 대상으로. 사회과교육, 59(2), 113-128.

김정원(2006). 국내 몽골 출신 외국인 근로자 자녀 학교교육 실태 분석. 교육사회학연구, 16(3), 95-129.

김종훈(2014). 다문화교육 분야의 교사 관련 연구동향 분석: 현황과 향후 과제를 중심으로. 다문화교육연구, 7(4), 81-100.

김진희(2018). 다문화교육과 평생교육: 이론과 실제. 박영스토리.

김진희, 이로미(2019). 세계시민성 관점에서 본 제주도 예멘 난민 사태와 한국 다문화교육의 과제. 다문화교육연구, 12(3), 37-64.

김한나, 김홍석(2012). 다문화 멘토링 프로그램에 참가한 대학생 멘토 연구: 포커스 그룹 인터뷰를 이용하여. 다문화교육연구, 5(2), 91-113.

김현경(2011). 한국 유학생들의 '인종차별경험'이해에 관한 질적 사례 연구: 영국의 대학교를 중심으로. 사회과교육, 50(1), 13-30.

김현경(2012). 유학생들의 타 인종 접촉과 다문화적 태도에 관한 사례 연구. 시민교육연구, 44(4), 21-53.

나영이, 오지영(2019). 한국인 아빠의 '다문화아동 외가 방문 지원사업' 참여 경험의 의미. 다문화교육연구, 12(2), 83-110.

남부현, 김민지(2016). 국제결혼가정 출신 외국인 유학생의 다문화 정체성 발달에 관한 경험연구. 다문화교육연구, 9(2), 89-114.

류방란, 오성배(2012). 중도입국 청소년의 교육 기회와 적응 실태. 다문화교육연구, 5(1), 29-50.

모경환, 임정수(2011). 사회과 다문화교육의 현황과 과제. 교육문화연구, 17(1), 261-290.

박동섭(2011). 어느 장애인 청강생을 차별,배제하는 상식적 카테고리화 과정 해독. 교육인류학연구, 14(3), 137-163.

박선운(2019). Ethnic Identity Development and Civic Engagement of Korean Immigrant Youth in the United States. 시민교육연구, 51(4), 29-65.

박선운(2020). 다문화사회에서의 교육연구 방향 탐색: "문화적으로 민감한 연구"의 지향을 위하여. 시민교육연구, 52(4), 25-61.

박선운, 박윤경(2021). 성 소수자 관련 이슈에 대한 청소년들의 생각: 다문화 시민 교육에의 시사점을 중심으로. 시민교육연구, 53(3), 29-58.

박성원, 신동일(2014). 외국인 유학생의 학문공동체 참여에 관한 내러티브 연구. 교육인류학연구, 17(1), 103-158.

박순용, 서정기(2014). 이주난민으로 살아가기에 대한 경험의 탐색: 콜라지의 분석방법에 기초한 현상학적 연구. 교육인류학연구, 17(3), 103-132.

박윤경(2007). 다문화 접촉 경험의 교육적 의미 이해: 초등 예비 교사들의 문화 다양성 관련 변화를 중심으로. 시민교육연구, 39(3), 147-183.

박윤경(2014). 다문화 시대 한국인 정체성의 의미: 서울 지역 초등학생의 목소리를 중심으로. 시민교육연구, 46(3), 73-103.
박윤경, 박선운(2021). 다문화교육 질적 연구의 동향과 과제. 교육인류학연구, 24(1), 39-63.
박창민, 조재성, 김영천(2016). 더 나은 미래를 위하여: 우리나라 초등학교 현장에서의 다문화교육과정의 딜레마들에 관한 질적 사례연구. 다문화교육연구, 9(1), 185-213.
박하나(2018). 예비 직업사회화와 경제교육적 함의-저소득가정 청소년의 '탈주적 직업정체성'에 관한 내러티브를 중심으로. 시민교육연구, 50(1), 79-109.
박하나, 조영달, 박윤경(2013). 다문화가정 고등학생의 진로교육 현황 및 문제접 분석: 일반고와 특성화고의 사례 비교를 중심으로. 다문화교육연구, 6(1), 21-49.
박혜성, 박현숙(2014). 국내 특수교육학술지에 나타난 다문화 관련 연구의 동향. 특수교육 저널: 이론과 실천, 15(3), 339-374.
배은주(2006). 한국 내 이주노동자 자녀들의 학교 생활에서의 갈등 해결 방안-초등학교를 중심으로. 교육인류학연구, 9(2), 25-55.
서덕희(2007). 어윤치미크에게 말 걸기-한 몽골 여성과의 만남을 통해 본 다문화교육. 교육인류학연구, 10(2), 233-267.
서덕희(2012). 사회적 소수자 연구 윤리로서의 '초월': 국제결혼이주여성과 그 자녀들을 '직면(直面)'해야 하는 한 연구자의 성찰일지. 교육인류학연구, 15(1), 93-120.
서현, 이승은(2007). 농촌지역의 국제결혼 가정 자녀가 경험하는 어려움에 관한 연구. 열린유아교육연구, 12(4), 25-47.
석영미, 이병준(2016). 결혼이주여성 원어민 강사의 생애사 연구. 다문화교육연구, 9(2), 147-171.
신경희(2018). 성소수자 친화적 다문화 교사교육을 통한 예비교사의 인식 변화에 관한 연구. 열린교육연구, 26(2), 81-101.
신경희(2019). 성소수자 예비교사의 현장실습 경험 분석 연구. 교육문화연구, 25(4), 485-508.
심미경(2014). 외국인 교원들의 한국 대학 생활 경험 연구. 다문화교육연구, 7(3), 171-190.
심미경, 한동호, 박창배(2015). 외국인 유학생들의 한국 대학생활원 경험연구. 다문화교육연구, 8(4), 137-159.

심소현, 박윤경, 조영달(2021). 서울 지역 중 · 고등학생들이 구성하는 한국인 정체성: 시민적 정체성 강조의 가능성과 한계. 다문화교육연구, 14(3), 117-142.

안영빈, 김정원(2017). 국내 난민아동의 생활실태 분석과 교육 방안 모색. 다문화교육연구, 10(1), 171-200.

양계민, 장윤선, 정윤미(2020). 2020 다문화청소년 종단연구: 총괄보고서[연구보고 20-R13]. 한국청소년정책연구원.

양영자(2016). <프리덤 라이터스(Freedom Writers)> 영화읽기 수업의 교사 내러티브 사례 연구. 다문화교육연구, 9(4), 89-117.

양영자(2019). 대한민국 1세대 난민 활동가의 생애사: 탈북 · 난민 코드의 접합. 다문화교육연구, 12(1), 69-109.

염지숙(2012). 발달장애아를 둔 결혼이주여성의 삶: 희망과 가능성의 이야기. 유아교육연구, 32(4), 403-425.

오덕열(2018). 종교적 배경을 가진 결혼이주 여성의 교육적 의미에 대한 내러티브 탐구: 통일교 일본여성을 중심으로. 인격교육, 12(3), 57-79.

오성배(2005). 코시안(Kosian)아동의 성장과 환경에 관한 사례 연구. 한국교육, 32(3), 61-83.

오성배, 서덕희(2012). 중도입국 청소년의 진로의식, 진로준비행동과 사회적 지원 실태 탐색. 중등교육연구, 60(2), 517-552.

우희숙(2009). 중학교 사회 수업에 대한 다문화가정 학생의 경험 이해. 다문화교육연구, 2(1), 130-156.

유지원, 부향숙(2017). 결혼이주여성의 공연중심 연극 프로그램 개발과 실행: 변화를 위한 협력적 실행연구. 다문화교육연구, 10(3), 149-177.

이남주, 김민(2017). 고려인 중도입국청소년의 학교생활 경험에 대한 내러티브 탐구. 다문화교육연구, 10(1), 141-170.

이동성, 김영천, 황철형(2012). 다문화가정 아동들의 삶과 교육: 생애사적 목소리의 재구성. 다문화교육연구, 5(1), 137-154.

이동성, 김지인, 이다해(2010). 우리나라 다문화교육 현장작업(fieldwork)에서 경험하는 방법론적 딜레마와 이슈들. 다문화교육연구, 3(1), 5-27.

이민경, 김경근(2014). 미등록 이주노동자 가정의 탈영토화, 재영토화 과정 분석: 자녀 양육과 교육을 중심으로. 한국교육학연구, 20(2), 101-133.

이병준, 석영미(2013). 다문화 NGO활동가들의 직업전문성 및 다문화역량 발달에 관한 생애사 연구: 평생교육적 함의. 교육인류학연구, 16(1), 101-127.

이부미(2012). 북한이탈 청소년들의 학습경험 및 정체성 재구성에 대한 내러티브 탐구. 교육인류학연구, 15(2), 23-57.

이수진, 박영신(2020). 다문화가정 유아 관련 연구 동향 분석: 국내학술지를 중심으로. 인문사회 21, 11(5), 2353-2367.

이자형(2011). 저소득층 밀집지역 방과후학교의 의미: B시 등대초등학교 사례를 중심으로. 교육인류학연구, 14(2), 129-161.

이진석(2014). 다문화 가정 중도 입국 청소년들의 시민성 탐색. 시민교육연구, 46(4), 79-105.

장동임(2011). 조손가정 학생의 소통방식 및 자아관에 대한 문화기술적 사례연구. 교육인류학연구, 14(1), 187-230.

장연주, 신나민(2015). 다문화 청소년들 간의 또래관계 경험 및 특성에 관한 문화기술지 연구. 다문화교육연구, 8(4), 57-76.

장은영, 이정아(2018). 국내 다문화교육 연구 동향 분석: 이중언어(교육)에 대한 고찰을 중심으로. 교육문화연구, 24(3), 501-521.

장인실, 이은혜(2019). 다문화학생 밀집 학교의 교육과정 운영 변화에 관한 연구: 학교혁신의 관점에서. 다문화교육연구, 12(4), 79-101.

전은희(2012). 초등학교 다문화교육 프로그램의 실제에 대한 질적 연구: '다문화 하나되어 프로그램'의 사례를 중심으로. 교육과정연구, 30(2), 111-153.

전은희(2014). 부계 국제결혼가정의 삶과 교육에 대한 내러티브 연구: 방글라데시 출신 결혼이주민 남성의 가정을 중심으로. 다문화교육연구, 7(3), 27-65.

전재수, 임운택(2017). 대구시 다문화청소년의 학업 및 진로발달 경험에 대한 해석학적 연구. 다문화교육연구, 10(2), 25-63.

전정이, 이은미(2018). 북한이탈 대학생의 생애과정에서 나타난 긴장감에 대한 현상학적 연구. 교육인류학연구, 21(4), 93-119.

정영선(2015). 아동복지시설 퇴소청소년의 금융교육과 금융행위에 대한 내러티브 연구. 시민교육연구, 47(3), 235-267.

조대훈(2006). 침묵의 교육과정을 넘어서: 성적 소수자의 인권과 사회과교육. 시민교육연구, 38(3), 211-239.

조대훈(2012). 다문화사회 이야기: 방과 후 다문화 수업에 관한 질적 사례 연구. 사회과교육, 51(4), 147-162.

조영달, 박선운(2021). 문화적 민감성을 높인 질적 연구의 이론과 실제. 경기: 교육과학사.

조영달, 박선운, 박윤경, 김재근(2012). 다문화가정 학생 다수 학교에 대한 비교 사례 연구: 가능성과 한계를 중심으로. 시민교육연구, 44(2), 163-197.

조영달, 박윤경, 성경희, 이소연, 박하나(2010). 학교 다문화교육의 실태 분석. 시민교육연구, 42(1), 151-184.

조현정(2019). 제3국 출생 북한이탈주민 자녀의 학교폭력 피해 경험에 대한 내러티브 탐구. 교육인류학연구, 22(4), 119-149.

조현희(2020). 내가 경험한 문화감응교육: 자서전적 내러티브 탐구. 다문화교육연구, 13(2), 81-109.

조혜영(2009). 다문화가정 자녀에 대한 교사의 인식 연구: 서울의 한 초등학교를 중심으로. 교육인류학연구, 12(1), 263-295.

조혜영, 서덕희, 권순희(2008). 다문화가정 자녀의 학업수행에 관한 문화기술적 연구. 교육사회학연구, 18(2), 105-134.

주재홍(2017). 한국의 청소년 성소수자들로부터 알게 된 그들의 삶의 이야기들: 질적 사례연구. 교육문화연구, 23(1), 175-215.

최문선(2011). 사회과 예비교사의 젠더인식과 교사교육. 사회과교육, 50(1), 31-51.

최윤정(2016). 다문화 교사교육 실행연구: 미국 사범대학 사례. 다문화교육연구, 9(1), 49-70.

최충옥, 조인제(2010). 다문화교육 연구의 동향과 향후 과제. 다문화교육, 1(1), 1-20.

허창수(2008). 나의 삶과 한국 다문화 교육의 위치: 탈근대주의와 비판교육학의 시각으로. 다문화교육연구, 1(1), 25-57.

히로세 준코(2020). 일본결혼이주여성의 문화적응과정에서의 전환학습에 관한 연구. 다문화교육연구, 13(1), 1-34.

Banks, J. A. (2004). Multicultural education: Historical development, dimensions, and practice. In J. A. Banks & C. A. M. Banks (Eds.), *Handbook of research on multicultural education* (2nd ed., pp. 3-29). San Francisco, CA: Jossey-Bass.

Banks, J. A. (2009). Multicultural education: Dimensions and paradigms. In J. A. Banks (Ed.), *The Routledge international companion to multicultural education* (pp. 303-322). New York, NY: Routledge.

Banks, J. A. (2019). *An introduction to multicultural education* (6th ed.). New York, NY: Pearson.

Banks, J. A., & Banks, C. A. M. (Eds.) (2004). *Handbook of research on multicultural education* (2nd ed.). San Francisco, CA: Jossey-Bass.

Banks, J. A., & Park, C. (2010). Race, ethnicity and education: The search for explanations. In P. H. Collins & J. Solomos (Eds.), *The SAGE handbook of race and ethnic studies* (pp. 383-414). Thousand Oaks, CA: Sage.

Carter, R. T., & Goodwin, A. L. (1994). Racial identity and education. *Review of Research in Education, 20*(1), 291-336.

Creswell, J. W. (2013). *Qualitative inquiry and research design: Choosing among five approaches* (3rd ed.). Thousand Oaks, CA: Sage.

Dabach, D. B. (2015). "My student was apprehended by immigration": A civics teacher's breach of silence in a mixed-citizenship classroom. *Harvard Educational Review, 85*(3), 383-412.

Dabach, D. B., Fones, A., Merchant, N. H., & Adekile, A. (2018). Teachers navigating civic education when students are undocumented: Building case knowledge. *Theory & Research in Social Education, 46*(3), 331-373.

Damarin, S. K. (1998). Technology and multicultural education: The question of convergence. *Theory into Practice, 37*(1), 11-19.

El-Hani, C. N., & Mortimer, E. F. (2007). Multicultural education, pragmatism, and the goals of science teaching. *Cultural Studies of Science Education, 2*(3), 657-702.

Grant, C. A., Elsbree, A. R., & Fondrie, S. (2004). A decade of research on the changing terrain of multicultural education research. In J. A. Banks & C. A. M. Banks (Eds.), *Handbook of research on multicultural education* (pp. 184-207). San Francisco, CA: Jossey-Bass.

Heath, S. B. (2004). Ethnography in communities: Learning the everyday life of America's subordinated youth. In J. A. Banks & C. A. M. Banks (Eds.), *Handbook of research on multicultural education* (2nd ed., pp. 146-162). San Francisco, CA: Jossey-Bass.

Ladson-Billings, G. (2004). New directions in multicultural education: Complexities,boundaries, and critical race theory. In J. A. Banks & C. A. M. Banks (Eds.), *Handbook of research on multicultural education* (2nd ed., pp. 50-65). San Francisco, CA: Jossey-Bass.

Merriam, S. B., & Tisdell, E. J. (2016). *Qualitative research: A guide to design and implementation* (4th ed.). San Francisco, CA: Jossey-Bass.

Osler, A., & Starkey, H. (2003). Learning for cosmopolitan citizenship: Theoretical debates and young people's experiences. *Educational Review, 55*(3), 243-254.

Sleeter, C. E. (2018). Multicultural education past, present, and future: Struggles for dialog and power-sharing. *International Journal of Multicultural Education, 20*(1), 5-20.

Tillman, L. C. (2002). Culturally sensitive research approaches: An African-American perspective. *Educational Researcher, 31*(9), 3-12.

Tillman, L. C. (2006). Researching and writing from an African-American perspective: Reflective notes on three research studies. *International Journal of Qualitative Studies in Education, 19*(3), 265-287.

Wills, J. S., Lintz, A., & Mehan, H. (2004). Ethnographic studies of multicultural education in U.S. classrooms and schools. In J. A. Banks & C. A. M. Banks (Eds.), *Handbook of research on multicultural education* (2nd ed., pp. 163-183). San Francisco, CA: Jossey-Bass.

/ 제4장 /

상담과 교육 그리고 질적 연구

신현정(연성대학교)

1. 들어가며

나는 세상에 나가기 힘들어하는 한 청소년을 상담실에서 만났다. 부모님과 함께 상담실을 찾아온 고등학생인 그 아이는 초등학교 때부터 자해를 해 왔다고 고백했다. 고통을 접할 때 아이는 '자아의 통합'을 느낀다고도 했다. 그로 인해 현실의 답답함으로부터 탈출할 수 있었다고 말했다.

아이는 다른 사람들을 믿지 않았다. '좋은' 부모조차 온전히 신뢰할 수 없었다. 자기를 해하려 하는 타인으로부터 피해를 입지 않기 위해서는 자신을 꽁꽁 방어해야 했다. 타인과의 소통을 극도로 싫어했다. 자신을 향한 타인의 말과 행동은 모두 비난 같았다. 외출이 무서웠고 학교도 다니기 싫었다. 학교가 싫으니 성적은 좋지 않았고 대학은 꾸지도 않은 꿈이 되었다. 불안해 잠도 못 이루는 상황에서 꿈이란 게 존재할 리 없었다.

어릴 적부터 고통스러웠던 삶은 타인의 단서에 지나치게 민감하도록 아이를 단련시켰다. 부딪히는 상황마다 아이의 예민함이 작동되었고 곤두선 날카로움으로 상황과 관계가 해석되었다. 머리가 좋은, 예민한 아이는 타인이 생각하고 느끼는 것 이상으로 매사를 느끼고 생각했다. 아이의 마음 속 타인은 자신을 항상 감시했다. 아이는 타인의 감시로부터 보호받지 못한 못난 자신을 비난하고 처벌했다. 비난과 처벌의 아픔은 오롯이 아이 차지로 돌아왔다.

그렇지만 상담을 통해 내가 만난 아이는 참 사랑스러웠다. 아이의 상처받은 몸과 마음의 상태가 고스란히 내게 전해졌다. 작은 몸 하나 뉘일 곳을 찾지 못한 아이의 삶이 가엾고 부당하게 느껴졌다. 나는 아이가 자신을 더 이상 형편없는 사람이라고 느끼게 하고 싶지 않았다. 더 이상 무기력과 피해의식에 묶이지 않는 가능성 덩어리였기 때문이었다. 아이는 시간이 지나면서 자신의 힘을 점점 확인해 갔다. 처음에는 내 말을 전혀 믿지 못했다. 나를 신뢰하지 못하니 당연한 일이었다. 그래도 나는 아이를 믿었다. 아이가 좋았고 자신을 열어 밝히는 아이가 고마웠다. 우리의 다양한 상호작용과 더불어 시간은 흘렀고 그런 과정 속에서 아이는 자신을 새롭게 보기 시작했다. 자신을 해체하고 재구성하는 노력과 더불어 아이는 달라져 갔다. 달라짐을 몸으로 익혀 가면서 다시 자신을 열어 밝혔다. 그러는 동안, 아이는 하지 않았던 일들을 현실 속에서 하나씩 시도했다. 사람을 만났으며 대학에 가기를 꿈꾸었고 면허 취득에 도전했다. 대중교통을 타고 시내를 돌아다녔으며 극도로 싫어했던 사람들을 만나 보려 힘을 내었다. 물론 버거웠지만 자신을 격려하면서 헤쳐 나갔다. 세상을 향해 한걸음씩 내디뎠으며 나간 만큼 사람들을 두려워하지 않게 되었다.

아이는 더 깊고 더 넓어졌다. 좀 더 편안해졌다. 꿈을 꾸게 되었고 세상에 홀로 서려고 힘을 내었으며 타인을 이해하려 노력하게 되었다. 그런 아이와 함께해 온 나 역시 좀 더 좋은 사람이 되고 있었다.

2. 교육의 관점에서 본 상담

상담과 교육은 인류가 시작된 이래로 가장 오래된 전통을 갖고 있는 학문이다. 유구한 역사 만큼 사람들 사이에 상담과 교육의 중요성에 대한 자각과 관심도 깊다.

많은 사람은 상담과 교육을 분리해서 생각한다. 그도 그럴 것이 상담과 교육은 현장도 다르고 자격도 다르다. 한 예로, 상담을 받는 사람을 내담자(來談者)[1]라고 부르는데 교육을 받는 사람을 그렇게 부르지는 않는다. 그런데 나는 이 책에 '상담과 교육 그리고 질적 연구'라는 장을 쓰도록 요청받았다. 한국교육인류학회에서는 나에게 왜 '상담'이라는 명칭 대신 왜 '상담과 교육'이라는 제목을 제시했을까? 그리고 나는 또, 왜, 내게 너무 익숙한 '상담'이라는 단어가 아닌 '상담과 교육'이라는 제목의 요청에 거부는커녕 매력을 느꼈을까? 아마도 '상담과 교육이 밀접한 연관을 갖고 있다'는 체험에서 비롯된 내 사유가 작동을 했으리라. 질적 연구자로서 갖는 '문(文)에 대한 해체와 재구성'이라는 질적 연구의 지향을 추구하는 기질이 내게 스며들어 있기 때문일 것이다.

앞에서 나는 상담자로서 내가 만난 한 아이를 소개했다. 여기서 나는 그 아이와 나의 만남에 대해 교육적 관점을 대입해 보고자 한다. 달리 말하면, '교육'이라는 형식으로 '상담'을 비춰보려고 한다.[2] 20년 넘게 상담을 공부하고 연구하며 또 상담자로서 아이들을 만나면서, 조심스럽지만 나는 '교육의 관점에서 본 상담'이 무엇인지 조금은 알게 된 것 같다. 따라서 앞에 소개된 귀한 그 아이와의 만남을 통해 나는 상담이 무엇인지, 교육의 시각으로 해석하는

---

1) 상담에서 상담을 하는 사람은 상담자(相談者) 혹은 상담가, 상담을 하러 오는 사람은 내담자(來談者)라고 지칭한다. 편의상, 역할상, 직무상 등으로 분류한 존재자의 이름이라 할 수 있다.

2) 교육을 삶의 형식으로 본 조용환(2000)에 따르면, "세상을 늘 교육(가르침과 배움을 통한 인간형성)의 기준에 비추어서 이해하고 그 틀을 좇아 살아가는 사람은 교육적 안목과 교육적 삶에 충실한 사람"이다. 따라서 교육은 학교에서만 일어나는 것이 아니다.

용기를 내어 볼 수 있었다.

조용환(2021)은 "더 나은 인간 형성의 존재론적 지향", "학습-교수의 해석적 상호작용", "변증법적 대화의 과정"을 교육의 본질이라고 하였다. 앞서 기술된 아이와 나의 모습 속에 이러한 교육의 본질적 모습이 보이는가? 나는 그렇다고 생각한다. 그렇다면 어떤 모습을 그렇게 볼 수 있을까? "교육의 본질"(조용환, 2021)에 입각해 그 모습을 살펴보기로 한다.

첫째, 변화를 위한 아이와 나(상담자)의 고투가 보인다. 이는 '더 나은 인간'이 되고자 하는 '존재론적 지향'에 다름 아니다. 상담 시간이 흐르면서 아이는 '자신이 누구인지'를 찾아가며 '세상을 어떻게 살아가야 하는지' 본성(本性)[3]을 찾아 나가려 노력했다. 아이는 '자신이 세상을 어떻게 살아가야 하는지' 이치를 물어나가며 나름대로 잘 살고자 부단히 노력했다. 힘들더라도 세상을 향해 한 걸음씩 내딛는 아이의 모습은 내가 보기에 '교육적'이었다. 아이는 그동안 은폐 · 왜곡되었던 자신을 향한 기존의 관점을 해체하고 새롭게 자신을 재구성하기 위해 힘을 내고 있었다. 니체(Nietzsche)가 지향한 '위버멘쉬(Übermensch)', 즉 기존의 자신을 넘어 다시 태어난 새로운 인간을 추구하고 있었다(고병권, 2003). 새로운 인간이 되고자 힘을 낸 아이는 잠재되었던 "힘을 향한 의지(Der Wille zur Macht)"(고병권, 2003)를 불태우기 시작했다. 종전의 자신을 넘어 새로운 인간이 되고자 힘을 내면서 아이의 자해가 줄었다. 아이는 면허를 취득하고 대중교통을 타는 도전을 시도했다. 일상에서의 구체적인 몸짓으로 세상을 직면해 나갔다.

상담자인 나에게도 변화가 있었다. 나는 아이의 현상학적 세계를 이해하려 노력했다. 그 과정에서 나는 내가 아닌 타인을 "환대"(Levinas, 1963)하고 "우러르는", "참 만남"(Buber, 1923)을 위한 존중의 삶이 무엇인지를 조금씩 더 배워 나갈 수 있었다. 몸으로 배운 것을 익히려 더욱 노력하게 되었다. 아이와

3) 『중용』에서는 "교육은 도를 닦는 일이며, 도는 본성을 찾고 따름이요, 그 본성은 하늘이 내린 세상의 이치"라고 말한다. "교육은 세상의 본래 이치가 무엇인지 궁구하고 그 이치에 맞게 살도록 부단히 노력하는 일이다."(조용환, 2004)

나의 변화는 '더 나은 인간형성의 존재론적 지향'을 실천하는 '열어 밝힘'의 교육적 노력이었다.

둘째, '학습(學習)-교수(敎授)의 해석적 상호작용'도 존재했다. 학습이란 '배워서 익히는 일'이며 교수는 '가르침을 주는 일'이다. 학습과 교수가 일어나기 위해서는 시간과 사람이 필요하다. 익히는 과정에서 시간이 동반되어야 하며 해석적 상호작용이 일어나기 위해서는 타인, 타자가 필요하다.

상담(相談)은 '서로 이야기하기'이다. 말 그대로, '서로 이야기하기(interview)'는 '서로 보기(inter-view)'[4]와도 크게 다르지 않다. 재미있는 것은 '상담'이라는 언어가 상징하듯, '서로 보고 이야기하는 과정'에서 변화가 일어난다는 점이다. 또 흥미로운 점은 '서로 하는 이야기'가 말에만 국한되지 않는다는 것이다. 의사소통에 말 아닌 것이 포함되는데 '서로 하는 이야기'는 언어 이외의 다양한 매체를 통해서도 가능하다. 언어와 매체로 '서로 이야기하는' 과정에서 배움과 가르침 그리고 그것을 몸에 익히는 일이 수반된다. 나는 아이와 다양한 방식으로 상호작용하면서 많은 것을 가르치고 배웠다. 인내와 수용, 직면과 도전, 듣기와 말하기, 공감과 경청을 서로 배우고 가르쳤다. 아이는 때로 나를 "가르치지 않고 가르쳤다"(조용환, 2021). 나는 가르침과 배움이란 지식, 연륜, 재산의 많고 적음에 한정되는 일이 아님을 아이와의 만남을 통해 여실히 깨달았다. '자식이 부모의 스승'이 되는 것처럼, 때로 어떤 상황과 관계를 많음과 적음으로 설명하기에는 일상과 사람은 너무 크고 넓다는 것도 점차로 알게 되었다.

일상의 사태를 통한 배움과 가르침, 그것을 몸으로 익혀 나가는 일을 우리는 차근차근 실천했다. 아이와 나의 '서로 이야기하기'는 '통찰(insight)'이라는 '안(in)을 들여다보려는(sight)' 몸짓과도 연결되었다. 나는 아이의 안을 이해하기 위해 편견을 묶어 두려 노력했다. 애쓴 만큼 나도 열리는 것을 느꼈다.

---

4) 영화 <아바타>에서 주인공들이 "I see you"라고 말하는 장면이 있다. 그 장면은 나에게 '본다'는 것이 무엇인지 참 많은 생각과 느낌을 안겨다 주었다. 내 생각에 '이야기하기', '보기', '이해하기'는 많이 닿아 있는 것 같다.

아이도 '자신이 누구인지', '어떻게 살아야 하는지' 다양하게 해석하며 나름의 자기 자신을 재구성해 나갔다. 그런 과정에서 시간성은 중요했다. '서로 이야기'하는 해석적 상호작용을 통해 아이는 자신의 몸을 단련시켰다.

셋째, '변증법적 대화의 과정'이 수반되었다. 진정한 대화는 '나-너(I-Thou)'의 존귀한 관계의 성립 위에서 가능하다(Buber, 1923). 부버(Buber)에 따르면, 자신보다 타인을 높게 여기는 겸양의 자세가 '대화적 관계(dialogic relationship)'에서 요구된다. 이때 '너'인 타인은 도구로도, 기능으로도 평가될 수 없는 귀한 존재이다. 따라서 존재를 제대로 알기 위한 대화의 과정이란 그가 어떤 존재인가를 끊임없이 물어가는 변증법적 흐름이다. 눈에 보이는, 지금 현상한 모습만으로 존재를 다 알 수 없다. 존재는 명사가 아닌 동사적 특징을 지니기 때문이다(이진경, 2011). 그런 까닭에 자신을 제대로 이해하기 위해서는, 또한 타인을 제대로 이해하기 원한다면, 끊임없이 자신을 '무-화(無-化)'시켜 나가야 한다. 고정된 실체로서, 외부적 잣대나 내부적 지침의 경직으로부터 벗어나 '무엇이든 될 수 있는 존재'로 자신을 자유롭게 해야 한다. 이런 과정이 변증법적 모습이다.

자신이 누구인지 몰라 아파하는 아이에게 나는 '변증법적 대화'를 시도했다. 내가 겪어보지 못한 체험을 겪은 또 다른 큰 존재인 아이를 내 좁은 시각으로 재단하고 해석할 수는 없었다. 내가 한정할 수 없는 존귀한 존재인 아이에게 내가 할 수 있는 일이란 고작 아이 스스로 자신을 '무엇이든 될 수 있는 존재'로서의 자유를 묶어 두지 않도록 자신에 대한 고정된 시각을 '무-화'시키는 일에 동참하는 것뿐이었다. 기존의 자신을 해체하는 '무-화'의 과정을 거치는 아이를 나는 응원하고 지지했다. 해체한 자신을 재구성하는 아이의 도전을 나는 묵묵히 존중했다.

이런 관점에서 보면, 변화를 추구하는 상담과정은 교육의 본질과 많이 닿아 있다. 상담에 이미 교육적 가치가 포함되어 있는 것 같다. 또한 이러한 시각으로 사태를 보는 일은 '교육', '상담', 확고한 구분 속의 어느 한 영역에 국한된 것은 아니라는 느낌이다. 문(文)의 고정된 한정적 세계를 벗어나려는 탈주! 탈주를 통해 자유로워지는 인간! 인간을 인간답게 만드는 내재적 속성으로서의 질(質)[5]에 대한 추구! 그런 면에서 교육은 질적이어야 하며 상담도 질적이어야 할 것이다.

3. 상담과 상담연구

상담은 프로이트(Freud)의 등장 이후, 아들러(Adler), 로저스(Rogers), 프랑클(Frankle) 등의 수많은 학자와 상담자의 영향사 속에서 현재의 형태와 모습을 갖추었다. 1856년 프로이트의 등장 이후로, 150년 남짓한 시간과 학문적 · 임상적 세계를 흔들어 대는 우여곡절의 상황 속[6]에서 상담은 우리 인간 삶의 구체적 일상을 깊이 파고드는 '쉼'의 한 영역이 되었다.

상담은 일상의 구체적 사례를 중심으로 이루어지기 때문에 상담연구의 큰 축은 사례를 기본으로 형성된다. '말(horse) 공포증'을 겪는 꼬마 한스(Hans) 아버지의 양육을 상담한 프로이트의 보고가 그랬고, 자신을 어머니의 꼭두각시인 '판지인형'에 비유한 피터(Peter)를 상담한 위니컷(Winnicott)의 기술도 그랬다. 이 외에 펄스(perls), 무스타카스(Moustakas), 오클랜더(Oaklander) 등 성인, 가족, 아동을 상담한 수많은 상담자, 학자가 사람을 중심으로 그들의 생활세계 속에서 '상담'이라는 이름을 통해 그들의 입장이 되어 그들을 이해하려 노력하고 그것을 연구로, 책으로 구성했다.

그렇다면 상담이란 무엇인가? 상담은 누가, 왜, 어떻게 하는 것일까? 상담에 대해 알기 위해서 우리는 상담의 정의는 어떻게 개념화되어 있는지 살펴

---

5) "질은 비교하기 이전의 상태, 또는 측정하기 이전의 상태이다. 바꾸어 말하면, 질은 개별적 사물의 고유한 속성이며 그것을 그것답게 만드는 내재적 속성이다."(조용환, 1999)

6) 상담의 역사에 대해서는 의견이 분분하다. 소크라테스(Socrates) 때부터 상담이 출현했다고 말하는 학자들도 있지만 현재의 모습을 갖춘 상담은 대개 프로이트(Freud)로부터 시작되었다고 본다(Weisz, 2004). 지금과 같은 상담의 모습을 갖추게 된 로저스(Rogers) 이후 수많은 상담학자, 상담자의 상호작용 속에서 상담의 모습은 지금도 변화하고 있다.

볼 필요가 있다. 상담(相談, counseling)[7]은 상담자가 도움을 필요로 하는 사람인 내담자(來談者)에게 전문적 지식과 기능을 가지고 내담자 자신과 환경에 대한 이해를 증진시키려는 목적으로 수행된다(서울대학교 교육연구소, 1995). 흔히 심리치료와도 같은 의미로도 쓰이는 상담은 내담자가 합리적 · 현실적 · 효율적 행동양식을 할 수 있게 하거나 의사결정을 내릴 수 있도록 원조하는 활동이다(서울대학교 교육연구소, 1995). 이에 이장호(1982)는 도움을 필요로 하는 사람이 전문적 훈련을 받은 사람과의 대면 관계에서 생활과제의 해결은 물론, 사고, 행동, 감정적 측면에서의 인간적 성장을 위해 노력하는 학습의 과정이라고 정의하기도 했다. 상담을 학습의 과정이라고 바라보는 이장호(1982)의 관점은 상담을 교육의 형식으로 바라보는 내 입장과 유사한 면이 있어 반가웠다.

상담은 상담자와의 치료적인 인간관계를 통해 내담자가 당면한 문제의 해결, 현실에의 적응, 인간성장, 깊은 차원의 의미 있는 인간관계, 성격의 변화 및 개선, 인간성의 회복을 이룰 수 있도록 돕는 전문적인 활동이다(이미리, 김춘경, 여종일, 2019). 도움을 필요로 하는 내담자와 전문적 자질을 갖춘 상담자와의 상호작용에 의한 사적이고 비밀이 보장되는 조력관계이며 초상식적인 부딪힘(encounter)의 관계(이형득, 1987)라고 개념화되기도 한다.[8]

서울대학교 교육연구소(1995)에 따르면, 상담에서의 행동변화나 의사결정은 내담자가 원하는 것이어야 하며 상담은 자발적 변화가 일어날 수 있는 조건을 제공하는 것이어야 한다. 이를 위해 상담자는 내담자 개인이 선택하

---

7) 상담은 심리상담, 심리치료라는 이름과 혼용되어 사용된다. 상담이 심리학을 기반으로 형성되었다고 보기 때문에 상담심리, 심리상담이라는 명칭이 낯설지 않다. 상담이 인간의 적응, 변화와 큰 연관이 있는 탓에 교육학과, 심리학과, 사회복지학과 등에서도 상담 관련 과목이 중요한 교육과정으로 자리를 잡고 있는 경우도 있다.

8) 상담의 종류와 기법은 현재 수십, 수백 가지에 이른다. 다양한 기법과 관점의 상담이 존재하기에 상담자의 성향, 공부의 토대, 지향에 따라서, 또한 내담자의 특징에 따라서 상황에 적용하는 방법은 다양하다. 상담자는 그동안 배우고 익혀 온 슈퍼비전, 사례 공부, 기법 습득 등에 근거해 내담자를 상담하려 노력한다. 한 예로, 인지행동치료, 해결중심상담 등 인간의 인지 및 행동 변화, 문제해결에 초점을 둔 접근 역시 상담의 중요한 영역이다.

고 결정할 권리를 존중해야 된다. 상담은 내담자로 하여금 합리적 계획, 문제해결, 의사결정, 환경적 압력에 대한 대응을 할 수 있도록 하며 일상 행동습관 등과 같은 일상생활의 문제의 변화에 중점을 둔다(서울대학교 교육연구소, 1995).

학자들의 상담에 대한 정의를 대략적으로 알아보면서 나는 이 속에 공통적으로 발견되는 개념이 무엇이 궁금했다. 다양한 상담의 정의 사이에 공명되는 것은 과연 무엇인지 알고 싶었다. 상담학자들 사이에 공유되는 개념과 주제어 속에는 상담이 중요하게 생각하는 가치들이 포함되어 있기 마련이다. 그 가치를 살펴보면, 상담과 상담연구가 지향하는 것들을 유추해 볼 수 있을 것이기 때문이었다. 이들의 의견을 살펴보건대, 상담에는 전문적 지식과 기능의 상담자, 도움을 필요로 하는 내담자, 인간관계, 사고, 행동, 감정, 이해, 인간적 성장, 인간성 회복, 생활과제, 성격, 변화 및 개선, 적응, 상호작용, 부딪힘, 노력의 학습 과정 등의 주제가 포함되어 있었다. 그리고 이러한 주제는 모두 '생활세계'를 기반으로 하고 있었다.

한편, 상담은 시간의 흐름을 동반하는 변화의 과정이며 상호작용으로 변화가 드러나는 미묘한 역동이 포함된다(신현정, 2010). 상담회기 내에서 상담자, 내담자의 행동과 언어를 포함한 상호작용, 이들의 모든 내적 경험 등이 상담과정(Highlen & Hill, 1984)이라는 시간의 흐름 속에서 나타난다. 더욱이 이러한 모든 내적 경험은 관계를 통해서 형성되며 상담의 효과를 위해서도 치료적 관계는 무척 중요하다. 상담에서 치료적 관계가 중요하다는 것은 경험적 · 학문적으로 잘 알려진 사실이다(김정규, 2015; 신현정, 2009; Oaklander, 1978).

뿐만 아니라 상담에서 상담자는 무척 중요한 사람이다. 따라서 상담자는 인간적 성숙을 위해 끊임없는 자기성찰을 해야 한다. 이에 이장호(1995)는 상담자가 자신의 가치관, 태도 등을 자각하고 있어야 한다고 말했다. 또한 상담자가 가진 가치관과 태도가 상담관계 및 내담자에게 미칠 영향에 대해 숙고하고 상담자가 내담자에게 모델이 될 수도 있다는 점을 상기해야 함을 강조하기도 했다(이장호, 1995) 이러한 것들을 토대로 생각해 보면, 상담자는 무엇보다 좋은 사람이어야 한다. 내담자의 삶을 '있는 그대로' 수용하고 경청하는 자세, 내담자가 그렇게 될 수밖에 없었던 사연을 이해하고 그들이 삶의 의미를 찾도록 도와주는 일은 상담자가 해야 하는 숙명적 노력이다.

그런데 과연 이론이나 담론으로 상호작용, 치료적 관계, 상담자의 성찰의 중요성 등을 알고 있다 하더라도 현실에서의 반영이 쉬운 일일까? 그렇지는 않을 것이다. 몰라서 못할 때도 많지만 때로는 당위성 인식에도 불구하고 그것들을 쉽게 현실화하지 못하는 경우도 있다. 그런 호기심과 상심, 문제의식에 기반해 사람들은 연구를 한다.

아닌 게 아니라, 인간세계와 삶의 현상을 설명하고 이해하며 그 세계와 삶에서 파생되는 여러 문제를 변화시키고 개선하기 위해서 학자들은 연구를 한다(조용환, 2019). 삶은 연구와 동떨어져 있지 않을 뿐만 아니라, 연구(research)란 '찾고 다시 찾는(re-search)' 과정이기 때문에(조용환, 2010) 인간의 삶과 그 세계를 이해하고 더 나은 삶을 위해 개선을 도모하는 측면에서 연구는 의미가 있다. 세상을 더 이롭게 하기 위해서(조용환, 2019)는 인간세계의 현상과 현상의 이면을 면밀히, 성의껏 찾고 찾는 연구의 과정이 필요하다.

상담 상황에서도 이는 적용된다. 상담현장에서 나타나는 다양한 현상이나 문제가 추상화된 담론과 잘 연결되지 않는 경우가 생기면 상담자와 연구자들은 협력 속에서 구체와 추상을 넘나들며 상황을 이해하려 노력한다. 구체적 상황을 글로, 말로 설명하고 이해시키려는 매커니즘 속에서 '현장'에서 야기된 다양한 '사태(context)'가 '연구'라는 '문(text)'에 담기게 된다. 이렇게 "찾고 다시 찾는 과정"(조용환, 2010)을 통해 연구가 탄생한다. 그리고 태어난 연구는 현장에 적용되는 방편으로도 활용된다. 이런 관점에서, 문(text)과 질(context)은 상보적 · 순환적 · 반영적 관계에 있다. 상담연구는 인간세계를 더 이롭게 하기 위해 상담현상을 찾고 찾는 노력의 과정이 보이는 상담의 한 판형/포착물(edition)과 같은 것일 수 있다.

다른 사회과학 연구가 그렇듯, 상담연구도 양적 연구(문적 연구의 한 측면)[9]와 질적 연구로 크게 나눌 수 있다. 실증주의 세계관을 바탕으로 발전해 온 심리학의 영향으로 상담연구는 여태껏 양적 연구가 우세했다. 추세나 양으로도 월등했다. 하지만 상황이 달라지고 있다. 근래 들어 상담 분야에서 질적 연구에 대한 관심은 더 커졌다. 왜일까? 나는 그 이유가 내담자의 현상학적 세계를 제대로 알고 이해하려는 상담자의 노력과 고투에 대한 관심, 상담 현상을 잘 포착해 현실에 반영하려는 실천적 연구 필요성의 절감, 현상과 연구 사이의 맥락과 이론을 서로 비추어 보고 상호텍스트(intertextuality)적으로 해석하려는 움직임 등이 상담 분야에 반영되었기 때문이라 생각한다. 알려진 바대로, 현상학은 상담 및 심리치료 분야에서도 중요한 역할을 해 왔다(Moustakas, 1994). 상담심리에 지대한 영향을 미친 무스타카스(Moustakas, 1994)가 상담에서 현상학적 접근과 현상학적 연구방법에 관심을 기울여 왔듯 질적 연구는 심리학이 발달한 초창기부터 인간의 심리 및 상담에 지대한 기여를 해 왔다(Levitt et al., 2018).

그렇다면 현재는 어떠한가? 그리고 상담연구에서 질적 연구가 왜 늘고 있는가? 아마도 그 대답은 질적 연구와 상담의 유사점을 찾는 일에서 출발하는 것이 합리적일 것이다.

4. 상담과 질적 연구의 유사성

나는 상담을 하고 연구를 하면서 상담과 질적 연구의 유사성에 매료되어 왔다. 비슷한 면이 있는 두 영역을 가로지르면서 나는 희열과 감사를 느꼈다. 그것은 내가 하는 상담과 질적 연구가 서로 모순되지 않다는 것, 또 '하면 할

---

9) 조용환(2004)은 연구의 구분에 있어서, 양적 연구와 질적 연구의 대비를 타당하다고 보지 않는다. 양적 연구는 문(文)적 연구의 한 측면이기에 질(質)적 연구의 대가 되는 것은 오히려 문적 연구라 강조한다. 인간 삶은 물론 세계를 탐색하는 연구에서 문질빈빈(文質彬彬)은 무척 중요하다(조용환, 2010).

수록' 내 삶이 풍성해지는 것 같은 느낌 때문이었다. 여기에서 나는 내가 느끼고 알게 된 상담과 질적 연구의 유사성을 열 가지로 정리해 보았다.

1) 주관성을 중시한다

상담은 내담자의 주관성(主觀性, subjectivity)을 존중하는 작업이다. 상담자는 내담자가 왜 그렇게 느끼고 생각하며 행동하는지를 잘 살피고 내담자의 입장에서 사태를 파악하려고 노력한다. 내담자가 주인이 되어, 사태를 보고 해석하는 주관적인 생각, 느낌, 행동을 상담에서는 무척 중시한다. 객관성(客觀性, objectivity)[10]에만 몰두하는 것은 내담자를 이해하는 데 도움이 되지 않는다. 내담자는 타인(자)의 '눈'과 '평가(evaluation)'라는 타인이 '집어넣은(e) 가치(value)'로 인해 고통받은 사람이자 대상(object)이었기 때문이다. 사는 동안 내담자 자신의 주관성은 홀대되었고 주관성이 제대로 존중받지 못했기 때문에, 내담자는 현실적응, 불안, 공격성, 무기력, 대인관계 등의 어려움을 호소한다. 이들에게 가해지는 타인(자)의 객관적 잣대는 때로 잔인하기까지 해서 내담자를 '이상한, 비정상적인' 사람으로 몰고 가기도 했다. 이들이 왜 그럴 수밖에 없었는지, 내담자의 주관적 세계를 들어보려고 하지 않은 채 말이다. 나름대로 고투하며 살아 온 내담자를 향한 객관적 분석과 온기 없는 평가, 매뉴얼에 맞춰진 조치는 팍팍한 삶을 살아 낸 어떤 내담자들에게는 오히려 도움이 아닌 폭력일 수도 있다. 눈코입이 다 있지만 모두 다르게 생긴 우리의 얼굴처럼, 증상이 같다고 해서 삶도 같은 사람은 아무도 없다. 주름이 있다고 해서 같은 주름을 가진 사람은 아무도 없는 것처럼 말이다.

영화 <우리들의 행복한 시간>을 보면, 사형수 윤수가 교수인 유정에게

---

10) '객관성(客觀性, objectivity)', 즉 '누가 봐도 똑같은', '타자-손님(客)-의 눈(觀)'이 중시되는 상황이라고 말할 수 있는데(조용환, 1999). 질적 연구에서의 주관성과 객관성에 대해서는 조용환(1999)이 자세히 설명하고 있다.

“돈도 많고 많이 배운 사람이 왜 자꾸 자살을 하려 했는지”를 묻는 장면이 나온다. 거기서 유정은 윤수에게 다음과 같이 말한다.

> “어떤 사람에게는 먼지처럼 작은 일이 다른 사람에게는 우주보다도 더 큰 고통이 될 수 있어요.” (영화 <우리들의 행복한 시간> 중에서)

질적 연구도 주관성을 중시한다. 상담에 상담자와 내담자가 있듯, 질적 연구에도 연구자와 참여자가 있다. 질적 연구에서는 참여자의 세계를 이해하려는 연구자의 노력의 과정을 통해 독자가 참여자의 세계를 알고 이해하도록 돕는다. 따라서 참여자와 독자의 사이에 서서 두 세계를 매개해야 하는 의무를 지닌 연구자는 참여자가 처한 상황에서의 주관성을, 할 수 있는 한 ‘있는 그대로’ 드러내려 노력한다. ‘두꺼운 기술(thick description)’을 통해 참여자 행위의 맥락과 의도, 의미를 잘 드러내려는 노력 역시 참여자의 주관성을 최대한 잘 표현하려는 질적 연구자의 애씀이기도 하다. 이때, ‘주관성’이란 ‘~에 속한(subject to)’을 전제로 하기 때문에 참여자가 사는 세계, 문화를 벗어나서 인간의 주관성은 홀로 성립할 수 없다(조용환, 1999). 주관성은 이미 사회문화적인 것이고 그런 맥락에서 주관성이란 상호주관성(intersubjectivity)이다. ‘사이가 있는(inter)’ ‘주관성(subjectivity)’이야말로 같은 사회문화적 세계를 살고 있는 독자와 연구자, 참여자를 소통하게 만든다. 연구자의 상호주관성에 바탕을 둔 기록, 즉 연구를 기반으로 독자는 참여자의 세계를 이해하게 된다.

상담도 내담자와 상담자 사이의 주관성인 상호주관성을 기초로 이루어진다. 상호주관성에서 특히 강조되어야 하는 부분이 상담에서는 ‘공감(empathy)’이다. 내담자의 감정(pathy)에 상담자가 들어감(em)으로, 즉 내담자의 세계에 상담자가 참여함으로 내담자와 상담자는 깊게 소통하게 된다.

2) 생활세계가 중요하다

생활세계(生活世界, *Lebenswelt*, life-world)는 말 그대로 '살아 움직이는' 세계이며 '삶이 있는' 세계이다(조용환, 2010; Husserl, 1936). 생활세계는 "언제나 물어질 필요가 없는 자명성 속에서 미리 주어져 있는 감각적 체험의 세계로, 모든 개별적 체험의 보편적 기반으로 논리적 수행에 선행해 미리 직접 주어져 있는 세계이며 현실에서 직관되고 현실에서 체험되는 세계"이다(Husserl, 1936). 인간은 세계에 던져져 태어난다. 따라서 어느 누구도 어떤 선택도 하지 못한 채 '세계-내-존재(being-in-the world)'(Heidegger, 1927)로 피투(被投)되어 세계의 일원이 된다. 흘러가는 시간과 더불어 세계 속에서 적응하고 더 나은 삶을 살기 위해 고투한다.

현상학(phenomenology)에서는 생활세계를 강조한다. 그도 그럴 것이 생활세계는 현상학의 창시자인 후설(Husserl)의 핵심개념이다. 의식(noesis)-대상(noema) 간 상관작용인 지향성 토대의 의미를 인간 행위의 원천으로 보는 현상학(Husserl, 1936)에 따르면, 인간은 각자의 의미를 기반으로 생활세계에서의 삶을 산다.

인간은 저마다의 방식으로 생활세계에서 관계에 반응하고 사태를 지각하며 자신을 표현한다(Moustakas, 1953). 그 방식과 내용은 사람마다 다르다. 그런즉, 어떤 사람이 보고 듣고 느끼고 생각하는 것이 또 다른 사람이 보고 듣고 느끼고 생각하는 방식, 내용과는 다를 수 있다. 달리 느끼고 생각하는 것은 다른 행위를 낳고 다른 소통을 만들고 또 다시 순환된다. 사람의 인지, 감정, 행위를 중시하는 상담에서 현상학이 무척 중요할 수밖에 없는 이유이다(김정규, 2015; 신현정, 2009, 2010, 2020; Carroll, 2016; Moustakas, 1953, 1994; Oaklander, 1978; Perls et al., 1951; Wheeler & Axelsson, 2015).

실제 상담현장에는 폭력, 공격성, 행동화 등의 외현화 문제와 우울, 불안, 위축 등의 내면화 문제로 인한 적응의 어려움 때문에 도움을 받으러 오는 사람들이 있다. 각자가 갖는 다른 느낌, 생각, 행동이 생활세계에서 적응하기 어려운 외현적 · 내면적 문제로 발현될 때 이들은 상담, 심리치료를 하게 된다. 이러한 내담자들은 현실적응의 문제를 갖는다.

상담에서 내담자가 가진 현실적응의 문제를 알기 위해서 상담자는 이들이 체험하는 생활세계를 이해하고자 노력한다. 내담자가 보고 듣고 느끼고 생각하는 방식으로 상담자는 '할 수 있는 한' 보고 듣고 느끼고 생각하도록 애를 쓴다. 그래야만 이들이 겪는 현실의 어려움을 이들의 관점에서 파악하고 이들이 잘 적응할 수 있는 방법을 같이 모색할 수 있기 때문이다.

질적 연구 역시 참여자의 생활세계를 중시한다. 질적 연구는 실험실에서 이루어지지 않는다. 최대한 자연스러운 맥락 속에서 참여자의 삶과 사태를 파악하려고 노력한다. 복잡다단한 세상을 단순화해서 파악할 수 없는 까닭이다. 실험실처럼 모든 것이 동일한 조건에서의 삶은 인간에게 주어지지 않기 때문이다(조용환, 1999). 오로지 참여자에게 이미 주어져 있는 감각적 체험의 세계를 알고 현실에서 직관되고 체험되는 세계를 파악해야 연구자는 그나마, 그리고 비로소 참여자의 삶을 '있는 그대로' 드러내고자 노력할 수 있다. 복잡한 세상에서 은폐, 망각, 왜곡되고 환원되며 단순화된 참여자의 삶을 최대한 참여자의 관점에서 드러내어 세상과 소통하는 것이 질적 연구의 지향이다. 그리고 질적 연구에서는 이러한 모든 것이 참여자의 생활세계를 기반으로 이루어짐을 믿는다. 참여자의 세계를 참여관찰(participant observation)[11]하고 참여자의 이야기를 깊게 경청하여 의견을 나누고 대화하는 심층면담(in-depth interview)을 통해 참여자의 세계를 비로소 이해할 수 있기 때문이다.

3) 실존적 체험을 중시한다

"자기 자신이 된다는 것은 실존적 삶을 산다는 것"과 같다(김정규, 2015). 실존(existence)은 인간 존재와 인간이 처한 현실의 의미가 구체적인 맥락 속에

11) 연구자 역시 참여자가 되어 관찰하는, 주체-타자의 대등한 관계를 추구한다.

서 살아나고 살아 내는 것이다. 따라서 실존은 '지금-여기(here and now)'에서의 구체적이고 직접적인 체험을 중요시한다.

'지금-여기(here and now)'의 체험을 강조하는 상담 상황에서 과거에 대한 후회나 미래에 대한 불안으로 현재를 잃고 사는 내담자를 많이 접한다. 현재를 잃은 탓에 내담자가 현실에 잘 적응하기란 어렵다. 과거나 미래에 대한 집착도 현재를 충실히 살아 내기 힘들게 한다.

따라서 상담에서 '지금-여기'의 실존은 무척 중요하다(Frankle, 2014; Moustakas, 1953; Perls et al, 1951; Rogers, 1980; Yalom, 1980). 상담에서는 내담자 자신의 몸이 느끼는 감각적 체험, 지금-여기라는 시공간의 체험, 자신과 타자와의 관계적 체험을 통해 과거의 후회나 잘못을 벗어나 온전히 자기를 만나는, 즉 자신이 누구인지를 알아가는 체험을 한다. 때문에 상담자는 내담자가 이러한 체험을 할 수 있도록 안전한 환경을 조성해야 한다(신현정, 2019; Booth & Jernberg, 2010; Oaklander, 1978). 이때, 안전한 환경이란 '지지적(supportive)'이고 '함께-있음(being-with)'이며 '수용적(accepted)'인 환경이다(신현정, 2020; Moustakas, 1953; Porges, 2009; Smith, 1990).

안전한 환경에서 내담자는 자신이 느끼고 생각하고 행동한 것들을 솔직히 표현할 수 있다. 심각한 상처를 입고 살아 온 내담자는 자신의 몸이 무엇을 느끼는지를 차단 · 회피 · 분리하려 해 왔기 때문에 많은 경우 몸에 무감각하다(Booth & Jernberg, 2010; Carroll, 2016; Perls et al., 1951; van der Kolk, 2014). 모순되게도 무감각했기에 오히려 살 수 있었다. 그러나 상담에서는 내담자로 하여금 몸의 감각에 민감하도록, 지각에 생생히 머물러 보도록 요청한다. 그리고 그 주체가 불안과 후회를 내려놓고 '지금-여기'의 시공간에서 자신과 상황을 다시 해석하도록 돕는다. 이러한 "교정적 체험"(Mitchell & Black, 1995; Winnicott, 1971)으로 인해 내담자는 자기 자신과의 관계, 타인과의 관계를 새롭게 구성한다(신현정, 2020). 달라지는 실존적 체험을 통해 변화가 가능하다.

질적 연구에서도 실존을 강조한다. 후설(Husserl) 이후의 철학적 흐름은 하이데거(Heidegger), 니체(Nietzsche), 사르트르(Sartre), 메를로-퐁티(Merleau-

Ponty), 레비나스(Lévinas) 등 실존을 중시하는 철학자들의 사상으로 이어져 실존을 바탕으로 인간 존재를 규명하였다. 그리고 질적 연구자들은 철학자들의 현상학적 관점을 기반으로 인간현상을 다양하게 이해하려 애를 썼다. 방법적 차이는 있다 하더라도 질적 연구에서는 '자유변경(free variation)'을 통해 '본질'과 '실존'을 추구한다. 연구란 모름지기 인간이 사는 세계의 현상을 알고 설명하며 이해하고 자유변경을 통해 본질을 직관하며 더 나은 세상으로의 변화를 목적으로 하기 때문에 질적 연구자들은 다양한 상황 속 각기 다른 양상의 인간 삶을 들여다보는 일에 주력한다. 따라서 인간 삶을 보다 잘 알아야 하는 질적 연구자들은 참여자가 처한 상황을 참여자가 허락하는 한, 넓고 깊게 보고 그 참여자의 실존을 이해하려고 노력해야 한다. 참여자가 어떤 상황에서 어떤 체험, 즉 어떤 감각적 몸으로 어떤 시공간을, 어떻게 관계를 맺고 살고 있는지, 참여자의 '지금-여기'라는 실존에 관심을 갖는다.

4) 사례에 기반한다

인간을 이해하기 위해서는 실존적 '현존재(da-sein)'인 인간이 '상황' 속에서 어떻게 시시각각 자신의 모습을 드러내는지를 포착하는 것이 중요하다. 이는 상담과 질적 연구에 모두 포함되는 사항이다.

내담자의 문제나 어려움은 어느 누구도 같지 않다. 비슷한 유형으로 구분은 가능하겠지만 정작 그 삶을 들여다보면 같은 어려움을 갖는 사람은 없다. 현존재로서 인간은 상황에 따라 다르게 느끼고 생각하며 행위한다(Heidegger, 1927). 상황에 따라 달리 사고하고 지각하며 행동하는 내담자를 이해하기 위해서 상담자가 할 중요한 일은 그 상황 속에 '내담자가 어떻게 살아왔는지' 사례(case)의 구체성에 주목하는 것이다.[12] 따라서 상담은 사례를

12) 사실상, 상담에서는 사례를 무엇으로 볼 것인가에 대해서는 질적 연구에서 사례를 보는 관점보다 비교적 명확한 편이다. 내담자라는 상담의 주체가 있어야 사례가 성립한다. 내담자가 있어야 상담자가

기반으로 사례의 개별성에 집중한다.

이런 측면에서 사례는 내담자 각각의 개별성과 관련된 것일 뿐만 아니라 내담자의 특별한 사건이기도 하다. 개별성과 관련해 상담에서의 사례는 어려움을 호소하는 내담자를 중심으로 구성된 세계이다. 상담자가 내담자의 세계를 어떻게 기술 · 분석 · 해석하는가는 상담의 방향을 잡는 일에 많은 영향을 미친다. 따라서 상담자에게 사례를 개념화하는 능력은 상담자 발달에 중요한 요소이다(손은정, 2001). 내담자의 개별성에 기초해 그 내담자를 이해하는 일이 상담에서 필요하다.

또 다른 특징은 사례의 구체성에 있다. 상담에서는 내담자가 느끼고 생각하고 행위하는 것은 "어떤 일이 전에 실제로 일어난 예"(이희승, 1990), 즉 '사례(事例)'를 중심으로 표현된다. 내담자의 세계를 이해하기 위해서는 특정한 상황 속 사건과 내담자의 행위가 상담자에게 그려져야 한다. 상담자가 상상하고 그리기 위해서 상담은 구체적이며 맥락적이어야 한다.

질적 연구도 구체적인 사례를 기초로 이루어진다. 하지만 사례를 무엇으로 볼 것인가에 대한 의견은 다양하다.[13] 어떤 학자들은 사례를 "경계 지어진 체계(bounded system)"(Stake, 1995)라고 보기도 하고 "활동이나 현상"(Yin, 2014)이라고 정의하기도 한다. 참여자를 중심으로 복잡한 현상을 탐구하기 때문에 질적 연구에서의 사례성도 단순하지 않음은 당연한 일일 것이다. 참여자의 사례를 제대로 알기 위해서 연구자는 장시간의 관심과 노력을 기울인다. 구체적 사례를 통해 은폐되고 망각되며 왜곡된 참여자의 세계를 '있는 그대로' 드러내려는 연구자의 '견딤'과 '탐색'의 과정이 질적 연구에서 필요한 까닭이다.

있고 상담이 생성될 수 있다. 내담자를 중심으로 한 과거와 현재를 아우르는 생애사, 상호작용, 관계, 어려움 등이 상담사례의 실체가 된다.

13) 질적 연구방법론 중의 하나인 사례연구를 기초로, '사례가 무엇인가'를 살펴보면, 사례는 연구자의 주관적 구성 혹은 연구의 과정을 통해 '만들어져 가는 사례'와도 관련된 복잡한 것이다(서덕희, 2020). 서덕희(2020)는 "위상과 정체성이 불분명한" 사례와 사례가 포함된 모집단 간의 관계, 단일 사례연구와 다중 사례연구의 분석 과정 및 결과 기술 방식에 대한 고민, 정책적 관점과 학술적 관점에서의 기여 관계에 대한 상심 속에서 "사례와 사례연구자의 대칭적-되기" 방식으로 질적 사례연구의 상심에 대한 답을 찾아가고 있다.

5) 상호작용을 중시한다

상호작용(interaction)이라는 개념도 추상적이기 때문에 그 모습을 구체화하기는 어렵다. 상징이 상호작용에 포함(Blumer, 1969)되지만 상징의 모호함과 상징에 대한 사람들 간의 다른 해석 때문에 상호작용을 이해하기는 쉽지 않다. 그렇다면 상호작용이란 무엇일까? 상호작용이 상담과 질적 연구에서 중요한 이유는 무엇일까? 이런 궁금증과 더불어 나는 상호작용의 개념을 세 가지로 생각해 보았다. 그리고 다음에 제시한 한 상황을 통해 상호작용에 대한 해석들도 살펴보기로 한다.

상황

두 사람 '가'와 '나'가 마주보고 앉아 있다. 거리는 1m 쯤 떨어져 있고 둘이 앉아 있는 곳은 마룻바닥이다. 둘은 도란도란 무언가를 이야기하고 있다. '가'가 오른쪽으로 몸을 돌려 바닥에 놓여 있는 책을 집는다. 그리고 '나'에게 책을 보여 준다. 이어 '가'가 자신이 읽은 책의 밑줄 그은 부분을 손가락으로 가리키며 무언가에 대해 열심히 말하고 있다. '나'는 고개를 책에 같이 모은 채 '가'의 이야기를 듣고 고개를 끄덕인다. 이번에는 '나'가 책을 보다가 눈을 들어 '가'를 본다. 그리고는 이야기를 계속한다. 둘은 책에 손을 댄 채 고개를 들어 서로 마주보며 이야기를 주고받는다. '가'의 눈에 눈물이 그렁그렁 맺히다 곧 흐른다. '나'는 '가'의 그 눈물을 응시하면서 잠깐 이야기를 멈춘다. 10초쯤 시간이 지나자 '나'는 다시 이야기를 이어 나간다.

(1) 상호작용은 행위(action)-행위(action) 사이(inter)이다

주체가 의지를 가지고 하는 행동을 행위(이희승, 1990)라고 정의할 때 상호작용을 '행위–행위 사이'라 파악한 개념이다. 상호작용은 둘 이상의 행위자 간 의지를 가진 행동의 교환이라 해석할 수 있는데 이런 관점에서는 행위 사이에 일어나는 현상을 통해 상호작용을 알 수 있다. 여기서의 '행위–행위 사이'는 선형적 · 단선적 · 추보식의 성격이 강하다. 드러난 행위의 연속으로 상호작용을 파악하기 때문에 행동빈도의 측정 등 양적 계산을 통해 상호작용 분석이 가능하다. 두 명 이상의 타인이 하는 행동의 경계도 비교적 명확하다. 하지만 한계도 있다. 외현화된 행동과 내면적 감정이 다를 때, 드러난 행위의 의미나 뜻을 '있는 그대로' 포착하기 어렵다. 언어적 · 비언어적 메시지에서 차이가 날 때도 그 주체의 속뜻을 외부에서 판단하기는 어렵다. 상호작용하는 주체인 당사자라고 하더라도 표현된 표층적 행동만으로 그 속뜻, 행위의 진위를 파악하기는 쉽지 않다.

실제로 상담에서 상호작용을 연구할 때, 내담자와 상담자 간의 표층적 행동으로 그 의지를 파악하거나 몇 가지의 유목화된 행동을 체크리스트로 표시하여 상호작용을 파악하는 경우가 있다. 하지만 인간이 상황에 영향을 받는 복잡한 존재라는 것을 지각하고 있다면 그런 방법들이 가지고 있는 한계 역시 기억해야 한다.

<상황>에 대한 해석

'가'와 '나'의 거리는 1m 쯤 떨어져 있고 서로는 마주보며 앉아 있다. '가'가 먼저 책을 집어 손으로 책을 가리키며 말을 한다. '가'의 행동이 선행한다. 이야기를 들으며 고개를 끄덕이는 '나'의 행동이 이어진다. '가'의 행동이 끝나자 '나'가 다시 책을 보다가 이야기를 한다. '나'의 행동이 계속된다. '가'의 눈에 눈물이 흐르는 행동이 나타난다. '나'는 잠시 멈추는 행동을 하다가 다시 이야기를 한다.

'가'와 '나'의 상호작용의 행위는 마주보기, 이야기 주고받기, 몸을 돌려 책 집기, 책을 손가락으로 가리키기, 고개 끄덕이기, 책을 보고 다시 이야기하기, 눈물 흘리기, 잠시 이야기 멈추었다가 다시 하기 등으로 나타났다. 여기서 '가'가 한 행위와 '나'가 한 행위를 시간의 흐름에 따라 선형적으로 차근차근 분석할 수 있다. 분석은 비언어적 행동뿐만 아니라 언어적 행동 역시 가능하다. 그리고 그것을 합하여 수량화할 수 있다. 많이 나온 단어, 많이 한 행동 등을 따져 보면서 행동에 근거한 행위가 무엇일까 유추할 수도 있다. 그리고 행위와 행위 사이에 무슨 일이 있었는지를 측량할 수 있다. 측량한 것을 통해 상호작용을 평가할 수 있다. 따라서 이때 무엇을 측량했는지는 상호작용을 상정하는 중요한 지표가 되고 상호작용의 지표는 '주고받는 행위'가 된다. 한편, 분절적 행위의 측량이 우선시되기에 '주고받는 행위', '행위-행위 사이'의 맥락은 배제되기 쉽다. 또한 '주고받는 행위'로 대표되는 '행위-행위' 간 '사이'를 정확히 무엇이라고 포착할 수 있는지는 여전히 모호하다. 모호할 수밖에 없는 이유가 '사이'는 실체를 특정할 수 없는 질의 특성이 강하기 때문이다. 많은 사람이 '상호작용의 질'을 따지는 것 자체가 상호작용의 모호함을 전제하고 반영하는 이유일지도 모른다.

(2) 상호작용은 행위(action)와 반응(reaction)의 연속(action/reaction)이다

이렇게 보는 관점은 상호작용을 '행위-행위 사이'로 파악하는 것과 유사한 측면이 있다. 차이점은 '행위-행위 사이'의 행위가 좀 더 자유로운 가능태로서 열려 있는 반면, '행위와 반응의 연속'은 인과적 성격이 강하다. 행위와 반응의 연속이라는 관점은 주체 간 인과적 영향으로 인한 행위의 교환에 방점을 둔다. 즉, 한 주체의 행위는 다른 주체의 행위에 영향을 주어 반응을 하게 하고 그 반응은 역시 상대 주체의 행위, 즉 반응을 유발한다. 연속적 반응관계가 상호작용을 유발한다.

<상황>에 대한 해석

'가'와 '나'의 예를 통해 다시 상호작용을 살펴보자. 여기서 '가'와 '나'는 마주 보고 있다. '가'의 봄이 '나'의 봄에 영향을 주고 있고 '나'의 봄을 자각한 '가'가 말을 하고 있다. '가'는 '나'를 의식하면서 책을 집고 책 어딘가를 손가락으로 가리키며 '나'에게 뭔가를 이야기하고 '나'는 '가'의 이야기를 들으면서 고개를 끄덕인다. 반응은 영향을 주면서 이어진다. 눈물을 그렁거리다가 울어 버린 '가'를 보고 '나'가 잠깐 말하는 행동을 멈춘다. 멈추는 상황 역시 '가'의 행동을 보고 '나'가 그 행위를 유추한 후 그것이 영향을 미쳐 나타난 현상이다. 이어 다시 말을 계속하는 것 역시 '가'의 행동에 대한 해석에 근거해 이루어진 행위라고 볼 수 있다.

연속적 반응으로 파악한 상호작용에 대한 관점도 보이는 행동에 초점을 두고 상호작용을 파악한 것이다. 이때, 한 주체의 행위를 상호작용하는 상대 주체가 어떻게 파악하고 반응하는지는 언어적 · 비언어적 메시지의 흐름과 행동의 연결을 통해 주체들이 행위의 의미를 어떻게 구성하는지 외부적으로 유추할 수 있게 한다.

하지만 이러한 관점의 설명도 선형적 · 단선적 입장에서 상호작용을 파악한다는 점에서 상호작용의 복잡성을 들여다보는 데에는 한계가 있다. 전반성적으로 상호작용하는 주체는 어떤 행동을 분석하기 전에 이미 순간적으로 그 행동을 지각하고 만다. 그리고 그 행동에 대한 해석을 바탕으로 반응한다. 이런 관점에서 상호작용을 보면 상담자, 내담자의 '행위-반응의 연속'과 관련된 인과관계의 표층적 파악은 가능하더라도 그 이면의 복잡함이나 영향사의 복잡다단함을 들여다보기에는 어려움이 있음을 알 수 있다. 상징에 대한 주체들의 해석의 다양함과 복잡함이 여간해서 포착하기가 쉽지 않다. 하지만 눈으로 보(이)는 것을 어렵지 않게 확인할 수 있다는 점에서 상호작용에 대한 해석과 유추가 비교적 명확하다.

(3) 상호작용은 '몸과 살의 교차(chiasma)'이다

메를로-퐁티(Merleau-Ponty, 1945)는 '몸'을 중시한다. 그에게 '몸'은 감각적 자극을 낱낱이 기억하는 기관이 아니라 세계 안에서 지각하고 이해하여 전유하고 '몸틀'을 형성해 나가는 통합의 장(場)이다. 메를로-퐁티는 인간이 분석보다는 게슈탈트(Gestalt)라는 구성, 종합을 통해 대상을 만난다고 보았다. 그에 따르면, 인간은 '세계-내-존재'이면서 '세계-로의-존재'이기 때문에 현재에 속하지만 현재에 매이지 않고 끊임없이 또 다른 '몸틀'을 구성하기 위해 나아가는 존재이다. 때로 메를로-퐁티의 몸, 살, 몸틀, 교차 등의 복잡한 개념을 상호작용과 연관 짓는 학자도 있다(조용환, 2013). 그렇다면 상호작용과 관련해 메를로-퐁티가 말하는 '살'이란 무엇이며 '교차'란 무엇인가? 또 그것들은 상호작용과 무슨 연관이 있는가? 상호작용을 이해하기 위해 먼저 메를로-퐁티(Merleau-Ponty, 1945)의 '몸', '살', '교차'라는 개념을 간략히 알 필요가 있다.

'몸(Leib)'은 '지각의 장'이며 '살(corps)'은 '감각될 수 있는 것'으로, 우리는 세계의 '살'을 통해 우리 몸을 이해할 수 있다(Merleau-Ponty, 1945). 예를 들면, 바람의 '살'을 만남으로 우리는 상쾌함을 느끼기도 하지만 때로는 공포를 느끼기도 한다. 그만큼 내 몸이 바람이라는 살을 만나는 것(교차)이 내 몸틀, 내 몸이 어떤 상태에 처해 있는가와 느낌은 밀접한 연관이 있다. '살'은 외부의 것이지만 우리는 세계의 '살' 속에서 각자의 '몸'을 만들어 간다. 그리고 만들어 가는, 구성해 가는 내 '몸'은 '교차(chiasma)'라는 '서로 다른 것들 사이의 만남, 엇갈림, 뒤바뀜, 가로지름'을 통해 세계의 '살'과 소통한다(조용환, 2013).

상호작용은 '몸과 살의 교차'라고 볼 수 있다. 좀 더 부연하면, 내 '몸'은 낱낱이 감각적인 분석에 근거해 타자를 알아차리는 것이 아니라 타자를 '그냥', '와락' 지각하고 만다. 이때, 지각한 게슈탈트는 내 '몸'이 세계의 '살'과 교차하면서 만들어 낸 나의 과거-현재-미래를 아우르는, 세계를 포함해 온 나이다. 그러므로 교차는 우리 각자가 자신의 몸을 통해 형성해 온 게슈탈트가 만나고 엇갈리고 뒤바뀌고 가로지르는 체험 간, 실존 간 접촉이라 할 수 있다. 그런 관점에서 보면 상호작용은 내가 구성해 온 게슈탈트를 기초로 타인과 소통하는 것이라 할 수 있다.

이때, 상호작용은 맥락적이며 영향사적이고 또한 미래지향적이다. 내 '몸'이 교차할 타인의 '몸', 즉 세계의 '살'이 어떤 게슈탈트로서 나와 교차할지를 상상하면 겸허해진다. 사람만이 아니라 내 '몸'과 교차하게 될 또 다른 세계의 '살', 가령 시공간, 물질 등의 배치, 연관을 아우르는 분위기, 맥락 역시 상호작용에서 눈여겨봐야 할 것들이다. 이때, 상호작용은 복잡하고 입체적이며 내부자적이며[14] 상호주관적이다.

---

14) 상호작용을 내부작용(intra-action)이라고 보는 관점도 있다. 피아니스트는 피아노와, 목수는 대패와(김은아, 2018), 놀이치료사는 놀이와 이미 함께 있다. 짝을 이루는 이들 존재는 따로 분리될 수 없는 내재성의 고유한 특성을 가진다. 보이지 않는 내재적 특성과 더불어 초월하는 것을 상호작용이라고 보기도 한다. 피아니스트에게 피아노가, 목수에게 나무를 별개로 볼 수 없는 것처럼 상담자에게 내담자는 함께 있는, 내담자가 없으면 상담자가 존재할 수 없는, 그 사이의 상호작용은 떼어 내려야 떼어서 생각할 수 없는 내부작용이다. 예컨대 치료놀이(Theraplay®) 치료사에게 담요, 로션이나 놀이

<상황>에 대한 해석

'가'와 '나'의 상황을 예로 들어 살펴보자. 이들 간의 상호작용을 잘 이해하기 위해서는 먼저 '가'와 '나'가 어떤 상황, 어떤 장에 놓여 있는지, 맥락을 이해하는 것이 필요하다. '가'는 어떤 자세로, 어떤 눈빛으로, 어떤 의도를 가지로 책을 집어서 '나'에게 이야기를 하는지 살펴봐야 한다. 목소리의 높낮이, 빠르기, 감정, 표정 등도 '가'가 '나', 책이라는 세계의 '살'과 어떻게 교차해 가는지 게슈탈트 구성 과정을 관찰해야 한다. '나'의 고개 끄덕임이 '가'의 말과 어떻게 교차되는지, '가'의 눈물 흘림을 본 '나'의 반응, 즉 눈빛, 멈춤, 다시 이어지는 이야기하는 말의 톤, 분위기 등이 어떠한지를 상호주관적 입장에서 바라봐야 한다.

그리고 이러한 관점의 상호작용은 복잡과 입체를 전제로 하기에 수량화하기 어렵다. 고작 "한 길 밖에 안 되는 사람 속"이지만 이미 살아 낸 세계를 포함하는 인간의 복잡함은 그 세계를 같이 체험해 오지 못한 타인이 이해하기란 불가능하다. 오직 각자가 자신의 게슈탈트를 통해 교차해 나가는 그 면과 지점에서, 맥락을 통해 서로의 교차를 알려는 부단한 노력과 지향만이 입체적이고 복잡한 상호작용을 이해할 수 있는 최선의 방법일 것이다.

생텍쥐페리(Saint-Exupéry)의 『어린왕자』를 보면, "외롭다고 같이 놀자"는 어린 왕자에게 "서로 길들이지 않아 그럴 수 없음"을 조심스레 말하는 여우가 있다(Saint-Exupéry, 1943).

> "길들인다는 건 관계를 맺는 거야. 네가 나를 길들이면 우리는 서로를 필요로 하게 되는 거야. 넌 나에게 세상에서 하나 밖에 없는 존재가 되고 너에게는 내가 세상에서 유일한 존재가 될 거야." (Saint-Exupéry, 1943)

치료사에게 장난감, 게슈탈트 상담자들에게 악기 혹은 미술재료 등등의 물질이 상담자들과 함께 있을 때 그 상담이 상담다워지는 것과 연관된다. 상호작용은 이미 세계가 포함된 타자와 관계를 맺는 내부작용이다.

상호작용의 방법에 대해서도 여우는 조언한다.

> "아주 참을성이 많아야 돼. 처음에는 나한테서 좀 떨어져서 풀밭에 그렇게 앉아 있기만 하면 돼. 내가 곁눈질로 널 볼 테니까. 말은 하지 마. 말은 오해의 근원이니까. 하지만 매일 조금씩은 더 다가앉아도 돼." (Saint-Exupéry, 1943)

여우가 말하는 "서로 길들이는", "관계를 맺는" 과정, 덥석 다가가기보다는 타인이 자신이 아님을 인정하는 겸허한 자세, 또한 시간을 두고 타인을 이해하려는 과정이 상호작용에 필요하다. 교차의 과정을 포착해 가는 일이 상호작용을 파악하는 것이라 나는 생각한다.

상담과 질적 연구에서 상호작용은 중요하다. 내담자의 세계를 상담자가 잘 알고 상호작용하기 위해서는, 또한 관계를 잘 맺기 위해서는 상담자의 분절적 행동 구분의 단편적인 평가를 넘어서는 종합적인 해석과 이해의 노력이 선행되어야 할 것이다. 쉽지 않은 과정이지만 그러려는 노력이 내담자의 변화에 동참하는 일이 될 것이다. 상담자인 내게 "매일 조금씩 더 다가앉아도 된다."라는 여우의 조언이 용기를 준다. 좌뇌적 분석보다 우뇌적 공명이 상담이나 심리치료에서 더 근원시되어야 하는 이유에 대한 답이기도 하다(Shore, 2009).

질적 연구도 마찬가지이다. 알다시피 질적 연구는 복잡함을 "있는 그대로"(Husserl, 1936) 드러내기를 주저 않는다. 복잡함과 애매모호함을 인정한다. 맥락과 게슈탈트가 중요하다. 질적 연구에서도 참여자의 세계를 잘 알기 위해서는 참여자와의 상호작용이 필요하다. 연구자에게도 『어린왕자』의 여우의 이야기처럼, 참여자와의 상호작용에서 "서로 길들이기 위해 차근차근 다가가는 참을성"이 요구된다.

6) 자기성찰, 자기반성이 부각된다

상담자는 내담자가 아니다. 따라서 상담자가 내담자를 이해하려는 몸짓은 기존의 상담자 자신을 넘어서는 뼈를 깎는 노력을 요한다. 각고의 노력 중 하나가 자기성찰, 자기반성이다. 상담에서는 감각(지각)을 통한 알아차림을 사용해 이미 존재하는 것, 즉 은폐되고 억압되었던 것들을 온전히 드러내려고 한다(Yontef, 1993). 그러기 위해서는 상담자가 감각(지각)하는 것, 내담자가 감각(지각)하는 것의 상호주관적 소통이 이루어져야 한다. 상담자가 내담자를 경직된 관점으로 평가하거나 판단한다면, 이론과 기법에만 근거해 내담자를 '있는 그대로' 수용하지 못한다면 그 상담은 실패로 돌아갈 가능성이 높다. 이유는 상담자는 내담자가 아니기 때문에 내담자가 겪은 체험을 완전히 이해하기 어렵기 때문이다. 따라서 상담자에게 '판단중지'의 연습도 절실하다. 판단중지는 힘을 빼야 하는 일이며 집착을 넘어서는 일이다. 내가 인식하고 지각하는 것 외에 다른 것이 존재함을 수용하고 존중하는 일이라고 할 수 있다. 따라서 자신의 지평을 열어 밝히는 성장의 과정이기도 하다. 보이는 것이 전부가 아님을, 보이는 것 이면에 보이지 않는 것이 존재함을 자각하는 몸짓이기도 하다.

〈밥 먹는 자식에게〉

천천히 씹어서 공손히 삼켜라.

봄에서 여름 지나 가을까지

그 여러 날을 비바람 땡볕으로 익어 온 쌀인데

그렇게 허겁지겁 먹어 버리면

어느 틈에 고마운 마음이 들겠느냐.

사람이 고마운 줄을 모르면

그게 사람이 아닌 거여. – 이현주(2003)

밥알 하나에 담긴 시간, 농부, 땀, 노고의 고마움을 생각하고 느끼도록 나를 자극하고 있는 이현주(2003)의 시는 나에게 당연한 것들에 대한 감사를 하고 사는지를 돌아보게 한다. 우리는 생활세계에서 전반성적으로, 즉 돌아보지 않고 산다. 매일 맞닥뜨리는 일상적 사건과 사람들이 당연하기 때문에 당연한 것들에 대한 의식조차 하지 않고 살기 쉽다. 시간과 공간, 관계 속에서 너무나 루틴(routine)한 것들이 우리 각자의 몸을 통해 살아진다. 그러나 "존재물음을 묻는 유일한 존재가 인간"(Heidegger, 1927)인 것처럼 우리 인간은 자신이 왜 사는지, 제대로 살고 있는지 돌아보고 물어보며 성찰한다. 이러한 자기반성의 과정이 상담에서 중요시된다.

자기반성은 상담자와 내담자에게 모두 중요하다. 상담자는 내담자를 이해하기 위해, 내담자와 공감하기 위해, 또 자신을 내려놓기 위해 필요하다. 내담자는 살아온 삶을 이해하기 위해, 자기 자신을 더 잘 알아차리기 위해, 또 자신과 직면해 살아갈 힘을 얻기 위해서도 필요하다.

질적 연구에서도 마찬가지이다. 연구자가 참여자의 세계를 잘 이해하기 위해서는 자신이 갖고 있던 상식, 이론, 편견, 선입견 등을 내려놓는 '판단중지'의 노력이 필요하다. 현상을 '있는 그대로' 드러내기 위한 애씀의 몸짓이 연구를 하는 내내 수반되어야 한다. 그런 과정에서 자기성찰, 자기반성은 그림자처럼 따라다닌다. 이미 낸 결론을 검증하거나 확증하는 데에서 벗어나 연구자가 알고 있는 지식이나 상식, 이론이 현상을 은폐 · 망각 · 왜곡시키지는 않는지 "무전제"(Husserl, 1936)를 기초로 현상에 몰두해야 한다. 전제가 없이 뭔가를 본다는 것, 직관한다는 것은 피투된 인간에게는 사실상 엄청나게 어려운 일이다. 때문에 그렇게 하려는 몸짓 자체를 존중해야 한다. 애씀의 몸짓이 바로 자기성찰의 노력이기 때문이다. 연구자의 그런 노력이 질적 연구에 녹아 드러나고 있다면 그것은 연구자의 변화를 가져오는 것일 뿐만 아니라 참여자와의 관계도 열어 밝히는 '좋은 연구'가 되고 있는 일일 것이다.

7) 대화적 관계를 추구한다

상담은 언어적 · 비언어적 매개를 통해 이루어진다. 말로 자신을 드러내기 어려운 아동의 경우에는 대개 놀이를 활용하여 심리치료를 하고 언어구사가 가능한 사람은 말을 통해 혹은 다른 매체를 활용해 상담을 한다. 이때, 상담자는 내담자를 이해하기 위해 노력해야 하는데 내담자를 향한 이해의 노력은 존중에서 나온다. 존중과 이해에 기반한 관계를 '대화적 관계(dialogic relationship)'라고 한다(Buber, 1923; Carroll, 2016). 대화는 두 사람이 동등한 위치에 있지 않으면 이루어지기 어렵다. 한 사람이 강제하거나 억압하는 자세나 가치를 취할 때, 진정한 대화는 불가능하다. 부버(Buber, 1923)에 따르면, "인격적으로 독립된 두 개인이 서로 각자의 정체성을 유지하면서도 동시에 두 사람이 함께 알려지지 않은 새로운 세계로 나아가야 한다. 그리고 '나-너(I-Thou) 관계'를 통해서만 이러한 진정한 만남을 이룰 수 있다". 따라서 상담자는 내담자를 존중 · 존경하는 존재로 지각해야 진정한 상호적 관계성, 즉 대화적 관계는 성립할 수 있다. 그런 전제하에서만 상담을 통해 주체 간, 주체와 환경 간 변화를 초래할 수 있다. 대화적 관계를 통한 치료적 동맹이 일어나야 상담에서의 긍정적 변화도 가능하다.

지금 나는 상담자로서 내가 겪은 한 사례를 소개하려고 한다. 그 상담은 내게 만족스럽지 못했는데 그 실패의 핵심은 내가 만난 아이와 내가 '대화적 관계'를 잘 맺지 못한 데 있었다고 생각한다. 나를 만나러 온 예쁜 청소년 내담자는 어릴 적부터 남에게 자기 이야기를 하지 않아야 한다고 내면화하면서 자라 왔다. 부모로부터 타인에게 자기 이야기를 하지 말도록 양육된 그 아이는 내게 마음을 잘 열지 않았다. 상담자인 내게 자신의 세계를 솔직히 드러내기 위해서는 아이에게 내가 안전한 사람이라는 믿음이 있어야 했다. 아이는 남을 무시하고 반항적이며 권위에 도전했다. 친구들과는 물론, 교사를 비롯한 모든 대인관계에서 어려움을 겪은 아이는 타인의 감정을 더욱 경멸했고 조롱했다. 라포(rapport) 형성이 쉽지 않았기에 아이의 딱딱함을 무르게 할 시간과 노력이 상담자에게도 필요했다. 나는 아이의 감정과 몸의 변화에 주목하면서 아이가 스스로 통찰하기를 바랐다. 예상했던 시간보다 아이의 무릎이 더뎌지자 나는 조급해졌다. 내가 조급해지자 아이의 몸과 마음을 제대로 이해하기 어려웠고 아이의 무시가 나를 향한 거부로 겹쳐지자 아이를 향한 존중의 마음이 사라지곤 했다. 아이 자체보다는 아이의 어려움, 아이의 행동을 문제라고 전제하고 평가하는 나를 발견했다. 내 몸과 생각, 마음, 이론과 편견이 온통 뒤섞여 버렸다. 아이가 왜 그렇게 행동하는지, 그 배경에 무엇이 있는지를 알고, 알게 하며, 느끼고, 느끼도록 돕고, 비춰 주려 노력했지만 딱딱한 껍질로 무장한 "어찌할 수 없는 타인"(Levinas, 1963)인 그 아이의 내면을 역시 타인인 내가 억지로 파고들 수는 없었다. 경직된 나는 아이를 이해하고 존중하려는 태도에서 벗어나고 말았다. 급할수록 아이를 '있는 그대로' 존중할 수 없었고 아이가 문제행동 교정의 대상이 되자 아이와 나의 관계는 '나-너(I-Thou)'가 아닌 '나-그것(I-It)'의 관계로 전락하는 듯했다.

> "경직된 인간은 모두 불쌍해. 살아온 날들을 말해 주잖아." (드라마 〈나의 아저씨〉 중에서)

세계에 매여, 살아온 날들에 붙잡혀 자신을 열어 밝히지 못하는 경직성이 나와 아이, 모두에게서 나타났다. 부버(Buber)의 말을 빌어, 나는 '나-너'라는 각자의 독특성, 타인의 타인-됨을 인정하지 못한 채 내 방식으로 아이를 자꾸 이끌려고 하는 모습이 내게 있음을 깨달았다. 결국 나는 아이에게 "친해지고 싶은데 어떻게 해야 할지 모르겠고, 너를 돕고 싶은데 내가 하는 방법이 네게 맞는지 모르겠다."라고 솔직한 내 마음을 고백했다. 그러자 아이는 나의 힘을 뺀 고백을 듣고 한결 부드러운, 역시 힘을 뺀 눈으로 나를 바라봤다.

대화적 관계는 타인의 세계를 이해하는 존중의 태도를 기반으로 공감으로 가는 과정이다. 질적 연구에서도 대화적 관계는 필요하다. 참여자 세계를 할 수 있는 한 '있는 그대로' 이해하기 위해서는 연구자가 참여자와의 대화적 관계를 통해 그 세계 속으로 들어가려 노력해야 한다. 즉, "합리적 지성, 객관적 경험의 차원이 아닌 미학적 느낌의 차원에서 이루어지는 공감"(조용환, 2014)이 필요하다. 공감은 표층적 인터뷰나 객관적 관찰을 넘어선다. 참여자와 연구자 간 이성을 넘어 감성적 공명이 풍성해야 보다 깊게 상상을 동원할 수 있고 비로소 참여자의 상황에 대한 이해가 가능해진다. 때문에 연구자가 체험해 보지 못한 세계를 겪은 참여자에 대한 존중, 나-너(I-Thou)의 관계에 기초한 대화적 관계가 질적 연구 수행에서도 요청된다. 질적 연구에서 "대화[15]는 변증성, 개방성, 진정성, 과정성, 민주성, 창조적 피드백, 시술의 여유를 요청하며 말로 하는 것이 아니라 온 몸으로 하는 것이며 일방적으로 설득하거나 설명하지 않는다"(조용환, 2014). 따라서 질적 연구에서의 대화적 관계는 면담을 하는 상황에만 국한되지 않으며 연구를 하는 내내 필요한 가치이기도 하다.

더불어 질적 연구자는 "공감적 타당성을 위해서 현장의 파토스(phatos)가 독자에게 최대한 생생하게 재현되도록 글을 씀으로 현장과 학계를 '이해/해석의 맥락'에서 연결하는 매개자(interpreter)의 역할"을 해야 한다(조용환, 2014). 이는 공감과 대화의 관계가 독자에게까지 확장되어야 함을 가리킨다. 공감적 타당성을 유념해야 하는 질적 연구자의 사명이기도 하다.

8) 변화를 희망하고 실천한다

상담의 목표는 내담자의 병리적 부분을 제거하거나 교정하는 것에 있지 않고 내담자가 스스로 혼란을 극복하도록, 새로운 변화와 성장을 향해 나아가

15) 질적 연구에서도 내러티브 탐구자들은 특히 참여자와 연구자 간 대화와 관계의 중요성을 강조한다(염지숙, 1999; 홍영숙, 2019). 대화와 관계성은 이야기로 살아나는 삶, 삶을 이야기함으로 다시 살 수 있게 되는 이야기의 힘에 방점을 두면서 상호적으로 일어나는 변화의 과정을 중요시하는 내러티브 탐구의 특징이기도 하면서, 모든 질적 연구 수행에서 간과되어서는 안 되는 일이기도 하다.

도록 돕는 데 있다(Perls et al., 1951). 내담자의 변화는 상담자의 변화를 동반한다. 상호성이 반영된 서로 간의 변화는 서로의 삶에도 변화를 가져온다.

상담을 통해 내담자는 어려운 일이 닥칠 때마다, 혹은 결정해야 할 일이 생길 때마다 자신을 지나치게 비난하거나 타인을 과도하게 의존하거나 하지 않고, 자기에게 얽매이거나 경직되지 않고 다양한 관점에서 자기를 느끼고 생각하고 행위하려 노력한다. 이런 맥락에서 상담은 변화를 희망하고 실천하는 데 목적을 둔다.

한편, 질적 연구는 기본적으로 은폐, 망각된 현상을 '있는 그대로' 드러내고 그 현상의 의미가 무엇인지를 밝혀 가는 과정중심적 산물이다. 따라서 결과는 잠정적이고 상호주관적 소통에 늘 열려 있다. 질적 연구가 질적 연구답기 위해서는 연구자가 '자유변경을 통한 본질직관' 추구에 대해 현상학적 태도변경의 자세를 견지하면서 '다시(again), 뒤로(back), 새롭게(anew)' 찾고 찾는(search/re-search) 과정에 정성을 쏟아야 한다(조용환, 2014). 질적 연구에서는 연구자가 포착한 그 현상의 본질을, '연구다운' 과정을 통해 밝혀 나가는 연구자-참여자 간 상호적 소통과 노력의 모습을 담기 위해 다방면으로 고투한다.

조용환(2015)에 따르면, 실증주의적 접근에 대한 비판으로 생겨난 "해석주의적 접근이 정치경제적 무관심 또는 무기력에 빠질 소지가 있자 성찰과 비판과 해방을 지향하는 실행적 · 실천적 접근에 무게 중심을 더 두기 시작했다". 질적 연구는 차츰 실존적 · 참여적 · 해방적 · 교육적인 방향으로 진행되고 있다(조용환, 2015).

무기력과 무관심에서 벗어나기 위한 실행과 실천의 노력은 현실의 사태를 변화시키려는 가치와 맞물린다. 연구자, 참여자, 독자에게 변화를 향한 갈망과 실천에 대한 의지가 연구에서 드러나는 것을 볼 수 있는데 질적 연구가 지향하는 실행과 실천의 노력이 반영된 예라고 할 수 있다. 질적 연구에서 강조하는 실행성은 참여자에 대한 기존의 입장을 해체하는 추세로 이어진다. 참여자와 연구자가 각자의 고정된 역할을 수행하는 것이 아니라 자신의 문제를 파악하고 성찰하며 함께 개선을 위해 힘을 모은다는 점에서 해방적 모습을 찾을 수 있다.

9) 이해를 도모한다

'이해(understand)'는 '안에 혹은 속(under)에 서는(stand)' 일이다(조용환, 2014). 이해는 내가 아닌 타인의 안과 속에 서는 일이다. 따라서 이해가 쉽지 않다. 우리 각자의 체험이 다르고 생활이 다르며 배경이 다른데 내가 타인을 이해한다는 것은 어쩌면 자신을 '내려놓거나 (일시적으로라도) 버리는' 노력을 수반해야 한다. 인간이 자신을 버리거나 내려놓으면 불안하기 마련이다. 자신의 실체가 없어져 버리는 느낌은 멸절되는 공포를 가져온다. 따라서 용감한 사람만이, 내공이 깊은 사람만이 그런 용기를 낼 수 있다. 그러니 이해를 한다는 것은 말로도 쉽게 내뱉을 수 없는 엄중함 자체이다.

상담에서 이해는 중요하다. 내담자를 이해하는 일이란 자신을 이해하기 힘들어 고통받는 내담자와 함께 내담자를 이해하는 '이상한' 과정이다. 여기서 내담자는 자신을 이해해야 하며 상담자도 내담자를 이해해야 한다. 내담자의 입장에 서서 내담자를 이해해야 한다. 내담자는 너무 익숙한 자기 자신을, 마음, 생각, 행동을 한발 떨어져 살펴봐야 하고 상담자는 너무 낯선 내담자를, 내담자의 옷을 입고 그 마음, 생각, 행동을 상상해 봐야 한다. 그러기 위해서는 둘 다 자신을 버려야만 한다. 내려놓아야 한다. 각자의 몸을 구성했던 기존의 딱딱한 껍질을 깨고 타인이 되도록 노력해야 한다. 손디아의 노래 〈어른〉을 통해 자신에 집착하지 않고 연민에 아파하지 말고 진정한 내가 되기 위해 '잠시 멈출 수 있는' 힘을 지닐 것을 서로 독려해야 한다.

〈어른〉

고단한 하루 끝에 떨구는 눈물

난 어디를 향해 가는 걸까

아플 만큼 아팠다 생각했는데 아직도 한참 남은 건가 봐

이 넓은 세상에 혼자인 것처럼 아무도 내 맘을 보려 하지 않고…… 아무도……

눈을 감아보면 내게 보이는 내 모습

지치지 말고 잠시 멈추라고

……(중략)……

나는 내가 되고 별은 영원히 빛나고 잠들지 않는 꿈을 꾸고 있어

바보 같은 나는 내가 될 수 없단 걸 눈을 뜨고야 그걸 알게 됐죠.

– 손디아(2018)

이해를 통해 내담자의 관점과 행위를 알고 비난하지 않게 되면 내담자는 자신을 다시 바라보게 된다. "바보 같은 나는 내가 될 수 없단 걸"(손디아, 2018) 알게 된 내담자는 자신이 누구인지 그 정체성을, 스스로를, 타인을 비난하지 않으면서 차근차근 찾아가려 한다.

질적 연구에서도 이해는 중요하다. 참여자의 세계를 진정으로 이해하려는 노력이 있어야 객관적 · 평균적 삶에 눌려 망각, 은폐, 왜곡되었던 기존의 담론과 참여자의 세계를 해체하고 재구성할 수 있다.

10) '좋은 사람-되기'를 추구한다

폭설이 내리는 추운 아침, 춥고 헐벗은 노숙자가 바쁜 출근길의 한 남성에게 따스한 커피 한 잔을 사달라고 구했다. 그 말을 들은 남성은 자신의 외투

를 벗어 그 노숙자에게 입혀 주고 장갑과 돈 5만 원을 건넸다. 눈 오는 출근길의 교통상황을 찍던 기자의 눈에 그 장면이 포착되었고 생생한 그 장면은 다음의 사진과 함께 신문에 실렸다(백소아, 2021).

[그림 4-1] 노숙자에게 옷을 입혀 주는 행인(백소아, 2021)

사진을 보면서 기사를 읽는 내 마음에 따스함이 일었다. 왠지 왈칵했다. 코끝이 찡했다. 비난이 난무하는 각박한 세상에 저런 '좋은 사람'이 존재한다는 것 자체가 희망같이 느껴졌다. 그리고는 '나는?' 스스로에게 질문했다. 마음속 파문이 일었다. 과연 나는 저럴 수 있었을까? 내리는 눈을 다 맞으며 커피를 사달라고 말하는 남루한 옷차림의 사람에게 저렇게 할 수 있었을까? 솔직히 쉽지 않았다. 나도 추웠을 것이고 갈 길이 바빴을 것이며, 심지어 무서웠을 것이다. 분명히 핑계를 댔을 것이다. 사진에서 본 '좋은 사람'은 도움을 요청하는 타인에게 자신의 외투를 다정하게 입혀 주는 따뜻한 성품의 소유자였다. 내가 생각하기에, 그 순간 그는 '좋은 사람이(었)다'. 적어도 '좋은 사람-되기'를 지속적으로 실천하는 사람이었을 것이다. 그는 노숙자의 추위와 아픔을 공감할 수 있는 사람이었다. 또한 자신의 것을 기꺼이 나누는 사람이었다. 추위도 소유도 견딜 수 있는 그런 사람이었다. 무엇보다 타인의 추위와 아픔을 공감하고 외면하지 않으려고 노력하는 사람이 되고자 고투하는 존재 같았다.

그렇다면 좋은[16] 사람이란 누구인가? 착한 사람이 좋은 사람일까? 정직한 사람을 좋은 사람이라고 할 수 있을까? 불의에 맞서는 용감한 사람일까? 표준국어대사전에 의하면, 좋은 사람은 "성질이 보통 이상의 수준", "원만하거나 선한 성품이나 인격", "상대의 기분을 언짢지 않게 할 부드러운 말씨나 태도를 가진" 사람이라고 한다. 사전의 친절한 설명에도 불구하고 여전히 나는 '좋은 사람이 누구'인지 잘 모르겠다.

조용환(2012)은 교육의 본질이 '더 나은 인간형성의 존재론적 지향'이라고 말한다. 상담을 업(業)으로 해 온 나는, 좋은 사람은 더 나은 인간이 되기를 추구하는 노력과 지향에 있다고 생각한다. 상담도 궁극적으로는 더 잘 살기 위한 노력의 과정이라고 보기 때문이다. 교육이라는 삶의 형식으로 상담을 볼 때, 더 잘 살기 위한 노력은 곧 '더 나은 인간이 되기 위한 존재론적 지향'이며 이는 좋은 사람이 되려는 애씀과 맥을 같이 하고 있으리라. 그렇다면 상담에서는 어떻게 '좋은 사람-되기'를 추구하는가?[17]

내 생각에 좋은 사람이 되는 길은 하이데거(Heidegger)와 메를로-퐁티(Merleau-Ponty)의 주장처럼 피투된 '세계-내-존재(being-in-the world)'에서 '세계-로의-존재(being-to-the world)'로 기투하는 과정인 것 같다. 내담자는 환경과의 관계 속에서 스스로 변화, 성장해 나가는 존재이다(Perls et al., 1951). 인간은 열악한 환경 속에서도 자신의 잠재력을 최대한 피워 성장시키려 하는데, 이는 어떤 욕구보다도 더 근원적인 인간의 욕구이기 때문이다(Goldstein, 1939). 따라서 끊임없이 변화하고 적응하며 성장해 나가려 기투하는 내담자에게 상담자는 동반자가 되어야 한다. 상담자도 경직된 자신을 버리고 '되기'의 변화 속에 뛰어 들어야 한다.

---

16) 국립국어원 표준국어대사전(https://stdict.korean.go.kr)에 따르면, 사람과 관련해서 '좋다'라는 뜻은 "성질이나 내용 따위가 보통 이상의 수준이어서 만족할 만하다.", "성품이나 인격 따위가 원만하거나 선하다.", "말씨나 태도 따위가 상대의 기분을 언짢게 하지 아니할 만큼 부드럽다.", "신체적 조건이나 건강 상태가 보통 이상의 수준이다."로 나타난다.

17) 이 대목에서 잠깐 우리는 '되기'와 '이기'를 생각해 볼 필요가 있다. '이기(being)'과 '되기(becoming)'에 대해서는 다른 글(조용환, 2021)을 참조하기 바란다.

들뢰즈와 가타리의 말을 빌려(Deleuze & Gattari, 1980), 누군가 어떤 타자를 잘 알고자 한다면, 타자를 알기 원하는 사람은 그 타자가 '되기'를 노력해야 한다(조용환, 2021). 타자가 된다는 것은 불가능할지라도, 그 타자가 되도록 노력을 해야 한다. 상담자가 내담자를 알고 이해하고자 한다면 상담자는 내담자가 되려고 노력해야 한다. 그 상황 속에서 내담자가 겪었을 힘든 일들을 편견 없이, 고스란히 느끼려 애써야 한다. 그렇게 '타자 되기'를 애쓰는 것이 곧 좋은 사람이 되는 길이라 나는 생각한다. 그 과정에 자기성찰, 판단중지, 변화를 위한 묵묵한 실천, 주관성에 대한 존중이 동반될 수 있다.

질적 연구에서도 '좋은 사람-되기'를 추구한다(조용환, 1999). 연구를 하는 내내 연구자는 자기성찰을 해야 한다. 참여자의 세계를 이해하기 위해서는 연구자 자신이 자신을 내려놓아야 한다. 상식과 이론, 편견으로부터 자신을 열어야 하고 자신의 변화를 수용해야 한다. 참여자와 세계를 존중해야 한다. 물질에 대한 나의 자세도 점검해야 한다. 그러려면 참여자라는 타자, 타인뿐만 아니라 연구자 자신도 수용하고 격려할 수 있어야 한다. 연구자 역시 '세계-내-존재'로서 '세계-로의-존재'를 추구한다는 성장의 노력을 감싸 안을 수 있어야 한다.

소위 '좋은' 질적 연구를 접하면 독자는 감동한다. 연구 속에 나온 참여자의 세계를 알게 되고 연구자의 변화에 공명되며 독자 역시 세상에 더 나은 사람으로 살아갈 힘을 얻는다. 적어도 좋은 질적 연구를 접했을 때의 내 체험은 그랬다. 나는 이런 느낌을 오랜 기간 고양이를 관찰하면서 고양이의 시각으로 글을 쓴 김중미의 작품 속에서 발견할 수 있었다. 이는 연구자의 '좋은 사람-되기'와도 다르지 않은 것 같았다.

> "이 작품을 쓰기 전과 쓴 뒤의 나는 또 다른 사람이 되었다. 귀가 더 열리고, 마음이 더 열렸다. 그것은 순전히 말의 힘, 소통의 힘이다. 나는 그 힘으로 다시 살아갈 용기를 얻었다." (김중미, 2016).

내 생각에, 연구자의 작품이 된 질적 연구의 힘도 그렇다.

5. 상담 분야의 질적 연구 동향

상담연구에서 질적 접근이 늘고 있다. 왜 그럴까? 상담과 질적 연구의 유사성 때문인지, 상담을 질적 연구로 수행해야 하는 필요성 자각 때문인지 상담 관련 현상을 질적으로 살피려는 모습은 흔하게 발견된다. 혹은 이근호(2005)의 조언처럼 상담이라는 "실제적 분야에서의 실천적 현상학을 표방"하는 추세 때문인지, 아니면 이 모든 것을 망라해야 하는 필요성의 절감 때문인지 상담 분야에서 질적 연구에 대한 관심은 날이 갈수록 늘고 있다. 아닌 게 아니라 질적 연구물도 날이 갈수록 증가 추세이다(권경인, 양정연, 2013; 김봉환 등, 2012; 김수진, 홍영숙, 2019; 김지연, 2018; 박승민, 2012; 이현진, 김명찬, 2018). 상담 분야에서 질적 연구가 증가하자 지금까지의 상담 분야의 질적 연구 동향을 분석한 연구도 많아졌다. 질적 연구자로서 고마운 일이다. 나 역시 상담 분야에서 질적 연구가 어떻게 수행되어 왔는지 그 동향을 아는 일은 필요하다고 본다. 특히 우리나라의 상담 분야 질적 연구의 동향을 살펴보는 일은 지금, 상담 관련 질적 연구가 엄청 증가하는 상황에서 상담과 질적 연구의 위치가 어디 쯤인지 어느 방향으로 가야 하는지를 가늠하는 측면에서 유용하다.

길을 제대로 가기 위해서는 지나 온 길을 돌아보고 지금의 지점을 확인하며 목표로 잡은 도착지를 갈망해야 한다. 상담 분야의 질적 연구가 향한 목적지는 과연 어디일까? 거기에 왜 가야 하는가? 지금까지 걸어 온 길을 되돌아봐야 하는 이유는 무엇일까? 지속적으로 물어야 하는 질문 속에 답도 있을 것이다.

질문을 품은 현상황이지만 내가 보기에도 상담에서는 질적 연구가 필요하다. 특히 질적 연구의 기본 철학이면서 연구방법인 현상학을 중시하는 질적 연구는 역시 현상학적 관점을 중시할 수밖에 없는 상담과 상담연구에서 중요하다. 왜냐하면 "임상심리학, 의학, 교육학, 간호학 등등의 실제적 분야에서, 일상적 삶 속에서 갖는 지속적 관심은 실천적 현상학을 표방"(이근호, 2005)하면서 현실의 개선, 실천을 지향하기 때문이다. 따라서 상담이라는 실제적 · 실천적 분야에서 상담현장의 각 주체들 간 상호작용과 관련 현상을 현상학적 관점에 입각해 깊이 들여다보는 질적 접근은 중요하다(신현정, 2010). 하지만 관념과 실천 영역 사이를 잇는 질적 연구는 정형의 어떤 틀이 있는 것은 아니다(유혜령, 2014). 때문에 상담이라는 실천적 분야에서 질적 연구를 수행하는 많은 연구자는 질적 연구의 모호함과 복잡함, 현상학을 포함한 철학적 사유와 그 적용의 어려움에 당혹할 수밖에 없다. 그럼에도 상담 분야에서 질적 연구는 늘고 있다. 더군다나 상담학과 심리학 분야에서 과거부터 우세했던 실증주의적 연구방법론에 기초한 상담연구와 상담 실제 간의 괴리가 불거지고 그런 관점의 "연구 결과가 상담의 실제에 반영될 수 있으리라는 기대는 터무니없는 환상에 불과하다."(박성희, 1996)라는 비판까지 일자 상담 분야에의 질적 패러다임 전환은 관념과 실천의 접목에 대한 기대와 더불어 엄청나게 많은 양의 질적 연구를 양산하기까지 이르렀다.

그동안 이런 데에 상심과 호기심을 가진 상담학자들이 우리나라의 상담 관련 분야의 질적 연구 동향을 분석해 왔다. 동향은 연구의 추세와 지향을 나타내는 것이기에 시간의 흐름에 따른 상담의 관념과 실천에 대한 연구자들의 관심의 변화를 볼 수 있다. 따라서 이들의 연구를 토대로 현재까지 이루어진 우리나라의 상담 관련 질적 연구를 살펴보는 것은 상담의 향방을 위해서도, 질적 연구의 발전을 위해서도 의미 있는 일이라 판단된다.

이에 지금부터는 상담 분야에서의 질적 연구 동향을 분석한 연구자들의 연구 결과를 토대로 상담에서의 질적 연구에 대한 이슈들을 생각해 볼 것이다. 그리고 그 이슈를 토대로 상담 분야에서 질적 연구가 나가야 될 방향에 대해서 함께 논의해 볼 것이다.

본격적으로 질적 연구가 수행되기 시작한 2000년 이후로 분석된 우리나라 상담 분야의 질적 연구를 살펴보면 그 흐름을 알 수 있다. 상담 분야에서의 질적 연구 동향을 분석한 연구를 정리한 다음의 표를 보면 특징이 발견된다.

표 4-1 상담 분야의 질적 연구 동향 분석 연구들[18)]

연구자	분석에 사용된 질적 연구들의 출간년도	가장 많이 활용된 연구방법	가장 많이 연구된 연구참여자	가장 많이 연구된 주제
김봉환 등 (2012)	2002~2011	CQR(28.3%)/근거이론(27.2%)/현상학(15.6%)	성인(19.7%)/상담자(19.1%)/청소년(17.3%)	성격과 적응(16.8%)/다문화(12.7%)/상담과정 및 성과(12.1%)
박승민 (2012)	2003~2011	근거이론(49%) / CQR(22%)/현상학(15%)	주제 관련 인물 추천(47%)/내담자(25%) → 연구참여자는 6~10명이 가장 많음(44%). 16명 이상(22%)	변화과정 및 개입요인분석/참여자의 특성과 문제 특성 탐구/참여자 경험의 본질
권경인, 양정연 (2013)	2000~2012	CQR(29.4%)/근거이론(24.4%), 주제분석 (13.1%)	성인(36.3%)/아동 및 청소년(27.5%)/가족 등 특정 영역(16.9%)	상담과정 및 성과(20.6%)
지승희, 오혜영 (2013)	2001~2010	CQR을 중심으로 분석	5~371명까지	대상이나 문제의 특성(42.8%)/상담과정과 개입요인(39.2%)/프로그램 참여자의 경험(17.8%)
김지연 (2018)	2013~2017	현상학(37.6%)/근거이론(26.4%)/CQR(20.8%)	성인/상담자/내담자	경험/외상경험 및 회복경험/상담자 및 상담수련생의 경험

18) 제시된 %는 연구자들의 연구물을 토대로 학회지에 게재된 것을 그대로 활용하였다. 원래의 연구에서 %가 제시되지 않은 것은 내가 연구물들을 보고 계산하기도 했다. 그럼에도 연구를 통해 %를 알 수 없었던 것은 %를 적지 못했다. 따라서 순위는 있되 %가 제시되지 못한 통계자료가 표 곳곳에 보인다.

이현진, 김명찬 (2018)	2012~2017	현상학(28.7%)/ 근거이론(27.1)/ CQR(20.4%)	성인(32.6%)/상담자(26.0%)/내담자(13.8%)	특정 경험 탐색 (30.9%)/상담자 탐색 (26.0%)/내담자 경험 (17/7%)
김수진, 홍영숙 (2019)	2009~2018	내러티브 탐구를 중심으로 분석 (2015년부터 더 증가)	성인(50%) → 3명 이하가 가장 많음	참여자 특정 경험 (27.7%)/상담자 경험 (22.2%)/내담자의 상담경험(20.4%)

이 표의 특징을 요약하면 다음과 같다.

첫째, 2000년부터 2011/2012년까지 이루어진 상담 분야 질적 연구의 연구방법은 박승민의 연구(2012)를 제외하고는 CQR이 가장 많았다. 당시 CQR과 근거이론이 상담 분야에서 행해진 질적 연구의 과반 이상을 차지했다.

둘째, 2012년 이후로 이루어진 상담 분야의 질적 연구방법에서는 현상학적 연구에 대한 관심이 증가했다.

셋째, 제일 많은 연구참여자는 성인으로 나타났다. 성인은 상담자와 내담자를 포함했다. 참여자의 숫자도 자료수집에서의 포화를 목적으로 많은 참여자의 수를 선호했으나 2013년 이후 심층을 강조하는 이유로 점차 줄어드는 경향이 발견되었다.

넷째, 연구주제는 2011년/2012년까지는 '상담성과나 개입요인' 등의 객관적 검증 가능한 주제가 많았으나 2013년 이후로는 점차 '경험'을 탐구하는 주제로 바뀌어 갔다. 김수진과 홍영숙(2019)에 따르면, 2015년 이후 경험을 탐색한 내러티브 탐구가 급증한 것으로 나타났다.

이러한 특성을 좀 더 구체적으로 살펴보면, 상담 분야에서의 질적 연구는 CQR(2013년 9편에서 2017년 2편)은 점점 줄고 있고 현상학(2013년 6편에서 2017년 13편)은 점점 느는 추세이다(김지연, 2018). 특징적인 것은 해가 갈수록 상담 분야의 질적 연구에서는 참여자의 주관적 체험(경험)에 대한 주제가 늘었는데 연구방법 역시 이를 깊이 있게 탐색하기 위한 현상학적 연구가 증가하고 있음을 알 수 있다. 2000~2010년도에 유행했던 CQR에 대한 관심이 점차 현상학이나 내러티브 탐구로 전환되는 것도 볼 수 있다.

더불어 참여자의 숫자에서도 변화가 일었다. 많게는 371명을 면담했던 연구의 방식에서 3명이나 그 이하의 참여자를 심층적으로 탐색하는 연구가 많아졌다. 연구의 주제 역시 객관적으로 설명 가능한 것에서 주관적 이해가 필요한 경험의 영역 탐색으로 전환되고 있다.

이러한 변화는 상담 분야가 발달되어 온 역사적 흐름과 무관하지 않다. 자연과학적 방법론에 의존했던 상담학의 전통적 연구방법은 겔소(Gelso, 1979)에 이르러서야 대안적 패러다임의 필요성 자각에 의해 영향을 받게 된다(박성희, 1996). 이미 형성된 자연과학적 태도는 실증주의의 검증을 우선시하는 연역적 논리를 벗어나기 어려웠다. 그럼에도 불구하고 그런 논리 속에서도 인간을 자연과학적 태도로 이해하고 탐구할 수 있는가에 대한 지속적인 질문이 제기되어 왔다. 특히 상담학에서는 인간을 자연과학적 잣대로 탐구하는 것의 한계를 절감하고 근본적인 다른 대안적 접근의 탐색 방법을 강조하게 되었다(Goldman, 1976). 자연과학적 관점에서 의미는 객관적 세계를 언어나 기호로 재현하는 것에 불과하기 때문에(유혜령, 2011) 정해진 변인들을 통해서 인간의 행동과 세계의 관계를 규정지으려고 하는 실증주의적 접근은 지나치게 단순하다는 학자들의 비판이 있었고 그 비판 속에서 상담 분야 연구는 달라져 왔다(박성희, 1996). 외부환경에 의해 결정되는 존재가 아니라 자유의지에 의해서, 또 환경과의 상호작용을 통해서 변화 가능한 주체적 · 지향적 존재인(Lincoln & Guba, 1985) 인간이 구성하는 의미는 인간의 '의식-대상 간 상관작용'인 지향에 의해 만들어지는 주관적인 것이다(Husserl, 1936). 그리고 그 주관은 이미 세계를 포함한다.

이런 흐름 속에서 우리나라 상담 분야의 질적 연구들도 발전해 왔다. 내가 보기에, 우리나라 상담 분야 질적 연구의 위치는 실증주의적 색채로부터 점차 해석학적 · 현상학적 분위기를 띄는 과도기거나 혹은 다양성의 혼재 상황인 것 같다. 상담 분야의 질적 연구의 동향을 분석한 다른 학자들의 제언에서도 우리나라 상담 분야 질적 연구의 그런 특징을 찾아볼 수 있다.

2007년부터 상담학 분야의 질적 연구가 크게 증가했다고 분석한 박승민(2012)은 살펴본 모든 논문이 "양적 연구의 한계를 극복하기 위해 질적 연구를 한다고 주장하면서도 여전히 양적 연구의 패러다임으로 해석하고 일반화시키려는 경향이 나타난다."라고 상심을 표하였다. 박승민의 상심처럼 양적 연구의 잣대로 질적 연구를 대하는 태도와 지향, 질적 연구에 대한 이해의 부족이 질적 연구에 대한 해석과 평가에 오류를 가져온다(조용환, 1999).

상담 분야의 질적 연구에서도 연구참여자의 사례성을 간과할 수는 없는데 참여자의 세계와 상담 관련 현상을 이해하기 위해서는 질적 패러다임이 필요하다. 그리고 그 질적 패러다임은 "개인의 주관적인 의미세계의 탐구를 지향한다"(박성희, 1996). 인간 개인의 주관적인 의미세계를 알기 위해서는 인간 각 개인이 고스란히 살아 낸 사례성을 드러내야 한다. 따라서 질적 접근으로 사례성을 드러낸다는 것은 기존의 문적인 분석에 사례를 가두어 바라보기보다는 사태를 '있는 그대로'에 충실하려는, 은폐 · 감환된 것을 열어 밝히려는 확장과 해체의 노력을 수반한다. 질적 연구에서 맥락이 중요한 이유도 여기에 있는데, 이는 맥락(context)을 단순히 이론이나 담론(text)의 틀로 재단하거나 분석하는 것 이상의 무엇을 요청한다. 이상의 무엇을 밝히기 위해서는 맥락(context)과 이론(text)의 상호성(intertextuality)에 주력해야 한다. 문(文)과 질(質)의 조화(彬彬)인 문질빈빈(文質彬彬)에 관심을 가져야 한다(조용환, 2004). 결코 쉬운 일이 아니지만 문과 문, 질과 질, 문과 질 간의 관계를 끊임없이 살피고자 노력해야 한다. 때문에 질적 연구를 하는 과정의 중요성도 간과되어서는 안 된다. 결과에 집중하기에, 문이 승하기에 질적 접근을 오해하는 많은 연구자가 해체와 발견에 두려움을 갖는다.

사실, 이러한 모습은 질적 연구가 변화하는 과정에서 발견되었다. 질적 연구를 지향하면서도 여전히 객관적인 실재와 법칙도출을 놓지 못하는, 1900년대의 질적 연구 흐름의 과도기적 모습이 현재의 상담 분야 질적 연구에서도 발견된다. 더욱이 상담 분야에서 질적 연구방법이 앞으로도 계속 활용될 가능성이 높음을 예상할 때(김지연, 2018), 현재까지 이루어진 질적 연구에 대한 상심은 여러 각도에서 불거져야 할 것이다.

이에 나는 상담 분야의 질적 연구에서 내가 느낀 상심을 드러냄으로 앞으로 상담 분야의 질적 연구가 나아가야 할 점에 대해서 생각해 보고자 한다. 이는 내가 느낀 불편함을 중심으로, 상담 분야의 질적 연구 동향을 분석한 학자들의 이야기와 더불어 제기될 것이다.

첫째, '맥락과 상황'을 알 수 없어 잘 드러나지 않는 참여자의 세계에 대한 상심이다. 상담에서 사례성은 무척 중요하다. 상담의 세계를 드러내는 상담 분야 질적 연구에서도 너무 당연한 일이라 나는 생각한다. 그런데 상담 분야 질적 연구 상당수에서는 참여자의 사례성[19]이 잘 드러나지 않는다. 좀 더 구체적으로 말하면, 연구참여자가 처한 상황과 맥락이 연구에서 잘 나타나지 않는다. 참여자의 상황과 맥락을 알지 못하면 그 사람의 행동, 감정, 인식, 관계 등을 알기 어렵다. 익명이 담보된 참여자들의 언어만으로, 또 설명만으로는 참여자의 세계에 대한 깊이 있는 이해는 어렵다. '세계-내-존재'인 연구참여자는 그가 속한 장(場)과 상황 속에서 무수한 다른 표현태가 될 수 있기 때문이다. 현재까지 이루어진 많은 상담 분야 질적 연구에서는 독자로서 연구를 읽을 때 참여자 행동의 의도, 의미가 생생히 전해지지 않아 참여자가 속한 세계와 그 현상을 구체적으로 알기 어려웠다. 입체적 · 직접적 · 구체적이 아니기에 독자와 참여자의 세계를 잇는 공명이 일어나지 않는다. 질적 연구라지만 이해보다는 설명 위주로 독자들에게 각인된다. 텍스트 중심의 단선적 설명이 컨텍스트의 입체적 복잡성을 담지 못한다. 상호텍스트성이 살아나지 못한다.

둘째, '일반화'의 이슈에 대한 반성 역시 제기된다. 학술지에 게재된 상담 분야 질적 연구물에서 연구자 자신이 가장 많이 한계로 꼽는 점이 "일반화를

19) 과거에 비해 경험, 체험을 탐색하는 경향과 빈도가 높고 많아지는 상담 분야의 질적 연구 흐름을 볼 때, 참여자의 사례성을 잘 드러내는 일은 질적 상담연구에서 더 중요한 일이 되고 있다.

하지 못함"이다. '일반화의 결여'를 꼽은 연구자들은 자신이 수행한 질적 연구가 양(문/文)적 연구가 아님에도 불구하고 양적 연구를 기준으로 양적 연구의 통계적 대표성을 담보하지 못하는 것을 아쉬워한다. 나는 상담 분야 질적 연구가 '일반화'라는 양적 타당도를 충족하지 못하는 것에 대해 자책의 분위기마저 풍기는 것이 때론 안타깝다. 오히려 질적 접근의 한계라면, 연구에서 참여자의 세계를 얼마나 충실히 '있는 그대로' 드러내려고 했는지 심층성과 관련된 연구자 노력의 정도와 깊이와 관련된 것은 아닐까? 질적 연구자는 은폐, 왜곡, 망각된 현상을 '있는 그대로' 드러내기 위해 고투해야 한다. 된장에서는 된장 맛이, 간장에서는 간장 맛이 나야 한다. 된장에서 간장 맛이 안 난다고 아쉬워하지는 않는다. 역시 양적 연구의 잣대로 질적 상담연구를 평가하는 것에 대한 상심이 떠오르는 대목이다(박성희, 1996). 이는 또한 일반화의 이슈와 연관 지어 질적 접근의 상담연구가 무엇인지에 대한 고민을 좀 더 구체화해야 하는 과제를 낳는다.[20)]

셋째, 질적 상담연구의 '주관성'과 관련된 논란이다. 질적 연구는 '객관성을, 조건이 같은 곳에 동일하게 적용해 동일한 결과를 낳는' 그러한 전제를 상정하지 않는다(조용환, 1999). 이는 연구 간 패러다임 차이에서 오는 태도, 방식, 지향이 다름을 인정해야 함과 닿아 있다. 그간 질적 연구에서조차 질적

---

20) 질적 사례연구를 통해 '일반화의 이슈'를 생각한 서덕희(2020)의 논리를 통해 개별적 사례와 일반화 이슈 간의 소통을 엿볼 수 있다. 서덕희(2020)는 "사례가 '무언가'의 사례이기 때문에 연구를 통해 그 '무언가'를 이해하는 데, 즉 그 사례가 속한 모집단에 관해 의미 있는 이야기를 하는 것을 지향"해야 한다고 조언한다. 비교의 과정을 거쳐 소위 "전형적 · 평균적 · 특이적 · 변이적"인 사례를 선택하고 "그 사례의 조건들을 가로지르는 유사점, 차이점의 유형을 검토하고 그 유형을 낳은 인과적 조건을 가설적으로 추론해 언제라도 새로운 사례들에 의해 반증될 수 있음"(서덕희, 2020)을 인정하고 열어 밝혀야 한다. 서덕희(2020)에 따르면, "실제의 개선을 위한 실천적 지향에서 비롯된" 사례연구의 일반화에 대한 관심은 "구체적인 시공간에서 이루어지는 실천에 대한 인격적 기술을 통해 독자와 연구자가 함께 결론을 내리고 이해를 하게 되는 공감적 타당성의 성취와 다르지 않다". 나 역시 이러한 서덕희의 생각에 동의한다. 경직된 결과나 결론을 내리기보다는 실천과 개선을 위한 과정에 상호주관적으로 참여하는 연구의 흐름이 섣부른 보편성을 확보하는 일보다 중요하다고 본다. 무엇보다 사례를 중심으로 '연구가 연구답기' 위해 연구의 본질에 도달하려는, 사례를 소중히 여기는 연구자의 성찰과 노력은 기투의 과정 속에서 살아 있어야 할 것이다.

연구방법의 한계로 연구자의 '주관성' 개입을 지적해 왔다(박승민, 2012). 많은 상담 분야 질적 연구에서 연구를 오염시킬까 두려워해 온 '주관성'이라는 것의 실체는 "객관적인 수량적 계측이나 감각적 증거를 통한 접근이 아니라 '주관적인' 인간 주체의 의식이나 경험을 통해 접근한다는 점에서 붙여진 것으로 근본적으로 주체와 멀리 떨어져 있는 불변의 고정된 객관적 실재의 존재를 공통적으로 가정하고 있다는 점에서 여전히 객관주의적 세계관의 관점"(유혜령, 2011)에서 유래된 것으로 보인다. 그런 맥락에서 보면, 현재 상담 분야에서 이루어지는 많은 질적 연구는 실증주의의 성격을 벗어나지 못하고 있다. 좀 더 구체적으로 말하면, "연구자나 연구참여자의 의미 구성적 성격을 간과한 채 사태의 의미를 물리적 실재처럼 객관적인 법칙도출적 방식으로 접근, '있는 그대로' 드러낼 수 있다고 하는 실증주의적 믿음을 반영한 것"(유혜령, 2011; Denzin & Lincoln, 2005)은 아닐까 생각된다. 하지만 질적 연구의 기본적 철학 토대인 현상학에 따르면, '의식(noesis)-대상(noema)의 상관작용'인 지향에 의해 형성된(Husserl, 1936) 의미를 구성하며 삶을 살아가는 주체에게 객관적 실재(fact)보다 주관적 현사실성(facticity)이 더 중요하다.

프로이트(Freud)를 비롯해 피아제(Piaget), 말러(Mahler) 등 수많은 인간의 정신, 심리, 행동, 발달 관련 학자의 학설이란 자신의 체험에 기초한 사례의 탐구에서 출발해 기존의 가설, 관점들을 열어 밝힌 결과물이다. 이들의 주관성이 연구와 이론 형성의 기초가 되었다. 이어서 이들의 학설에 비추어진 현상이 경험적으로 방증되고 증명되고 살아지고 수정되고 다시 구성되고 형성되어 이론의 이름으로 현재의 영향력을 미치는 상태가 되었다. 그것은 현재 이론이라는 이름으로 우리에게 막강한 영향을 미친다. 그런데 사실상 그 이론(theory)은 누가 어떻게 보느냐와 관련되어[21] 다시 재구성 과정에 있다. 이런 일련의 과정을 알지만 우리는 연구자의 주관성, 참여자의 주관성, 독자의

---

21) 조용환(2020)에 따르면, 이론(theory)의 어원은 '보다(see)'이다. 따라서 이론은 타인들에게 그 사태를 어떻게 보느냐를 설명하고 이해시키는 하나의 잣대이다.

주관성을 간과하고는 있지 않은지 자문해 보아야 한다. 또한 그 주관성들이 모여, 그 사이가 상호주관성을 구성하고 있음을 잊고 있지는 않은지 들여다 보아야 한다.

넷째, 외부의 잣대보다 현상에 주목하는 연구자의 '관심과 민감성 존중'에 대한 상심이다. "질적 연구는 질적 연구자의 수만큼 많다."라는 말이 있다. 관심(interest)을 갖는다는 것은 존재(est) 사이(inter)에 서는 일이다(조용환, 2015). 존재 사이에 서는 일은 패러다임을 전환하는 일을 동반해야 한다. 따라서 패러다임의 전환 속에서 연구자 자신의 위치를 지속적으로 가늠하는 일은 중요하다. 구체적으로, 패러다임의 혼재 속에서 내가 어떤 패러다임을 갖고 있으며 그것이 어떻게 연구로 드러나는지 연구자 자신이 자신을 아는 것이 우선적으로 중요하다. 그래야만 연구자가 갖는 관심과 지향 속에서 연구자가 소외되지 않을 수 있다. 이는 연구자 자신과 삶의 태도에 대한 지속적인 반성 과정이 수반되어야 하는 일이기도 하다. 상담자가 상담자 자신을 잘 알아야 내담자를 제대로 품을(containing) 수 있는 것처럼 상담연구에서도 현상이나 목적에 연구자 자신이 깨어 있어야 한다. 이는 인간의 심리, 상담 현상을 탐색하는 데 있어 자연과학적 방법의 어떤 측면을 강조할 것인가가 아니라 그런 문제 탐구에 어떤 방법이 더 적합한지를 연구자가 관심을 갖고 민감하게 살펴보는 일로 연결된다(박성희, 1996). 그러려면 연구자가 열려 있어야 한다.

하지만 열려 있기는 쉽지 않아 보인다. 학문체계의 권위와 무게라는 측면은 경직의 또 다른 이름이기 때문이다. 솔직히 상담 분야의 많은 질적 연구에서 이러한 모습이 발견된다. 이를 테면, '연구참여자'를 소개할 때 '연구대상'이라고 하는 빈번한 지칭이 그렇다. 질적 연구에서의 타당성을 확보하는 데 참여자나 독자와의 소통보다 소위 '전문가'라고 하는 사람들의 평가를 우위에 두는 점도 그렇다. 질적 연구자로서 민감성을 키우기 위해 어떻게 노력했는지를 기술하는 것에서도 많은 사람이 외부적 설명에 의존한다. 연구자의 '해석학적 순환'보다 이론이나 담론의 거대함이 연구의 전체 틀을 통제하고 있는 느낌이다. '해석학적 순환'을 강조한 가다머(Gadamer, 1960)는 인간 각자가 자신이 가지고 있는 이론, 추상, 선견 등과 더불어 자신이 마주하고 있는 현실의 모든 것과 융합해서 늘 자기 자신을 새롭게 달리 구성해 나가는 것을 '진리'라고 조언한다(Gadamer, 1960). 가다머(Gadamer)의 말을 빌려, 늘 달리 새로운 자신을 구성하려는 민감한 몸짓이 진리를 향한 노력의 과정임을 잊지 말아야 할 것이다. 하지만 현재 상담 분야의 연구는 어떠한가? 거대한 연구체제 속의 외부적 잣대를 기준으로, 거대 담론이 된 추상적 이론에서 벗어나는 해석은 위험하고 쓸데없는 것으로 치부되지는 않는가?

'연구(research)'의 '찾고 다시 찾는(re-search)'의 정신을 존중한다면(조용환, 2010), 권력화된 경직된 이론도 구체적인 사태 속에서 문질빈빈하려는 시도는 필요하다고 본다. 그런 맥락에서 연구자들은 기존의 담론, 학설, 이론들에도 유연한 묶이지 않으려는 성찰적 자세, 내려놓은 태도, 겸허함도 요청된다. 그동안 면담 위주로 진행된 상담 분야 질적 연구에서 관찰의 중요성도 부각되어야 할 것이다. 상담 분야에서 언어 외에 비언어적 소통은 언어보다도 더 중요하다. 그런 부분에 대한 포착과 드러냄은 상담 분야 질적 연구에서 향후 무척 필요할 것으로 생각된다.

이를 테면, 상담 분야 질적 연구에서도 '3E(Examining, Enquirying, Experiencing)'(Wolcott, 1992)가 충실히 이루어지기를 바란다. 면담 위주의 자료수집에서 참여관찰과 여러 자료, 즉 참여자의 상황과 모습을 볼 수 있는 그림, 사진, 일지 등의 자료가 함께 입체적으로 구성되는 것이 필요하다. 그래야 현상을 '있는 그대로' 보기 위해 연구자 자신을 내려놓을 수 있고 참여자의 영향사 속에서 연구자 자신의 해석학적 순환도 가능할 것이다. 또한 다양한 참여자의 이야기가 살아 있는 질적 연구가 많이 생겼으면 좋겠다. 앞의 <표 4-1>에서 보았지만 상담 분야의 질적 연구에서는 아직까지는 성인이 참여자로서 많은 역할을 했다. 앞으로는 질적 연구의 정신이 그렇듯, 비주류에 대한 관심 역시 증대되기를 바란다. 따라서 아동, 청소년, 노인, 성소수자, 다문화 등의 이름으로 규정짓는 것 이상의 다양한 존재자의 삶을, 상담과정에서 유발되는 상호작용의 복잡함을 상담연구에서도 접할 수 있기를 희망한다(신현정, 2010).

목공 장인들의 이야기를 대패 n으로 의인화해 신물질주의를 비춰 준 김은아(2018), 놀이터가 된 나무의 관점에서 아이들과 놀이터의 소통을 포토에세이로 재구성한 전가일(2018), '초월'이라는 현상학적 주제를 연구자의 체험에 입각해 윤리에 대해 차근차근 말을 건 서덕희(2012), 초보예술가의 전환적 삶을 세 명의 참여자를 통해 기존 근거이론에 대한 변주를 보여 준 양은아(2009)의 연구처럼 질적 접근을 통해 다양성을 시도하려는 좋은 연구가 많다. 물론 지금까지 상담 분야에서도 좋은 연구가 많이 수행되었다. 하지만 질적 연구에 대한 상심을 짚어 보는 이 시점에서, 나는 새로운 환기가 되는 질적 연구의 시도가 상담 분야에서도 필요하다는 느낌을 지울 수 없다.

영화, 미술, 시 등의 예술을 연구의 소통적 매개로 전환한 많은 연구자의 시도는 상담연구 영역에서도 손을 뻗어 적극적으로 교감해야 할 탈주의 방편이라 생각한다. "형언할 수 없는 그 무엇이 살아나도록" 사태를 기술하는 질적 글쓰기 역시 주목해야 할 대목이다(유혜령, 2014). 상담 분야에서의 질적 연구가 향후 다양한 시도와 더불어 그 풍성함이 더해질 것이라 기대한다.

다섯째, 질적 연구의 '질 자체'에 대한 상심이다. 질이란 본래 "이름 붙여지기 이전의 존재와 그 현상이기에 비어 있어 무엇이든 될 수 있다"(조용환, 2004). 질적 연구는 왜곡, 망각, 은폐되고 문-화(文-化)된 현실의 사태를 할 수 있는 한 '있는 그대로' 드러내 열어 밝혀 현실의 변화를 추구하고 그 현상의 본질에 대한 직관을 도모하고자 노력한다. 이에 다양한 상황과 사태를 바라보는 연구자의 깊은 관심과 아픈 애씀은 좋은 질적 연구를 수행하기 위한 전제이기도 하다. 그런데 현재 이루어지는 질적 연구에서 그 '질'을 '할 수 있는 한' 제대로 드러내려는 연구자들의 노력이 보이는가? 질적 연구자인 나도 이 질문에서 자유롭지 못하다.

질적 연구는 "확실한 지식보다는 불확실한 지혜를"(조용환, 2004) 추구한다. 질적 연구자들은 애매모호함을 견딜 수 있어야 한다고들 한다. 세상이 복잡다단한데 그 복잡한 세상을 외적 잣대로 설명하는 감환의 간편성과 편리성이 가진 한계를 사람들은 잘 알고 있다. 그러면서도 문적인, 명료한, 객관적인 설명을 선호한다. 모순이다. 모순인 줄 알면서도 사람들의 객관적·외부적·효율적 선호는 식을 줄 모른다. 왜 그럴까? 복잡함을 견디기가 너무 힘들기 때문일 것이다. 복잡함에 대한 각기 다른 관점과 평가의 복잡함이 또한 피곤하기 때문일 것이다. 그런 맥락에서 질적 연구처럼 다양한 방법과 기법의 연구도 드물다. 열어 밝히는 것이 질적 연구의 특징이기에 어느 것 하나에 매여 그것을 묶어 두기에는 해체와 재구성에 대한 갈망도 크기 때문이다. 이러한 복잡다단함 속에서 질적 연구자들의 질적 연구에 대한 질 관리에 대한 상심도 커져 간다. 질적 연구의 질을 우려하기에, 상담심리 관련 일부 학자들은 궁여지책으로 TF(Task Force)까지 만들어 소위 '괜찮은' 학회지에 '괜찮은' 질적 연구로서 게재되기 위해 반드시 갖추어야 기준(Standards)을 안내하기도 한다(Levitt et al, 2018). 해체를 중요시하는 질적 연구마저도 연구에 게재되기 위해서는 '기준'이라는 엄격한 잣대를 통과해야만 하는 모순적인 상황이 위기감을 넘어 무기력감마저 느끼게 한다. 더불어 질적 연구의 자유로움으로 포장된 질 관리에 대한 학자들의 상심이 상처로 공명된다.

그렇다면 왜 이렇게 되었을까? 어디가 어딘지 길을 못 찾아 헤매고 있다면 처음으로 돌아가야 할 것이다. 아니, 처음으로 되돌아가지는 않는다고 하더라도 적어도 걸어 온 길을 되짚어는 보아야 할 것이다. 그러려면 질적 연구의 '질이란 무엇인가'로 다시 관심을 돌려야 한다. 우리나라 상담 분야에서 2000년부터 증가한 질적 연구에 대한 관심이 쉽사리 다가오지 않는 철학적·실천적 적용과 맞물려 풀기 어려운 숙제로 '질이란 무엇인지', '질적 연구란 무엇인지'에 대한 질문을 다시 물어야 할 때가 온 것 같다. 하지만 '무엇이 질적 연구인지'에서 시작하는 질적 연구의 본질, '질적 연구의 질적 연구다움'을 알기 어렵다면, 적어도 자유변경을 통한 질적 연구의 본질을 직관하려는 노력의 과정이 있어야 할 것이다. 조용환(2015)의 조언처럼, 질적 연구는 "기법이 아닌 태도의 문제이며, 그 태도는 현상학적 태도의 변경이 요구되는" 엄중한 고투의 노력이 연구 곳곳에서 드러나야 할 것이다. 그러한 태도의 견지를 통해 참여자가 사는 세계에 대해 이해하려고 하는 겸허하고 존중하는 상호성의 모습이 연구의 기술, 분석, 해석을 통해 나타날 수 있을 것이다.

말은 쉬우나 그런 자세로 연구를 수행(遂行)하는 것은 참 어려운 일이다. 나를 내려놓는 지속적인 성찰의 수행(修行) 과정 속에서 질적 연구는 태어나는 것 같다. 그렇기 때문에 질적 연구 수행은 일종의 "좋은 사람 되기"(조용환, 1999)의 과정이라고 하는지도 모르겠다.

6. 다시 상담 사태로

나는 이 장에서 '교육의 관점에서 본 상담', '상담과 상담연구', '상담과 질적 연구의 유사성', '상담 분야의 질적 연구 동향'에 대해 내 생각과 내가 알게 된 것들을 이야기했다. 교육적 시각으로 상담과 상담연구, 질적 접근을 분석하고 살펴보면서 앞으로 상담이 나아가야 할 방향이 무엇일까 찾아보고 싶었다. 그럼에도 아직 한참 미진한 나의 궁구(窮究)를 느끼면서 나는 여전히 상담, 상담연구, 질적 접근의 공통분모[22] 속에서 상담이 무엇인지를 상담 사태를 통해 모색하고 싶은 희망이 있다. 그렇다면 희망에 도달하기 위해 상담과 상담연구, 질적 접근과 관련해 상담 사태에서 우리가 주목해야 할 일은 무엇인가? 내가 갖는 이러한 질문은 솔직히, '상담은 무엇이며 또 어떠해야 하는가? 상담 관련 연구는 무엇이며 또 어떠해야 하는가?'라는 문질빈빈의 물음을 다시 묻는 일인 것 같기도 하다.

사태를 겸허히 들여다보고 현상을 '있는 그대로' 드러내기 위해 연구자, 상

---

22) 조용환(2004)은 "질적 연구는 연구자 자신의 학습 과정으로 질적 교육과 상통한다. 질적 연구를 통해서 질적 교육이 이루어지고 질적 교육의 원리로 질적 연구가 이루어질 수 있기 때문"이라고 하였다. 나는 상담 역시 상담자 자신의 학습 과정으로 질적 교육의 원리를 수용해야 하며 질적 태도로 상담에 임해야 한다고 믿는다. 그런 맥락에서 내가 보기에 상담, 상담연구, 질적 접근, 질적 교육(질적 교육의 원리)은 상통한다.

담자로서 고민하고 고투해야 할 일은 참 많다. 그리고 그 고투 속에서 여전히 상담 사태와 관련된 상심도 있다. 상심을 가진 내가 할 이야기는 적지 않지만 여기에서는 두 가지 차원에서 나의 염려와 심려를 나누면서 글을 마치고자 한다.

먼저, 지금의 상담 사태를 돌이켜보건대, 나는 '전문적' 상담 이전에 혹은 '전문적' 상담과는 별도로 '예방적' 상담의 분위기가 조성되기를 바란다. 현대를 살아가는 사람들은 행복한가? 내가 느끼기에 별로 그렇지 않은 것 같다. 통계에서도 우리나라의 자살률은 세계에서 가장 높고 청소년의 행복지수는 세계에서 가장 낮다고 한다(한국청소년상담복지개발원, 2019). 더군다나 창궐한 전염병(코로나19)으로 인해, 경쟁 중심의 입시로 인해, 팍팍한 세상의 관계로 인해 요즘 사람들은 살기가 더 힘들어졌다고도 말한다. 힘들어질수록 사람들은 도움을 바라기 마련이다. 그런 까닭에 상담을 필요로 하는 사람도 많아졌다. 그리고 상담을 통해 도움을 받고 삶의 질이 개선된 사람도 적지 않다. 하지만 도움을 요청하기 위한 정보나 재정이 뒷받침되지 못하는 사람들은 아직도 너무나 많다.

다른 분야도 그렇겠지만 전문적인 상담자가 되기 위해 상담전공자들은 공부를 아주 많이 한다. '열 길 물속은 알아도 한 길 사람 속은 모른다.'라는 속담이 말하듯, 우주를 품고 사는 작지만 큰 인간의 속내를 알고 이해하기 위해 공부를 많이 해야 하는 것이 상담자의 책임과 의무이다. 내담자가 변화된 삶을 살도록 돕기 위해서 상담자가 해야 할 공부의 양 역시 방대하다.[23] 숨이 턱턱 막히는 무거운 과제를 이고 차근차근 당면한 숙제를 풀어 가면서 상담자들은 좋은 상담을 위해, 찾아 온 내담자를 돕기 위해 각고의 노력을 한다. 하지만 상담자의 애씀이 모든 사람에게 와 닿는 것은 아니다. 앞서 말했지만 상담자나 상담에 관한 정보를 몰라서, 너무 깊은 마음의 병 때문에 약물치료가

23) 공인 상담자가 되기 위해서는 학력, 실력, 연구력, 발표력, 재력까지 모두 필요하다. 게다가 슈퍼비전(supervision)도 받아야 한다. 그래서 상담자들 사이에 "도박을 하면 집이 한꺼번에 망하지만 상담을 배우면 집이 서서히 망한다."라는 "웃픈(우습고도 슬픈)" 이야기가 떠돈다.

필요해서, 또는 상담비를 낼 수 있는 형편이 아니어서 등의 이유로 상담에서 멀리 있는 사람이 너무 많다. 차마 상담이 필요하다고, 상담을 하고 싶다고 말은 못하더라도 고해를 헤매고 다니는 우리 인간이 가진 외로움, 수치심, 죄책감 등은 우리 모두가 갖고 있는 아픔과 상처의 흔적이기 때문이다.

이에 나는 상담에서의 예방적 측면이 강조되어야 한다고 생각한다. 그런 방법으로 나는 사람들의 마음을 단단히 하는 마음의 근육을 만드는 일이 필요하다고 믿는다. 잡다한 걱정거리가 머리를 어지럽힐 때 '정신 다이어트'가 필요할 것이다. 마음의 근육을 단단히 하는 '마음 필라테스'도 필요할 것이다. 불필요한 것을 빼서 몸을 더 건강하게 하는 다이어트처럼, 다양하고 지속적인 태도의 변화로 몸을 유연하게 단련시키는 필라테스처럼 몸과 마음, 정신과 육체를 모두 건강하게 하는 방법을 일상에서 발견해야 할 것이다. 따라서 굳이 상담자를 찾아오지 않아도 될 사람들이 '서로 이야기하는' 상대를 찾는 '지지적 분위기'가 만들어져야 할 것이다. 자발적 선택에 '혼자'가 아닌, 타인과 어쩔 수 없이 단절된 채 '홀로 밥 먹고 홀로 TV/매체에 매달리는' 지금을 힘겹게 살아 내는 누군가가 더 이상 혼자가 아님을, '연결되어 있음'을 확인할 수 있는 길을 찾도록 구체적인 방법을 모색해야 할 것이다.

다음으로, 나는 '진정한 상담'을 위해, '괜찮은 상담자'가 되기 위해, 우리 각자 해야 할 일은 무엇인지 묻고 들여다보는 '반성적 삶'을 사는 일이 필요하다고 생각한다. 이는 지속적으로 '상담 사태로!' 다시 돌아가려는 노력에 다름 아닐 것이다. '갖고 있는 경직성을 버리고 나를 열어 밝히는 일'이 상담에서 꼭 필요한 일이라 믿기 때문이다. 나는 상담이 질적이어야 한다고 생각한다. 무변광대한 인간을 문적 도구를 통해 바꾸려는 일은, 한계를 전제한 효과에 만족하는 정도라고 믿는다. 그런 맥락에서 상담현상도, 상담현장도 은폐, 망각, 왜곡하지 않은 채 '있는 그대로' 수용하되 더 나은 길을 모색하려는 노력이 수반되어야 함을 나는 갈망한다.

결국 앎은 삶으로 삶은 앎으로 돌고 돌면서 차이를 낳고 다시 그 차이를 반복한다. 내가 알게 된 상담이라는 것은, 사람이라는 존재가 스스로를 더욱 열어 밝히도록 하는 과정이라는 점이다. 그리고 상담은 그런 존재들이 상황 속에서 '함께-있음(being-with)'으로 단단해진다. 여기에 물론 상담자의 기법과 가치와 태도가 필요하지만 그보다 더 원초적으로 관계를 지향하는 기본적인 태도와 철학이 상담자에게 녹아 있어야 한다. 때문에 상담자가 스스로 좋은 사람이 되기를 노력하지 않고 기교만 부려서는 내담자의 변화가 일어날 수 없다고 생각한다. 상담자의 변화는 내담자의 변화와 맞물리기 때문이며 그런 열어 밝힘 속에서 진정한 '서로 이야기하기(相談)'가 가능하기 때문이다.

7. 나오며[24)]

사람들이 극도로 싫고 사람들이 점점 무서워졌다. 사람들이 가만히 있는 나를 공격할 것 같은 공포가 지속적으로 엄습했다. 마침내 학교도 가기 힘들어하자 부모님은 나를 상담실로 데려갔다. 거기에서 나는 한 상담선생님을 만났다. 어릴 적부터 '착한 아이'라는 칭찬이 좋았던 나는 항상 착한 아이처럼 행동해 왔다. 횡단보도를 건널 때에도 번쩍 든 팔을 귀에 딱 붙이고 바른 자세로 건넜다. 바르게, 착하게 살고 있는 나를 사람들이 알아주기를 바랐다. 때로 그런 내가 나조차 힘들어서 꼬맹이 때부터 노을을 하염없이 바라보던 기억이 있다.

내가 자해한다는 사실을 사람들이 몰랐으면 했다. 부모님께서 그 사실을 아신다면 슬퍼할 것이다. 팔과 다리, 잘 보이지 않는 몸의 구석구석이 상처투성이였지만 나는 가리는 데 귀재였다. 상담실에서 만난 선생님은 자해를 하지 말라거나 고등학생이니 공부를 하라거나 하지 않았다. 그냥 내 말을 들어주었다. 상처 입은 몸이 노출될 때에는 "저런……" 하고 상처를 보듬어 주었

24) '1. 들어가며'의 '나'는 상담자이고, '7. 나오며'의 '나'는 내담자이다. 두 내용은 같은 상황을 상담자와 내담자의 관점에서 기술한 것이다. 즉, '1. 들어가며'와 '7. 나오며'는 상담의 상호작용을 '나'라는 주어로 각기 다른 관점에서 아이와 상담자가 바라본 현상이다.

다. 선생님은 내가 언제 살아 있다고 느끼는지, 나에게 안전한 장소는 어디인지 그림을 그리게도 하였고 로션을 발라 주기도 하고 풍선을 서로 치기도 하면서 놀이도 하였다. 때로는 내 속에 나를 괴롭히는 무언가가 나에게 말을 걸게 하는 이상한 연극 같은 것도 하게 하였다. 어떨 때는 선생님이 내가 되기도 하고 내가 나를 비난한 타인이 되기도 했다. 우리는 그렇게 다양한 타인이 되고 있었다.

그러던 어느 날 지나가던 50대의 모르는 아저씨가 길을 지나는 내게 대뜸 욕을 하였다. 사람들이 무서워 사람들을 피해 다녔던 내게 공격의 엄습, 올 것이 온 것 같았다. 그 아저씨의 욕을 듣자 나는 전과 달리 화가 치밀어 올랐다. 이상했다. 이전에는 사람들의 비난이나 욕에 몸 둘 바를 몰랐고 스스로 한 없이 작아져 숨고만 싶었는데, 예전과 달리 나는 그 괴상한 아저씨를 피하지 않았다. 오히려 화를 주체할 수 없었고 내가 당시 가지고 있던 우산을 부러뜨렸다. 그래도 화가 안 풀려 옆에 있던 건물의 문도 발로 차는 행동을 했다. 내가 왜 그랬는지, 정신을 차리고 나니 이미 한 행동에 대한 후회가 몰려왔다. 상담일이 되어 나는 상담선생님한테 그 사실을 감추지 않고 말했다. 그런데 선생님은 이상하게도 나를 비난하지 않았다. 분명히 잘못했는데, 상식적으로 혼나야 마땅한데도 나를 수용해 주었다. 선생님은 그냥 믿을 만했다. 나를 감시하지도 나를 비난하지도 않는 사람인 것 같았다. 나의 아픔에 먹먹해 하는 선생님의 모습이 이상했지만 싫지 않았다.

선생님은 내가 하는 말을 내 예상과는 다른 관점과 다른 각도로 바라보는 것 같았다. 공부를 그다지 잘하지 못했기에 나는 내가 머리가 좋은지도 몰랐다. 예민한 나는 남과 다른 내가 지긋지긋하고 싫었다. 그런데 선생님은 공부도 못 하는 나의 예민함을 똑똑한 아이의 특별함으로 받아들였다. 선생님 말을 듣고 선생님 눈빛을 지속적으로 보다보니 내가 정말 조금은 그런 아이인 것도 같았다. 내가 똑똑하다니 운전면허도 딸 수 있을 것 같았고 온통 나를 괴롭힌다고 생각했던 세상의 사람들에게도 착한 척을 하지 않고도 맞설 수 있을 것 같았다. 나는 대중교통을 타기 시작했고 사람이 많은 시내를 용기

내어 다녀 보았다. 용기가 생기자 백화점에서 알바도 하게 되었다. 북적이는 사람들 속에서 힘든 나를 내 스스로 견뎌 냈다. 마주치기 싫었던 사람도 잠깐 만날 수 있을 것 같기도 했다. 대학에 가 보고 싶은 마음이 생겼다. 뭔가 의미 있는 공부를 하고 미래에 잘 살고 싶어졌다. 하지만 나는 아직도 사람들 사이에 서는 것이 불편하기는 하다. 그러나 이제는 착한 척을 하지 않아도, 사람들에게 칭찬을 받지 않아도, 공부를 잘하지 못해도 내가 틀리지 않았다는 것을 받아들이게 되었다.

참고문헌

고병권(2003). 니체의 위험한 책, 차라투스트라는 이렇게 말했다. 서울: 그린비.

권경인, 양정연(2013). 상담학 분야의 질적 연구 동향 분석(2000년~2012년). 상담학연구, 19(3), 73-96.

김봉환, 배주연, 오효정, 윤영선, 제갈원(2012). 상담 분야의 질적 연구 동향 분석(2002년~2011년). 한국심리학회지: 상담 및 심리치료, 24(3), 729-752.

김수진, 홍영숙(2019). 상담 분야의 내러티브 탐구 동향분석(2009년~2018년). 질적탐구, 5(1), 81-107.

김은아(2018). 자료의 존재론: 대패n이 들려주는 자료이야기. 교육인류학연구, 21(4), 167-208.

김정규(2015). 게슈탈트 심리치료. 서울: 학지사.

김중미(2016). 그날, 고양이가 내게로 왔다. 서울: 낮은산.

김지연(2018). 국내 상담학 분야의 질적 연구 동향 분석: 상담학연구, 상담 및 심리치료학회지 게재논문 분석(2013년~2017년). 질적탐구, 4(2), 131-168.

박성희(1996). 상담학 연구방법론의 패러다임과 분석방법. 한국심리학회지: 상담 및 심리치료, 8(1), 201-235.

박승민(2012). 상담학 분야의 질적 연구 경향 분석-국내 학술지 논문을 중심으로-. 상담학연구, 13(2), 953-977.

서덕희(2012). 사회적 소수자 연구 윤리로서의 '초월'. 교육인류학연구, 15(1), 93-120.

서덕희(2020). 하나의 매듭으로부터 인드라망 속으로: 사례-되기, 사례연구자-되기. 2020년 한국교육인류학회 하계 워크숍 자료집.

서울대학교 교육연구소(1995). 교육학 용어 사전. 서울: 하우동설.

손은정(2001). 상담자 발달 수준별 사례 개념화의 차이: 개념도를 통한 인지구조를 중심으로. 이화여자대학교 대학원 박사학위논문.

신현정(2009). 치료놀이의 이해와 적용. 서울: 학지사.

신현정(2010). 아동상담과정연구의 동향: 현황과 과제. 아동복지연구, 8(2), 89-103.

신현정(2019). 집단치료놀이를 통한 아동의 사회적 상호작용 탐색: 감정과 행동에 대한 뇌신경학적 해석을 중심으로. 발달지원연구, 8(3), 1-22.

신현정(2020). 이기고 싶어 하는 아동-부모 간 상호작용: 치료놀이(Theraplay®)와 MIM(Marschak Interaction Method)을 중심으로. 발달지원연구, 9(3), 21-40.

양은아(2009). 삶의 '전환'을 살아간다는 것: 초보 예술가의 전환적 생애 경험을 중심으로. 교육인류학연구, 15(1), 121-162.

염지숙(1999). 내러티브 탐구를 통한 유아 세계 이해: 유치원에서 초등학교 1학년으로의 전이 경험연구를 중심으로. 교육인류학연구, 2(3), 57-82.

유혜령(2011). '포스트' 시대 질적 연구방법론의 경향과 논리: 해체와 생성의 패러다임. 유아교육연구, 31(6), 511-533.

유혜령(2014). 현상학적 글쓰기: '형언할 수 없는 그 무엇'이 살아나는 공간 만들기. 교육인류학연구, 17(4), 1-34.

이근호(2005). 달과 손가락: 질적 연구방법론으로서의 해석학적 현상학에 관한 소고. 한국교육인류학회 2005년 춘계학술대회 자료집.

이미리, 김춘경, 여종일(2019). 청소년 심리 및 상담. 서울: 학지사.

이장호(1982). 상담심리학 입문. 서울: 박영사.

이장호(1995). 상담심리학. 서울: 박영사.

이진경(2011). 불온한 것들의 존재론(미천한 것, 별 볼일 없는 것, 인간도 아닌 것들의 가치와 의미). 서울: 휴머니스트.

이현주 (2003). 작은 것이 아름답다 5월호. 서울: 녹색연합.

이현진, 김명찬(2018). 상담학 질적 연구 동향분석(2012년~2017년): 상담관련 국내 학술지 및 Journal of Counseling Psychology 게재 논문 비교 중심으로. 상담학연구, 19(3), 73-96.

이형득(1987). 상담의 이론적 접근. 서울: 형설출판사.

이희승(1990). 엣센스 국어사전. 서울: 민중서림.

전가일(2018). 한 호주 놀이터의 물질성을 통해 본 놀이의 의미에 대한 포토에세이 연구. 교육인류학연구, 21(4), 121-166.

조용환(1999). 질적 연구: 방법과 사례. 서울: 교육과학사.

조용환(2000). 인터넷시대의 교육인류학적 의미: 거짓말과 Being Digital. 교육인류학

연구, 3(3), 163-183.

조용환(2004). 질적 연구와 질적 교육. 교육인류학연구, 7(2), 55-75.

조용환(2010). 질적 연구의 원리와 과정. 아동상담 및 심리치료 연구회 질적 연구 워크숍 자료집.

조용환(2012). 문화와 교육. 서울: 방송통신대학교 출판부.

조용환(2013). 메를로-퐁티의 현상학과 질적 연구. 한국교육인류학회·한국사회복지질적연구학회 공동추계학술대회 자료집.

조용환(2014). 질적 연구의 원리와 방법. 이화여자대학교 사회복지연구소 질적 연구 워크숍 자료집.

조용환(2015). 질적 연구: 무엇이며, 어떻게. 부산대학교 대학원 사회복지학과 질적 연구 워크숍 자료집.

조용환(2019). 실행연구. 서울대학교 교육연구소 2019 동계 교육학 질적 연구방법론 워크숍 자료집.

조용환(2020). 질적 연구의 계획과 설계. 2020년도 한국교육인류학회 하계 워크숍 자료집.

조용환(2021). 교육다운 교육. 서울: 바른북스.

지승희, 오혜영(2013). 상담 분야의 CQR 연구동향: 2001~ 2010년 상담관련 국내 학술지 게재논문을 중심으로. 상담학연구, 14(4), 2327-2349.

한국청소년상담복지개발원(2019). 청소년 자해, '죽음'이 아닌 '살기위한' SOS!! 청소년상담이슈페이퍼, 2, 서울: 한국청소년상담복지개발원.

홍영숙(2019). 관계적 탐구로서의 내러티브 탐구. 질적 탐구, 5(1), 81-107.

Blumer, H. (1969). *Symbolic Interactionism: Perceptive and Method.* Prentic-Hall.

Booth, P. B., & Jernberg, A. (2010). *Theraplay: Helping parents and children build better relationship through attachment – Based play* (3rd ed.). 윤미원 외 공역(2011). 치료놀이. 서울: 학지사.

Buber, M. (1923). *Ich und Du*. 표재명 역(2018). 나와 너. 서울: 문예출판사.

Carroll, F. (2016). *Gestalt therapy for children and adolescents*. unpublished workshop materials at Solvang in U. S.

Deleuze, G., & Gattari, F. (1980). *Mille plateaux: capitalisme et schizophrenie 2*. 김재

인 역(2003). 천개의 고원. 서울: 새물결.

Denzin, N., & Lincoln, Y. S. (2005). The discipline and practice of qualitative research: Introduction. In N. K. Denzin & Y. S. Lincoln (Eds.), *The Sage handbook of qualitative research* (3rd ed.)(pp. 1-32). Thousand Oaks: Sage.

Frankle, V. E. (2014). *Man's Searching for Meaning*. 이시형 역(2020). 죽음의 수용소에서. 서울: 청아출판사.

Gadamer, H. -G. (1960). *Wahrheit und Methode: Grundzüge einer Philosophischen Hermeneutik* (6th ed.). 이길우 외 공역(2012). 진리와 방법: 철학적 해석학의 기본 특징들(제1부). 서울: 문학동네.

Gelso, C. J. (1979). Research in counseling: Methodological and professional issues. *The Counseling Psychologist, 8*(3), 7-35.

Goldman, L. (1976). A revolution in counseling psychology. *Journal of Counseling Psychology, 23,* 543-552.

Goldstein, K. (1939). *The Organism: A holistic approach to biology derived from pathological data in man.* NY: American Book Company.

Heidegger, M. (1927). *Sein und zeit. Tübigen: Max Niemeyer Verlag*. 이기상 역(1998). 존재와 시간. 서울: 까치.

Highlen, P. S., & Hill, C. E. (1984). Factors affecting client change in individual: Current status and theoretical speculations. *Handbook of counseling psychology* (pp. 334-396). New York: John Wiley & Sons.

Husserl, E. (1936). *Die krisis der europaischen wissenschaften und die transzendentale phanomenologie.* 이종훈 역(1997). 유럽학문의 위기와 선험적 현상학. 서울: 한길사.

Levinas, E. (1963). *De l'existence à l'existence, Librairie Philosophique*. 서동욱 역(2003). 존재에서 존재자로. 서울: 민음사.

Levitt, H. M., Bamberg, M., Creswell, J. W., Frost, D. M., Josselson, R. J., & Suárez-Orozco, C. (2018). Journal Article Reporting Standards for Qualitative Primary, Qualitative Meta-Analytic, and Mixed Methods Research in Psychology: The APA Publications and Communications Board Task Force Report. *American Psychologist, 73*(1), 26-46.

Lincoln, Y. S., & Guba, E. G. (1985). *Naturalistic inquiry.* Newbury Park. CA: Sage.

Merleau-Ponty, M. (1945). *Phenomenologie de la perception*. 류의근 역(2002). 지각의 현상학. 서울: 문학과지성사.

Mitchell, S. A., & Black, M. J. (1995). *Freund and beyond : a history of modern psychoanalytic thought*. 이재훈 외 공역(2002). 프로이트 이후. 서울: 한국심리치료연구소.

Moustakas, C. (1953). *Children in Play Therapy.* NY: McGraw-hill Book Company, INC.

Moustakas, C. (1994). *Phenomenological Research Methods.* CA: Sage.

Oaklander, V. (1978) *Windows to our children.* NY: The Gestalt Journal Press.

Perls, F. S., Hefferline, R. E., & Goodman, P. (1951). *Gestalt Therapy: Excitement and Growth in the Human Personality.* NY: Delta.

Porges, S. W. (2009). Reciprocal influences between body and brain in the perception and expression of affect: A polyvagal perspective. In D. Fosha, D. J. Siegel, & M. F. Solomon (Eds.), *The healing power of emotion: affective neuroscience, development, & clinical practice* (pp. 27-54). NY: Norton & Company.

Rogers, C. R. (1980). *A Way of Being.* Boston: Houghton Mifflin.

Saint-Exupéry, A. (1943). *Le Petit Prince.* 강주헌 역(2001). 생텍쥐베리의 어린 왕자. 서울: 문예당.

Schore, A. N. (2009). Right brain affect regulation: An essential mechanism of development, trauma, and psychotherapy. In D. Fosha, D. J. Siegel, & M. F. Solomon (Eds.), *The healing power of emotion: affective neuroscience, development, & clinical practice* (pp. 112-144). NY: Norton & Company.

Smith, E. (1990). *Gestalt Therapy Discussions with Masters.* Springfield: Charles C Thomas Publications.

Stake, R. E. (1995). *The art of case study research.* London: Sage Publications.

van der Kolk, B. (2014). *Body keeps the score : brain, mind, and body in the healing of trauma.* 제효영 역(2016). 몸은 기억한다. 서울: 을유문화사.

van Manen, M. (1990). *Researching lived experience.* State University of New York Press.

Weisz, J. R. (2004). *Psychotherapy for Children and Adolescents: Evidence-based treatments and case examples.* Cambridge University Press.

Wheeler, G., & Axelsson, L. (2015). *Gestalt Therapy: Theory of Pshychotherapy Series.* Washington, D.C.: APA.

Winnicott. D. W. (1971). *Playing and Reality.* London: Tavistock.

Wolcott, H. (1992). *Posturing in qualitative research.* In M. LeCompte, W. Millroy, & J. Preissle (Eds.) (1992). *The Handbook of Qualitative Research in Education,* pp. 3-52. NY: Academic Press.

Yalom, I. D. (1980). *Existential psychotherapy.* 임경수 역(2007). 실존주의 심리치료. 서울: 학지사.

Yin, R. K. (2014). *Case Study Research: Design and Methods* (5th ed.). Thousand Oaks: Sage Publications.

Yontef, G. (1993). *Awareness Dialogue & Process: Essay on Gestalt therapy.* NY: The Gestalt Journal Press, Inc.

<기타 자료>

국립국어원(2020. 12. 13. 인출). 표준국어대사전. https://stdict.korean.go.kr

백소아(2021. 1. 18.). "커피 한잔" 부탁한 노숙인에게 점퍼 · 장갑까지 건넨 시민. 한겨레.

영화(2006). <우리들의 행복한 시간>.

영화(2009). <아바타>.

손디아(2018). 어른. 드라마 <나의 아저씨> 삽입곡.

제5장

특수교육 그리고 문질빈빈

강경숙(원광대학교)
강성종(서울농학교)

1. 특수교육과 질적 연구

1) 한국 특수교육에서의 질적 연구 필요성

(1) 왜 특수교육에서 질적 연구인가?

특수교육에서 질적 연구가 함의하는 바는 무엇인가? 특수교육에서 질적 연구방법론으로 연구해야 할 이유가 있는가? 굳이 자료수집과 해석 과정이 까다롭고 시간도 많이 소요되는 방법을 택하여 특수교육 현상을 연구해야 하는가? 모든 교육현상을 설명하는 보편성을 지닌 연구방법이 아님에도 불구하고, 한두 사례를 두고 깊이 있는 이해를 얻기 위한 노력은 특수교육에서 어떤 의미를 지니는가? 이러한 질문과 관련하여 다른 연구방법에 비해 특수교육 현상을 연구하는 데 질적 연구방법론이 왜 요구되는지 논의하고자 한다. 물론 질적 연구방법론은 인간의 이해와 맥락 그리고 문화에 주목하여 교육현상의 독특성을 규명하고자 하는 것이다. 이러한 연구방법론적 지향성이 중요하게 고려되고 있는 현실에서 '특수교육 현상'을 연구하는 데 왜 이 방법론이 필요한지를 근본적으로 다시 따질 필요는 없을 것이다. 왜냐하면 '특수교육 현상'이 '교육현상', 나아가서 '인간과 사회 현상'의 일종인 이상, 질적 연구방법론을 적용하는 것은 당연하기 때문이다. 따라서 이 장에서는 이러한 일반적 정당화를 넘어 '특수교육 현상'의 특수성에 비추어 질적 연구방법론을 채택해야 하는 이유와 가능성을 확인해 보고자 한다.

여러 학자가 공통적으로 지적하고 있는 질적 연구의 현장 지향성, 연구자의 해석적 안목 그리고 에믹(emic, 내부자)의 관점과 총체성 중시, 특수한 상황과 맥락에 대한 심도 깊은 이해의 추구 등이 특수교육 현상을 이해하는 데 어떤 기여를 할 수 있는가? 이러한 방법론적 특성이 특수교육 현장을 개선하고 발전에 기여할 것이라는 주장과 함께 만병통치약은 아님을 동시에 강조하고자 한다. 다만 연구자는 이러한 방법론적 특성이 특수교육 현장의 교육문제를 개선하고, 토착적 혹은 국지적 학문을 부각시켜 외래 의존성을 극복하는 데 유용하게 기여할 것으로 생각한다. 그 사유를 요약하여 제시하면, 첫째, 질적 연구는 하나의 '사회현상'으로 존재하는 특수교육 현실을 깊이 있게 이해하는 데 도움을 줄 것이다. 둘째, 질적 연구는 특수교육 현장을 개선할 수 있는 실천적 지혜를 얻도록 하는 데 기여할 것이다. 셋째, 질적 연구는 특수교육 이론의 외래 의존성을 극복하는 데 도움이 될 것이다.

그렇다면 특수교육의 본질적 의미를 해석하기 위해 교본적 질적 연구방법론을 적용한 연구물이 얼마나 존재하는지 다소 의문이 생긴다. 우리나라에 질적 연구가 본격화되기 시작한 2000년 이후 특수교육계에서 학술저서가 출판되지 않는 점, 학술논문이 다소 초보 수준에 있는 점을 들어 그 이유를 대신하고자 한다. 그럼에도 수학적 양화가 아니라 인간의 말과 언어를 통하여 사회현상을 탐구하는 질적 연구자는 양적 연구자가 접근하는 것과는 상이한 탐구양식을 사용할 필요가 있다.

만약 자신의 연구 작업을 위하여 양적 연구에서 선호되는 인간 연구방법에 대한 엄격한 규정과 표준화에 대한 관심을 그대로 실천하고자 하는 질적 연구자가 있다면, 그 연구자의 연구는 성공적으로 이루어지기 힘들 것이다(김영천, 2008). 교실에 들어가면, 우리는 기존의 탐구방법으로는 표현하기 어려운 교실장면을 접하게 된다. 교실 바닥에서 나는 왁스 냄새, 점심 때 먹은 밥과 반찬 냄새, 학생들의 웃음과 비명 소리, 그리고 교사와 학생들의 눈 맞춤, 이러한 교실 분위기는 어떠한 양화 자료로도 설명하기 어려울 것이기 때문이다.

특수교육에서는 이렇게 섬세하게 접근해야 할 부분이 적지 않다. 가령 장애학생과 장애학생의 주변인물인 가족이나 교사의 개별적인 경험, 정서, 행동, 삶, 상황, 장애를 둘러싼 무수하고 세밀한 갈등과 힘의 관계 등을 좀 더 심층적이고 복합적으로 이해하고 해석해야 한다. 이러한 맥락에서 질적 연구는 특수교육 대상자의 개별성에 근거한 연구 문제, 다시 말해 현상 이면의 심층적 구조와 과정을 밝히고자 할 때, 그리고 총체적이고 체험적으로 공감하고자 할 때 유용한 연구방법이라고 할 수 있다(강경숙, 강성종, 2011).

특수교육계에 질적 연구 도입을 주장한 사례를 보면, 박경숙 등(1998)은 특수교육에서의 양적 연구 수행이 곤란한 점을 다음과 같이 제안하였다. 첫째, 특수교육 대상학생은 동질 집단으로 구성하기 어려운 개인차가 큰 학생들로 구성되어 있고, 둘째, 사전에 독립 및 종속변인을 선정하여 연구를 진행하는 경우 포착하지 못하는 변인들이 발생하며, 셋째, 특수교육 연구에서는 질적 연구의 취약점으로 지적된 일반화의 문제가 크게 부각되지 않는다고 하면서 특수교육 연구에서 질적 연구의 필요성을 강조하였다.

국외의 스타인백 등(Stainback & Stainback, 1990)은 질적 연구가 세 가지 측면에서 특수교육 발전에 기여할 것이라고 하였다. 첫째, 특수교육 현장에서 수집된 자료들을 분석하고 해석하는 과정에서 산출된 결과들은 이론과 실제의 간극을 줄이기 때문에 특수교육 현장의 실재적 자료에 기초한 이론을 개발하는 데 기여할 수 있고, 둘째, 연구자의 주관적이고 비지시적이며 개방적인 연구 특성은 연구참여자의 관점을 잘 파악할 수 있도록 돕기 때문에 사회적 타당성(social validity)을 높이는 데 기여하며, 셋째, 특수교육의 실행과 결과에 영향을 미치는 다양한 요인에 대한 총체적인 시각을 가지는 데 기여할 수 있다고 하였다. 정리하면, 양적 연구가 연구 가설을 설정하고 미리 설정된 변인들에 의해 협소한 시각을 가지고 연구를 수행하는 반면, 질적 연구는 연구를 수행하는 과정에서 특수교육 현장의 복잡하고 다양한 변인 간의 상호작용과 예견하지 못했던 교육현장의 '있는 그대로'에서 총체적으로 이해할 수 있고, 타당한 이론 개발을 통하여 적합한 교육 개선방안을 모색하는 데 기여한다는 점이다.

(2) 특수교육과 특수교육 연구방법의 주류

'특수교육'의 법적 정의는 "특수교육대상자의 교육적 요구를 충족시키기 위하여 특성에 적합한 교육과정 및 특수교육 관련 서비스 제공을 통하여 이루어지는 교육"이다. 여기서 '특수교육 관련 서비스'란, 특수교육대상자의 교육을 효율적으로 실시하기 위하여 필요한 인적 · 물적 자원을 제공하는 서비스로서 상담지원 · 가족지원 · 치료지원 · 보조인력지원 · 보조공학기기지원 · 학습보조기기지원 · 통학지원 및 정보접근지원 등을 말한다. '특수교육대상자'는 시각장애, 청각장애, 지적장애, 지체장애, 정서 · 행동장애, 자폐성장애, 의사소통장애, 학습장애, 건강장애, 발달지체, 그 밖에 대통령령으로 정하는 장애로 특수교육을 필요로 하는 사람으로 선정된 사람을 말한다.

특수교육에서 법에도 명시된 하위연구 분야로는 통합교육, 개별화교육, 순회교육, 진로 및 직업 교육, 전공과 교육 등이 있고, 특수교육교원, 보호자, 특수학교와 특수학급, 특수교육지원센터와 같은 특수교육기관, 차별금지, 조기발견, 특수교육대상자 선정 · 배치와 교육 그리고 장애영유아, 초중등교육 등이 관련 연구의 대상이자 분야이다. 또한 장애 영역별, 학령 주기별, 장애 수준이나 정도별로 연구할 주제가 다양하다.

그간 특수교육에서는 특수교육학회라는 모학회뿐 아니라 다양한 자학회가 형성되어 활발히 연구를 견인해 왔다. 연구방법으로는 단일대상연구(single subject research)와 양적 연구(quantitative research)가 질적 연구에 비해 많은 비중을 차지해 왔다. 최근 특수교육에서는 '긍정적 행동지원'이라는 분야가 장애학생의 행동 문제, 즉 도전적 행동에 대한 방법론으로 활용되면서 행동 문제의 빈도나 강도, 지속시간을 재어 문제가 되는 장애학생의 행동 패턴을 파악하는 연구가 많다. 이러한 연구는 '단일대상연구'라는 연구방법을 필요로 하게 된다. 연구 동향을 살펴보니, 장애학생의 개별적 특성의 중요성, 다수의 동질적 특성을 보이는 장애학생 확보의 어려움 등으로 인해 소수 장애학생을 대상으로 목표행동의 변화를 수량적으로 관찰하여 중재의 효과성을 검증하고자 하는 단일대상연구가 많은 것으로 나타났다(김삼섭 등, 2005; 노진아 등, 2011; 서유진, 이동성, 2013). 이런 방법을 통해 좀 더 실증적이고 과학적이라는 명분을 살릴 수 있기 때문이다.

한국연구재단에 등재된 특수교육 관련 학술지가 2000년 이후 크게 증가하였고 학술지에 게재된 연구 수도 크게 증가하였는데(김애화 등, 2011), 중재연구 혹은 조사연구 등 실험연구나 양적 연구가 주를 이루고 있다. 특수교육의 기능적이고 발달론적 교육철학이 지배해 온 것도 양적 연구가 우세할 수 있는 배양토가 되었다고 본다. 그러나 방법론적 일원론이나 수학적 양화와 행동주의 같은 보편적 법칙성을 토대로 한 방법론으로는 인간과 자연현상과의 근본적인 차이를 인정하지 않는다는 점에 그 한계가 있다. 특수교육이 장애를 보상하고 자립할 방안을 과학적 방법론에 한정하여 찾고 있지는 않은지 자성적 성찰이 필요한 대목이다. 특수교육의 특성을 고려해 볼 때, 양적 연구로만 교육의 본질과 교육현장을 설명할 수 없다. 예컨대, 실증적인 연구방법론을 통해서는 장애학생과 장애학생을 둘러싼 주변인물인 가족, 교사들의 개별적인 경험, 정서, 행동, 삶, 상황 등을 좀 더 심층적이고 복합적으로 이해하거나, 소수 특정 사람들의 경험, 문제, 상황에 대한 탐색이 어렵기 때문이다(서유진, 이동성, 2013ab). 양적 연구의 주된 시각이 수업관찰을 하면서 특정 문제행동 발생의 빈도에만 초점을 두어 분석하는 경우, 수업의 실제를 보여주는 수업 내용이나 맥락이 그 행동의 발생에 어떠한 영향을 미치는지 이해할 수 없다는 논리가 성립하게 된다. 이처럼 양적 연구는 연구 문제를 둘러싼 특수교육의 전체적인 그림을 보여 주는 이점이 있지만, 연구 장소에서 발생하는 현상과 관련된 '있는 그대로'에서 '의미'에 대한 이해 없이는 교육현상을 올바르게 이해하고 그에 대한 해결책이나 결정을 내리기는 불가능하다. 그래서 질적 연구의 몫과 가능성, 필요성이 상존하는 것이다.

김병하(2000)는 질적 연구방법의 필요성을 상기시키며 다음과 같이 당부하였다.

> 지금까지 특수교육 연구에서 계량적 방법이 지배적으로 적용되어 왔지만 연구의 새로운 패러다임으로서 질적 연구방법도 그에 못지않게 깊은 관심을 기울여야 한다.
>
> ……(중략)……
>
> 질적 연구와 양적 연구는 인식론적 관점 내지는 패러다임적 차이에 따른 연구 논리가 서로 다르기 때문에 섣불리 절충될 수 있는 것이 아니라 긴장된 갈등관계로 유지될 수밖에 없다.

앞서 설명한 바와 같이, 그동안 한국 특수교육계는 양적 연구가 주류적 연구 패러다임으로 자리 잡으면서 특수교육 발전의 견인차 역할을 해 왔다. 그러나 일각에서는 여전히 특수교육 수혜자들의 다양한 교육적 요구에 대처하기 위한 새로운 연구 논리를 요구하고 있는 것도 현상적 실재이다(강경숙, 강성종, 2011). 즉, 특수교육 연구는 특수교육 대상자의 특성, 장애 당사자의 요청 등을 수용하기 위한 다양한 연구 논리가 존재함에도 수량화라는 지난 수세기의 실증주의에 근거하여 양적 연구 패러다임에 지배되어 온 것이다. 이러한 양적 연구의 논리와 접근은 특수교육 대상자의 개별적이고 다양한 교육적 요구를 간과할 수 있다는 주장과 함께 질적 연구 실행을 주장하는 배경적 근거가 된다.

이제 특수교육 환경은 운명적 변화의 시기를 맞이하였다. 즉, 특수교육 대상학생의 중증화(重症化)와 교육적 요구의 다양성은 교육 자체의 방법론과 연구의 다양화를 요구하고 있는 시점임을 알려 주는 계기가 된 것이다. 이런 맥락에서 질적 연구 패러다임의 도입과 확산에 대한 방안을 강구하는 것은 특수교육 발전에 큰 의미가 있는 일이라고 할 수 있다. 다만, 박은혜(2001)는 "질적 연구와 양적 연구를 서로 대치되는 것으로 오해하여, 양적 연구의 제한점을 지적하고 질적 연구의 필요성만을 역설하다 보면 자칫 양적 연구 전체를 매도하는 실수를 범할 수 있다."라고 지적한 바 있다.

2) 특수교육계 질적 연구 흐름과 동향

우리나라 특수교육계에서의 질적 연구는 2000년도부터 본격적으로 수행되었다고 볼 수 있다(이원희, 2020). 김병하(1992, 2000b)는 『질적 연구의 이해와 실천』이라는 지침서의 번역과 학술논문을 통하여 한국 특수교육계의 질적 연구방법론 도입을 주장한 바 있고, 한국 특수교육계에 몸담고 있는 교수들이 질적 연구 관련 학술대회에 참여하여 특수교육의 질적 연구 정착 방안을 몇 차례 제안한 바 있었다(강경숙, 강성종, 2011; 김병하, 2000a; 박경숙, 손희권, 송혜정, 2000; 박은혜, 2001). 또한 한국 통합교육의 질적 연구 확산에 대해서도 발표하는 기회를 가졌다(강경숙, 권택환, 김수연, 김은주, 2000; 강경숙, 2007; 김성애, 2004).

교육부 직속기관인 국립특수교육원을 중심으로 강경숙 등(2000)의 연구에서 질적 연구방법론을 적용한 정책보고서가 출간되기도 하였다. 박은혜(2001)는 "장애아동과 그 가족, 특수교육교사와 일반학급교사, 장애 및 비장애 또래학생들과 같이 다양한 사람과의 관계 속에서 장애학생의 특수교육과 재활이 이루어진다는 점에서 그들의 역할과 관점에 대한 깊이 있는 이해를 가능하게 하는 질적 연구방법론이 중요하다."라고 밝히고 있다. 이와 같은 한국 특수교육계의 질적 연구 노력은 제한적이기는 했지만, 특수교육 현실의 난제를 극복하고 학문을 발전시키는 데 바람직한 일이라 할 수 있다.

초기 질적 연구로는 대표적으로 강경숙 등(2000)이 실행한 「세 학교의 통합교육 운영 사례」 연구가 있다. 질적 연구가 보편화되지 않던 상황에서 정책연구나 국가 차원의 연구에서 양적 연구의 틀을 벗고 학교를 심층 관찰하고, 면담을 통해 실행한 것으로는 이례적인 시도였다. 이 연구의 목적은 통합교육이 활발하게 실행되는 현장의 실제를 깊이 있게 분석하여, 일반학교의 수업과 생활 장면에서 통합교육이 어떻게 이루어지는지 알아보는 것이다. 우리나라의 특수교육 현장에서 비교적 통합교육을 열심히 수행하고 있는 특수학급 세 학급을 선정해 어떻게 통합교육이 이루어지고 있는지를 분석하여 한국의 실정에 맞는 통합교육 프로그램을 구안하는 데 있어서 문제점은 무엇이며, 특히 요구되는 지원 요인은 무엇인지, 성공적인 운영을 가능하게 하는 특정 요인과 방해 요인은 무엇인지를 밝혀내는 데 그 목적이 있었다. 이를 위해 통합교육의 실태를 크게 교육과정 운영면, 학생의 사회적인 상호작용면, 부모 및 가족의 협력 및 지원면, 행·재정적인 지원 등 주변 여건조성에 따른 통합교육 성공 여부 등으로 나누어 통합교육이 이루어지고 있는 실제 모습을 파악하고자 하였다.

이와 같은 정책연구에서 질적 연구를 시도한 경우 이외에도 2000년 초반부터 석·박사학위논문과 학술논문이 점차 증가하였다고 할 수 있다. 이러한 현상은 특수교육 연구의 다양성과 발전을 위해서 고무적인 현상이지만, 질적 연구의 질적 저하 우려가 다각적으로 제기되기도 했다(강경숙, 강성종, 2011; 강유석, 노형규, 2009; 김병하, 2000). 유수경과 황해익(2007)은 일반교육에서 급속히 증가하고 있는 질적 연구 논문에 대한 전반적인 동향 파악을 통하여 질적 수준에 대해 진지하게 고찰하거나 반성하는 등 연구방법적인 측면에서의 문제점을 밝혀내고 개선해야 할 새로운 과제를 제시하는 내용을 담은 연구가 거의 이루어지지 않는 실정이라고 지적하였다. 이러한 문제점을 개선하기 위해서는 한국 특수교육계에서도 질적 연구 성과물에 대한 철저한 동향 분석이 선행되어야 한다.

(1) 주제별 동향

특수교육계 질적 연구주제별 동향을 살펴보면, 그동안 한국 특수교육계에서도 일반교육과 대비하여 제한적이긴 하지만 유아특수교육과 같은 특정 영역의 질적 연구 동향 분석이 수행된 바가 있다(노진아, 이윤숙, 강미애, 박동환, 이유리, 2011). 노진아 등(2011)의 연구에서는 통합교육과 관련한 주제에 대해서 많은 질적 연구가 이루어졌으며, 교사와 부모를 대상으로 한 면담연구가 다수 이루어지고 있었다고 밝혔다. 또한 이숙향(2010)은 중등학교 통합교육 연구의 동향을 분석했는데, 양적 연구가 주로 수행된 것에 비해서 '장애학생 관점에서 본 중등학교 통합교육 환경에서의 적응'이라는 주제에서는 질적 연구가 주로 수행되었음을 밝혔다. 이는 '적응'이라는 주제가 그것이 전개되는 상황에서 전체적인 맥락과 흐름, 과정에 많은 관련이 있기 때문에 여러 요인을 고려해야 하는 상황에서 의미를 끌어내는 질적 연구가 더욱 적합하다는 것을 간접적으로 보여 준다.

2010년 이후 특수교육계 질적 연구주제 및 동향을 김진호와 차재경(2017)의 연구를 통해 확인할 수 있는데, 2010년 이후 질적 연구가 매우 활발하게 이뤄졌다고 하였다. 연구주제로는 통합교육/보육, 직무만족도, 협력교수, 교육과정과 관련된 주제가 가장 많고, 연구방법으로는 조사연구와 함께 실행된 질적 연구가 주를 이루었다. 김혜리(2013)는 중도 · 중복장애학생의 문제행동을 지원하기 위해 기존 행동주의 접근방식과 메를로-퐁티(Merleau-Ponty)의 현상학을 함께 활용할 것을 제안하였다. 나아가 메를로-퐁티의 몸 현상학 이론을 통해 중도 · 중복장애학생을 위한 대안교육과정 모형을 제안하고 구체적인 교육내용과 교육방법을 제시하기도 하였다. 이러한 움직임은 현상학에 내재된 이념을 특수교육 분야에 적용하여 구체적인 교육방향을 제시한 측면에서 매우 의미 있는 논의라 할 수 있다.

주제 중에서도 특수교육에서 가장 큰 흐름이라 할 수 있는 장애학생의 통합교육에 대한 연구를 살펴보자. 통합교육을 받고 있는 특수교육대상자의 수와 더불어 늘어나고 있는 교육적 요구에 맞춰 점증하고 있다. 통합교육 연구에서 질적 연구의 증가는 통합교육 주제 양적 연구에 의한 부족한 정보 제공 및 교사, 학생, 학부모 등의 삶의 경험과 현실에 대한 통찰력을 얻고자 하는 주제가 늘어나고 있음을 뜻한다. 통합교육의 상황은 학교급별 및 지역별로 다양하다. 이러한 상황에서 질적 연구는 다양한 자료를 있는 그대로의 모습을 유지한 채 그것이 가진 의미를 알아 가는 과정으로, 다양한 요소가 복잡하게 얽혀 있는 통합교육 상황에서 심층적이고 전체적인 맥락에서 현상을 파악함으로써 통합교육 연구와 실제에 있어서 풍부함을 가져다 줄 수 있는 방법이다.

조태곤, 김용욱, 우정한, 김경일(2014)의 연구에서는 2013년 10월 '통합교육'과 '질적'이라는 검색어로 국내학술지를 중심으로 검색한 결과 136편 중 31편을 선정하여 분석하였다. 연구의 유형, 주제, 방법 등 세 가지 분석틀을 설정하여 분석한 결과, 현상학, 근거이론, 사례연구의 유형과 그 외의 기타 유형으로 분류하였다. 연구주제 동향을 살펴보면, 통합학급교사 관련이 20회로 가장 많았고 특수교사 관련이 12회로 두 번째로 많이 이루어졌다. 그리고 학생 관련, 학부모 관련, 학교 관리자 관련, 학교 환경 및 자원 관련, 자원인력(특수교육보조원과 치료사 등) 관련 순으로 이루어졌다. 통합학급교사와 특수교사 관련 연구가 많이 이루어졌는데, 이러한 연구는 대부분 통합교육 관련 인식의 차원을 연구한 논문이었다.

이와 같이 통합교육에서 질적 연구를 통한 연구물이 증가하고 있는 시점에서 질적 연구가 충실하게 수행되고 있는지, 질적인 관리가 이루어지고 있는지에 대해서는 의문이다. 박미화와 강성종(2012), 이용숙과 김영천(2008)은 국내 질적 연구물의 문제점으로 단기간의 현장방문을 통해 진행된 유사문화기술지 형태라는 점과, 연구 결과의 분석과 해석에 있어서 본질적으로 실증주의적 관점에 매여 있다는 점 그리고 양적 및 질적 접근을 함께 담고 있는 혼합연구물이 연구 논리의 배려 없이 병렬적으로 어정쩡하게 결합되어 있다는 점 등을 지적하였다(조태곤 등, 2014).

(2) 연구 유형별 동향

박미화와 강성종(2012)에 따르면 당시 특수교육에서의 연구 동향을 분석하기 위해 110편의 논문을 토대로 각 연구 유형에 따른 연구주제를 분석했다. 이 중 연구 유형에 따른 장애 영역 및 연구주제의 동향을 인용하면 다음과 같다.

표 5-1 장애 영역 및 연구주제 동향(%)

내 용 / 연구 유형	장애/일반 영역	연구주제	총 합
해석학	자폐성장애(4), 일반(1)	언어치료(1), 놀이치료(2), 장애인활동보조인(1), 평가(1), 이론연구(1)	5(4.6)
문화기술지	시각장애(1), 발달장애(1), 지체장애(1), 학습장애(1), 청각장애(1)/일반 영역(6)	고등교육사(1), 활동보조인(1), 장애인야학(2), 수학교수(1), 통합교육(3), 특수학급(1), 바둑(1), 감각운동(1)	11(10.0)
상징적 상호작용론	-	-	0
현상학	시각장애(4), 지적장애(1), 발달장애(1), 지체장애(3)/일반 영역(6)	자기결정권(1), 장애대학생 생활(1) 이성교제(1), 진단(1), 교사양성(1), 교과교육(1), 사회경험(4), 이차성징(1), 지각양식(1), 이론연구(3)	15(13.6)
근거이론	지적장애(3), 지체장애(3), 발달장애(2)/일반 영역(9)	음악치료(1), 특수교사 직무경험(2), 장애부모 자녀양육 경험(7), 근이영양증(1), 장애대학생(1), 지적장애 운동선수(1), 레질리언스(1), 장애형제 경험(1), 이론연구(2)	17(15.5)
민속방법론	-	-	0
생애사	시각장애(1), 지체장애(1), 지적장애(1)/일반 영역(5)	장애부모 양육경험(4), 여성 중도장애(1), 장애인의 삶(3)	8(7.3)

내러티브	청각장애(1)/일반 영역(7)	유아통합교육(3), 예비특수교사(2), 수화(1), 특수체육(1), 특수교사 경험(1)	8(7.3)
질적 연구	청각장애(2), 지적장애(2), 발달장애(4)/일반 영역(38)	전환교육(2), 언어장애 진단모델(2), 장애유아통합(2), AAC(4), 장애부모 진로인식(1), 장애부모 비장애자녀 키우기(1), 부모심리(2), 방과후학교(1), 학교적응(1), 장애부모 직장경험(3), 영유아 조기교육(1), 음악치료(2), 장애대학생(2), 장애자녀 키우기(4), 특수교사(2), 학생배치(1), 경도장애 고등교육(1), 통합교육(8), 특수체육(1), 놀이치료(1), 건강장애(1), 조부모(1), 이론연구(6), 장애인 삶(2), 장애아동 형제자매(1), 장애인 복지관 종사자(1)	46(41.8)
총합	장애영역 수(7): 자폐성장애(4), 시각장애(6), 발달장애(8), 지체장애(9), 학습장애(1), 청각장애(4), 지적장애(6)/일반 영역 논문 편수(65)	연구주제 유형 편수(35)/ 연구주제 총 편수(99) 이론연구 논문 편수(11)	110(100)

주) 일반 영역은 이론연구, 문헌연구와 같이 법적으로 분류된 장애 영역 이외의 연구 영역을 의미함

이원희와 곽승철(2015)은 특수교육 분야에서 질적 연구가 실시된 시기가 2000년 이후부터이고, 2005년부터 확대되기 시작한 것으로 파악하였다. 이후 이원희(2020)의 연구에서는 현상학적 연구방법을 적용한 질적 연구 역시 2005년부터인 것으로 나타나 2005년부터 2019년까지 실시된 연구를 분석대상으로 하였다. 특히 특수교육에서 질적 연구방법 중 현상학적 연구, 자문화기술지 연구에 초점을 두어 특수교육에서의 질적 연구 동향을 분석한 연구를

소개하면 다음과 같다.

이원희(2020)는 특수교육 분야에서 현상학적 질적 연구는 2005년부터 시작하여 2012년까지 매해 1~2편씩 발간되었다고 밝혔다. 그 후 조금씩 증가하기 시작하여 2013년 3편, 2014년 7편, 2015년 5편, 2016년 2편, 2017년 11편, 2018년 8편, 2019년 6편 등 총 53편으로 2014년부터 본격적으로 실시된 것으로 나타났다. 총 53편의 논문을 대상으로 앞서 제시한 분석 준거 틀에 의해 현상학의 철학적 이론과 현상학적 연구방법을 적용한 현황을 구체적으로 살펴보았다. 현상학의 철학적 이론이 논문에 어떻게 적용되고 있는지를 살펴보기 위해 연구주제, 연구목적, 현상학의 철학적 이론 적용 현황에 대해 살펴보았다. 국내 학술지에 현상학적 연구방법을 사용한 논문이 53편이었고, 분석 결과 특수교육대상학생의 장애수용 경험 및 사회적응, 정체성 형성, 장애학생 부모의 생활세계나 역할, 자녀의 성장에 따른 어려움, 특수교사의 교직경험을 통한 성장 등 참여자들의 '삶과 문화'에 대한 연구가 16편(30.2%)으로 가장 많았다. 다음으로 특수교사를 비롯한 부모, 기관 종사자가 장애학생의 교육과정 중 겪은 경험, 즉 교수적 수정, 직업교육, 교과교육, 성교육 등 다양한 교육과정에서 겪은 경험을 다룬 '특수교육과정'에 대한 연구가 13편(24.5%)으로 나타났다. 교육실습, 방과 후 학교, 독서치료 등 특정 프로그램 운영 경험을 다룬 '특수교육 활동'에 대한 연구가 11편(20.8%), 대안학교, 거점학교, 평생교육 등 '특수교육 방법'에 대한 연구가 7편(13.2%)으로 나타났다. 그 외의 장애학생 상담 경험을 주제로 한 연구가 1편(1.9%)으로 나타났다.

서유진(2020)은 '특수교육 분야에서의 자문화기술지 연구'에서 총 47편의 논문 중 다음의 논문 선정기준에 따라 연구의 분석대상 자문화기술지 연구를 선정하였다. 첫째, 질적 연구가 우리나라에서 활발하게 수행되기 시작된 2000년부터 2020년 6월 30일까지 국내 학술지 또는 학위논문에 게재된 논문을 수집하였다. 동향분석 및 향후 과제 분석대상 자문화기술지의 연구주제를 살펴보면, 통합교육 관련 연구가 4편, 장애학생 교과지도 관련 연구가 8편, 생활지도 관련 연구가 4편, 장애학생 보육 · 양육 관련 연구가 2편, 특수학교 운영 관련 연구가 2편으로 나타났다. 통합교육 관련 연구의 주제는 교사의 통합교육 운영 경험 또는 부모와 교사의 통합교육 경험과 인식에 관한 주제가 포함되었다. 장애학생 교과 · 생활지도 관련 연구의 주제는 교과지도의 경우, 언어/읽기교육, 피아노/무용/체육지도가 포함되었고, 생활지도의 경우, 정서 · 행동장애 문제를 가진 학생 지도, ADHD를 가진 영재학생 지도, 학습부진학생 지도가 포함되었다. 장애학생 보육 · 양육 관련 연구주제로는 장애학생 보육과 돌봄이 포함되었다. 마지막으로 특수학교 운영 관련 연구의 주제는 특수학교 교과 운영, 장애학생 취업과 사회연계 운영이 포함되었다.

3) 질적 연구방법 적용 연구와 질적 수준을 담보하기 위한 과제

질적 연구방법론적 준거에 기초하여 질적 연구를 분석한 논문으로는 서유진과 이동성의 연구(2013ab)를 들 수 있다. 장애학생 담당 교사를 대상으로 한 질적 연구 분석과 학령기 장애학생과 가족을 대상으로 하여 질적 연구의 특성 및 연구방법론적 준거 충족도를 분석하였는데, 이와 같은 연구로부터 우리나라 질적 연구 수행 동향을 살펴보고 도출된 시사점을 통해 질적 수준을 향상하기 위한 노력을 기울여야 할 것이다.

특수교육 관련 질적 연구들을 종합으로 분석한 연구들이 2000년 후반부터 지속적으로 나타났지만(강유석, 노형규, 2009; 노진아 등, 2011; 노형규, 2004; 박미화, 강성종, 2012; 이인경, 2006; 정복자, 홍양자, 2006), 질적 연구 관련 논문 편수가 많아지는 양적인 성장이 반드시 연구의 질을 담보하지는 못한다. 통상 특수교육 분야에서 수행된 질적 연구들의 연구주제와 질적 연구 유형을 분류하여 살펴보고, 연구방법 면에서 자료수집의 기간, 연구대상자 수, 장애유형, 신뢰도와 타당도 검증 여부 등을 조사하여 그 동향을 분석하는 경우가 많다. 연구방법론 준거를 세분화하여 제시하고 이에 대한 충족도가 어느 정도인지를 체계적으로 평가하지는 않았다.

서유진과 이동성(2013a)은 교사를 대상으로 한 선행 질적 연구들에서는 이 수행 준거와 절차에 따라 제대로 수행되었는지, 수행상의 문제점은 없는지, 문제점이 있다면 무엇인지 등의 문제의식을 가지고 연구방법 면에서 질적 연구의 수행 과정과 문제점을 분석하고 반성하며, 이에 대한 개선점을 제시하는 연구가 활발히 수행되지는 않았다고 지적하였다. 또한 질적 연구의 연구방법론 준거에 매우 낮은 또는 낮은 수준으로 충족하는 연구가 많은 편으로 나타났는데, 선행연구를 제외한 연구의 개념 맥락요소와 연구 질문이 진술된 연구는 많지 않았다. 자료수집은 1~2회, 60분 미만의 인터뷰만을 통해 이루어진 연구가 대부분이었고, 연구 유형을 진술하거나 이에 적합한 분석 방법을 명확하게 진술한 연구는 거의 없었고, 범주와 주제의 생성 과정을 체계적으로 진술한 연구 역시 매우 부족하였다.

자료수집 기간은 자료가 포화되어 원하는 바를 충분히 발견할 때까지 계속해야 하는데(신경림, 2004), 자료수집 기간을 밝히지 않거나 연구목적에 충분하게 수행되었는지 의문인 연구도 다수 있다(조태곤 등, 2014). 또한 장애학생과 가족을 대상으로 한 질적 연구 특성 및 연구방법론적 준거 충족도 분석(서유진, 이동성, 2013b)에서는 장애학생과 그 가족을 대상으로 한 예비연구를 수행하거나 자신의 체험과 목소리를 연구목적에 연결시켜 독자들로 하여금 학문적 관심을 이끌어 내는 데는 부족함이 있다고 지적했다. 기술적 측면에서 원자료들이 어떻게 어떠한 방식으로 특정한 코드나 범주, 문화적 주제로 변환되었는지에 대한 구체적인 방법이나 분석 과정이 제시된 연구가 극소수임을 확인했다.

질적 연구는 연구자가 어떤 철학적 가정이나 신념과 관점을 반영하는 패러다임과 세계관 그리고 이러한 신념과 관점을 가지게 된 경험과 해석의 틀을 구체적으로 진술해야 한다. 이를 통해 독자들은 연구의 과정과 결과에 대한 종합적인 밑그림을 그림으로써 최종적인 연구결과를 제3자의 입장에서 이해할 수 있다(Creswell, 2009). 따라서 연구자는 자신의 철학적 가정, 패러다임과 세계관, 해석의 틀을 적합하게 반영할 수 있는 세부 연구 유형이 무엇인지를 논리적으로 진술함으로써 연구목적과 필요성을 해결할 수 있는 구체적인 연구문제를 밝혀야 한다(서유진, 이동성, 2013a).

질적 연구는 연구대상자의 경험과 감정, 인지, 지각, 태도, 상징을 살펴보고, 이를 이해하는 것을 목적으로 한다(김영천, 2012; Creswell, 2009). 연구자는 연구대상자를 충분히 이해하기 위해 직접 현장에 들어가 장기간 동안 연구대상자와 계속 인터뷰하고, 관찰하며, 그들의 삶 속에 최대한 가깝게 접근하여(Spradley, 1980) 연구대상자에 대한 정보를 수집해야 하는데, 이때 연구자가 얼마나 연구대상자의 삶 속에 가깝게 접근했는지, 연구자와 연구대상자가 얼마나 깊은 심리적 공감대를 형성하고 친밀성을 가지고 있는가에 대한 정보는 연구 결과의 신뢰성 확보를 위해 중요하다(김영천, 2012; Creswell, 2009).

강경숙(2001)은 "면담이나 관찰 등 질적 연구방법을 차용한 연구는 다수 있을지라도, 연구자나 심사자의 질적 연구를 이해하는 수준뿐만 아니라 연구를 수행하는 관점과 형식에 대한 스펙트럼이 너무 다양하여, 형식은 질적 연구이되 연구 사고방식과 내용은 양적 연구의 본질을 벗어나지 못한 연구도 다수 있다."라고 지적하였다. 때로는 연구자의 해석 혹은 그 관점보다는 신뢰도와 타당도 입증에 여전히 급급한 질적 연구도 상당수 있는 것으로 보인다. 다시 말해, 수학적 양화가 아니라 인간의 말과 언어를 통하여 사회현상을 탐구하는 질적 연구자는 양적 연구자가 접근하는 것과는 상이한 탐구양식에 기반을 둘 필요가 있다.

학위논문이라고 한다면 철학적인 가정들이 이론적 배경으로 제시될 수 있지만, 일반 학술지에서는 철학적인 가정들을 구체적으로 언급하지 않는 경우가 대부분이다. 이 연구에서는 일반 학술지를 분석 대상으로 했기 때문에 철학적인 가정들을 구체적으로 언급하지 않은 경우가 대부분이어서 임의로 분류하지 않고 우선 기타로 분류하였다. 정확하게 분석하기는 어렵지만, 기타로 언급되는 논문에는 앞서 언급한 철학적 가정 이외에도 후기실증주의나 사회구성주의 등이 포함되어 있는 것으로 보인다. 일반 학술지라고 하더라도 독자가 연구물을 접할 때 철학적 가정에 대해서 쉽게 알아볼 수 있도록 간단하게라도 언급해 준다면 질적 연구물에 대한 이해가 쉽고 깊어질 것이다.

2. 특수교육과 질적 연구 아이디어

앞서 특수교육과 질적 연구에 대해 살펴보면서 연구의 다양성에 대한 필요를 느꼈을 것이다. 이 절에서는 특수교육과 질적 연구방법론의 아이디어를 제시하고자 한다. 질적 연구방법이 특수교육을 전제로 생산되고 발전되기보다는 차용의 성격을 지니고 있다. 특수교육 선행연구물들을 고찰해 보면 기존 소개된 연구방법들이 그 절차를 준수했다기보다는 변용되는 형태가 주종이라는 현실을 볼 수 있다. 즉, 선택한 질적 연구방법론이 연구자의 편의에 따라 왜곡될 가능성이 있으며, 그 결과 신뢰성을 담보하기 어려울 가능성이 있다. 이에 특수교육 환경을 고려하여 적용하기 용이한 세 가지 질적 연구방법론을 소개하고 연구 실행을 위한 아이디어를 제시하고자 한다. 더 본질적이고 구체적인 내용은 한국교육인류학회 방법론 총서의 1권을 참조하기 바란다.

1) 문화기술적 연구

(1) 특수교육 관점에서 문화기술적 연구 들여다보기

문화기술적 연구와 관련한 선행연구물은 단행본, 학위논문, 학술지 발행 중심으로 점증하고 있고, 질적 연구 관련 학회와 콜로키움(colloquium) 형태로 왕성한 연구와 연수활동이 도처에서 이루어지고 있다. 반면, 특수교육에서 질적 연구의 필요성이 대두되는 것에 비해 연구 성과는 빈약한 것이 현실이다. 이에 특수교육과 관련지어 문화기술적 연구 개념을 제시해 보고자 한다.

문화란 인간이 환경에 적응하는 과정이고 산물이며 곧 '자연을 길들인 것(domestication of the nature)'이라고 볼 때, '의미를 형성하고 공유하는 체제(systems of making sense and sense making)'라고 할 수 있다. 이러한 맥락에서 문화기술적 연구는 연구대상의 문화를 이해하는 과정을 기록하는 행위라고 볼 수 있다. 다시 말해, 연구자가 연구대상의 생활세계 속에서 참여관찰을 통해 얻게 된 가치, 지식, 기술을 정리하여 체계화하는 것이다.

문화기술적 연구의 개념을 간략하게 소개하면, 어떤 특정 집단 구성원들의 문화, 즉 생활양식, 행동규범, 구성원들이 만들어 사용하는 사물 등에 관해 현지 당사자들의 관점에서 이해하고 과학적으로 기술하기 위한 하나의 연구방법론이다. 다시 말하면, 어떤 특정 집단 구성원의 생활양식과 문화에 대한 폭넓은 자료를 찾아내기 위하여 연구자가 현지에서 장기간 체류하면서 연구참여자의 관점에서 현상을 조사하는 연구방법이라고 할 수 있다. 물론, 몇 줄의 축약한 문장으로 문화기술적 연구를 설명하기에는 어려운 점이 있다.

특수교육 관점에서 문화기술적 연구를 고찰해 보면, 특수한 교육 상황에서 교육 체제, 과정, 현상을 과학적으로 서술하는 과정이다. 따라서 교육에서 문화기술적 연구를 하는 목적은 교육 상황에서 참여자의 상황, 행동, 믿음, 요구 등에 대해 풍부하고 기술적인 자료를 제공하여 평가나 기술적 연구, 이론적 탐구를 하는 데 있다. 예컨대, 통상 특수교육에서 일반적인 연구방법으로 여러 가지 경우의 수를 고려한 설문조사를 실시하고 이후 모수치(parameter)의 통계 결과를 통해 의미를 부여하였다. 장애학생의 장애 상황이나 현상을 알아보는 연구를 시작한다면, 연구결과인 통계치(statistics)가 특수교육 대상학생의 내면 세계를 얼마나 반영하여 설명하고 발전적 대안을 제시해 줄 수 있을까? 질적 연구방법론의 한 가지 유형인 문화기술적 연구는 그 어려움을 해결해 주는 하나의 대안이 될 수 있을 것이다.

이처럼 문화기술적 연구는 연구대상의 의미구조에 대한 관심과 이와 관련한 사회적 맥락을 이해하는 것이다. 부언하자면, 문화기술이 자연의 '있는 그대로'의 상황을 정의하는 일이지만 특수교육 상황을 문화기술적으로 연구한다는 것은 단순히 연구하는 교육적 상황을 그대로 표현하고 제시하는 것을 초월하는 어떤 구조이다. 즉, 연구자가 특수교육에서 참여관찰을 통하여 그 상황에 내재해 있는 문화의 의미를 파악하여 기술하는 실제적 활동인 것이다.

(2) 문화기술적 연구의 주요 방법

문화기술적 연구는 대부분 '참여관찰(participant observation)'과 '심층면담(depth interview)'을 통해 데이터를 수집한다. 이 기법은 최근 인류학뿐만 아니라 다른 사회과학연구에서도 널리 응용되고 있으며 특수교육에서도 다양하게 활용되고 있다. 문화기술적 연구의 대표적인 선형의 연구절차를 보면, 연구문제 선정, 가설설정, 연구도구 구안 및 선정, 자료수집, 자료분석, 결론도출, 보고서 작성의 순서를 따라가는 것이 일반적이다. 문화기술적 연구 수행 절차 중 데이터 수집은 중요한 절차이다. 따라서 문화기술적 연구의 참여관찰과 심층면담을 중심으로 데이터를 수집하는 방법에 대해 기술하고자 한다.

첫째, '참여관찰'은 연구자가 연구참여자의 실제 환경에 장기간 참여하여 삶과 문화를 관찰하고 기록하며 해석하는 데서 시작된다. 참여와 관찰은 상호 양립하기 어려운 특성을 가지고 있다. 즉, 연구참여자의 실제 환경에 전적으로 참여할 경우 연구자는 연구를 위한 관찰이나 기록에 어려움을 겪게 된다. 그 상황의 한 구성원으로서 역할을 수행해야 하기 때문일 것이다. 반면, 연구자가 관찰자 역할만 하게 되면 연구참여자의 세계를 깊이 있게 이해할 수 없기 때문에 참여와 관찰을 적절하게 배분하는 지혜가 요구된다. 연구의 목적과 실제 상황 등에 따라 달라진다. 예컨대, 장애학생이 학교교육활동에서 무기력한 경우를 관찰하고자 할 때, 장애학생들과 함께 활동하는 역할을 하면서 관찰할 수도 있다. 그러나 연구참여자 또는 다른 사람이 교육활동에 참여하게 되면 장애학생 교육활동의 '자연 그대로'의 모습을 저해할 수도 있다. 반면, 장애학생의 교육활동 장면을 통해 인지구조를 파악하고자 할 경우 연구자는 학습 과정에 비교적 깊숙이 개입하면서 참여할 수 있다. 즉, 참여관찰은 연구하고자 하는 실제 환경세계에 들어가서 환경과 사람과의 생활에 익숙해지는 일부터 시작한다. 다만, 자연적인 환경이 아닌 교실에서 참여관찰을 실행하고자 할 때는 쉽지 않은 변수가 있다. 참여관찰이 성공적으로 이루어지기 위해서는 학교와 교사의 허락을 얻어야 하기 때문이며, 현장의 성격을 충분히 검토하는 일은 중요한 절차가 되는 것이다.

학교 현장에 들어가기 전에 학교 환경, 지리적 여건, 학부모 성향 등을 잘 파악해 두면 연구기간 단축과 함께 좋은 데이터를 얻을 수 있다. 반면, 사전 정보가 주는 장점도 있지만 선입견으로 작용하여 연구참여자가 속한 문화를 이해하는 데 방해 요인이 될 수 있기 때문에 주의를 기울여야 한다. 연구 시작단계에 참여관찰자는 최대한 시야를 넓게 가져서 연구대상의 생활세계를 이해해야 한다. 예컨대, 연구대상의 하루, 일주일, 한 달, 일 년을 어떻게 보내고 있는지, 생활 영역의 구성은 어떠한지, 이들에게 중요한 것은 무엇이며, 사람과 사물과의 상호작용은 어떤 방식으로 관계를 형성하는지 등에 대해 폭넓게 관찰해야 한다. 특히 연구대상이 장애학생인 경우, 더더욱 세심한 관심을 가지지 않으면 연구 성과를 얻는 데도 어려움이 따를 수 있다. 왜냐하면 이들의 특성은 일반학생들과 대비해 볼 때 상대적으로 미약하거나 간헐적으로 나타날 수 있기 때문이다. 이러한 행동의 관찰은 연구의 방향과 성과에 영향을 주기도 한다.

이와 같이 관찰한 다양한 정보를 '필드노트(field notes)'에 기록한 데이터는 이후 분석(analysis)과 해석(interpretation)을 위한 자료가 된다. 필드노트에 기록할 때 지켜야 할 몇 가지 원칙을 살펴보자.

먼저, 기록한 언어가 연구자, 제보자, 학술용어인지를 정확하게 구분해야 하는 '언어 확인의 원칙(누가 말했는가)'을 견지해야 한다. 다음으로, 연구자의 주관적 판단을 배제하고 '축어(逐語) 기술의 원칙'을 견지해야 한다. 마지막으로, 추상적이고 지나친 일반화를 배제한 '구체화 원칙'이 필요하다. 연구가 정상적으로 진행되면 연구자는 점차 참여관찰의 범위를 좁히면서 연구의 깊이에 대해 관심을 가져야 한다. 이후 연구자의 관심사에 초점을 맞추어 자료를 수집하고 관련된 의미를 체계적으로 해석하는 단계에 도달한다. 다시 말해, 문화기술적 연구는 자료의 수집과 해석이 반복 · 순환 · 누적되는 과정이 연속적으로 일어나게 되는 것이다. 또한 문화기술적 연구는 '삼각검증(triangulation)'을 통해 연구자의 이해와 해석이 제대로 이루어졌는지 확인 과정을 거치면서 마무리 단계로 나아간다. 참여관찰을 통해 얻은 자료를 활용하여 문화기술지를 작성하게 되는데, 복잡한 현상을 단순화하여 제시하는 것이다. 특수교육에서의 문화기술적 연구는 장애를 지닌 연구참여자가 보이는 다양한 행동을 통계적 빈도와 확률로 처리할 수 없다는 데서 출발하게 되며 심층적으로 파악할 때 가능하다.

다음으로, '심층면담(depth interview)'은 참여관찰의 일부로 받아들이는 것이 일반적이다. 그 이유는 참여관찰 과정에서 연구 장소의 문화에 대해 의문을 갖게 되고 의문들은 면담으로 풀어내야 하기 때문이다. 이러한 상보적 역할이 포함되어 있으나 통상 참여관찰과 심층면담을 구분하여 논의하고 있다. 또한 심층면담은 양적 연구에서 흔히 사용하는 구조적 면담(structured interview)과는 구별되는 기법이다. 구조적 면담은 연구자와 연구참여자 사이에 닫힌 형태로 재량권을 최소화한다. 그러나 문화기술적 연구에서의 심층면담은 사전 계획된 질문과 방식이 아닌 비구조적 면담(unstructured interview)으로 접근하는 것이 일반적이다. 이러한 특성을 특수교육에 대입해 보면 다양한 장점을 발견할 수 있다. 즉, 특수교육 환경은 특정할 수 없는 무수한 데이터가 심층면담 과정에서 나타날 수 있기 때문에 구조적 면담보다 비구조적 면담기법을 살린 문화기술적 연구가 장점이 있다. 다시 말해, 문화기술적 연구의 연구자와 연구참여자 사이의 상황적 유동성을 인정하는 비구조적 면담이 유리하다. 이때, 면담자는 피면담자가 자신의 방식으로 자연스럽게 말하도록 유도할 필요가 있다. 물론 소개한 두 가지 면담 방법은 일장일단이 있는 것이 사실인데, 구조적 면담과 비구조적 면담에 대한 깊이 있는 연구는 앞서 제시된 내용을 참조하기 바란다. 여기서 간과할 수 없는 점은 면담자의 구조화된 질문이 특수교육 환경에서는 용이하지 않다는 것이다.

(3) 특수교육에서의 문화기술적 연구 아이디어

'문화기술적 연구'의 아이디어이다. 교육을 연구하는 인류학자는 현상학적 관점에서 연구를 수행하는 데 있어 문화나 문화적 환경에 대해서 알아보려는 시도를 하는데 이것이 바로 문화기술지라고 할 수 있다. 이러한 맥락 견지를 전제로 특수교육 환경에서 문화기술적 연구 아이디어를 제시해 보자.

문화기술적 연구방법론을 채택한 석 · 박사학위논문, 학술논문 중 2010년 이후 한국교육학술정보원에 탑재된 논문 중에서 특수교육과 관련한 연구주제를 중심으로 제시해 보고자 한다. 그 내용을 보면 고등교육사, 장애인활동보조인, 장애인야학, 수학교과, 통합교육, 특수학급, 바둑, 감각운동, 장애부모 양육경험, 영유아 조기교육 등으로 요약된다.

이와 같은 연구주제를 종합 분석해 보면, 첫째, 고등교육사와 관련한 연구는 장애학생들이 대학교육을 받으면서 경험하는 내용으로 이루어져 있다. 고등교육과 관련하여 장애학생의 진학이 증가하고 있어서 이에 대한 관심을 가져 볼 필요가 있다. 둘째, 장애인활동보조인과 관련한 연구는 장애학생 양육에 대해 부모와는 달리 객관적인 시각을 가지고 케어하면서 경험하는 내용으로 제시하고 있다. 현재 중증장애학생을 대상으로 하는 활동보조인이 증가하고 있는 추세를 감안할 때 연구주제로서 고려해 볼 필요가 있다. 셋째, 장애인야학과 관련한 연구는 주로 학령기가 지난 연구참여자를 중심으로 이루어진 연구로서 문화기술적 연구의 특성을 잘 살리고 있다. 장애인 평생교육이 확대되고 있는 추세를 고려할 때 이 분야도 연구주제로서 충분한 가치를 가지고 있다. 넷째, 수학교과, 통합교육, 특수학급, 바둑, 감각운동 등에 대한 연구주제는 문화기술적 연구방법론에 적절한 것으로 보이며, 연구주제로서도 확산 일로에 있음이 분명하다. 다섯째, 장애부모 양육경험에 대한 연구주제는 다양한 연구주제로 분리가 가능하다. 즉, 다문화가정, 중증 혹은 경증장애 영역 등 비교적 장기간의 연구 기간을 요구하는 주제로서 문화기술적 연구방법론을 적용하는 것이 적절한 것으로 판단된다. 여섯째, 영유아 조기교육에 대한 연구주제는 처음으로 공교육을 받기까지 학부모는 수많은 경험을 하게 되며 통합교육과 분리교육을 동시에 경험하는 혼란의 시기이기도 하다. 이러한 내용은 문화기술적 연구방법론이 담을 주제가 될 수 있다.

한국교육학술정보원에 탑재된 연구물의 동향 외에도 다양한 특성을 가진

장애 영역별 개인 연구대상자, 기관이나 단체, 특수교육지원센터 관련 연구, 사회봉사기관 관련 연구, 문화기술적 연구 적용 자체의 이론적 연구 등이 실천 가능하다. 다만, 특수교육 연구 환경에서 문화기술적 연구를 기반으로 하는 학위논문과 학술지가 점증하고 있으나 이 연구방법론을 준수하면서 수행한 연구물이 부족한 것은 감안해야 할 것이다.

2) 내러티브 연구

(1) 특수교육 관점에서 내러티브 연구 들여다보기

'내러티브 연구(narrative research)'는 알버타 대학교의 진 클랜디닌(Jean Clandinin) 교수와 토론토 대학교 OISE(Ontario Institute for Studies in Education)의 마이클 코넬리(Michael Connelly) 교수가 지난 20여 년간 교사 연구를 수행하면서 함께 개발하고 발전시킨 대표적 연구방법론의 하나이다. 내러티브 연구는 인간 경험에 초점을 두면서 총체적인 질(holistic quality)을 가지고 있어서 다양한 학문에서 중요한 자리를 차지하고 있으며 특수교육 역시 예외는 아니다. 이에 특수교육과 관련지어 내러티브 연구를 들여다보고자 한다.

내러티브는 개인적 · 사회적 · 문화적 측면에서의 인간의 삶을 바라보는 관점을 견지한다. 개인적 측면은 "한 사람의 개인은 어떤 사람인지, 어떻게 될 것인지?"와 같은 의문을 설명할 수 있는 자신의 삶에 대한 내러티브를 가지고 있다고 본다. 또한 사회 · 문화적 측면의 내러티브에는 인간 삶이 무엇과 같고 어디로 가는지를 이해하는 방법으로 기능하고, 신념과 문화를 구성하고 전할 뿐만 아니라 변형을 할 수도 있다. 이러한 맥락에서 특수교육 환경을 설명하는 데는 다양한 장점이 있다. 즉, 특수교육 환경 내에는 이해된 것과 이해되어야 하는 이야기가 무수히 산재해 있기 때문이다.

클랜디닌과 코넬리(Clandinin & Connelly, 2000)는 "경험은 내러티브적으로 일어나므로, 내러티브 연구는 경험을 이해하고 표현하는 데 좋은 방법이다."라고 하였다. 그들은 내러티브에 대해 '내러티브로 하는 탐구(inquiry into narrative)'와 '내러티브 탐구(narrative inquiry)'를 같은 의미로 사용하고 있다. 내러티브 연구는 내러티브가 현상인 동시에 연구방법으로서 연구할 구조화된 경험을 말하고 연구를 위한 탐구를 의미하기도 한다. 다시 말해, 개인의 삶을 밝히고 삶에 대한 이야기를 하며 자신들의 삶을 진술한다. 이러한 내러티브의 맥락을 특수교육 환경에 대입해 보면 무궁무진한 내러티브 주제를 마주하게 될 것이다. 따라서 특수교육 환경에서 연구주제에 적합한 질적 연구 방법론을 선정하는 일차적 절차는 중요하다.

내러티브 연구에 대해 한 단계 더 들여다보자. 내러티브 연구는 다양한 형식과 분석 방법을 사용하고 있는데, 이웃하는 사회과학과 인문과학 분야에서 근원을 찾을 수 있다. 내러티브는 어떤 텍스트나 담론에 부여한 용어이거나 질적 연구의 이야기에 사용되는 텍스트일 수도 있다. 여기에 대해, 핀네거와 데이네스(Pinnegar & Daynes, 2006: Hedges, 2016에서 재인용)는 '내러티브는 방법일 수도 있고 연구하는 현상일 수도 있다고 하였다. 내러티브 연구가 문학, 역사학, 인류학, 사회학, 교육학 등에 근원을 두고 있지만 다양한 연구방법론으로 접근을 달리해 왔다. 여하간 특수교육 환경에서의 질적 연구방법론이 가져다주는 장점을 고려해 볼 때, 개인의 삶을 의미 있게 진술하는 내러티브 연구는 충분한 가치를 담보한다고 본다.

(2) 내러티브 연구의 주요 방법

내러티브 연구의 목적은 사람들의 경험에 대해서 관심을 가지고 그 경험을 '의미 있는 이야기'로 표현하고자 하는 데 있다. 여기서 말하는 '의미 있는 이야기'는 내러티브의 중핵을 이루는 개념이다. 즉, 어떤 현상 또는 다른 현상에 원인이 되는가에 주목함으로써 발견되며 사람에게 영향을 주는 행위 또는 사건과 관련된 기본적인 측면에 관심을 가진다.

첫째, 이러한 관점을 견지한 내러티브 연구는 시간성, 계속성, 인과관계,

시계열(time series), 장소, 플롯(plot) 등에 의해 서로 연결한 사건들을 중심으로 구성된 이야기이다. 이를 구체적으로 살펴보자. 먼저, 내러티브의 '시간성'에 대해서는 내러티브의 단일성, 리듬, 순환 과정을 시간성의 요소로 묘사할 수 있다. 일상생활은 시계에 의해 규제된다고 해도 과언이 아닐 것이다. 우리 일상생활의 시간 개념보다 내러티브 관점에서 시간은 단순 숫자 그 이상의 의미를 가지고 있다고 봐야 한다. 영국의 이론물리학자 폴킹혼(Polkinghorne, 1988: 강윤재, 2004에서 재인용)은 시간에 대해 과거로서의 현재, 현재로서의 현재, 미래로서의 현재를 포함하는 개념을 제시한 바 있다. 시간은 인간 존재의 시간적 구조를 앞으로 전개되는 현재로 묘사하기도 하며 과거와의 연결, 연속성, 계속성, 인과성 등에 의해 통합되어 있다는 의미를 포함하고 있다. 다음은 내러티브의 '계속성'이다. 경험의 계속성의 속성은 어떤 경험은 선경험에 흡수되고 후경험의 질을 수정하는 의미를 가진다. 선후관계 경험들의 시간적인 연결은 내러티브의 일관성이라는 중요한 특성을 이루고 있다. 다음은 내러티브의 '인과관계'이다. 어떠한 사건은 계속성뿐만 아니라 후속 사건에 대해 의미를 가지는 인과관계를 형성한다. 그다음은 내러티브의 '시계열'인데 내러티브에 특정한 체계 또는 형상을 제공하는 특징이 있으며, '장소'는 특정한 장소에서 전개되고 다른 장소에 속하기도 하지만 새로운 장소에서도 일어나게 된다. 마지막으로, 내러티브의 '플롯'은 하나의 이야기를 중심으로 한 가지 사건을 패턴화하는 것이다.

둘째, 내러티브 연구의 절차이다. 제일 먼저 내러티브에 연구 문제나 어떤 질문이 적합한지 결정해야 한다. 한 사람의 인생에 대한 이야기나 생활 경험 등을 포착하는 데 적합성을 가진다. 다음으로 의미 있는 이야기, 경험 등을 들려줄 수 있는 연구참여자를 선택한다. 다음으로는 다양한 이야기의 맥락을 고려하여 정보를 수집하는 절차를 가지고, 그다음에는 연구참여자들의 이야기를 분석하고 이해할 수 있는 틀로 재구조화한다. 마지막으로 연구참여자들이 적극적으로 참여할 수 있도록 협력한다.

셋째, 내러티브 탐구 과정은 현장, 현장텍스트, 연구텍스트 과정의 틀로 계획할 수 있다. 먼저 현장으로 들어가기(Being in the Field) 단계, 다음은 현장에서 텍스트 쓰기(From Field to Field Texts) 단계, 마지막은 현장텍스트에서 연구텍스트 쓰기(From Field Texts to Research Texts) 단계이다. 이 세 단계는 내러티브 연구 성패를 좌우할 만큼 중요하기 때문에 연구자가 충분한 사전 지식을 견지하고 현장에 들어가야 한다. 내러티브 연구는 경험을 이해하기 위한 방법임과 동시에 환경과의 상호작용하에 일어나는 연구자와 연구참여자 간의 협력에 의해 이루어진다. 오랜 기간 특수교육에 관여한 저자의 경험에 비추어 보면, 연구현장에 들어가기 전 사전 준비가 충분하지 않을 때 적지 않은 어려움이 따르며, 연구 성과를 기대하기 어렵다는 사실을 인식해야 한다.

(3) 특수교육에서의 내러티브 연구 아이디어

내러티브 연구의 아이디어는 클랜디닌과 코넬리(Clandinin & Connelly, 2000)가 20여 년간 교사 연구 수행 과정에서 개발하고 발전시킨 연구방법론으로서 교육활동 속의 연구참여자가 경험한 내용을 연구한 것이다. 우리나라에서 내러티브 연구방법론을 채택한 석 · 박사학위논문, 학술논문 중 2010년 이후 한국교육학술정보원에 탑재된 논문 중에서 특수교육과 관련한 연구주제를 중심으로 제시해 보고자 한다. 그 내용을 보면, 유아통합교육, 예비특수교사, 수화, 특수교사 경험, 학생 배치, 경도장애 고등교육, 놀이치료, 건강장애 등으로 요약된다. 즉, 학교교육과 관련된 어떤 자연적인 집단을 연구대상으로 한다.

이와 같은 내러티브의 연구주제들을 종합 분석해 보자. 첫째, 유아통합교육 관련 연구에서는 한국적 특수교육 현실을 보면 비교적 유아의 통합교육이 잘 이루어지고 있다고 할 수 있다. 이런 맥락에서 분리교육과 통합교육의 상호 간의 내러티브는 연구주제로 권장할 만하다. 둘째, 예비특수교사와 관련한 연구는 예비교사가 전문성을 갖춘 교사로 성장하는 과정을 주요 내용으로 하고 있으며 연구참여자 역시 적은 인수로도 충분히 수행할 수 있다. 셋째, 수화는 청각장애 자녀와 건청 학부모 간 의사소통의 경험을 연구주제로 삼고 있다. 넷째, 특수교사 경험과 관련한 연구는 교수활동, 동료관계, 전문성 등 교사로서의 성장을 연구주제로 하고 있으며 내러티브 연구방법의 중요한 대상이 될 수 있다. 다섯째, 학생 배치에 관한 연구주제는 통합교육과 분리교육 배치의 적절성과 성장 과정을 연구주제로 하고 있다. 여섯째, 경도 장애학생이 고등교육을 받으면서 경험하는 과정을 제시하고 있다. 일곱째, 놀이치료와 건강장애에 대한 연구주제 역시 내러티브 연구주제로서 권장할 만하다.

앞서 제시한 연구주제 이외에 특수교육에서 실현 가능한 내러티브 연구 아이디어를 제시해 보면, 통합교육, 초임교사의 경험, 치료지원, 장애학생의 사회적응, 교육실습 경험 등 다양한 측면의 연구가 가능할 것이다. 아울러, 현장교사들을 중심으로 내러티브 연구가 증가하고 있는 추세도 눈여겨볼 만한 대목이다. 내러티브 연구 역시 특수교육 환경에 적용하기 용이한 연구방법론임에는 분명하다. 모든 질적 연구방법론이 그러하듯이 현장에서 일정한 기간을 머물기를 요구하기 때문에 연구자와 연구참여자 간의 충분한 협력관계를 유지할 방안을 모색하는 것이 필수적이겠다.

3) 사례연구

(1) 특수교육 관점에서 사례연구 들여다보기

사례연구는 특수교육 현장에서 익숙한 질적 연구의 한 방법론이라고 할 수 있다. 사례연구는 보편적인 연구방법이라는 인식하에 널리 활용되고 있는 반면, 그 원리를 준수하는지는 검토해 보아야 한다. 여기서는 특수교육 관점에서 사례연구를 들여다보고자 한다. 사례연구의 일반적 설계는 깔때기 모양, 즉 연구의 시작은 넓게 마무리는 좁게 가져간다. 사례연구는 먼저 연구가 가능한 장소, 데이터 수집이 가능한 연구참여자를 물색한 뒤 연구의 그물을 넓게 던져 놓고 연구목적에 적합한지 검토한다. 다음은 어떠한 연구 수행 방법이 적절한지 조사한다. 이후 데이터 수집을 시작하고 이 데이터를 세밀하게 검토하고 분석한 뒤 연구 방향을 결정해야 한다. 사례연구를 위하여 특수교육 환경으로 들어갈 때는 연구 장소, 연구참여자, 일정, 방법 등에 대한 치밀한 사전조사가 있어야 한다. 여기에는 인권, 학부모의 동의 여부, 초상권, 기관의 비협조 등 다양한 요인이 도사리고 있기 때문이다.

또한 사례연구는 시간 배당, 인터뷰 대상 선정, 연구주제 등에 대한 결정을 해야 한다. 다음 연구주제가 점차 선명해짐에 따라 계속해서 연구 설계와 절차를 수정해 간다. 그 다음은 어느 정도 준비가 되었을 때 연구 장소, 연구참여자, 데이터를 종합적으로 검토하여 '어떤 측면을 연구해야 할 것인가?'라는 구체적인 결정을 내리면서 연구 초점을 점차 발전시켜야 한다. 이 단계가 정리되면 형식을 갖추어 연구 문제를 진술하고, 데이터 수집, 연구 활동을 위한 장소와 상황, 연구참여자, 특정 의문, 특정 주제로 연구를 좁혀 간다. 앞서 밝힌 바와 같이 연구의 형태를 깔때기 모양으로 가져가야 한다.

사회과학 연구에서 사례연구는 다양한 모습으로 발전해 왔으며 다양한 연구방법론이 개발되었다. 특수교육 환경에서 적용하는 사례연구 역시 예외는 아니다. 따라서 다양하게 활용되고 있는 사례연구가 있는데, 각 유형의 사례연구 나름대로 사용하는 절차와 연구의 적합성이 다르기 때문에 신중하게 선택해야 한다. 여기서는 다양한 사례연구의 방법론을 특수교육 환경 관점에서 소개하고자 한다.

(2) 사례연구의 주요 방법

앞서 밝힌 바와 같이 다양한 사례연구 유형이 질적 연구 영역에서 활용되고 있다. 이에 특수교육 환경에서 활용 가능한 주요 방법론을 제시하고자 한다.

첫째, 단체의 역사 관련 사례연구이다. 연구자가 선정한 단체의 역사, 즉 발전 과정을 추적 연구하는 데 초점을 가지고 있다. 예컨대, 농학교의 시작과 변화, 현재의 모습 등을 추적하여 연구를 수행할 수 있다. 어떠한 배경을 가지고 개교를 했는지, 시간의 흐름에 따라 어떤 변화가 발생했는지, 농학생이 줄어 가는 현실에서 농학교의 미래는 어떠한 모습이 되어야 하는지에 관한 연구가 가능할 것이다. 이 연구를 수행하기 위하여 학교와 관련된 사람들과의 인터뷰, 학교상황 관찰, 현존 기록문서 등에 대한 연구를 진행할 수 있을 것이다.

둘째, 관찰 사례연구이다. 이 연구의 데이터 수집 방법은 참여관찰이며 학교나 재활시설 또는 그 기관의 특성에 초점을 맞출 수 있다. 관찰 사례연구는 어떤 상황과 집단을 선정할 때 연구참여자가 줄어듦에 따라 연구자로 인하여 이들의 행동에 더 큰 변화가 생길 가능성에 대해서도 유념해야 한다. 그렇다고 연구참여자가 많다고 좋은 것만은 아니다. 왜냐하면 모든 연구참여자를 추적하고 모든 데이터의 관계성을 규명하기 어렵기 때문이다. 양적 연구와는 달리 연구참여자 수의 제한성이 상대적으로 용이하다.

셋째, 생애사에 관한 사례연구이다. 이 연구 유형은 1인칭 전기 형식의 이야기를 수집할 목적으로 한 명과 집중적인 인터뷰를 실시하는 연구로서 역사가들에 의한 구술 사료라고도 한다. 주로 대통령, 사회운동 지도자, 장군 등 유명한 사람들을 대상으로 연구가 수행되나, 특수교육 환경에서도 생애사적 연구대상은 충분히 존재한다. 특수학교 설립자, 존경받는 사회독지가, 장애자녀 양육 성공 학부모 등을 대상으로 수행할 수 있다.

넷째, 문서자료에 관한 사례연구이다. 이 연구 유형은 참여관찰이나 인터뷰를 통한 사례연구를 보완하기 위해 사진, 비디오자료, 필름, 메모, 편지, 일기장, 임상기록 등의 자료를 활용한다. 문서자료는 보조 자료의 역할을 해 왔으나 점차 질적 연구의 주된 데이터가 되고 있다. 이러한 추세는 문학, 문화연구에서 발전한 담론이지만 다른 영역에서도 그 유용성에 대한 인식이 점차 확대되고 있다. 즉, 문서자료는 서술성이 풍부한 자료로서 질적 연구방법론에 적합도가 높다. 그러나 문서자료를 풍부하게 사용한다고 해서 질적 연구라고 보기는 어려운 점이 있다. 왜냐하면 이 문서자료의 작성자나 사용자가 자료를 어느 정도로 자연적 · 귀납적으로 사용하고 있는가가 중요하고, 이를 통해 질적 연구로 수행되었는지의 여부를 알 수 있기 때문이다.

특수교육 현장의 연구를 위해서 사례연구는 다양하게 활용되고 있지만 쟁점 또한 적지 않다는 사실을 간과해서는 안 된다. 특별히 사례연구에서 연구자와 연구대상 선정에 있어 여러 문제를 고려해야 한다. 그러나 사례연구는 장점이 있는 연구방법론인 만큼 특수교육 환경에서의 연구에 충분히 활용 가치가 있다.

(3) 특수교육에서의 사례연구 아이디어

특수교육에서의 사례연구는 다양한 연구주제와 방법론으로 수행되고 있다. 2021년 현재 한국교육학술정보원에 탑재되어 있는 연구물 중 '특수교육 사례연구'라는 키워드를 활용하여 검색해 보면 7,000여 편의 연구물을 찾을 수 있다. 이를 전부 분석하는 것은 쉽지 않지만 석 · 박사학위논문, 학술논문, 단행본 등 그 종류가 매우 다양하다. 그야말로 특수교육의 모든 영역에서 연구방법론으로 채택 가능하다고 볼 수 있다.

특히 사례연구방법론은 다양하게 변형 가능하고 특수교육 현장에서도 다양하게 활용되고 있다. 예컨대, 교육활동을 위한 사례연구로서 행동수정, 긍정적 행동지원, 감각통합훈련, 교수학습 특성, 언어치료, 신변처리 등 특수교육활동 전반에 걸쳐 연구주제로 채택이 가능하다. 또한 교사 간 멘토멘티 사례연구, 학부모 상담 사례연구, 기숙사생활 사례연구, 교육실습생들의 학생연구, 보고서 작성을 위한 사례연구, 예산 요청을 위한 사례연구와 같이 교육행정 등에도 적용이 가능하다.

이와 같이 사례연구가 특수교육 환경에서 다양하게 활용되고 있는 질적 연구방법론임에는 분명하다. 그만큼 연구주제와 특수교육의 특성이 잘 결합된다는 의미일 것이며, 다른 어떤 질적 연구 유형보다 특수교육계에서 다양한 형태로 활용하고 있다. 즉, 연구의 용이성, 연구참여자의 특성이 바로 그것이다. 그러나 사례연구 실행 시 다양한 쟁점이 분명히 존재하는 만큼 이 부분에 대해서도 충분히 고려할 것을 권유한다.

4) 그 외 질적 연구방법이 특수교육에 주는 아이디어

여기서는 강경숙과 강성종(2011)이 학술논문으로 게재했던 내용을 중심으로 재구성하여 제시하고자 하며, 다만 앞서 제시한 세 가지 질적 연구방법의 내용은 제외한다. 국내외 학자들의 질적 연구 유형 분류 범주에는 현상학 연구(phenomenology), 해석학 연구(hermeneutics), 생애사 연구(life history), 문화기술적 연구(ethnography), 상징적 상호작용론 연구(symbolic interaction), 민속방법론 연구(ethnomethodology), 내러티브 연구(narrative inquiry), 근거이론 연구(grounded theory) 등이 있다. 이들 용어의 정확한 사용과 정의는 현장조사나 질적 연구와 마찬가지로 사용자와 시기에 따라 약간씩 다르다(서근원, 2008; 조정수, 2010). 이와 같은 다양한 질적 연구방법론은 연구 가설과 통계적 검증 등과 같이 인위적이라기보다 자연적 환경에서 이루어지는 관찰이나 면담 등의 기법을 사용하여 자료를 수집한다. 그러나 각각의 질적 연구방법론은 이론적 배경, 접근방법, 연구목적을 달리하고 있다는 것이 일반론이다. 여기서는 질적 연구방법론의 이론적 배경이나 연구방법 등의 언급을 지양하는 대신, 한국 특수교육계의 질적 연구 아이디어로 간략하게 제안해 보고자 한다.

(1) 현상학 연구

질적 연구로서 현상학은 인간 체험의 의미 또는 생활세계를 이해하는 데 유용한 연구방법이다. 후설(Husserl)의 현상학을 토대로 성립하였고, 생활세계란 즉각적으로 경험한 대로의 세계이며 일상적으로 경험한 것의 체험, 생활세계 속의 체험을 연구한다. 현상학 연구(phenomenological research)는 하나의 개념이나 현상(the phenomenon)에 대한 여러 개인의 체험(lived experiences)적 의미를 제시하게 된다. 즉, 현상학 연구는 연구참여자들이 현상을 경험하면서 공통적으로 갖게 된 것을 기술하는 데 초점을 둔다. 현상학의 목적은 현상에 대한 개인의 경험들을 보편적인 본질로 축약하는 것이다.

이와 같은 목적을 달성하기 위해 연구자들은 현상을 확인하게 된다. 이에 현상학 연구자는 현상을 경험한 연구참여자들에게서 자료를 수집하고, 모든 개인에게 나타나는 경험의 본질에 대한 복합적인 기술을 전개하게 된다.

2021년 9월 현재 한국교육학술정보원에 '특수교육 현상학 연구'라는 키워드로 검색한 결과, 석 · 박사학위논문, 학술지, 단행본 등 460여 편이 등재되어 있다. 연구주제를 분석해 보면, 자기결정권, 장애대학생, 부모심리, 이성교제, 진단, 교사양성, 교과교육, 사회경험, 2차 성징, 지각양식, 이론연구, 장애부모의 비장애자녀 양육, 방과후 학교, 학교적응, 장애아동 형제자매 등이다. 이는 장애와 관련한 사람들의 모든 면을 망라하고 있는 것으로 볼 수 있다.

앞서 제시한 연구주제에 추가적인 현상학 연구의 아이디어를 제시해 보면, 특수교사의 삶, 학교장의 학교 경영, 장애 학부모의 양육 경험, 일반 대중의 장애인식 등에서 연구를 수행할 수 있을 것이다. 첫째, 특수교사의 삶에 대한 현상학적 연구는 다양한 연구참여자가 교직의 현상을 경험하면서 체득한 내용을 토대로 개인과 공동체에 관한 문제해결을 주제로 수행 가능할 것이다. 둘째, 학교 경영에 관한 연구는 학교장의 경영철학과 교육환경 변화에 대한 유기적 상호작용에 대한 연구주제로 선정이 가능하다. 셋째, 장애 학부모의 양육 경험은 어떤 관점에서 어떤 이론과 시각에서 접근하고 해석하는지에 따라 연구의 내용과 질이 달라지고 그 해석으로 연구의 가치를 특정할 수 있다. 넷째, 장애인식에 대한 연구주제로서 현재 장애인식 개선에 대한 문제는 범국가적 노력으로 인하여 많은 개선이 있어 왔다. 현재는 통합학교에 의무적으로 장애인식 개선 연수를 실시하도록 되어 있는 바, 통합교육 환경에서의 현상학적 연구주제로 선정하여 추진할 필요가 있는 것으로 보인다.

(2) 생애사 연구

생애사 연구(life history research)는 특정 개인 생애에 대해 탐구하는 질적 연구방법론의 한 유형이다. 생애사 연구는 이야기, 일화, 역사적 내용 등의 자료를 분석하고 개인의 생애에 대해 상세하게 기술한다. 개인의 인생에 대한 광범위한 기록을 보고하는 전기적 글쓰기 형식이다. 다시 말해, 생애사 연구는 사례연구의 한 유형으로서 1인칭 전기적 형식의 이야기를 수집할 목적으로 집중적인 인터뷰를 실시하는 연구이다. 사회운동 지도자 등과 같은 유명인사들이 경험했던 역사를 기록하기도 하지만, 일반적으로 일반 시민을 대상으로 '일반인'의 시각에 비춰진 역사의 모습을 담기도 한다.

2021년 9월 현재 한국교육학술정보원에 '특수교육 생애사 연구'라는 키워드로 검색한 결과 석·박사학위논문, 학술지, 단행본, 연구보고서 등 80여 편이 등재되어 있다. 연구주제로는 장애 가족의 삶, 농부모를 둔 청각장애학생, 여성장애인의 삶, 중증장애학생 양육, 장애인 복지관 종사자, 특수교육 공헌자 등을 연구주제로 하고 있다.

앞서 제시한 연구주제에 추가적인 생애사 연구의 아이디어를 제시해 보면, 장애 관련 위인전, 장애극복 성공기, 학교설립 및 운영 수범사례, 특수교사로서의 삶, 장애인의 삶, 다문화 장애가정 등이 가능할 것이다. 첫째, 장애와 관련된 위인전에 관한 연구주제를 들 수 있다. 생애사 연구가 주로 생존하고 있는 개인을 대상으로 하지만 위인에 관한 연구도 가능하다. 둘째, 장애극복 성공기는 장애를 극복하고 타인을 돕는 등 귀감이 되는 삶을 사는 사람들이 연구대상이 된다. 셋째, 학교설립 및 운영 수범사례는 학교설립을 통해 장애인의 삶에 기여한 사례 등이다. 또한 운영 수범사례는 장애 영역 간 편차적 학생 수 감소에 따른 운영, 교육과정 편성 운영, 전공과 운영, 학교기업 운영 등 한 개인의 학교 운영에 대한 연구주제는 산재해 있다고 할 수 있다. 넷째, 특수교사로서의 삶은 어떤 성장 과정을 거쳐 장애인의 삶에 관심을 갖게 되었는지, 배움의 과정은 어떠했는지, 특수교사가 되기까지의 과정, 학교 현장에서 교사로 생활하기까지 특정 교사의 삶, 특수교육이라는 주제로 관통하는 한 사람의 생애를 따라가는 생애 주기별 연구가 가능할 것이다. 다섯째, 장애인의 삶은 장애인으로서 살아가는 어려움, 정책적 요구, 도움, 배려, 배품 등에 대한 연구가 가능하다.

(3) 상징적 상호작용론 연구

상징적 상호작용론 연구의 아이디어이다. 사회학에서 발전한 질적 연구의 한 유형으로서 인간의 사회적 행위는 상징에 대한 해석의 결과로 이루어진다고 보는 관점이다. 다시 말해, 인간의 행위를 이해하기 위해서 사회적 행위를 수행하는 행위자 내면의 사고 과정에 초점을 맞추게 된다.

2021년 현재 한국교육학술정보원에 '특수교육 상징적 상호작용론 연구'라는 연구방법론으로 수행된 연구물은 찾아보기 힘들다. 그러나 특수교육 환경은 다양성이 존재하는 만큼 연구주제와 연구방법론이 존재한다. 물론, 필수적으로 다양한 연구방법론이 적용되어야 한다는 것은 아니지만, 특수교육을 설명하고 이해해 가는 연구 행위로서 다양한 연구방법론의 적용 노력은 계속되어야 한다. 이러한 맥락에 따라 특수교육에서의 상징적 상호작용 연구 아이디어를 제시해 보면, 장애인의 사회적응 과정 연구, 전환교육, 부모의 장애자녀 양육과 사회와의 상호작용, 특수교사의 삶에 관한 연구 등이 가능할 것이다. 첫째, 장애인의 사회적응 과정 연구는 장애인이 사회환경과 이루어지는 사회적 행위들의 상징을 찾는 데서 다양한 해석이 가능하다. 특수교육의 궁극적 목적이 사회적응을 통한 자립에 있다고 볼 때 이러한 연구주제는 의미가 있다. 둘째, 전환교육 역시 사회적 행위에서 상징을 찾고 해석하는 데 용이한 연구주제이다. 셋째, 장애자녀 양육과 사회와의 상호작용 역시 상징적 상호작용론의 연구방법으로 수행 가능하며, 이 외에도 장애인의 직업생활, 일상생활 등 무수히 많은 연구주제가 있음을 간과하지 말아야 한다.

(4) 민속방법론 연구

민속방법론은 일상적 환경이나 상황의 일부로서 사람들이 눈에 보이는 조직화된 사회 질서를 어떤 상호작용을 통해 공통된 정의를 내리는지를 연구하는 데 목적이 있다(손민호, 문성숙, 2011). 특수교육 질적 연구방법론으로서 민속방법론 연구는 다소 생소할 수 있다.

2021년 9월 현재 한국교육학술정보원에 '민속방법론 연구'라는 연구방법론으로 수행된 연구물은 찾아보기 힘들다. 그러나 일반교육에서는 민속방법론을 활용한 연구가 점증하고 있는 것으로 보인다. 특수교육 환경은 다양성이 존재하는 만큼 다양한 연구주제와 연구방법론이 존재한다. 물론, 연구방법론의 다양성이 바로 좋은 연구 성과물을 낸다고 보기는 어렵다. 그러나 특수교육 환경의 다양성과 연구주제를 고려할 때, 더 적절한 연구방법론이 존재한다는 가정하에 노력할 필요는 있다.

이와 같은 맥락에 따라, 특수교육에서 실현 가능한 민속방법론의 연구 아이디어를 제시해 보면, 장애학생들의 기숙사 생활, 장애 영역별 학교생활, 민속방법론을 활용한 특수교육 제이론 연구 등이 가능할 것이다. 첫째, 장애학생들의 기숙사 생활은 가정이라는 기초 사회 단위를 벗어나 기숙사라는 공동생활을 통해서 형성되어 가는 과정의 연구 수행이 가능하다. 둘째, 장애 영역별 학교생활 연구는 장애 영역별 학교 특성, 상호작용, 요구, 학교 환경 구성, 교육과정 설정 등에 대한 구성원 간의 상호작용에 대한 연구 수행이 가능하다. 셋째, 민속방법론을 특수교육 제이론 연구가 가능하다. 가령 행동수정, 언어치료, 감각통합, 체육활동 등 다양한 교수이론을 적용한 프로그램의 연구가 가능하다.

(5) 근거이론 연구

근거이론은 상징적 상호작용론에서 파생된 질적 연구라고 볼 수 있다. 그리고 인간의 사회적 행위를 실질적으로 설명할 수 있는 이론을 찾아내는 데 목적이 있다. 그것을 알아내기 위해서는 행위자의 행위 과정과 전략에 주목한다(서근원, 2008).

근거이론 연구는 특수교육과 일반교육에서 널리 활용하고 있는 질적 연구방법론 중의 하나라고 볼 수 있다. 실제로, 특수교육에서 근거이론을 기반으로 하는 석·박사학위논문, 학술논문, 연구 보고서 등 3,000여 편이 한국교육학술정보원에 탑재되어 있다. 이를 구체적으로 보면, 학술논문이 400여 편, 학위논문 1,700여 편이다. 근거이론 연구방법론으로 수행한 연구주제를 살펴보면, 음악치료, 특수교사 직무경험, 장애부모 자녀양육 경험, 근이영양증, 장애대학생, 지적장애 운동선수, 레질리언스, 이론연구, 전환교육, 언어장애 진단모델, 장애유아통합, 보완대체의사소통(AAC), 장애부모 진로 인식, 장애대학생, 장애자녀 양육, 특수체육 등 다양하다. 다양한 질적 연구방법론이 있음에도 불구하고 상대적으로 이 분야의 연구물이 많이 축적된 데는 그 이유가 있을 것이다. 근거이론 연구가 추구하는 '인간의 사회적 행위를 실질적으로 설명할 수 있는 이론을 찾아내는 데 대한 목적'이 특수교육 환경과 부합하여 연구주제 선정이 용이한 점이 그 이유가 아닐까 생각한다. 이러한 맥락에 따라 특수교육에서 실현 가능한 근거이론의 질적 연구 아이디어를 제시해 보면, 장애학생의 사회화 과정, 초임교사의 학교적응 과정 등 다양한 측면에서 연구 수행이 가능할 것으로 본다.

최근 시대 상황을 반영한 근거이론 연구방법론의 연구주제를 제안해 보면, 인공지능(AI), 랜선 만남, 언텍트(untact) 환경 구성 등이다. 첫째, 특수교육 환경으로서 제4차 산업혁명 시대가 가져다준 가상현실(VR), 증강현실(AR), 초연결사회는 특수교육의 미래 모습과 방향을 제시하고 있다. 이러한 인공지능 시대가 주는 메시지를 활용하여 교수학습이론을 개발하고 특수교육방법론을 연구하는 데는 근거이론 연구가 큰 역할을 할 수 있다. 둘째, 랜선 만남과 언텍트 환경은 원격교육을 포함하고 있다. 현재 특수학교 현장에서는 원격수업을 위한 다양한 활동, 즉 교사 연수, 학부모 전달 연수, 예산 투자 등이 이루어지고 있다. 이러한 시대 현상과 특수교육 환경은 다양한 연구주제를 잉태하고 있다고 보아야 한다.

요컨대, 특수교육 환경에서 질적 연구방법이 적합하고 유용한 경우를 제시해 보면, 첫째, 연구하고자 하는 현상이나 대상, 지역에 대한 선행연구나 사전 정보가 전혀 없거나 부족할 때, 둘째, 복잡하고 미묘한 사회적 관계성을 연구하고자 할 때, 셋째, 소집단 또는 소규모의 지엽적 사회의 역동에 관해 국지적이지만 총체적인 연구를 하고자 할 때, 넷째, 사건의 맥락이나 흐름, 구조에 대한 심층적 분석을 하고자 할 때, 다섯째, 현상 이면에 내재한 가치체계, 신념체계, 행위규칙, 적응전략을 파악하고자 할 때, 여섯째, 양적 연구나 객관적 접근으로 잘 드러나지 않는 억압구조와 소수집단의 목소리를 중시할 때 질적 연구방법론을 채택해 볼 만한 것으로 판단된다.

3. 특수교육과 질적 연구방법론의 미래

최근 한국 특수교육은 전반에 걸쳐 무한의 변화 일로에 서 있다. 즉, 특수교육 수요자는 물론, 학교, 물리적 환경, 사회적 환경 등 총체적 변화를 맞이하고 있다고 봐야 할 것이다. 이에 한국 특수교육 연구를 위한 연구방법론이 양적 연구 일변도에서 질적 연구로의 확산 추세임은 분명하다. 여기서는 한국 특수교육 환경 변화에 발맞추어 특수교육 발전을 위한 질적 연구 도입과 발전 방안에 대해 제시하고자 한다.

1) 특수교육의 변화와 다양한 연구방법론의 요구

2000년에 접어들면서 한국 특수교육계에서는 질적 연구에 대한 관심이 증폭되었다. 일반교육에서는 이미 이 시기에 왕성한 연구 활동은 물론 연구 결과물이 축적되고 있었다. 반면, 한국 특수교육에서는 학회를 중심으로 한 리더 부재, 특수교육 전용 단행본 부재 등의 모습을 보이고 있었으나 개인 학자와 학생들을 중심으로 질적 연구물이 점증하고 있는 추세이다. 이 시기의 연구 축적물을 중심으로 한국 특수교육계의 질적 연구 방향과 가능성을 제시해 보고자 한다.

(1) 한국 특수교육계의 질적 연구 현실과 대안

한국 특수교육계에서도 다양한 질적 연구 유형에 의한 연구가 확산되어야 한다. 2000년대 이후 한국 특수교육계의 연구 축적물을 분석한 결과를 보면, 다양한 질적 연구방법론이 개발되어 있음에도 불구하고 연구물이 무척 빈약하다. 물론 빈약이라는 용어는 주관적일 수 있으나 이 가정을 전제로 하여 현실을 직시할 필요가 있다. 이를 극복하기 위해서는 질적 연구의 이론화에 대한 보다 많은 노력이 요구된다. 이러한 노력을 기울이는 방법은 다양하겠지만, 우선적으로 한국 특수교육계에서 질적 연구방법론을 가르칠 학자가 부족하다는 문제와 더불어 대학의 질적 연구와 관련한 커리큘럼을 확대할 필요가 있다. 그 이유는 한국 특수교육계의 연구 산출물을 유형화하여 살펴볼 때, 아직도 양적 연구가 대다수의 연구를 지배하는 현상인 것은 분명해 보인다. 따라서 일반교육과 특수교육이 소통하는 기회를 확대하고, 교육자와 연구자들이 질적 연구 패러다임에 대해 열린 철학으로 접근하는 것은 한국 특수교육계 연구의 질을 발전시키는 데 기여할 것이다.

(2) 한국 특수교육계 질적 연구의 장애 영역 확산

다양한 장애 영역으로의 질적 연구 확산과 더불어 미시적이고 구체적인 연구주제로의 접근이 필요하다. 한국 특수교육계의 장애 영역 및 연구주제의 동향을 분석한 결과를 보면, 일부 장애 영역을 대상으로 질적 연구가 추진되고 연구주제 역시 제한적으로 이루어지고 있는 점이 발견된다. 즉, 학교생활과 일상생활 등을 전체적으로 큰 틀에서 접근하는 데 초점을 맞추고 있기 때문에 지나치게 기술적이고 현장을 소개하는 차원으로 이해될 수 있다. 법적으로 제시하고 있는 장애 영역을 대상으로 다양하게 포괄하는 질적 연구와 질적 연구 특성을 살리기 위한 미시적이고 국지적 · 토착적인 상호작용의 현장들이 연구주제로 발굴되어야 한다. 한국 특수교육 환경의 연구주제는 시간의 흐름에 따라 다양하게 변화할 가능성을 품고 있기 때문이다.

(3) 질적 연구방법론의 준수와 수행

한국 특수교육 연구에 있어서 충분한 연구 기간과 다양한 연구참여자 확보를 통한 질적 연구 수행이 요구된다. 질적 연구방법론을 준수할 필요가 있다. 질적 연구에서 연구 기간이나 연구참여자 수에 대하여 연구 본질적으로 합의를 본 규정은 없지만, 연구의 특성을 살리기 위해서는 충분한 연구 기간과 연구참여자 확보가 필수적이다. 이에 한국 특수교육계에서 발표되고 있는 논문에 대해서 질적으로 제대로 수행되고 있는지 분석해 볼 필요가 있다. 이 문제는 필히 극복되어야 할 문제로서, 한국 특수교육계와 대학에서의 질적 연구에 대한 논의의 장이 확대되어야 할 것이다. 그 이유는 학문은 전수되는 속성이 있어서 오개념의 전달로 인한 연쇄반응은 시간이 흐를수록 바로 잡기 곤란하기 때문이다.

(4) 질적 연구 논의의 장 확대

한국 특수교육계의 질적 연구 논의의 장을 확대할 것을 요구한다. 한국 특수교육계의 석 · 박사학위논문과 학술논문의 유형이 대부분 양적 연구물이다. 그것은 대학과정에서부터 질적 연구를 경험하지 못하는 데서 일부 기인한다고 본다. 전술한 바와 같이 근자에 와서 질적 연구가 점차 확대되고는 있으나, 그야말로 질적 담보 측면에서 다소의 문제점을 지닌 연구물이 적지 않은 것이 현실이다. 또한 양적 시각으로 질적 연구를 보는 것에 대해 극복하고자 하는 노력이 필요하다.

2) 특수교육계의 노력과 발전 방향

(1) 특수교육계에서 질적 연구의 엄격성 담보를 위한 노력

하나의 연구방법론으로서 질적 연구가 갖는 현실적 어려움이 있다. 첫째, 질적 연구 수행을 위해서는 낯선 문화에 적응해야 하기 때문에 심리적으로나 문화적으로나 부담이 된다. 둘째, 장기간 '타지'에서 생활해야 한다는 생활적인 부담이 있다. 셋째, 질적 연구 수행을 위해서는 인간관계 형성과 신뢰성을 갖기 위한 노력이 요구된다. 넷째, 상대적으로 많이 소요되는 시간과 연구비는 무시할 수 없는 어려움 중의 하나이다. 다섯째, 연구참여자를 섭외하기 어려운 점과 연구윤리 문제의 극복이 요구된다. 여섯째, 질적 연구의 특성상 장기적인 연구 기간은 많은 연구 산출물을 기술 · 분석 · 해석해야 하는데 이에 필요한 장기적인 기간은 또 하나의 어려움을 수반한다. 이렇듯, 질적 연구가 가지는 어려운 점에도 불구하고 장점이 많은 것도 사실이라는 점을 직시해야 한다. 우리는 흔히, "질적 연구는 어렵다.", "질적 연구는 소설이다.", "글쓰기 재주가 있어야 한다.", "특수교육에서 하나의 연구방법론으로 유의한 결과 도출이 가능한가?"라는 말을 자주 듣는다. 그것은 무지나 오해에서 오는 것일 수도 있지만, 이러한 현상 역시 부정적 시각을 견지한 불특정 다수를 이해시키는 데는 한계가 있었다는 점을 시인해야 할 것이다.

질적 연구를 바라보는 부정적 시각을 일소시키기 위해서는 연구의 엄격성, 보수성 등이 담보되어야 할 것이다. 즉, 연구주제에 부합하는 질적 연구방법론을 선정하고 그에 따른 연구 전략의 수립과 결과를 이끌어 내야 할 것이다. 또한 양적 연구자가 발굴하지 못하는 연구 영역을 심도 있게 찾아내거나, 양적 연구로는 접근이 어려운 연구주제의 선정을 통하여 인간과 교육현장을 이해할 수 있는 원천을 제공해 준다면 독자의 인식이 전환될 것이라고 믿는다.

(2) 특수교육에서 질적 연구의 문제와 확산에 대한 재음미

한국 특수교육계에서 질적 연구방법론을 바라보는 시각은 합의되지 않은 다양다각의 시각이 공존하는 것으로 보인다. 즉, 양적 연구가 보지 못하는 교육현상을 부각시킬 수 있는 장점을 지니고 있다고 보는 시각이 있는가 하면, 그동안의 양적 연구를 부정하고 질적 연구를 만병통치약처럼 생각하는 경우도 있다. 그렇다면 여기서는 보그단과 비크렌(Bogdan & Biklen, 2005)의 말을 빌려 질적 연구의 문제와 가능성을 특수교육 관점에서 재음미해 보고자 한다.

첫째, 질적 연구 결과는 일반화가 가능한가의 문제이다. 연구자들이 일반화라는 용어를 사용하는 경우는 특정 연구의 결과가 그 연구와 관련된 연구 대상자나 연구 장소, 상황 외에서도 사실로 확인되는 경우이다. 예컨대, 연구자가 어떤 교실을 연구한다고 할 때 연구자는 교실에서 얻은 결과가 다른 교실에서도 적용 가능한지를 알고 싶어 한다. 질적 연구의 목적이 결과의 일반화보다는 심도 있는 이해에 있다고 볼 때, 전술한 특수교육 환경의 변화에 근거해 보면 국지적 · 토착적 교육문제를 해결하는 데 질적 연구가 기여할 것으로 본다.

둘째, 연구자의 견해, 선입견, 편견들이 자료에 미치는 영향에 관한 문제이다. 사회학적 배경이든 인류학적 배경이든 질적 연구자는 과거 수년 동안 연구자의 개인적 견해나 선입견이 자료수집에 영향을 미친다는 부담을 떨쳐 버리기 위해 노력해 왔다. 질적 연구자는 연구 장소에서 상당한 시간을 보내면서 자료를 수집하고 수집한 자료를 반복해서 읽는 끊임없는 과정을 되풀이하는 특징을 가진다. 그러나 특수교육의 특성상 연구가 국지적인 장소에서 이루어지고, 연구대상과 장소의 개별성은 이러한 문제에서 자유롭지 못하다는 한계를 인식하고 극복해야 할 문제로 봐야 할 것이다.

셋째, 연구자의 존재가 연구참여자 행동에 변화를 주는 이른바 관찰자 효과(observer effect)의 문제이다. 질적 연구방법론의 역사를 살펴보면, 연구자들은 이 문제에 대해 스스로 언급해 왔고 최소화하거나 주의하고자 노력해 왔다. 질적 연구자는 연구참여자와 서로 신뢰할 수 있도록 노력해야 한다. 특수교육의 관점에서 보면, 질적 연구를 수행하는 대상의 개인차와 다양성이 보편성보다 크기 때문에 이러한 문제를 극복해야 하는 노력이 요구된다. 실제로 한국 특수교육계에서 산출된 논문들의 경향성을 보면, 연구자 자신이 연구 환경을 잘 알고 있거나 소속된 장소에서 이루어지는 경우가 다수 있음을 알 수 있다. 따라서 이 문제는 연구의 신뢰성에 영향을 미칠 수 있기 때문에 주의를 기울여야 하는 문제이다.

넷째, 질적 연구의 신뢰도(reliability)에 관한 문제이다. 즉, 동일한 상황 또는 동일한 연구참여자들을 대상으로 두 명의 연구자가 독자적으로 연구를 수행할 경우 이들은 과연 동일한 결과를 도출할 수 있는가의 문제이다. 질적 연구는 몇 회에 걸쳐 서로 다른 관찰을 하더라도 일관된 결과를 유지하는 것이 신뢰도라고 생각하지 않고, 연구자가 자료로 기록한 것과 그 장소나 상황에서 실제로 일어난 일 사이의 일치성을 신뢰도로 생각하는 특성이 있다. 다시 말해, 한 가지의 상황이나 장소를 연구한 두 연구자가 서로 다른 종류의 자료를 수집하게 되어 이로 인해 서로 다른 결과를 도출하는 경우도 있을 수 있으며, 이 두 연구는 모두 신뢰도를 가진다고 할 수 있다. 두 연구가 서로 모순되는 결과나 서로 양립할 수 없는 결과를 도출할 경우에 한해서만 둘 중 어느 한 연구 혹은 두 연구 모두에 대해 신뢰도에 의문을 제기할 수 있다고 본다.

다섯째, 질적 연구와 양적 연구를 동시에 사용할 수 있는가의 문제이다. 물론, 이는 가능하며 어떤 연구자들은 이 두 연구방법을 동시에 사용하기도 한다. 두 가지 연구방법의 동시 사용은 양적 자료와 질적 자료의 상호작용을 알아보는 데는 유용하겠지만, 이런 연구는 연구하고자 하는 주제에 집중하기보다는 연구방법론에 대한 연구로 끝나는 경우가 종종 있다. 향후 한국 특수교육계에서의 질적 연구는 이러한 문제에 대해서 엄격하게 검토하면서 양자가 상호 보완하는 동시에 갈등관계를 유지해야 할 것으로 본다.

여섯째, 양적 연구와 질적 연구 중 어느 방법이 좋은가에 대한 문제이다. 최고의 연구방법은 없다는 것이 지금까지 알려진 사실이며, 결국 연구자가 무엇을 연구하고자 하며 또한 어떤 것을 발견하고자 하는가에 모든 것이 달려 있다고 보아야 한다. 어떤 연구 문제와 주제의 경우 질적 연구방법이 전혀 도움이 안 되는 경우가 있다. 이는 양적 연구방법에 대해서도 마찬가지이다.

일곱째, 질적 연구의 목적이 무엇인가의 문제이다. 질적 연구의 목적은 인간의 행동과 경험을 심도 있게 이해하려는 것이다. 그래서 질적 연구자는 사람들이 의미를 구성하는 과정을 파악하고 그런 의미들이 무엇인지를 서술하는 데 연구목적을 두고 있다. 질적 연구자는 인간 행동의 구체적인 사례를 수집하기 위하여 경험적 관찰을 하는데, 이는 인간 행동에 대한 좀 더 분명하고 깊은 생각을 할 수 있도록 해 주기 때문이다. 요컨대, 한국 특수교육계의 학문발전과 교육현장의 문제해결을 위해서는 질적 연구 수행 과정에서 본질이 충분히 검토되어야 할 것이다. 또한 질적 연구는 특수교육 대상학생의 변화, 다양한 교육적 요구 확인 및 교육현장 개선, 한국 특수교육계의 학문적 발전을 위해 유용성이 있는 연구목적과 방법론을 제공해 줄 것으로 믿는다.

3) 특수교육계의 질적 연구 확산을 위한 향후 과제

한국 특수교육계는 2000년대에 들어서면서 질적 연구에 대한 관심이 증폭됨과 더불어 연구 논문의 수가 점증하고 있다. 이 시점에서 질적 연구의 향후 과제와 기울여야 할 노력을 고찰해 보는 일이 필요하다. 이러한 필요성과는 달리 한국 특수교육계는 질적 연구에 대한 동향을 분석하고 발전 방안을 논의하는 연구물을 찾아보기 힘든 실정이다. 이러한 상황을 고려하여 한국 특수교육계의 질적 연구에 대한 향후 과제를 제시해 보고자 한다.

(1) 한국 특수교육계의 다양한 질적 연구방법론을 도입하기 위한 노력

한국 특수교육계에서도 다양한 질적 연구 유형에 의한 연구가 확산되어야 한다. 앞서 살펴본 한국 특수교육계 연구 산출물의 분석 결과를 보면, 다양한 질적 연구방법론이 개발되어 있음에도 불구하고 특정 방법론으로 수행한 연구 산출물이 없는 경우가 있다. 이를 극복하기 위해서는 질적 연구의 이론화에 보다 많은 노력이 요구된다. 이러한 노력을 기울이기 위한 방법은 다양하겠지만 우선 한국 특수교육계에서 질적 연구방법론을 지도할 교수진 부재의 문제점과 대학의 질적 연구와 관련한 커리큘럼 확대가 필요하다는 점을 들 수 있다. 부언하자면, 특수교육계의 연구 산출물을 분석해 볼 때 양적 연구의 지배철학에서 탈피하여 연구의 다양화를 추구할 필요성이 있기 때문이다. 이에 교육자와 연구자들의 질적 연구 패러다임에 대한 열린 철학은 한국 특수교육의 교육연구 발전에 기여할 것이고, 그 결과로 얻은 각종 이론은 교육현장에서 교육의 질을 개선하는 데 기여할 것이다.

조용환(1999)이 "기존의 연구 패러다임을 바꾸는 것은 개종의 고통과도 같다."라고 말한 것처럼 그 길이 어렵고 험난하더라도 한국 특수교육계와 질적 연구의 발전을 위한 길이라고 생각한다. 또한 한국 특수교육 환경의 변화에는 장애인들의 욕구도 다변화하고 있음을 감안해야 할 것이다.

(2) 특수교육계의 질적 연구주제 다양화를 위한 노력

질적 연구의 다양한 장애 영역으로의 확산과, 미시적이고 구체적인 연구주제로의 접근이 필요하다(박미화, 강성종, 2012). 즉, 학교생활과 일상생활 등을 전체적으로 접근하는 데 초점을 맞추고 있기 때문에 지나치게 기술적이고 현장 소개적인 차원으로 연구가 수행될 수 있다. 법에 제시된 장애 영역을 포괄할 뿐 아니라 질적 연구 특성을 살리기 위한 미시적이고 국지적 · 토착적인 상호작용의 현상들이 연구주제로 발굴되어야 한다. 예컨대, 현재 특수교육 대상자들의 중도 · 중복장애 추세는 동질집단 구성과 연구 가설 설정을 통한 검증, 수량화를 위한 양적 연구로는 설명이 불가능한 경우가 많다. 즉, 질적 연구를 수행함으로써 특수교육 대상자의 심도 있는 교육적 요구를 섬세하게 파악할 수 있다.

또한 특수교육에서의 질적 연구주제로 교과수업과 수업 분야에 대한 연구가 확산되어야 한다고 본다. 왜냐하면 수업과 관련하여 탐구되어야 하는 중요한 특수교육 현장의 특성이 섬세하게 규명되지 못하고 있기 때문이다. 질적 연구방법론의 장점은 수업현상의 해석적 연구의 활성화, 수업효과와 수업개선의 측면에서 수업현상을 미시적이고 구체적으로 접근하여 연구를 수행할 수 있는 점이다.

(3) 특수교육계의 질적 연구방법론 수준 담보와 현실 문제해결을 위한 노력

다양한 자료수집 방법과 진실성 검증을 통한 질적 연구의 질적 수준을 담보하는 노력이 필요하다. 앞서 살펴본 한국 특수교육계의 연구 산출물 분석 결과를 보면, 자료수집은 문헌자료, 면담 · 심층면담, 참여관찰에 국한하여 76% 이상 이루어지고 있다(강경숙, 강성종, 2011). 이러한 현실은 질적 연구에서 자료수집 방법의 중요한 세 가지 영역을 수용하고 있다고 보이지만, 선행 연구자들이 권장하는 자료수집 방법의 다양화는 필히 도입되어야 할 것으로 판단된다. 또한 진실성 검증에 있어서도 약 23%만이 실행하고 있어서 이에 대한 극복 노력도 동시에 요구된다. 질적 연구는 인간의 경험과 행동을 심층적으로 이해하고자 하므로 연구참여자는 물론 사회문화적 환경과 자연환경에 대한 자료를 필요로 한다. 따라서 자료수집에는 연구참여자, 전기, 이야기, 일기, 편지, 역사적 기록, 영화, 사진, 비디오테이프 등으로 구성된 서류와 문서 같은 기록물 등을 이용한다(신경림, 2004).

주지하다시피, 한국 특수교육은 100여 년을 훌쩍 넘는 역사를 지니고 있다. 양적으로나 질적으로나 큰 발전이 있어 왔음은 분명하다. 양적 연구에서 질적 연구 확산의 일로에 있음도 분명하다. 또한 인공지능 시대와 코로나19라는 시대적 상황은 한국 특수교육계에도 큰 변화를 요구하고 있다. 큰 변화를 위한 노력의 일환이 바로 학문적 연구일 것이다. 따라서 제4차 산업혁명과 특수교육과의 관계성에서 발생하는 제 문제를 해결하기 위한 연구가 충실히 이루어져야 한다. 또한 2020년 이후 전 세계적으로 미증유의 코로나19 팬데믹에 의한 교육소외 및 교육격차 심화가 사회적인 이슈로 등장한 시점에서 시대적 현상을 반영한 랜선 만남, 언텍트, 원격수업 등에 대해서 관심을 가져야 할 것이다. 왜냐하면 이러한 시대적 현상을 설명하는 데는 기존의 교육방법으로는 한계가 있기 때문이다.

(4) 특수교육계의 다양한 질적 연구 논의 장 확대

우선적으로 질적 연구자의 저변 확대를 위한 노력, 대학에서의 인재 양성 등 중 · 장기적인 노력이 필요하다. 또한 질적 연구의 튼실한 연구 논리가 선행된다면 질적 연구에 대한 시각은 개선되리라고 본다. 예컨대, 정기적인 학술대회, 콜로키움, 부정기적인 모임, 인적교류 등 다양한 방법이 있을 것이다. 또한 이미 특수교육 관련 질적 연구물이 일반교육학계 연구자들에 의해서 산출되고 있으며, 무궁무진한 특수교육계 연구주제에 대해서도 양 학계가 융합하여 연구를 한다면 학문적 동반 성장의 기회가 올 것으로 믿는다. 다시 말해, 일반 질적 연구 학계는 특수교육이 지니는 질적 연구의 필요성과 질적 접근이 주는 유익과 매력을 공감하고, 특수교육계에서는 일반 질적 연구 학계에서 이미 수많은 논문발표와 논의를 통해 튼실하게 쌓아 온 질적 연구자들의 학문적 노하우를 전수받을 기회가 될 것이다. 이러한 학문적 조우를 통한 연구가 곧 학문의 발전이요, 질적 연구의 발전 과제 해결의 일환이라 믿는다. 특수교육 연구를 위한 국가적 지원이 점차 증가하고 있으므로, 연구 추진 시 현장의 요구 분석과 같은 질적 연구를 실행할 수 있도록 다양한 측면의 행 · 재정적 지원이 요구된다. 그것은 질적 연구를 수행하는 개인, 단체, 기관 지원을 포함하는 것이다.

한국 특수교육계의 질적 연구는 태동기를 이제 막 지나고 있다 해도 과언이 아닐 듯싶다. 사실 20여 년 전쯤 이미 필요성이 강력하게 주장되었기에 지금쯤은 이미 발전기에 접어들었어야 하지만 현실은 그렇지 못하다. 그리고 아직도 한국 특수교육 현장은 '있는 그대로'를 담은 연구의 손길을 기다리고 있다. 이러한 한국 특수교육계의 학문과 교육현장은 질적 연구자들에게는 다행일지도 모른다. 조사 연구, 실험 연구 등으로 대변할 수 있는 한국 특수교육계의 양적 연구 지배 패러다임에서 다양한 깊이와 넓이를 아우르는 질적 연구방법론의 접근을 통해 특수교육 학문, 장애인의 궁극적 삶의 질 향상을 위해서 그 지평을 열어 가기를 소망해 본다. 그리고 일반 교육의 질적 연구학계와 동반 성장을 위한 협력 증진과 특수교육의 질적 연구에 대한 정책의 변화를 기대해 본다.

참고문헌

강경숙(2001). 특수교육에서 질적연구 사례. 한국교육인류학회 월례회 발표자료.

강경숙, 강성종(2011). 특수교육 특성에 비추어 본 질적 연구의 가능성과 발전 과제. 2011년도 한국교육인류학회·질적연구학회 공동학술대회 자료집.

강경숙, 권택환, 김수연, 김은주(2000). 세 학교의 통합교육 운영 사례. 통합교육 시범학교 운영사례집, 1-341.

강유석, 노형규(2009). 특수체육학 분야의 질적연구 동향 고찰. 한국특수체육학회지, 17(3), 285-310.

강윤재(2004). 과학자들에게 묻고 싶은 인간과 삶에 관한 질문들. 서울: 황금부엉이.

김남웅(2019). 한국 특수교육에서의 생애사 연구 동향분석-2000~2017년을 중심으로-. 특수교육논총, 35(1), 67-93.

김병하(1992). 질적 연구의 이해와 실천. 서울: 도서출판 특수교육.

김병하(2000a). 지식기반사회에 대응한 한국 특수교육의 과제. 특수교육저널: 이론과 실천, 1(1), 19-37.

김병하(2000b). 질적 연구의 이해와 실천. 서울: 도서출판 특수교육.

김삼섭, 이준석, 임경원, 박은영(2005). '특수교육학연구' 게재 논문의 내용과 방법에 관한 고찰. 특수교육학연구, 39(4), 195-216.

김수진(2003). 학습장애를 보이는 청각장애 아동의 사례 연구. 정서 · 행동장애연구, 19(2), 199-210.

김애화, 김의정, 김은경, 서선진, 박현, 김은숙(2011). 특수교육 학회지 동향 분석. 특수교육연구, 18(2), 49-78.

김영천(2008). 질적연구: 우리나라의 걸작선. 서울: 문음사.

김영천(2012). 질적연구방법론. 경기: 아카데미프레스.

김인숙(2020). 제도적 문화기술지 이론적 토대와 실행. 서울: 학지사.

김진호, 차재경(2017). 장애 영유아 담당교사를 대상으로 한 국내 연구동향 분석 및 연구방법 고찰. 특수교육, 16(4), 187-211.

김혜리(2013). 중도·중복장애학생의 문제행동 지원을 위한 행동주의와 메를로-퐁티(Merleau-Ponty) 현상학과의 대화. 특수아동연구, 15(4), 445-464.

노진아, 이윤숙, 강미애, 박동환, 이유리(2011). 유아특수교육에서의 질적 연구 동향 분석: 2000년부터 2010년까지의 국내학술지 논문 중심으로. 특수교육, 10(1), 305-328.

노형규(2004). 특수체육에서의 질적연구 적용과 전망. 한국특수체육학회지, 12(3), 1-14.

박경숙, 손희권, 송혜정(1998). 학생의 왕따(집단 따돌림 및 괴롭힘) 현상에 관한 연구. 한국교육개발원 연구보고, RR 98-19.

박미화, 강성종(2012). 한국 특수교육에서의 질적 연구 동향 분석과 향후 과제. 지체·중복 · 건강장애연구, 55(2), 205-226.

박은혜(2001). 특수교육에서 질적연구. 한국교육인류학회 학술대회 자료집.

서근원(2008). 질적연구 수행의 의미. 한국교육학회, 46(3), 133-161.

서유진(2020). 특수교육 분야에서의 자문화기술지 연구 동향분석 및 향후과제. 특수아동교육연구, 22(4), 135-164.

서유진, 이동성(2013a). 학령기 장애학생과 가족을 대상으로 한 질적연구의 특성 및 연구방법론적 준거 충족도 분석. 특수아동교육연구, 15(1), 399-430.

서유진, 이동성(2013b). 장애학생 담당 교사를 대상으로 한 질적연구 분석: 질적연구의 방법론적 준거에 기초하여. 특수아동교육연구, 15(2), 215-243.

손민호, 문성숙(2011). 구성원들의 실천지에 관한 이해로서의 민속방법론 활용 탐색. 교육과정연구, 29(2), 45-68.

신경림(2010). 질적 연구 방법론. 서울: 이화여자대학교출판부.

유수경, 황해익(2007). 유아교육연구에 나타난 질적 연구논문의 동향 분석. 유아교육연구, 27(2), 295-322.

이숙향(2010). 국내 중등 통합교육 연구의 동향 및 향후 과제 고찰. 특수교육저널: 이론과 실천, 11(3), 339-369.

이용숙, 김영천(2008). 교육에서의 질적 연구: 방법과 적용. 서울: 교육과학사.

이원희(2020). 특수교육분야 현상학적 질적연구의 동향 분석을 통한 방향 탐색. 특수교육저널: 이론과 실천, 21(2), 47-79.

이원희, 곽승철(2015). 장애아동 가족을 대상으로 한 질적연구의 동향분석 및 과제: 2005년~2014년을 중심으로. 특수교육학연구, 50(1), 261-290.

이인경(2006). 질적연구 담금질을 시작하며. 한국특수체육학회지, 14(1). 61-86.

이정민(2011). 질적연구 설계 및 실천전략. 고려대학교 BK21 교육학국제사업단.

정복자, 홍양자(2006). 특수체육학의 최근 연구동향에 관한 분석. 한국여성체육학회지, 20(1), 65-72.

조용환(1999). 질적 연구의 동향과 과제. 교육인류학연구, 2(1), 91-121.

조용환(2008). 질적 연구의 원리와 기법. 2008학년도 제2회 한국무용학회 연차학술대회 자료집.

조태곤, 김용욱, 우정한, 김경일(2014). 통합교육에서의 질적 연구 동향 분석. 특수교육저널: 이론과 실천, 15(1), 79-98.

Bogdan, R. C., & Biklen, S. K. (2005). *Qualitative Research for Education: An Introduction to Theories and Methods* (5th ed.). New York: Syracuse University.

Clandinin, D. J., & Connelly, F. M. (2000). Studying Teachers Knowledge of Classrooms: Collaborative Research, Ethics, and the Negotiation of Narrative. *The Journal of Educational Thought*, *22*(2A), 269-282.

Creswell, J. W. (2009). Mapping the field of mixed methods research. *Journal of Mixed Methods Research*, *3*, 95-108.

Hedges, G. (2016). *A Narrative Inquiry into Intuition: A Personal Development Process*. Unpublished dissertation. University of Toronto.

Spradley, J. P. (1980). *Participant observation*. New York: Holt, Rinehart & Winston.

Stainback, S., & Stainback, W. (1990). Inclusive schooling. In S. Stainback & W. Stainback (Eds.), *Support networks for inclusive schooling: Interdependent integrated education* (pp. 3-23). Baltimore: Paul. H. Brookes.

Yin, R. K. (2014). *Case Study Research* (5th ed.). 신경식 외 공역(2016). 사례연구방법. 서울: 한경사.

제6장

체육교육 분야 질적 연구의 동향과 과제

홍덕기(경상국립대학교)

이 장에서는 체육교육 분야 질적 연구의 동향과 과제를 탐색한다. 구체적으로, 첫째, 체육교육 분야의 국내외 연구 동향을 소개한다. 둘째, 체육교육 분야에서 질적 연구의 위치와 최근 동향에 대해 탐색한다. 셋째, 체육교육 분야에 활용된 질적 연구의 특징을 알아본다. 넷째, 체육교육 분야 질적 연구물의 대표사례를 소개한다. 다섯째, 체육교육 분야 질적 연구의 실험적 시도 사례를 소개하고 향후 과제에 대해서 제시한다. 이 글이 체육교육 분야의 질적 연구주제, 연구방법 및 특징과 구체적 사례를 개괄적으로 파악하고 향후 과제를 이해하는 데 도움이 되기를 바란다.

1. 체육교육 분야 소개: '학교체육'에서 '스포츠교육학'으로

체육교육 분야는 전통적으로 학교 체육을 중심으로 그 연구가 이루어졌다(강신복, 2003, 2009; 강신복, 최의창, 1997; 최의창, 2003; Silverman, 2005). 특히 미국에서 1960년대 중반에 일어난 '체육학문화운동'은 학교 체육을 보다 체계적이고 과학적으로 이해하고 연구하는 계기가 되었다. 이에 따라 체육교육은 체육학이라는 학문으로 성장하였고, 체육학의 하위학문으로서 운동생리학, 운동역학, 운동학습 및 스포츠심리학, 스포츠사회학 등이 생겨나기 시작했다. 학교체육을 대상으로 하는 연구 분야는 1970년대 후반에 와서야 스포츠교육학이라는 체육학의 분과학문으로 자리 잡았다. 초창기 스포츠교육학의 전통적 연구대상은 오랜 기간 학교체육을 중심으로 한 교사교육, 교육과정, 교수학습의 세 분야에 집중되었으며, 연구방법으로는 주로 체계적 관찰에 따른 양적 연구가 대다수를 차지했다.

하지만 계량적 접근을 통한 인간행동의 예측으로 대표되는 기존 실증주의 패러다임에 대한 비판과 대안이 제시되면서 질적 연구방법론이 등장하기 시작했다. 질적 연구는 "세계가 양과 수로 환원될 수 없는 고유한 질적 속성을 가지며 이러한 속성을 '있는 그대로' 보기 위해서 감환을 최소화하고 개인이 속한 사회문화적 배경 속에서 들여다보고자 하는 인식론"적 관점을 가진다(조용환, 1999: 15). 이는 교육학을 비롯한 인문사회학 전반에 영향을 주었으며 체육학에서도 질적 연구가 등장했다(김원정, 2011). 이 절에서는 체육교육 분야의 연구 동향과 이에 따른 질적 연구의 흐름을 국내외로 구분하고 각 흐름별로 1970년부터 2010년대까지 10년 단위로 시대별로 제시하고자 한다.

1) 국외 스포츠교육학 연구 동향: '실증적 패러다임'을 넘어 '다층적 패러다임'으로

한 학문 분야의 동향을 파악하는 데 중요한 지표 중 하나는 학문 분야를 대표하는 학술지에 게재된 연구물의 분석이다. 북미 스포츠교육학자들은 체육교육 분야의 대표적인 학술지인 『Journal of Teaching in Physical Education(JTPE)』이 1982년 발간되면서 학술지에 게재된 논문을 분석해 연구경향을 탐색해 왔다(Rhoades et al., 2016; Ward & Ko, 2006). JTPE가 발간되기 전의 체육교육 분야에 대한 논의는 체육학의 대표저널인 『Research Quarterly for Exercise and Science(RQES)』를 살펴보면 알 수 있다.

이를 시대별로 살펴보면, 첫째, 체육교육 분야 연구물들은 학교체육 수업을 체계적으로 관찰하고 객관적으로 분석하려는 실증주의와 컴퓨터 및 통계의 발달로 인한 '양적 패러다임'의 전성기였음을 확인할 수 있다. 이는 교사의 효율적 수업 운영과 교수지도의 효과를 높이는 역할을 했다(홍덕기, 류태호, 2018; Lee & Solmon, 2005).

둘째, 1980년대는 양적 연구가 교육현장의 복잡성 및 다양성을 밝히는데 갖는 한계를 극복하기 위해 해석주의 관점이 등장하였다(홍덕기, 류태호, 2018; Schempp, 1987). 이는 문화기술지를 중심으로 체육교육을 보다 깊이 이해하려는 노력으로 이어졌다. 이 시기에는 '엑소시스트 논쟁'으로 불리는 양적 연구와 질적 연구방법 간의 논쟁이 벌어지기도 했다(손천택, 1994; 한만석, 김은혜, 2015). 이 논쟁은 당시 북미 스포츠교육학에서 양적 연구를 대표하는 학자인 오하이오 주립대학교의 데릴 시덴탑(Daryl Siedentop) 교수와 양적 연구의 한계에 대한 대안으로 질적 연구를 주장한 조지아 주립대학교의 폴 쉠프(Paul Schempp) 교수의 학문적 논쟁과 이어진 반박으로 큰 이슈가 되었다. 이 시기에는 질적 연구를 둘러싼 논쟁이 시작되긴 했지만, 여전히 양적 연구가 주류를 차지하고 있었다. 예를 들어, 실버만과 스코니(Silverman & Skonie, 1997)의 연구는 1980~1994년까지 발표된 논문 중 체육교수와 관련된 논문 179편을 대상으로 분석한 결과, 양적 연구가 여전히 대다수(67%)를 차지하였음을 보고하여 이를 뒷받침하였다.

셋째, 1990년대는 스포츠교육모형, 개인적 · 사회적 책임감모형, 이해중심게임수업모형 등 수업모형을 중심으로 한 연구주제 측면에서의 다양화가 이루어졌다(홍덕기, 류태호, 2018). 또한 교사의 사고 과정, 교사의 가치 및 신념, 수업계획 및 상호작용 등에 대한 연구 등 연구주제의 확장이 이루어졌다(Lee & Solmon, 2005). 질적 연구 역시 1980년대에 비해 보편화되기 시작했다. 첸과 주(Chen & Zhu, 2001)는 1990~1999년 동안 JTPE와 RQES에 발표된 295편을 분석한 결과, 41%가 질적 연구방법론을 사용하고 있음을 밝혀 이를 뒷받침하였다.

넷째, 2000년대는 연구주제가 교사 중심에서 학생 중심으로 바뀌었다(홍덕기, 류태호, 2018; Silverman & Ennis, 2003). 학생 중심 연구는 성취목표이론, 자기효능감이론, 자기결정이론, 구성주의이론 등을 기반으로 학생의 동기유발전략 등과 연계하여, 교수자가 아닌 학습자의 관점에서 체육수업을 분석하고 이해하는 데 기여했다(Rink, 2012). 또한 사회에서 체육교육에 대한 요구로 비만의 예방과 건강 증진에 대한 목소리가 커지면서 학생들의 체력향상에 초점을 둔 학교기반 신체활동 증진 프로그램의 개발 및 중재효과를 확인하는 연구들이 수행되었다(McKenzie & Lounsbery, 2013). 이론적 측면에서는 기존의 실증주의와 해석주의라는 이분법적 패러다임을 활용해 벗어나 사회비판주의, 후기구조주의, 페미니즘 등 다양한 패러다임으로 체육교육에서의 젠더문제, 소외, 체육문화, 미디어, 몸 담론 등을 탐색하는 연구들이 등장했다(Hemphill et al., 2012; Kulinna et al., 2009). 한편, 질적 연구방법에서도 전통적 문화기술지에 더해서 사례연구, 근거이론, 실행연구, 생애사 연구, 자문화기술지, 포토보이스 등 연구방법이 다양화되었으며 양적 연구와 질적 연구, 질적 연구와 문헌연구 등의 상호보완적 혼합연구도 이루어졌다. 예를 들어, 헴필(Hemphill)과 그의 동료들이 1998~2008년 동안 JTPE에 발표한 209편의 논문을 분석한 결과, 양적 연구(99편)보다 질적 연구나 혼합연구(110편) 논문의 비중이 오히려 높은 것으로 밝혀져 이를 뒷받침하였다.

다섯째, 2010년대는 2000년부터 이어진 연구주제와 연구방법론의 다양화 경향이 더욱 뚜렷해졌다. 홍덕기와 류태호(2018)는 2007~2017년 동안 북미 스포츠교육학 대표저널인 JTPE, RQES, QUEST에 실린 논문 605편을 분석한 결과, 교수학습(70.6%), 교사교육(18,2%), 교육과정(7.4%), 이론정립(3.8%) 순으로 나타났음을 밝혔다. 이 시기의 연구주제를 빈도별로 살펴보면, 학생동기와 수업모형이 1, 2위로 여전히 높은 비율을 보였으며, 그 외에 예비교사교육, 학생인식, 신체활동 및 체력측정, 교사신념 및 인식, 교수학습방법, 교육과정 개발 및 적용, 교사사회화, 현직교사교육 순으로 연구가 이루어졌다. 종합하면, 북미를 중심으로 한 국외 스포츠교육학 연구는 1970년대 실증주의 패러다임에 바탕을 둔 양적 연구 중심에서 해석적 · 비판적 패러다임으로 변화하면서, 질적 연구의 다원화 속에 교수자보다 학습자를 중심에 두고, 그동안 소외되어 왔던 다양한 배경을 가진 연구참여자를 대상으로 연구를 수행하는 등 다양한 연구주제가 다루어지기 시작했다.

2) 국내 스포츠교육학 연구 동향: 개척기와 답습기를 넘어 자립기로

1970년대까지 국내 스포츠교육학은 불모지나 다름없었다. 김승환과 조미혜(2020)는 한국스포츠교육학의 도입과 학회 형성 과정을 한국스포츠교육학의 선구자인 고(故) 강신복 교수의 생애사 연구를 통해 밝혔다.

첫째, 1953년 설립된 한국체육학회는 1971년 고(故) 나현성 교수가 제2대 한국체육학회 회장으로 취임하면서 본격적으로 발전하기 시작했다. 체육교육 관련 연구는 한국체육학회 내 '학교체육 전문분과위원회'를 중심으로 학교체육과 관련한 연구가 진행되었다. 이 분과모임은 1983년 '체육교육과정 연구회'로 명칭을 바꾸고 한국스포츠교육학회의 전신이 되었다. 당시 학교체육은 사회체육과 엘리트체육의 뿌리로서 중요한 역할을 담당했으며, 체육교사의 전문성에 대한 연구가 주를 이루었다.

둘째, 1980년대는 86서울아시안게임과 88서울올림픽 경기대회와 이에 따른 국제스포츠과학 학술대회가 체육교육의 연구에 결정적인 영향을 미쳤다. 스포츠교육학(sport pedagogy) 분과는 1984년 LA올림픽대회 국제학술대회 때 12개 분과 중 하나의 정식분과로 인정받았으며, 86 및 88 국제스포츠과학 학술대회에서는 체육교육의 연구 분야를 교육과정, 교수이론, 교사교육의 세 분야로 세분화해서 논의되기 시작했다(김승환, 조미혜, 2020). 국제학술대회의 성공적 개최는 체육교육에 대한 전문 학술단체의 설립에 대한 요구를 증대시켰다. 또한 1980년대 이후 국내 각 대학의 체육학과 박사과정이 개설되고 스포츠교육학을 전공한 박사학위 소지자와 미국에서 박사학위를 받은 연구자들이 국내 대학에 자리를 잡기 시작했다.

셋째, 1990년대는 1980년대부터 증가한 스포츠교육학 전공 학자집단의 증가와 국제학술대회 개최 경험 등을 통해 1992년 한국스포츠교육학회가 창립했다. 또한 한국스포츠교육학회지의 발간(1994년)으로 체육교육에 대한 체계적인 연구물이 쌓이기 시작했다(강신복, 2003, 2009). 특히 교사양성기관인 사범대학 체육교육과와 교육대학원에서 다루어야 할 스포츠교육학의 범위와 주요 내용의 체계와 논리가 갖추어졌다. 한편, 초창기 스포츠교육학의 연구주제는 대체로 미국의 연구주제를 답습하는 경향을 보였다. 이 당시의 연구주제는 '운동기능습득', '기술 및 분석', '과정-결과 연구', '실제학습시간', '교사사고과정', '학생사고과정', '교사지식', '교사사회화', '교육과정' 등을 들 수 있다(강신복, 최의창, 1997). 이 시기의 연구방법 역시 양적 연구가 대부분을 차지했다(김문규, 윤명희, 2001; 김승재, 2000). 예를 들어, 1990~1999년 동안 한국체육학회지와 한국스포츠교육학회지에 게재된 논문 137편을 분석한 결과, 양적 연구(82.5%)가 질적 연구(12.4%)에 비해 압도적으로 많았다.

넷째, 2000년대 이후부터는 국내 스포츠교육학에서도 질적 연구가 증가하였다. 하지만 질적 연구물의 급격한 증가로 인한 문제점이 드러나기도 했다. 이는 양적 연구와 질적 연구의 방법론에 대한 심층적 이해나 학문적 논쟁 없이 미국의 연구방법적 경향을 그대로 답습한 부분도 일정 부분 영향을 미친 것으로 보인다(손천택, 1994). 한편, 한만석과 김은혜(2015)는 2000~2014년 동안 한국스포츠교육학회지에 발표된 419편의 논문 중 168편의 질적 연구논문을 분석하여 연도별 발표 경향 및 연구방법별 특징을 고찰했다. 그 결과, 문화기술지, 사례연구, 근거이론, 현상학, 내러티브, 생애사 연구방법 등이 보고되었고, 이 중에서 사례연구가 가장 많이 사용되고 있음을 밝혔다. 이들은 체육교육 분야 질적 연구의 문제점으로 연구 기간과 면담 횟수의 문제, 연구 방법의 형식적 적용문제, 해석학적 패러다임의 지배적 사용 등을 제시했다.

국내 체육교육 분야 질적 연구 경향을 연구주제 측면에서 살펴보면, 이한주와 손나래, 이태구(2015)는 2006년부터 2015년에 걸쳐 발행된 한국스포츠교육학회지와 체육과학 연구의 스포츠교육학 관련 논문 341편을 계량서지학적 분석 방법과 사회연결망 분석 방법을 사용하여 분석하였다. 그 결과, 체육수업, 교육과정, 교사교육, 신체활동, 실행연구, 체육교사, 학생선수, 학교스포츠클럽 순으로 연구가 진행되었음을 밝혔다. 또 다른 연구로, 장병권과 채창목, 김영식(2017)은 2006년부터 2015년에 걸쳐 발행된 한국스포츠교육학회지, 한국체육교육학회지, 한국초등체육학회지의 초등체육 관련 논문을 분석하여 연구 동향을 제시하였다. 분석 결과, 네트워크분석 방법의 연결중심성 개념을 통해 5개의 클러스터(체육수업, 운동참여, 교육과정, 체육교사)로 분류되었다. 한편, 연구방법적으로는 양적 연구가 50.1%, 질적 연구가 30.4%, 문헌연구가 15.7%를 차지하였다. 질적 연구의 연구방법은 주제어로도 많이 등장했는데, 그중에서 '내러티브 탐구(15회 등장)'와 '실행연구(9회 등장)' 등이 키워드 빈도의 상위권(각각 13위와 19위)을 차지하였다. 종합하면, 국내 스포츠교육학 연구 동향은 1970~1980년대 '개척기'를 지나, 1990년대 북미 중심 스포츠교육학의 '답습기'를 거쳐, 2000년대 이후 '자립기'부터는 국내의 상황에 맞는 독자적이고 다원화된 스포츠교육학 연구주제의 탐색과 더불어 다양한 질적 연구방법을 활용하고 있다고 긍정적으로 평가할 수 있다. 다만, 스포츠교육학 학문의 급격한 양적 성장에 따른 질적인 문제가 해결해야 할 과제로 남아 있다.

2. 체육교육 분야 질적 연구의 위치와 최근 동향

이 절에서는 체육교육 분야에서 수행된 질적 연구의 위치와 최근 동향을 보다 구체적으로 살펴보고자 한다. 북미 스포츠교육학에서 질적 연구의 시작은 1980년대 중반으로 볼 수 있다(한만석, 김은혜, 2015). 앞서 설명한 '엑소시스트' 논쟁을 기점으로 1990~2000년대를 지나며 다양한 질적 연구가 수행되기 시작했다. 하지만 JTPE와 RQES에서 2007~2017년 동안 발행된 논문의 연구방법을 분석한 연구에 따르면, JTPE(66.8%)와 RQES(51.7%) 모두 양적 연구의 비율이 과반 이상을 차지하고 있었다. 반면, 질적 연구의 비율은 JTPE 22.4%, RQES 30%로 30% 이하를 차지했다(홍덕기, 류태호, 2018).

북미 스포츠교육학의 영향을 받아 국내 스포츠교육학 분야에도 질적 연구가 수행되기 시작했다. 국내 체육교육 분야에서 문화기술지를 활용해 질적 연구 방식으로 수행된 첫 연구는 류태호(1992)의 「중학교 체육수업의 문화기술적 분석」이라고 할 수 있다. 그 뒤로 류태호(2000)는 「체육교사의 직업정체성 형성에 대한 생애사적 연구」로 체육교육 분야에서 처음으로 생애사 연구방법을 적용해 연구를 수행했다. 그 뒤로는 2000년대 초반부터 많은 수의 체육학자가 한국교육인류학회의 월례세미나에 참석하기 시작하면서 교육인류학의 영향을 받아 문화기술지적 접근이 주를 이루기 시작했다(김경오, 이규일, 2013a). 이러한 경향은 2010년대 들어서면서부터 다양한 질적 연구방법을 활용하는 추세로 바뀌었다. 이러한 추세는 스포츠교육학 분야뿐만 아니라, 특수체육학, 스포츠사회학을 비롯해 체육계 전반에 걸쳐 이루어졌고, 체육학의 하위분야별로 질적 연구 동향을 탐색하는 연구가 수행되기 시작하였다(강유석, 노형규, 2009; 구창모, 2002).

체육교육 분야에서 연구주제 및 질적 연구 현황을 탐색한 선행연구들을 살펴보면 다음과 같다. 윤기준과 정현수(2020)는 한국스포츠교육학회의 정기 학술지인 한국스포츠교육학회지 1994년 창간호부터 27권 1호(2020년 1월 31일

발행)까지 게재된 총 647편의 논문 중 영어로 작성된 11편을 제외한 636편을 1기(1994~2002, 136편), 2기(2003~2011, 282편), 3기(2012~2020, 218편)로 구분하여 연구방법 및 연구주제 측면에서 분석했다.

먼저, 연구방법 측면에서는 양적 연구, 질적 연구, 문헌연구, 혼합연구, 개념연구로 나누어 분석하였다. 그 결과, 질적 연구 논문이 총 285편으로 전체의 44.8%를 차지하였으며 시기별로 1기(24.3%)에서 3기(52.8%)로 갈수록 급격한 성장을 보였다. 반면, 양적 연구는 1기(42.7%)에서 3기(14.7%)로 갈수록 그 비중이 급격히 줄어들었다. 또한 혼합연구(문헌, 양적, 질적의 혼합)도 질적 연구를 포함한 혼합연구가 약 86%(29편 중 25편)로 나타났다.

다음으로, 연구주제 측면에서 살펴보면 1기(1994~2002)는 '체육교육과정', '수업모형', '초등 체육수업', '주요 사건 기록', '과제 제시', '수업 분석', '수업 평가', '교수법', '체육수업 재미 요인', '체육전담교사' 등 열 가지 주제가 도출되었다. 2기(2003~2011)는 '체육지도자 전문성', '의미 탐색 질적 연구', '여학생', '맞춤형 수업' 등의 주제가 새롭게 등장했다. 이는 학습자를 고려한 학습자 중심연구와 교사의 전문성, 질적 연구의 확대 등으로 요약된다. 특히 질적 연구 중 1기 때 전혀 발표되지 않았던 내러티브 연구가 8편이나 수행되었다. 3기(2012~2020)에서는 '생존수영', '무용', '인성 함양', '교수 · 학습 질적 연구'가 새롭게 등장했다. 3기의 키워드로는 '체험', '해석', '형성', '반성', '과정' 등이 등장하면서 질적 연구의 강세를 뒷받침했다. 또한 2011년 고시된 2009개정 체육과 교육과정에서 창의성과 인성 함양을 주요 목적으로 한 경향을 반영하여 인성 함양 관련 연구가 수행되었다(윤기준, 정현수, 2020).

한편, 한국스포츠교육학회지 이외에 타 학회지의 경우를 살펴보면, 한국체육교육학회지의 경우 67.5%, 한국초등체육학회의 경우 56.8%가 양적 연구로 이루어졌음을 알 수 있다(장병권, 김영식, 2016). 이들의 연구에서 주로 수행된 연구주제는 '체육교육과정', '체육교사교육', '수업모형', '중등체육수업', '초등 체육수업', '수업 태도', '수업 인식', '스포츠클럽', '학생선수지도', '개념연구' 등 열 가지 주제가 나타났다.

3. 체육교육 분야에서 활용된 질적 연구의 특징

2000년대 이후 질적 연구의 활성화는 스포츠교육학 분야뿐 아니라 체육학 전반에 걸쳐서 이루어졌다. 김원정(2011)은 체육학을 8개의 하위학문 분야로 구분하고 각 분야별로 질적 연구가 어떻게 활용되어 왔는지를 분석하였다. 첫째, 체육철학 분야에서는 주로 '현상학' 연구가 많이 수행되었다. 둘째, 체육사 분야에서는 '구술사' 연구가 주로 수행되었는데 이는 생애사 혹은 자문화기술지와도 일정 부분 연관성을 가진다. 셋째, 스포츠교육학 분야의 경우 질적 연구가 가장 먼저 활성화된 분야이기는 하지만 초창기 연구는 주로 '문화기술지' 중심으로 행해졌다. 넷째, 스포츠사회학에서는 주제와 이슈별로 '담론 분석'이 많이 활용되었다. 다섯째, 스포츠여가 및 사회체육에서는 스포츠 현장을 분석하는 도구로 '상징적 상호작용론'이 사용되었다. 여섯째, 스포츠심리학에서는 '사례연구'가 많이 활용되었다. 일곱째, 특수체육학에서도 다양한 형태의 질적 연구가 활발히 수행되고 있었다. 여덟째, 간학문적 연계 및 다학문적 접근 추세를 고려했을 때 운동생리학이나 스포츠의학 등 체육학의 자연과학 분야에서도 질적 연구와의 혼합연구 등 연구방법론의 다원화가 필요함을 제기했다. 이를 종합하면, 질적 연구의 등장은 스포츠교육학 분야만의 특징은 아니며 체육학의 분과학문 전반에 걸쳐서 발생하고 있는 현상임을 알 수 있다. 이 절에서는 국내 체육학 질적 연구의 초석 역할을 담당했고, 현재까지도 체육학의 다른 어떤 하위학문 분야보다도 질적 연구가 활발히 수행되고 있는 스포츠교육학을 중심으로 질적 연구의 특징을 연구주제와 연구 과정을 중심으로 살펴보고자 한다.

국내 스포츠교육학 분야의 질적 연구주제를 정리해서 종합적인 현황을 밝힌 초창기 연구로는 최의창의 연구를 들 수 있다. 최의창(2001)은 스포츠교육학에서 질적 연구의 주제는 '교사사회화', '체육교육과정', '체육수업에서의 소외', '체육교사 전문성', '반성적 수업과 현장개선 연구' 등이 주로 수행되었음을 밝혔다. 이후, 이한주와 이정화, 고봄나(2013)는 한국스포츠교육학회지와 한국체육학회지에 2003~2011년 동안 발표된 논문 총 471편 중 질적 연구 283편(60.08%)의 연구주제를 분석한 결과, '체육교육과정(17개)', '내러티브탐구(16개)', '체육교사교육(15개)', '스포츠교육(14개)', '체육수업 및 예비교사(각 12개)', '이해중심 게임수업(10개)', '초등교사(9개)', '협동학습 및 신체활동(각 8개)', '실행연구(7개)', '교사교육 및 스포츠맨십(각 6개)', '인문적 체육교육, 질적 연구 및 댄스스포츠(각 5개)' 등의 빈도순으로 연구되었음을 보고했다.

이한주와 이정화, 고봄나(2013)는 다양한 분류 방식을 통해 질적 연구 논문들을 분석했다. 첫째, 연구참여자를 분석한 결과는 성인(48%), 중학생(16%), 초등학생(15%), 대학생(10%), 고등학생(7%) 순이었으며, 교사(45%)와 학생(44%)의 비율이 대부분을 차지했고 그 외에 지도자, 코치, 운동선수, 교사준비생, 대학원생, 스포츠강사, 장학사 등이 연구에 참여한 것으로 나타났다. 둘째, 연구기법, 자료수집 및 분석에서도 다양한 방법이 사용되고 있음을 확인할 수 있었다. 구체적으로 자료수집은 면담, 문헌, 참여관찰 순으로 사용되었으며, 한 논문에 가장 많이 사용된 자료는 6개(심층면담, 학생일지, 과제물, 개방형 설문지, 문헌자료, 참여관찰)이었다. 자료분석은 귀납적 범주분석(59%), 내용분석(21%), 항시비교법(5%) 순으로 나타났다. 셋째, 진실성 확보를 위한 노력으로는 동료연구자 및 전문가 검토협의(47%), 다각적 검증법(31%), 연구참여자 검토(17%) 등이 나타났고, 진실성 확보에 대한 기술이 누락된 경우는 약 2%를 차지했다. 이는 김승재와 오수일, 김세환(2003)이 한국과 미국에서 수행된 스포츠교육학 관련 질적 연구 10편의 자료수집 및 자료분석 방법을 분석한 결과, 자료수집은 주로 면담, 관찰일지, 문서 등을 활용했고, 자료분석은 귀납법, 사례분석, 항시비교법 등을 주로 활용했으며, 자료의 신뢰성 확보를 위해서 다각도 검증법, 구성원 간 검토, 동료 간 협의, 반복적 자료 검토 등을 활용하고 있음을 보고한 것과 유사했다. 넷째, 2003~2011년 동안 한국스포츠교육학회지와 한국체육학회지에 질적 연구 논문을 발표한 189명의 저자 간 연결망 구조를 분석한 결과, 대부분 출신 대학(원)별로 저자 간의 네트워크가 구성되었으며, 주로 서울대학교 강신복 교수, 고려대학교 류태호 교수, 인천대학교 손천택 교수를 중심으로 질적 연구가 진행되었음을 밝혀냈다(이한주, 이정화, 고봄나, 2013: 204).

4. 체육교육 분야의 질적 연구물 대표 사례

이한주와 이정화, 고봄나(2013)는 스포츠교육학 질적 연구 283편을 세부 연구방법별 빈도순으로 분석했다. 연구 결과, 첫째, 사례연구(총 145편)가 제일 많았으며 시기별 경향성 또한 2000년대 초기(2003~2005년) 40편, 중기(2006~2008년) 50편, 후기(2009~2011년) 55편으로 꾸준히 증가했다. 둘째, 근거이론(총 95편)으로 시기별로는 초기 22편, 중기 27편, 후기 46편으로 시간이 지나면서 2배 이상 증가했다. 셋째, 현상학(총 61편)은 시기별로 초기 19편, 중기 10편, 후기 32편으로 일시적으로 감소했다가 다시 증가했다. 넷째, 내러티브(총 30편)는 시기별로는 초기 1편, 중기 7편, 후기 22편으로 시간이 지나면서 폭발적으로 증가했다. 다섯째, 문화기술지(총 22편)는 초기 6편, 중기 8편, 후기 9편으로 나타났다(이한주, 이정화, 고봄나, 2013). 한편, 한만석과 김은혜(2015)는 2000~2014년 동안 한국스포츠교육학회지에 발표된 419편의 논문 중 질적 연구로 수행된 168편의 논문을 분석하고 문화기술지, 사례연구, 내러티브, 근거이론, 현상학, 생애사의 여섯 가지 범주로 구분하여 그 특징을 제시했다.

이 절에서는 체육교육 분야의 질적 연구물 분석과 관련하여 지금까지 수행된 선행연구의 빈도와 범주 구분을 참고하되, 2010년대 이후 행해진 질적 연구방법론의 새로운 경향을 고려하여, ① 사례연구, ② 근거이론, ③ 현상학, ④ 내러티브, ⑤ 문화기술지, ⑥ 생애사, ⑦ 자문화기술지, ⑧ 실행연구, ⑨ 포토보이스, ⑩ 혼합연구의 열 가지 연구방법으로 나누어 각 연구방법별 대표 사례에 대해 소개하고자 한다. 연구물 선정 기준은, 첫째, 2010년 이후 한국연구재단 등재지에 게재된 연구, 둘째, 각 연구방법의 특징을 잘 드러내고 있는 연구, 셋째, 체육교육 분야의 전통적 연구주제와 함께 독창적인 주제를 제시한 연구이다. 이를 기준으로 각 연구방법 사례별 2편씩 총 20편을 <표 6-1>과 같이 선정하였다.

표 6-1 체육교육 분야의 질적 연구방법별 대표 사례

순서	연구방법	제목	저자	학회지(연도)
1	사례연구	교육대학원 스포츠교육학 전공생의 논문지도과정에 대한 질적 사례연구	김원정	한국스포츠교육학회지(2019)
		여학생의 운동장 캠핑 수업 실천에 관한 사례연구	한동수, 김왕균, 김윤상, 이주욱	한국체육교육학회지(2019)
2	근거이론	중학교 학교스포츠클럽 강사의 학교체육환경 적응과정에 관한 근거이론	최영래, 배재윤	체육과학연구(2018)
		체육학전공 박사과정생의 삶과 수학과정에 대한 질적 탐구	권일권, 석부길	한국체육학회지(2016)
3	현상학	고가 유소년 수영클럽 선택과 사회문화적 현상	김소라, 이정래, 서금란	한국체육학회지(2017)
		대학무용교육자의 교수체험에 관한 연구	박혜진	한국체육학회지(2018)
4	내러티브	스포츠교육학 전공생의 질적 연구방법에 대한 내러티브 탐구: 인터뷰와 자료분석에 관한 체험을 중심으로	박대원, 박종률	한국스포츠교육학회지(2011)
		중학교 체육교사의 월요 운동장 조회 개선 과정에 관한 내러티브 탐구	이의재, 윤현수	한국체육학회지(2016)
5	문화기술지	젠더화된 공간: 초등학생들의 방송댄스 문화에 대한 비판적 문화기술지	장용규, 김동식	한국초등체육학회지(2020)
		그들만의 학습: 학생선수의 학습에 대한 문화기술지	김무진, 정희준	한국체육학회지(2012)

6	생애사	한국스포츠교육학의 도입과 학회 형성의 과정 탐색: 생애사 연구방법을 활용하여	김승환, 조미혜	한국체육학회지 (2020)
		한 검사(劍士)의 생애사(生涯史)를 통해 바라본 대한민국 검도의 역사: 이종림 원로의 검사(劍史)를 중심으로	임용석, 홍덕기	대한무도학회지 (2019)
7	자문화 기술지	한 초등학교 여자체육전담교사의 체육수업 전문성 개발의 첫 경험	강지민, 박상봉	한국여성체육학회지(2019)
		나의 삶과 교육, 그리고 학문: 재미한인 체육교육 전공 초임교수의 학문적 정체성 형성에 대한 자문화기술지	홍덕기	한국체육학회지 (2017)
8	실행 연구	학교부적응 학생의 특별교육 프로그램에 관한 실행연구: 산악활동을 중심으로	윤주석, 강방수	교육인류학연구 (2018)
		전술게임수업모형을 적용한 초등학교 필드형 게임 실행경험	천종문, 홍덕기	한국초등체육학회지(2020)
9	포토 보이스	여학생의 일상생활 신체활동을 제약하는 환경요인 탐색: 포토보이스	이규일	체육과학연구 (2020)
		은퇴한 여자운동선수들의 사회적 장벽과 대안 모색: 포토보이스	김경오, 이규일	한국스포츠사회학회지(2013)
10	혼합 연구	신체활동 증진 전략 기반 여고생 체력수업 설계 및 실행: 질적 연구 중심 혼합연구	강형길, 이규일	한국체육학회지 (2017)
		학교스포츠클럽 활동이 학교폭력에 미치는 효과에 관한 혼합연구	조병호, 성창훈	한국스포츠교육학회지(2020)

1) 사례연구

사례연구는 전체의 문화에 대한 관심보다는 특정 개인이나 단체를 깊이 있게 분석하는 데 사용된다. 사례연구는 체육교육 분야 질적 연구의 절반에 가까운 빈도를 차지할 정도로 가장 많이 활용되고 있는 연구방법이다. 하지만 사례연구의 기준이 보편적으로 발견되는 일상적 문화속의 사례여서는 곤란하며 사례의 특수성과 그 맥락을 잘 드러낼 필요가 있다. “스포츠교육학 분야의 사례연구는 대부분 사례연구를 사용하는 정당성에 대한 논의가 없다.”라는 지적(한만석, 김은혜, 2015: 36)을 새겨들을 필요가 있다. 여기에서는 사례연구를 활용한 대표적 연구사례로 두 편의 연구물을 소개한다.

첫 번째 연구물은 「교육대학원 스포츠교육학 전공생의 논문지도과정에 대한 질적 사례연구」이다(김원정, 2019). 저자는 스포츠교육학을 전공하는 교육대학원 학생들의 논문지도 과정에서 나타나는 교육적 의미들을 탐색하기 위해 사례연구를 시도했다. 또한 2015년부터 교육대학원 학생 10여 명을 지도하면서 2017년 졸업생 3명과 2018년 졸업생 1명을 주 제보자로 선정하였다. 저자는 사례연구를 선택한 이유를 다음과 같이 기술하고 있다.

> 연구방법론의 선택에 있어서 ‘근거이론’을 통해 특수성이 강한 논문들의 지도 과정의 중심현상을 도출하거나, 각 연구자별 현장텍스트를 부각하는 ‘내러티브적’ 접근을 하거나, 논문지도를 하는 연구자 자신에 초점을 두고 ‘셀프 연구’를 하는 것보다는, 학문적으로 정립이 덜 되어 있는 분야에 대한 통찰력을 자극하면서도 한정된 소수 사례에도 집중할 수 있다는 면에서 ‘질적 사례연구’가 연구 결과나 해석의 기술 측면에서 훨씬 자유롭다고 판단하였다. 왜냐하면 몇 달이나 1년도 아니고 2년 이상에 걸친 장기적 연구인데 서로 다른 맥락의 연구와 연구참여자들의 연구 과정을 ‘방법론의 틀 속에 일찍 가두어 버리는’ 것은 적절하지 않으며 닫힌 해석의 결과를 가져올 수도 있다고 판단하였기 때문이다. ‘질적 사례연구’는 표본 연구가 아니므로 몇 개 중 하나를 골라 그것이 다른 것들을 대표한다고 보지 않을 뿐 아니라, 각 사례별로 비중을 똑같이 다루어야 할 필요도 없고, 하나의 경계를 가진 사례를 가진 여러 체계를 탐색한다고 보기 때문에, 한 개의 사례를 온전하게 이해한 후, 또 다른 사

> 례를 나름대로 이해하며 각각의 특수성과 독특성을 전체적으로 고려할 수 있다. 무엇보다도 사례연구는 장시간에 걸친 연구자와 참여자 간의 긴밀한 관계가 중요하며, 특정 사례에 몰두하여 묘사할 수도 있어야 그 결과에 대한 이해가 심오할 수 있다고 알려져 있다(김원정, 2019: 161-162).

자료수집은 개별 심층면담을 1인당 6~9회(회당 2시간 정도) 진행하였고, 전화면담, 이메일, 온라인 카페, 전문가 협의회, 수업 등을 활용하였다. 자료분석은 '사례의 서술적 또는 탐구적 묘사 전략'에 중점을 두어 주제를 중심으로 주요 파일을 분류한 후, 논문 완성 시점을 중심으로 '전-중-후'로 나누어 코딩, 개념화 및 범주화를 진행했다. 연구의 진실성 확보를 위해서 '연구자' 삼각검증과 '방법론적' 삼각검증을 활용하였다.

연구 결과, 첫째, '자기 연구 이해: 문제의식과 방향설정'은 교육대학원 학생들의 연구 유형을 '주도형', '삼천포형', '속앓이형', '열정형'의 네 가지로 구분하여 문제의식 탐색과정의 차이를 비교하였다. 한편, 연구방법론과 연구설계에 대한 여정에서 사례의 공통 요소에 근거하여 연구참여자, 연구방법, 연구 장소 등의 선정 과정과 어려움을 다루었다. 둘째, '자료 맥락 이해: 원자료에 충실한 나무줄기'는 질적 연구자로서 '원자료 확보를 위한 마음가짐'과 '버리기, 취하기, 바꾸기'의 장기적 노력을 통해 '탄탄한 나무줄기'를 만들어 가는 구성 과정을 다루었다. 셋째, '결과 의미 해석'에서는 '해석의 깊이를 위한 소통'과 '해석적 표현의 공유', '퇴고와 글쓰기의 진일보' 등의 내용을 중심으로 연구 결과의 결실과 의미에 대해 탐색했다. 마지막으로 교육대학원 학생들에게 필요한 연구역량을 '연구주제 및 바람직한 연구방법론 선정 역량', '자료의 충분한 수집과 재구성 역량', '텍스트와 표상으로 표현하는 해석적 리터러시 역량', '진실성-윤리성-공유 역량'으로 제시하였다(김원정, 2019).

두 번째 연구물은 「여학생의 운동장 캠핑 수업 실천에 관한 사례연구」이다(한동수 등, 2019). 저자는 중학교 여학생의 체육수업 활성화와 프로그램의 다양화 측면에서 캠핑 수업의 실천 과정을 사례연구로 제시하였다. 자료수집은, 첫째, 사례에 대한 심층 묘사를 위해 15회 이상 연구참여자와 면담을 진행했다. 둘째, 참여관찰은 3달간 총 4회 학교를 방문하여 수업을 관찰하고 상세히 기록했으며 수업영상도 촬영하여 분석에 활용했다. 셋째, 야외교육, 캠핑, 여학생 체육수업을 주제로 한 최근 5년 이내 선행연구를 수집하여 분석하였다. 넷째, 연구참여자의 차시별 수업계획, 평가지, 단원지도 계획, 본시 교수 · 학습 과정안 등을 분석했다.

연구 결과는 세 가지 범주로, 첫째, '새로운 시작, 여학생 캠핑 수업' 범주는 '수업공간으로 바뀐 나무 그늘', '여학생들이 신기해하는 여가활동의 실천'으로 나타났다. 둘째, '효과적 캠핑 수업 운영을 위한 전략' 범주는 '안전과 효율성을 위한 과제 포스터의 개선', '성취도 평가를 위한 루브릭의 재구성'으로 나타났다. 셋째, '여학생 캠핑 수업의 과정과 교사의 역할' 범주는 '안전 중심의 지휘자', '여학생을 기다려 주는 학습 촉진자'로 나타났다. 중학교 여학생의 운동장 캠핑 수업은 여학생들의 수업 동기를 유발하는 '신기한 수업'에서 '해방감'과 '성취감'을 경험할 수 있는 수업임을 보고했다(한동수, 김왕규, 김윤상, 이주욱, 2019).

2) 근거이론

근거이론은 글레이저와 스트로스(Glaser & Strauss, 1967)에 의해 창안되었으며 연구참여자의 관점에 의해 형성된 범주를 통해 이론을 도출해 내는 방식이다. 따라서 특정한 이론을 바탕으로 자료를 수집하고 분석하는 것이 아니라, 자료를 통해 중심 현상과 인과조건, 전략, 맥락, 중재조건 등을 탐색하는 특징을 띠며, 이를 통해 중심 현상에 영향을 주는 사회문화적 조건을 밝히고 도식화시킨다. 근거이론은 글레이저(Glaser), 스트로스(Strauss), 차르마즈(Charmaz), 클라크(Clarke) 등 주요 학자별로 다양한 학파를 형성하고 있고 각

학파별로 주장하는 근거이론의 특성이 상이하므로 근거이론의 학파별 특성에 대한 주의가 요구된다(최영래, 배재윤, 2018). 체육교육 분야에서 근거이론을 활용한 연구는 2010년대부터 급증하기 시작했으며 사례연구에 이어 두 번째로 많이 활용되고 있다(이한주, 이정화, 고봄나, 2013). 근거이론에서 주목해야 될 부분은 현장에 기반을 둔 이론적 구조를 제시하기에 충분한 자료들을 오랜 시간에 걸쳐 수집하여 체계적으로 분석했는지 여부이다. 여기에서는 근거이론을 활용한 대표사례로 두 편의 연구물을 소개한다.

첫 번째 연구물은 「중학교 학교스포츠클럽 강사의 학교체육환경 적응과정에 관한 근거이론」이다(최영래, 배재윤, 2018). 저자는 현재 중학교 학교스포츠클럽이 열악하게 운영되고 있음을 주목하고 현실적인 개선방안을 마련하고자 학교스포츠클럽 강사 17명을 최종 선정했다. 자료수집의 경우, 첫째, 문헌고찰은 연구목적과 직접 관련된 학회지, 학위논문, 신문기사, 정부보고서를 수집했다. 둘째, 비참여 관찰은 두 달에 걸쳐 강사가 근무하는 8개 학교를 모두 방문하여 일부 수업을 참관하고 스포츠 시설과 학생의 반응 등을 파악했다. 셋째, 심층면담은 세 달간 반구조화된 질문을 바탕으로 연구참여자별 2~5회(각 70~100분) 실시했다. 넷째, 연구노트는 문헌고찰, 비참여관찰, 심층면담 외 보조 자료의 수집에 쓰였으며 표정, 몸짓, 억양 등 비언어적 표현 등에 대해서도 연구노트에 기록했다. 한편, 자료분석은 스트로스와 코빈(Strauss & Corbin, 1998)의 개방 코딩, 축 코딩, 선택 코딩을 활용했으며 지속적인 비교와 범주화, 플립플롭 기법, 붉은 깃발 흔들기 등을 활용했다. 또한 범주화된 개념에 대한 패러다임을 구성하는 과정에서 조건, 작용 및 상호작용, 결과에 근거해서 도출했다. 연구의 진실성 및 윤리성 측면에서는 다각도 측정법, 동료 간 협의 및 원자료 검토, 연구참여 동의서 확보 및 연구참여자 권리 보호, 개인정보 보호에 유의했다.

연구 결과, 첫째, 개방 코딩은 줄 단위의 반복적 비교분석을 통해 개념을 발견 및 명명하고 하나의 범주에 속하는 특징에 따라 범주를 부여했다. 그 결과, 강사들의 적응 과정은 104개의 개념, 30개의 하위범주, 15개의 상위범주로 정리되었다.

둘째, 축 코딩은 개방 코딩의 범주를 바탕으로 현상과 관계된 인과적 조건, 맥락적 조건, 중재적 조건, 작용 및 상호작용, 결과를 고려하여 각 범주 간의 상호 연결성을 구조적으로 분석했다. 그 결과, 학교체육환경 적응 과정에 관한 패러다임 모형이 형성되었고, 과정분석을 통해 단계별 적응 과정을 추적했다. 예를 들어, ① 특정 현상이 발생하는 원인인 인과적 조건으로는 '종목의 부족', '용구의 부족', '장소의 부족', '정원초과' 등을 바탕으로 '열악한 학교체육환경'이 도출되었다. ② 맥락적 조건으로는 '구조적 상황', '개인적 한계', '제도의 미비', '무분별한 운영', '소통 창구의 부재', '신분적 한계' 등을 바탕으로 '구조적 상황'과 '개인적 한계'가 도출되었다. ③ 인과적 조건이 현상에 미치는 영향을 경감하거나 변화하게 하는 중재적 조건으로는 '보상', '교육적 보람', '전담교사의 지지', '학교의 지원'이 도출되었다. ④ 조건이나 상황에서 관건이 되는 문제에 대해 개인 혹은 집단이 구체적으로 보인 의도적이거나 일상적 대응인 작용 및 상호작용의 경우 '현장체험', '극복시도', '한계봉착', '내려놓음'이 도출되었다. ⑤ 작용 및 상호작용의 결과물인 중심 현상의 경우 '학교체육환경에 순응'으로 나타났고, '현실인정', '현실부정', '현실과 타협', '포기'가 도출되었다.

셋째, 선택 코딩은 '학교체육환경에 적응해 스포츠클럽 운영하기'라는 핵심 범주를 도출하고, '수용형', '노력형', '타협형', '포기형'의 네 가지 적응 과정 유형을 제시했다. 이 연구는 근거이론의 개발에서 그치지 않고, 스트로스와 코빈(Strauss & Corbin, 1998)이 제시한 여덟 가지 평가 준거(개념의 생성, 개념 간 연결성, 범주의 속성과 차원의 변화 발견, 작용 · 상호작용 변화과정의 고려, 이론의 현장 설명력 등)에 따라 이를 종합적으로 검증하고자 한 점이 특징적이다(최영래, 배재윤, 2018).

두 번째 연구물은 「체육학전공 박사과정생의 삶과 수학 과정에 대한 질적 탐구」이다(권일권, 석부길, 2016). 저자는 근거이론을 통해 체육학전공 박사과정생 7명의 삶과 문화를 탐색했다. 자료수집은 10주간의 면담, 관찰자료,

연구자의 반성노트, 일지 등을 바탕으로 박사과정생의 삶과 수학 과정에 대한 상황적 요인을 탐색하고 이에 대한 실체이론을 구축하고자 하였다. 자료분석은 자료수집을 바탕으로 개념을 설정하고 이를 상위범주(6개), 하위범주(20개), 개념어(151개)로 분류하여 구체적으로 제시하고 종합적 도식화를 시도했다.

연구 결과, 첫째, 인과적 조건인 '배움의 길로 들어서기'는 '우연적인 입문'과 '의도적인 입문'으로 17개의 개념어가 도출되었다. 둘째, 상황적 맥락인 '사회 · 환경적 자극'은 '지도교수님의 권유', '취업의 거대한 벽', '박사과정 진학의 사회적 분위기'로 15개의 개념어가 도출되었다. 셋째, 중심 현상인 '배움의 길로 빠져들기'는 '연구자로서의 정착', '내재적 · 경제적 보상', '점차 느끼는 전문가로서의 매력'으로 25개의 개념어가 도출되었다. 넷째, 중재적 조건인 '학업지속의 부담'은 '과정의 압박감', '경제적 부담', '정신적 괴로움', '미래에 대한 막연한 불안감', '인간관계 제약'으로 38개의 개념어가 도출되었다. 다섯째, 상호작용전략인 '목표설정과 연구비법의 개발'은 '목표의식', '나를 되돌아보기', '나만의 연구비법'으로 19개의 개념어가 도출되었다. 여섯째, 결과인 '박사과정생으로 자리 잡기'는 '성취감', '삶의 에너지', '지식의 결정체', '미래에 대한 설렘'으로 38개의 개념어가 도출되었다. 이 연구물은 체육학 전공 박사과정생이 어떠한 계기로 박사과정에 진학해서 어떠한 과정을 거쳐서 중심현상인 배움의 길로 빠져드는지 그들의 경험과정을 생생히 드러내고 있다(권일권, 석부길, 2016).

종합하면, 앞서 소개한 두 연구물은 연구참여자들의 경험을 근거이론의 형식(인과적 조건, 상황적 맥락, 중심 현상, 중재적 조건, 상호작용, 결과)에 맞춰 개념어에 근거해서 실체적 이론으로 종합적으로 도식화하고 있다는 점에서 근거이론을 잘 활용한 사례로 볼 수 있다.

3) 현상학

현상학은 하나의 개념이나 현상에 대한 연구참여자의 체험적 의미를 탐색한다(Creswell, 2007). 체육교육 분야의 현상학 연구물은 사례연구, 근거이론에 이어 세 번째로 많이 활용되고 있는 추세이다(이한주, 이정화, 고봄나, 2013). 현상학 연구의 핵심은 체험이 얼마나 깊이 드러나는지이다. 여기에서는 연구참여자의 체험의 구조를 현상학을 활용하여 탐색한 두 편의 연구물을 대표사례로 소개한다.

첫 번째 연구물은 「고가 유소년 수영클럽 선택과 사회문화적 현상」이다(김소라, 이정래, 서금란, 2017). 저자는 최근 급성장하는 고가 유소년 전용 수영클럽 내에서 벌어지는 사회문화적 현상을 탐색하기 위해 현상학적 연구를 실시했다. 연구참여자 선정은 2년간 고가 유소년 수영장에서 근무한 저자의 경험을 바탕으로 유목적 표집법을 활용하여 현재 고가 유소년 수영클럽에 자녀를 보내는 라포가 형성된 학부모 8명을 선정했다. 자료는 참여관찰, 원장 및 강사들과 면담 실시로 인한 고가 유소년 수영클럽 맥락 파악, 학부모 8명 심층면담(각 1~2회 60~80분씩), 연구노트를 수집했다. 자료분석은 면담 전사 작업, 주제별 약호화, 주제 및 의미 생성 단계를 거쳤다.

연구 결과, 첫째, 학부모들이 고가 유소년 수영클럽을 선택하는 동기로는 '안전한 스포츠 활동 공간으로의 확신', '내 아이를 위해 차별화된 특별한 시스템', '교육기관을 통해 구축된 멤버들 간의 활동'으로 나타났다. 둘째, 사회문화적 현상으로는 '학부모의 사회적 관계를 통한 정보 공유의 장', '세대 간의 사회적 네트워크 전이', '그들 내부의 또 다른 구별 짓기'로 나타났다(김소라, 이정래, 서금란, 2017). 유소년만의 독립된 안전한 시설과 공간, 체계적인 교육프로그램 및 토탈케어 시스템 등의 차별화 전략은 학부모들이 고가 유소년 수영클럽을 선택하는 원인으로 작용했다. 또한 고가 유소년 수영클럽은 단순한 스포츠클럽의 의미를 넘어서 학부모들끼리 사회적 관계를 유지하고, 자녀교육에 대한 고급정보를 공유하며, 또 다른 사교육 그룹으로 전이되는 주요

통로로 작용했다. 이는 학부모의 경제 · 문화 · 사회적 자본별로 상위 계층의 카르텔을 공고화시키고 자녀들에게 이를 재생산하는 기회를 제공했다(김소라, 이정래, 서금란, 2017).

두 번째 연구물은 「대학무용교육자의 교수체험에 관한 연구」이다(박혜진, 2018). 저자는 대학에서 재직 중인 교육경력 5년 이상의 무용교육자 5명을 대상으로 교수체험에 대한 연구를 진행했다. 심층면담과 문서자료를 수집하고 이를 지오르지(Giorgi)의 현상학적 연구방법 4단계('전체적 내용 파악 및 인식', '연구주제에 초점을 맞춘 현상을 의미단위로 구분', '의미단위를 학문적 언어로 변경', '중심의미로 구조적으로 통합하기')로 분석하였다. 그 결과, 의미단위 33개, 하위구성요소 9개, 구성요소 4개가 도출되었다. 또한 도출된 구성요소 간의 상관관계를 나타내는 '일반적인 구조'의 의미를 찾고자 '자유변경법'을 사용해 시간의 변화에 따른 교수체험의 의미를 제시했다.

연구 결과, 첫째, '일어날 기(基): 자리잡기'는 교육자 자신의 과거와 현재의 체험을 토대로 대학 무용교육의 목적에 대한 문제점을 인식했다. 둘째, '이을 승(承): 홀로서기'는 과거에 경험한 도제식 교수법에 대한 긍정적 인식을 토대로 현재 자신의 교수스타일을 확립했다. 셋째, '구를 전(轉): 연마하기'는 전문지식을 효과적으로 전달하기 위해 학습자와 긍정적 유대감을 형성할 수 있는 자신만의 교수법을 탐구했다. 넷째, '나아갈 진(進): 동행하기'는 교수 목표, 교수학습방법, 학습자 고려 등 다양한 구성요소 간 연결망을 형성했다. 이를 통해, 대학 무용교육의 문제점을 개선할 필요성을 강조하였다(박혜진, 2018).

4) 내러티브

내러티브는 질적 연구에서 연구참여자의 내부자적 관점을 잘 드러내 주는 연구방법이다(Clandinin, 2006). 내러티브는 연구참여자의 삶을 이야기하고 구성하며 이 과정에서 깨달음을 얻고 다시 이야기하는 순환의 과정을 거친다. 내러티브 탐구는 연구자와 참여자의 지속적인 상호작용으로 연구참여자의 체험을 총체적으로 이해하는 데 유용하다. 체육교육 분야에서 내러티브 연구는 2000년대 초반까지만 해도 거의 이루어지지 않다가 2010년대에 들어서면서 그 수가 폭발적으로 증가했다(이한주, 이정화, 고봄나, 2013). 이러한 추세에 따라 내러티브 연구방법이 특수체육에서 어떻게 적용될 수 있는지를 탐색하는 연구가 이루어지기도 했다(이경준, 김영준, 이원일, 2011). 다만, 양적으로 내러티브 연구가 증가하는 과정에서 내러티브 탐구의 핵심이라고 할 수 있는 '다시 이야기하기'가 충실히 이루어지지 않고 있어 연구참여자의 내러티브를 통한 의미 찾기에 대한 재해석이 충실히 이루어질 필요가 있다(한만석, 김은혜, 2015). 여기에서는 내러티브 탐구를 적용한 연구 대표사례로 두 편의 연구물을 소개한다.

첫 번째 연구물은「스포츠교육학 전공생의 질적 연구방법에 대한 내러티브 탐구: 인터뷰와 자료분석에 관한 체험을 중심으로」이다(박대원, 박종률, 2011). 저자는 스포츠교육학 전공 대학원생이 질적 연구를 수행하는 데 있어서 면담을 하는 방법과 자료분석을 어떻게 수행하는지를 내러티브 탐구로 드러냈다. 자료는 관련 문헌, 연구일지(12회), 면담자료(11회)를 바탕으로 총 231페이지에 이르는 자료를 수집했다. 자료분석은 해치(Hatch, 2002)가 제시한 해석적 분석의 8단계를 토대로 진행했다. 수집된 자료를 반복해서 해독한 다음, 만남 중 인상 깊었던 상황이나 이미지를 기록한 후, 자료에서 해독된 것과 이미지를 연결했다. 또한 연구참여자의 특성을 메모하고 이를 뒷받침할 수 있는 근거 자료를 찾았다.

연구 결과, 첫째, '연구주제 선정'은 '알고 싶은 것'과 '가능한 것' 사이에서의 갈등으로 나타났다. 둘째, '문헌조사'는 '헷갈리고 엇갈리는 정보'로 나타났다. 셋째, '인터뷰 내러티브'는 '아는 만큼 듣고, 질문한다', '질문을 끝까지 끌어가기'로 나타났다. 넷째, '자료분석 내러티브'는 '코딩: 모으고 또 모으고, 지우고 또 지우고', '범주화: 논리적 가공의 과정', '의미도출: 근거와 결론의 매듭'으로 나타났다. 이를 바탕으로 논의에서는 '범주의 맥락: 분석 자료를 다양한 맥락 속에 놓고 보기', '논의 전개의 맥락: 연구문제의 복합성을 구체화하기', '글쓰기의 맥락: 학습자에서 연구자로 거듭나기'를 제시했다. 결론으로 질적 연구가 낯선 대학원 석사과정생들이 겪는 어려움과 그 의미를 '연구자가 되어 감'이라는 중심 현상으로 밝혀내고 있다(박대원, 박종률, 2011).

두 번째 연구물은 「중학교 체육교사의 월요 운동장 조회 개선 과정에 관한 내러티브 탐구」이다(이의재, 윤현수, 2016). 저자는 중학교에서 2년간 월요 운동장 조회를 맡아 운영하는 한 체육교사를 대상으로 비구조화된 면담을 실시(5회)하고, 중학교 관리자, 생활지도부장, 학생 등과 1~2회 면담을 실시하였다. 자료분석은, 첫째, '넓게 바라보기(broadening)' 단계에서 연구참여자 주변 상황, 월요 아침 운동장 조회의 배경, 운영 과정 등에 대한 광범위한 탐색을 진행했다. 둘째, '깊이 바라보기(burrowing)' 단계는 운동장 조회의 운영에 대한 보다 심층적인 분석을 진행했다. 셋째, '이야기하기' 단계는 운동장 조회를 시공간의 변화, 그 과정에서 벌어지는 사건들, 주변 인물들과의 관계를 중심으로 기술했다. 넷째, '다시 이야기하기(re-storying)' 단계는 이야기하기의 줄거리를 재구성하고 첨삭하면서 지속적인 성찰을 이어갔다. 한편, 귀납적 범주화 과정은 상호배타성을 우선시하며 하위범주와 상위범주, 핵심범주를 지속적인 비교분석을 통해 결정하였다.

연구 결과, 첫째, '운동장 조회와의 만남'은 '새로운 업무, 운동장 조회', '운동장 조회의 절차와 방식'으로 나타났다. 둘째, '운동장 조회의 정렬방식 개선 과정'은 '라바콘을 이용한 효율적인 정렬방식으로', '선후배 간의 간극을 활용한 정렬방식으로', '이성 간의 간극을 활용한 정렬방식으로', '단호함 보여 주기'로 나타났다. 셋째, '운동장 조회의 변화 과정'은 '일주일의 시작은 학생들이 만든 창작체조로', '상벌을 활용해서 운동장 조회를 매끄럽게', '학년별로 실시하는 운동장 조회로', '재난대피 훈련의 일환으로'로 나타났다. 이를 바탕으로 '다시 이야기하기'는 '운동장 조회 운영 목적의 변화: 식민지 교육 잔재에서 안전과 건강을 위한 생활습관화 교육으로', '운동장 조회 운영 방식의 변화: 공포심, 권력, 권위 중심에서 낯설음, 시공간 활용으로'로 나타났다. 이 연구는 과거 식민지 잔재로만 인식되었던 운동장 조회를 안전과 건강을 위한 생활습관화 교육으로 바꾸면서, 과거의 학생 통제 중심에서 학생의 정서를 활용하는 방법으로 운영상의 변화를 이루어 냈음을 밝혔다(이의재, 윤현수, 2016).

5) 문화기술지

문화기술지는 초기 문화인류학자들이 민속학을 연구하는 데 사용하면서 발전했다. 문화기술지 연구는 오랜 기간 현장에 머물며 관찰 및 면담을 통해 연구현장의 고유한 문화적 특성을 드러내는 데 초점을 맞춘다. (비)참여관찰, 면담을 주요 자료로 코드를 도출해 내고, 이를 상위범주와 하위범주에 따라 영역별로 분석해 문화를 탐색하는 문화기술지 연구방식은 지금까지도 대부분의 질적 연구에서 자료수집 및 분석 방법의 모태가 되고 있다. 2000년대 초반까지 체육교육 분야 질적 연구의 대부분을 차지했던 문화기술지는 2010년 이후부터는 질적 연구방법의 다양화로 인해서 예전에 비해 많이 줄어들고 있다(이한주, 이정화, 고봄나, 2013). 체육교육 분야의 문화기술지가 연구에서 관찰기간이 대부분 2~3개월에 그치고 면담횟수도 6회 미만이 대부분을 차지했다는 점은 장기간의 관찰과 면담을 통한 문화탐색이라는 문화기술지의 취지를 고려했을 때 재고될 필요가 있다(한만석, 김은혜, 2015). 또한 자료를 기술, 분석 및 해석하는 과정에서 연구자의 판단을 중지한 채 '낯선 것을 익숙하게 보고 익숙한 것을 낯설게 보는 것'이 중요하다(김무영, 박정준, 2014). 여기에서는 문화기술지를 적용한 연구 대표사례로 두 편의 연구물을 소개한다.

첫 번째 연구물은 「젠더화된 공간: 초등학생들의 방송댄스 문화에 대한 비판적 문화기술지」이다(장용규, 김동식, 2020). 저자는 초등학교 6학년 학생들을 대상으로 방송댄스 문화가 형성되는 과정을 비판적 문화기술지를 활용하여 탐구했다. 구체적으로 6학년 학생 11명(여 9명, 남 2명)을 주 제보자로 하여 6개월 간 참여관찰 및 심층면담을 통해 자료를 수집했다. 자료분석은 피스크(Fiske, 1992)의 일상적 문화실천의 분석틀을 활용했다. 그는 대중들이 대중문화를 소비하는 과정에서 '선택-향유-해독-변용-생성'의 과정을 거치는데, 이 모든 과정을 '문화실천'으로 개념화했다(장용규, 김동식, 2020). 구체적으로 분석틀은, 첫째, '선택'은 '방송댄스 입문'과 '방송댄스 동기'로 범주화되었으며 '방송댄스 문화로의 입문'으로 나타났다. 둘째, '향유'는 '공간', '팀 구성', '대상', '또래 지위'로 범주화되었으며 '하나의 방송댄스 공연이 만들어지는 과정'으로 나타났다. 셋째, '생성'은 '또래문화'로 범주화되었으며 '또래 문화의 형성'으로 나타났다.

연구 결과, 연구참여자들은 '양육의 장'이나 '하위문화' 등 다양한 경로로 방송댄스 문화에 입문하고 있었으며 또래 놀이 문화로 정착되고 있었다. 또한, 공연을 중심으로 노래선정, 팀 구성, 역할배정, 준비 및 연습, 공연, 팀 해체와 새로운 팀 구성의 순환적 과정은 또래 문화 형성의 핵심 기제로 작용하고 있었다. 초등학교 학생들의 방송댄스 문화는 '아이돌 문화'의 종속적 위치에 있으면서도 그들 나름대로의 문화적 실천 과정을 거치는 '브리콜라주'적 특성을 지니며 한편으로는 '젠더 투쟁의 공간'으로 작동하는 것으로 드러났다(장용규, 김동식, 2020).

두 번째 연구물은 「그들만의 학습: 학생선수의 학습에 대한 문화기술지」이다(김무진, 정희준, 2012). 저자는 학습권에 대한 침해가 심각한 수준인 고등학교를 대상으로 '그들만의 학습'의 내면적 구조를 분석했다. 이를 통해 가장 전형적인 운동부의 형태에서 어떻게 학습에 대해 접근하고, 학생들은 이를 어떻게 받아들이는지에 대해 이해하고자 했다. 저자가 연구방법으로 문화기술지를 선택한 이유는 하나의 독특한 행동 유형을 가진 운동부의 학습에 대한 방법, 행동, 가치, 의미 등을 알아보고자 하는 연구주제에 적합하다고 판단했기 때문이다(김무진, 정희준, 2012). 연구참여자는 전국체육대회에서 우수한 성적을 거두고 있는 한 고등학교의 검도부원 9명, 일반학생 9명, 부장교사 1명을 포함 총 19명을 선정했다. 일반학생 선정기준은 1~2학년 당시 검도부와 같은 반 경험이 있는 학생을 대상으로 했다. 면담은 총 3회 이루어졌으며 자료분석 작업은 서술적 면접을 통한 영역분석→구조적 면접과 분류분석→대조적 면접과 성분분석→주제 분석의 순으로 진행되었다.

연구 결과, 첫째, 학생선수의 학습은 땡땡이, 무단 수업불참, 수업시간 엎드려 자기 등 '그들만의 학습'과 '관계망 형성'으로 나타났다. 둘째, 이들의 학습에 대한 의미는 '공부 대신 선택한 운동', '운동에 더해진 그들만의 학습', '대학진학만이 전부인 미래'로 나타났다. 이 연구는 기존 지배 담론에서 학습과 운동의 병행이 현실적으로 가능한지 그 실효성에 대해 진지하게 물으며 개선을 위해 필요한 과제들을 제안하고 있다(김무진, 정희준, 2012).

6) 생애사

생애사 연구는 한 개인의 역사적 삶을 내부자적 관점에서 종단적으로 연구하고 이를 분석 · 해석하는 과정을 통해 개인의 경험이 그 시대에 어떠한 문화적 의미를 갖는지에 초점을 맞춘다. 개인의 삶을 들여다보는 과정은 단지 개인의 삶에 그치는 것이 아니라 개인의 삶이 사회적 삶과 어떻게 연결되어 있는지를 보여 준다는 점에서 의미가 있다. 생애사는 한 개인이 살아온 삶의 이야기가 함축하고 있는 교육현상의 본질 또는 구조를 시간의 축에 따라 이야기 형식으로 기술하는 특징을 지닌다. 한국스포츠교육학회지에 2000~2014년 발표된 생애사 연구 논문은 총 5편이었다(한만석, 김은혜, 2015). 다만, 스포츠교육학 분야의 생애사 연구는 연구참여자가 체육교사에만 한정되어 있고, 연구 기간이 비교적 짧고 면담 횟수가 많지 않아서 개인의 삶을 깊이 담아내기에는 한계가 존재한다. 향후 다양한 연구참여자를 대상으로 보다 깊이 생애사 연구를 할 필요가 제기된다. 여기에서는 생애사를 적용한 연구 대표사례로 두 편의 연구물을 소개한다.

첫 번째 연구물은 「한국스포츠교육학의 도입과 학회 형성의 과정 탐색: 생애사 연구방법을 활용하여」이다(김승환, 조미혜, 2020). 앞서 이 글의 서론에서 밝힌 것처럼 저자는 고(故) 강신복 서울대학교 체육교육과 교수의 생애사 연구를 통해 한국스포츠교육학의 도입과 학회 형성 과정을 탐색했다. 면담은 총 9회에 걸쳐 진행되었으며 각 1~3시간 정도 소요되었다. 문서자료는 연구참여자의 생애구술 내용과 관련 있는 학회지, 학술대회 자료집, 총회자료집, 신문, 서적, 초창기 한국스포츠교육학회 발간문서 등을 수집했다. 자료분석은 최성호와 김영천(2017)이 제시한 생애사 자료의 분석틀 절차에 따랐으며, 구조적 코딩을 진행했다.

연구 결과, 첫째, 1960~1970년대 스포츠교육학의 태동기에 스포츠과학이 등장하게 된 배경을 알 수 있었다. 둘째, 1980년대 스포츠교육학의 학문으로서의 도입과 학회 설립의 배경에 대해 이해할 수 있었다. 셋째, 1990년대 한국스포츠교육학회의 창립과 학술지의 발간에 대한 과정을 엿볼 수 있었다(김승환, 조미혜, 2020).

두 번째 연구물은 「한 검사(劍士)의 생애사(生涯史)를 통해 바라본 대한민국 검도의 역사: 이종림 원로의 검사(劍史)를 중심으로」이다(임용석, 홍덕기, 2019). 저자는 한 검사(劍士)이자 검에 대한 역사학자(劍史)인 이종림 원로의 삶의 이야기를 통해 대한민국 검도의 역사를 알아보기 위해 생애사적 접근방식으로 연구했다. 자료수집은 7개월간 수집한 관련문서와 함께 면담(3회, 각 2~3시간)을 활용했고, 자료분석은 영역분석과 분류분석을 실시했다.

연구 결과, 첫째, '이종림 원로의 인생사'는 어린 시절 6 · 25를 겪으며 서울에서 부산으로 거처를 옮겨 상무관에서 검도를 처음 만나고 일제강점기의 연장선에서 도입된 검도의 역사를 이해할 수 있었다. 둘째, '검사(劍士) 이종림'은 '스승 도호문과의 만남', '검으로 전국재패', '성균관 중앙도장의 탄생', '첫 세계선수권 3위' 등을 통해 검사(劍士)로서의 이종림의 모습과 함께 당시 검도의 시대상을 엿볼 수 있었다. 셋째, '이종림의 검사(劍史)'는 '월탄선생과의 조우: 격검선수', '무예도보통지와 조선세법: 검도의 원류를 찾아서'를 통해 검도의 역사를 이해할 수 있었다. 넷째, 검도의 용어 사용과 대한검도회의 중앙도장 건립 등을 통해 대한검도회의 발전사를 볼 수 있었다. 결국, 일제강점기의 영향을 받아 보급 및 유지되었다고 알려진 검도는 한 검도인의 63년간의 경험과 관심 그리고 연구를 통해 원류를 복원하며 세계에서 유일하게 독립적인 용어 사용(kumdo)을 인정받는 나라가 되었다(임용석, 홍덕기, 2019).

7) 자문화기술지

전통적인 문화기술지가 집단에서 공유하는 문화를 3인칭 관찰자 시점에서 바라보는 반면, 자문화기술지는 1인칭 주인공 시점과 1인칭 관찰자 시점을 교차하며 자신의 내면에 대한 반성적 이야기를 드러냄으로써 타자 및 외부 세계와 관계를 맺는다(김명찬, 2015). 스포츠교육학 연구에서 질적 연구의 최근 동향은 제3자의 삶을 드러내는 관찰자의 태도에서 자신의 삶을 반성적으로 드러내는 1인칭 관점의 태도로 변화되고 있다(박상봉, 김동식, 2020; 이영국, 안양옥, 2017; 최의창, 2016). 자문화기술지와 셀프스터디는 1인칭 체험연구라는 공통점이 존재하나 구분되는 차이점도 존재한다(박상봉, 김동식, 2020).

박상봉과 김동식(2020)은 자문화기술지의 특징으로 '개인 내부자료의 강조', '자기 노출을 통한 성찰의 계기 제공', '연구결과에 대한 반영성 확보'를 들고 있다. 첫째, 개인 내부자료는 자기회상에 도움이 되는 시각의 순서에 따른 기억자료를 수집하는 것이다. 둘째, 자문화기술지에서 자기노출이 불가피하게 발생한다. 다만, 자기노출은 자신을 성찰하려는 목적으로 사용되어야 한다. 셋째, 반영성은 연구자 스스로의 자각을 의미하며 연구자 자신의 편견을 비판적으로 바라보는 것이다. 따라서 연구자 자신이 연구도구라는 점을 자각하고 연구자가 가질 수 있는 한계를 있는 그대로 인정하고 드러내는 것부터 출발해야 한다.

자문화기술지의 자료수집은 타 질적 연구와 크게 다르지 않으나 자기회상 자료가 주요 자료로 사용된다는 점에서 특징적이다. 한편, 자문화기술지의 자료분석은 자기회상자료인 사적 글쓰기를 학문적 글쓰기로 전환하는 과정이다(박상봉, 김동식, 2020). 즉, '개인적인 글쓰기'이면서 동시에 '사회적 경험'에 대한 글쓰기여야 한다. 스포츠교육학에서 이루어진 자문화기술지 연구는 2010년대 이후로 급증하는 추세이며 체육교사의 체육수업, 학교스포츠클럽, 운동부지도, 체육교과서 집필, 체육교사교육자의 경험 등 다양한 연구주제가 수행되고 있다(강지민, 박상봉, 2019; 고문수, 2015, 2016, 2017; 김동식, 장용규, 2018; 나주영, 고문수, 2016; 이동성, 2019; 임혜림, 이옥선, 2016; 홍덕기, 2017). 여기에서는 자문화기술지를 적용한 연구의 대표사례로 두 편의 연구물을 소개한다.

첫 번째 연구물은「한 초등학교 여자체육전담교사의 체육수업 전문성 개발의 첫 경험」이다(강지민, 박상봉, 2019). 저자는 자문화기술지 방법을 활용하여 한 초등학교 여자체육 전담교사의 전문성 개발의 첫 경험과 교육적 의미를 탐색하였다. 저자는 서울소재 초등학교로 초임발령을 받은 5년차 여교사로 체육수업을 가르쳐 본 경험이 없다. 연구방법은 회상자료, 수업반성일지, 관련 문서자료를 6개월간 수집하고 영역분석과 분류분석을 활용하여 분석하였다.

연구 결과, 연구자인 '나'는, 첫째, '수업지식 축적'의 경우 '교사연구자로서의 삶에 익숙해지기', '동료교사들로부터 자극받기', '수업과 반성적 성찰의 선순환 구조에 편승하기'로 나타났다. 둘째, '담임교사의 노하우의 렌즈로 수업바라보기'의 경우 '생활지도의 경계에 대한 모호함과 갈등 해결하기', '수업변수에 능동적으로 대처하기', '소외 학생에 대한 각별한 관심 갖기'로 나타났다. 셋째, '체육교사로서의 정체성 공고히 하기'의 경우 '운동을 좋아하고 즐기는 교사되기', '교학상장의 자세 견지하기', '외부 시선으로부터 자유로워지기'로 나타났다. 논의는 체육과 수업지식 축적을 위해 다원적 접근의 필요성, 담임교사의 경험을 근간으로 한 체육전담교사제의 운영문제, 여교사 체육수업 전문성 신장 기회 확대에 대해 논하였다(강지민, 박상봉, 2019).

두 번째 연구물은「나의 삶과 교육, 그리고 학문: 재미한인 체육교육 전공 초임교수의 학문적 정체성 형성에 대한 자문화기술지」이다(홍덕기, 2017). 저자는 미국의 한 주립대학교에 재직하는 체육교육 전공 초임교수로서 학부과정부터 초임교수 시기까지 한국과 미국에서 경험한 '학문'과 '교육'의 의미를 자문화기술지를 통해 드러냈다. 자료는 2002년부터 2016년까지 15년간 연구자가 사용한 수업 및 연구 관련 자료를 수집하고, 자기회상, 자기성찰, 자기관찰 과정을 거쳐 연구자의 체험을 되살리는 작업을 반복하며 연도별 주요사건일지 및 연구노트 자료를 작성하였다. 자료분석은 영역분과 분류분석 방식으로 내용의 구조적 유형, 인상적인 내용, 자주 언급된 자료내용, 학문과 교육에 대한 자신의 정체성을 잘 드러내는 내용들을 중심으로 발췌하여 핵심 어휘 및 문장으로 소주제를 정하고 이를 바탕으로 중간 제목을 포괄하는 대주제를 선정하였다.

연구 결과, 첫째, 학부과정(2002~2006)은 '체육과 교육에 대한 다듬어지지 않은 질문의 시작'을 주제로, 학부 초기에는 '비판적 사고의 형성', 학부 중기에는 '대안교육, 그 현장 속으로', 학부 후기에는 '체육시민사회, 그 현장 속으로'로 나타났다. 둘째, 대학원 석사과정 및 유학 준비(2006~2009)는 '학문과 교육에 대한 지적 호기심의 확장'을 주제로 석사과정은 '학문을 통해 세상보기', 유학 준비는 '또 다른 세상과 마주하다'로 나타났다. 셋째, 미국 대학원 박사과정(2009~2013)은 '시행착오를 통한 서양식 학문훈련의 내면화'를 주제로 박사과정 초기는 '언어장벽과 문화 차이에서 오는 시련', 중기는 '수업조교로서 교육과 연구조교로서 학문에 입문', 후기는 '엄격한 학문적 훈련을 통한 성인식'으로 나타났다. 넷째, 미국 주립대학교 초임교수 시기(2013~2016)는 '생존을 위한 학문과 교육, 그리고 정체성 혼돈'을 주제로 초임교수 초기는 '학문과 교육을 대하는 이중적 정체성', 초임교수 중기는 '생산성을 위한 수단으로서 학문과 교육', 초임교수 후기는 '서양과 동양의 경계에 선 이방인'으로 나타났다. 논의에서는 직업사회화 이론에 따라 정체성 형성 과정을 '학문적 정체성 탐색 시기', '현장개선을 위한 학문지향 시기', '서양학문의 내면화 시기', '불확실성과 정체성 혼돈 시기'의 네 단계로 구분하여 제시했다(홍덕기, 2017).

8) 실행연구

실행연구는 현장개선을 위해 '계획-실행-관찰-성찰-재계획'의 나선형 순환 과정을 거친다. 특히 특수한 상황에 맞는 이론이 만들어진다는 측면에서 실천지향적 연구방법이다(조용환, 2015). 여기에서는 실행연구를 적용한 연구의 대표사례로 두 편의 연구물을 소개한다.

첫 번째 연구물은 「학교부적응 학생의 특별교육 프로그램에 관한 실행연구: 산악활동을 중심으로」이다(윤주석, 강방수, 2018). 저자는 학교부적응을 겪고 있는 학생들을 위한 산악활동 프로그램을 개발하고 2년간 적용하면서 학교현장을 개선하고자 하였다. 연구참여자는 연구자가 근무하는 일반계 고등학교에서 선도위원회에 2회 이상 회부된 학생과 학교생활에 부적응을 겪는 학생 중 본인과 학부모 모두가 희망하는 학생 26명을 대상으로 실시했으며 3명의 주 제보자를 선택하였다. 자료는 비구조화된 면담을 통해 수집하였고, 개방 코딩, 범주화, 범주 확인 등 반복적 분석법을 통해 자료를 분석했다.

연구 결과는 '특별교육 프로그램의 변화: 삼천지교(三遷之教)', '특별교육 프로그램 참여 학생들의 성장: 줄탁동시(崒啄同時)', '특별교육을 바라보는 교육자들의 성찰: 교학상장(教學相長)'으로 나타났다. 이를 통해 산악활동 프로그램은 학교부적응 학생들의 행동수정 및 자아성찰에 긍정적인 작용을 하였음을 확인할 수 있었다. 또한 학생들은 산악활동을 통해 도전정신과 인내심을 함양하고 성취감을 경험하는 등 인성발달에 도움이 되었다. 마지막으로, 교사들은 학교부적응 학생을 단순히 징계의 대상이 아니라 그들의 문제행동 원인을 깊게 관찰하여 조력자가 되려고 노력하는 등 관점의 변화가 생겨났다(윤주석, 강방수, 2018).

두 번째 연구물은 「전술게임수업모형을 적용한 초등학교 필드형 게임 실행경험」이다(천종문, 홍덕기, 2020). 저자는 초등학교 게임수업 개선을 위해 2년간 전술게임수업을 계획, 실행, 반성, 수정한 교사의 경험을 탐색했다. 연구참여자는 S초등학교 5학년 학생 총 46명(2018년 23명, 2019년 23명)이며 8명의 주 제보자를 선정하였다. 자료는 교사 수업일지(A4 노트 1권 분량), 학생 배움일지(A4 파일 2권), 수업동영상 자료(40분 분량 영상 18편), 심층면담(8회)이다. 자료분석은 김영천(2013)의 질적 자료분석의 일반적 과정과 카니(Carney, 1990)의 '분석적 추상화의 다리' 단계를 재구성하여 귀납적 분석의 세 단계를 거쳤다.

연구 결과, 첫째, 필드형 게임의 전술적 접근은 '게임의 초점 및 전술적 문제', '전술적 복잡성과 수준 및 게임의 변형'으로 나타났다. 둘째, 전술게임수업 실행의 의미는 '교사가 경험한 전술게임수업의 어려움', '교사의 수업관리 전략 도입', '학생의 문제인식능력 향상'으로 나타났다. 이 연구를 통해 게임의 고유한 속성별로 구성된 전술적 문제를 학생들의 수준에 적합한 변형게임의 참여를 통해 해결해 나가는 과정에서 적절한 해결방법을 찾아낼 수 있었다(천종문, 홍덕기, 2020).

9) 포토보이스

포토보이스는 시간적 연구방법의 하나로 연구참여자의 경험을 사진으로 생성해 텍스트의 한계를 극복하고, 소외나 불평등의 문제를 겪고 있는 참여자들을 이해하는 데 적합한 연구기법이다(김경오, 이규일, 2013a). 시각적 연구방법(visual methodology)은 연구자가 사진, 영상, 그림 등 시작자료를 수집 및 분석, 해석하는 질적 연구방법이다(김아미, 2017). 시각적 연구방법은 언어적 재현을 넘어서 연구참여자의 목소리를 시각적으로 재현해 낼 수 있는 장점이 있다. 특히 어린이나 청소년 등 언어로 자신의 체험을 표현하는 데 한계가 있는 연구참여자들이 사용하기에 유용하다. 대표적인 시각자료로는 연구참여자들이 만들어 낸 이미지, 연구에 활용 가능한 이미 존재하는 이미지, 연구에 대한 피드백을 주는 데 유용한 이미지, 재현과 해석을 위해 유용한 이미지로 나눌 수 있다(김아미, 2017). 시각적 연구방법은 시각적 결과물뿐만 아니라 이에 대한 연구참여자의 분석, 해석, 제작 과정의 면담 및 관찰도 포함한다. 시각적 연구방법을 사용하는 연구참여자는 무심코 보낸 자신의 일상 생활세계에 대해 반성적으로 성찰하는 경험을 하게 된다(김도헌, 2016).

한편, 질적 연구는 현상과 맥락을 잘 드러낼 필요가 있는데 신체활동을 주로 다루는 체육학의 특성상 텍스트로 이를 재현해 내는 데 어려움이 존재한다(김경오, 이규일, 2013a). 따라서 신체활동을 시각적 이미지로 담아내고 이를 분석하는 작업은 텍스트보다 체육학의 특수성을 잘 반영할 수 있다(Azzarito & Kirk, 2013). 김경오와 이규일(2013a)은 가속도계와 포토보이스를 활용하는 대안을 제시했다. 가속도계는 신체활동을 측정하는 방법 중 하나로 신체활동량을 강도에 따라 분류하여 에너지소비량 추정을 가능하게 하는 신체활동 측정 장치이다. 가속도계의 숫자는 그 자체로 양적 자료이지만 참여자가 이 숫자에 의미를 부여하면 신체활동의 맥락을 이해하는 질적 자료로서 사용가치가 있다. 또 다른 방식인 포토보이스는 참여자에게 카메라를 제공하고 신체활동 사진을 찍어서 그 사진에 담긴 의미를 부여하는 방식이다(Wang, 2006). 포토보이스 방법을 통해 연구참여자는 정보를 제공해 주는 것을 넘어서 연구자와 함께 자료의 의미를 공동으로 생성해 내는 보다 적극적인 역할을 하게 된다(김경오, 이규일, 2013a). 여기에서는 포토보이스를 적용한 연구 대표사례로 두 편의 연구물을 소개한다.

첫 번째 연구물은 「여학생의 일상생활 신체활동을 제약하는 환경요인 탐색: 포토보이스」이다(이규일, 2020). 저자는 중학교 여학생의 낮은 신체활동 참여에 대한 문제인식을 바탕으로 일상생활에서 신체활동을 제약하는 환경요인을 분석하고 사회생태학 모델에 근거하여 여학생 신체활동 증진방안을 제안하고자 했다. 연구참여자는 신체활동 수준이 낮은 여학생 12명을 '국제 신체활동 설문지'를 통해 측정한 점수를 기준으로 선정했다. 이들을 대상으로 2주간 일상생활에서 자신의 신체활동을 방해하는 것이 무엇인지에 대한 사진을 촬영하도록 포토보이스 기법에서 따라 오리엔테이션을 진행한 후, 포토보이스 실행, 포커스 그룹 면담으로 자료를 수집하였다. 수집된 총 224장의 사진 중 최종 8장의 사진을 선택했다. 선택한 사진을 대상으로 맥락화 · 주제화하기에 근거해 자료를 분석했다.

연구 결과, 여중생들의 일상생활 신체활동 제약 경험은, 첫째, 여가 영역은 '황무지 같은 놀이터'로 동료들과 함께 할 만한 신체활동 거리가 없는 것으로 나타났다. 둘째, 가정 영역은 '쉼과 좌식화된 놀이 공간'으로 집안이 학교 밖에서 안전하게 운동할 수 있는 유일한 공간이지만 막상 집안에서는 비활동적인 좌식화된 놀이로 채워지고 있는 것으로 나타났다. 셋째, 교통 영역은 '엄빠카로 대체된 교통수단'으로 초등학교 교통수단으로 부모님의 자동차 또는 학원차량을 이용하여 신체활동이 감소하는 것으로 나타났다. 넷째, 학교 영역은 '젠더 차별의 재생산'으로 유일한 신체활동 공간인 학교 영역에서조차도 공간이 남학생의 전유물로 사용되었으며 막상 공간이 생겨도 여학생들에게 적절한 프로그램이 부재한 것으로 나타났다. 종합하면, 여학생들을 둘러싸고 있는 환경 문제는 학업적 환경, 물리적 환경, 일상생활 환경, 사회문화적 환경으로 나타났다. 사회생태학 모델의 관점에서 여학생 신체활동 증진 방안은, 첫째, '조직 수준'에서 여학생 맞춤형 신체활동 프로그램의 개발, 둘째, '공동체 수준'에서 가정 내에서 가족들과 함께 할 수 있는 신체활동 필요, 셋째, '공공정책 수준'에서 거주지의 물리적 · 환경적 안정성 향상으로 나타났다(이규일, 2020).

두 번째 연구물은 「은퇴한 여자운동선수들의 사회적 장벽과 대안 모색: 포토보이스」이다(김경오, 이규일, 2013b). 저자는 은퇴한 여자운동선수 7명을 대상으로 포토보이스 기법을 사용하여 이들이 겪는 사회적 장벽과 이를 극복하기 위한 방안을 제시하고자 하였다. 첫째, 포토보이스는 오리엔테이션, 포토보이스 실행, 포커스 그룹 인터뷰의 순으로 진행되었다. 오리엔테이션은 일회용 카메라 사용방법, 무엇을 찍고 혹은 찍지 말아야 할지에 대한 설명, 사진 촬영 시 잠재적인 윤리적 문제점 등에 대해서 논의했다. 둘째, 포토보이스 실행은 연구참여자에게 운동의 의미를 묻고, 여자운동선수 경험으로 인한 사회적 제약이 무엇이었는지 등을 주제로 2주 동안 각각 27장의 사진을 찍도록 요청했다. 셋째, 포커스 그룹 인터뷰의 경우 개인당 각각 4장의 사진을 선정하여 SHOWed 기법을 활용하여 총 40장의 사진자료에 대한 면담이 4시간에 걸쳐 이루어졌다. 이후 추가로 두 명에 대한 개별면담을 실시했다.

연구 결과, '현재 당신에게 소중한 것은 무엇인가', '당신이 벗어나고 싶은 것은 무엇인가?', '삶의 가장 큰 장벽은 무엇인가?'로 범주화하여 제시하였다. 결과를 바탕으로 은퇴한 여자운동선수들의 문제점을 OECD DeSeCo 프로젝트의 핵심역량개념에 기초하여 '자율적으로 행동하기', '도구를 상호작용적으로 활용하는 능력', '사회적 이질집단에서 상호작용하기'로 도출하고 그 대안으로, 첫째, 조직적 수준에서 자기주도적 능력 및 의사소통 기술의 향상, 둘째, 공동체 수준에서 사회적 인식의 전환, 셋째, 정책 수준에서 안정적 사회진출을 위한 프로그램 개발을 제안했다(김경오, 이규일, 2013b).

10) 혼합연구

초창기 혼합연구의 상당수는 양적 연구와 질적 연구 두 연구방법을 단순히 병렬적으로 혼합하여 사용할 뿐, 왜 혼합연구를 수행했는지에 대한 근거의 제시가 미흡하거나 철학적 관점 및 패러다임의 차이에 대한 고민을 깊이 하지 못한 채 행해졌다. 하지만 보다 최근에는 양질의 혼합연구도 증가하고 있는 추세이다. 이인경(2012)은 특수체육연구에서 혼합연구의 개념적 정의와 함께 혼합연구의 특성, 적용사례, 활용 가능성을 탐색하였다. 여기에서는 혼합연구를 적용한 대표사례로 두 편을 소개한다.

첫 번째 연구물은 「신체활동 증진 전략 기반 여고생 체력수업 설계 및 실행: 질적 연구 중심 혼합연구」이다(강형길, 이규일, 2017). 저자는 신체활동 증진 전략을 바탕으로 여고생 체력 단원 수업을 설계 및 실행함으로써 여고생 대상의 건강 관련 체육수업의 교육적 대안을 모색했다. 연구방법은 실행연구의 관점에서 질적 연구 중심 혼합연구 설계모형으로 이루어졌다. 구체적으로 체력수업은 SPARK 중등학교 프로그램을 바탕으로 설계되었으며, 한 여자고등학교 1학년 2개 학급에서 실행되었다. 양적 자료는 3차원 가속도계(GT3X)와 체력 측정을 통해 수집되었으며, 경험분석을 위해 관찰, 문서, 면담 등의 질적 자료가 수집되었다.

연구 결과, 연구에 참가한 학급의 학생들은 동 학년 다른 학급의 체력수업에 비해 저강도 시간은 유의하게 낮고, 중 · 고강도 활동은 유의하게 높게 나타났다. 한편, 연구에 참가한 학생들의 사전 · 사후 체력 측정 결과, 모든 항목에서 유의한 증가가 나타났다. 질적 자료분석 결과, SPARK 프로그램을 통한 학생들의 경험은 '몸으로 경험하는 운동의 의미', '신체적으로 바쁜 하루', '운동을 지속할 힘: 절반의 성공'으로 범주화되었다. 연구 결과를 바탕으로 여고생 체력수업 방안 및 수업전략을 제안하였다(강형길, 이규일, 2017).

두 번째 연구물은 「학교스포츠클럽 활동이 학교폭력에 미치는 효과에 관한 혼합연구」이다(조병호, 성창훈, 2020). 저자는 학교폭력에 대한 학교스포츠클럽 활동의 효과성을 혼합연구를 활용하여 종합적으로 평가하였다. 먼저, 양적 연구는 메타분석 기법을 활용하여 초 · 중 · 고등학생들을 대상으로 학교스포츠클럽 활동과 학교폭력의 관계를 다룬 연구 중 상관계수 'r값' 및 회귀분석을 통한 't값'이 제시된 총 13편의 논문을 선정하였다. 선정된 논문에서 추출된 총 38개의 효과 크기 값을 메타분석 전문 프로그램인 CMA (Comprehensive Meta Analysis) V3을 이용하여 분석하였다. 양적 연구 결과는 학교스포츠클럽 활동이 학교폭력에 미치는 전체 효과 크기 값의 효과가 미비하게 나타났다.

한편, 질적 연구방법으로는 체육교사 및 장학사 5명으로 구성된 전문가 집단에 대해 메타분석 결과의 질적 해석을 주제로 심층면담(1~2회, 각 60분)을 실시하였다. 전문가 집단은 학교 현장에서 직접 지도한 경험과 학교스포츠클럽 활동에 참여하면서 학생이 경험하는 내외적 요인을 유추하며 해석하였다. 질적 연구 결과는 '운동장 헤게모니', '의도하지 않은 부정적 효과', '교사의 역량(의지) 부족', '시기상조', '학교스포츠클럽 활동의 조절 · 매개 효과 기능', '설문에 대한 방어적 응답', '생각(태도)과 행동의 차이' 7개로 범주화되었다. 양적 연구와 질적 연구 결과를 종합하면, 학교스포츠클럽 활동이 학교폭력 전반에 직접적으로 미치는 효과는 없거나 미비하며, 학생의 학교폭력 태도에만 긍정적인 작은 효과를 보였다. 또한 질적 연구를 통해 양적 연구 결과에 대해 보다 깊이 해석할 수 있었다(조병호, 성창훈, 2020).

5. 체육교육 분야 질적 연구의 실험적 시도 사례와 향후 과제

지금까지 체육교육 분야의 질적 연구 동향을, 첫째, 체육교육 분야에 대한 소개, 둘째, 체육교육 분야에서 질적 연구의 위치와 최근 동향, 셋째, 체육교육 분야에서 활용된 질적 연구의 특징, 넷째, 체육교육 분야의 질적 연구물 대표 사례로 나누어 살펴봤다. 이 절에서는 체육교육 분야에서 수행된 질적 연구의 실험적 시도 사례를 소개하고 향후 과제에 대해서 제시한다.

1) 실험적 시도

첫 번째 연구물은 「보이지 않는 도시들-체육학의 기억, 욕망, 그리고 미래」이다(정용철, 2020). 저자는 체육학의 미래를 2036년 정년퇴임을 하는 가상의 나인 '정반'이라는 인물의 일기 형식으로 글을 전개한다.

2036년 2월 29일

오늘은 내 정년퇴임일이다. 미국의 주립대학에서 8년 그리고 한국의 사립대학에서 25년, 도합 33년 동안 체육과 교수로 선생질을 했다. 긴 세월이다. 내 이름은 정반(Ban Chung). 원래 이름이 있지만 2020년 50살이 되던 해에

> 이름을 바꿨다. 인생 백 살이라는데 오십이면 딱 반을 살았다는 의미[半]와 틈만 나면 세상에 시비 걸고 매사 삐딱하게 보는 성정[反]을 반반씩 담아 스스로 새 이름을 지었다. 정반, 정말 반들반들한 이름이다. 정반으로 다시 15년을 살았다(정용철, 2020: 5).

'정반'은 "1990년대 초 체육교육과에서 학부를 마치고 1990년대 후반 미국으로 유학을 떠나 학위를 마친, 그리고 10년이 넘게 머물다 귀국해 다시 10년을 가르친 50세의 중년 교수가 그리는 체육학의 미래는 매우 사적이고 편파적인 글이 될 운명"이라고 밝히며 글을 시작한다.

저자가 밝히고 있듯이 학문으로서 체육학의 역사는 스포츠심리학을 전공한 '정반'의 지도교수이자 학문적 아버지인 대니얼 굴드(Daniel Gould)로부터 굴드의 학문적 스승인 래이너 마튼스(Rainer Martens)와 그의 스승인 콜만 그리피스(Colman Griffith)로까지 그 학문적 계보가 거슬러 올라간다. 콜만 그리피스는 1925년에 일리노이 대학에 운동실험실(Athletic Research Lab)을 만들고 1920년대에 『Psychology of Coaching, Psychology of Athletics』라는 기념비적인 저서를 쓴 인물이다. 한편으로 '정반'의 생물학적 아버지인 정청희 교수는 서울대학교 체육교육과 교수를 지낸 한국 스포츠심리학의 1세대이다.

저자는 자신의 생물학적 · 학문적 아버지에게 영향을 받은 역사적 맥락과 함께 체육학의 전문화와 서양 학문의 수입, 교수 1인당 논문 편수로 대변되는 학문사회 속 무한경쟁 속에 또 다른 자신인 '정반'을 '전경'과 '후경'으로 교차해 가며 이야기를 풀어 간다. 이 글을 통해 저자가 바라는 미래는 정교수와 비전임 시간강사의 임금 격차 감소, 다양한 형태의 연구실적 인정, 포스트 코로나 시대의 비대면 수업의 일상화와 이로 인한 학교교육의 변화와 이를 기반으로 한 스포츠와 건강의 중요성, 스포츠를 통한 평화 달성, 도시 재생 등이다. 그가 꿈꾸는 삶은 저자가 글에서 밝히고 있듯이 '소설'이다. 하지만 그는 소설적 글쓰기 방식을 차용하여 이 글이 독자들에게 마냥 소설로 읽히지 않기를 바라며 글을 마친다(정용철, 2020).

두 번째 연구물은 「무모한 도전: 체육계 교수임용 문제」이다(이학준, 2009). 이 글에서 저자는 공공연하게 떠돌던 체육계 대학 교수임용 문제를 심층면담 등의 질적 연구를 통해 비판적으로 드러낸다. 구체적으로 심층면담 대상자는 37~42세의 시간강사 3명으로 3~10회 정도의 교수임용 지원 경험을 가지고 있다. 심층면담 이외에 교수임용사이트에 게재된 내용도 참고자료로 활용하였다. 연구 결과는, 첫째, 1차 서류심사에서 속이 뻔히 보이는 공고를 내는 경우이다. 공고 이외에도 내부적으로 학과에 재직하는 교수 중에 나이가 가장 어린 교수의 연령대를 연령의 기준으로 설정한다거나, 학부전공이 불일치하다는 이유로 임용대상에서 제외시키는 경우도 일어난다. 어떠한 경우는 특정 운동 종목의 전문운동 경력 등을 지원 자격으로 제한하는 경우도 있다. 또한 한 번 지원할 때마다 최근 3개월 이내의 증빙서류를 요청하고 불필요한 서류를 요구하는 등 대학의 행정 편의주의로 인한 불편도 크다.

> 공고를 잘 읽어야 합니다. 지원할 것인가, 하지 말아야 할 것인가를 결정하는 것은 공고내용입니다. 자기 전공과 유사하다고 묻지 마 지원을 하는 것은 어리석은 짓입니다(이학준, 2009: 50의 면담내용 재인용).

둘째, 2차 공개강의 심사와 3차 면접심사는 전문성과 능력이 부족한 심사위원이 심사를 하면서 공정성에 문제가 발생한다. 학연 및 지연의 문제는 타대학 지원자들이 아무리 노력해도 교수로 임용되기 어려운 커다란 장벽으로 존재한다. 또한 사전내정이나 금품수수 등의 문제는 은밀하게 진행되거나 교수들의 담합으로 인해 밝혀내기 쉽지 않다.

> 면접내용은 단점을 찾아내서 임용을 반대하고 다른 지원자를 뽑기 위한 전략임을 현장에서 바로 느끼게 됩니다. 연구업적이 많으면 많다고 문제를 제기하고, 적으면 적다고 문제를 제기합니다. 자신들이 뽑을 지원자를 제외하고는 거의 소모성 질문으로 일관합니다(이학준, 2009: 57의 면담내용 재인용).

셋째, 최종 결과 역시 합격 기준에 대한 공개를 하지 않으며, 학과 내 교수들 간의 이견으로 인해 최종 선발을 하지 않는 경우도 많다.

> 몇몇 최종까지 갔습니다. 하지만 제가 최종까지 가면 언제나 아무도 뽑지 않습니다. 자신들이 뽑으려고 하는 예정자가 상대에게 밀려서 문제가 있을 때 아무도 뽑지 않습니다. 나중에 다시 뽑겠다는 생각이지요. 최종까지 간 지원자들은 희망을 가지고 있다가 황당한 경험을 하게 됩니다(이학준, 2009: 59의 면담내용 재인용).

저자는 '공고', '서류접수와 심사', '발표 및 면접', '최종 결과' 등 교수임용과정 전반에서 교수의 기득권과 학벌사회 속에서 지원자들에 대한 차별과 배제가 어떻게 일어나는지를 생생히 보여 준다(이학준, 2009).

정용철(2020)의 글은 체육학의 미래에 대해 또 다른 저자를 내세워 소설의 형식을 빌려 전개해 나간다는 점에서 실험적 글쓰기의 형태를 띠고 있으며, 이학준(2009)의 글은 학문적으로 민감할 수 있는 주제를 비판적으로 다루고 있다는 점에서 실험적이다. 하지만 국내 체육교육 분야의 질적 연구는 주제나 글쓰기, 연구방법 등의 파격성이나 다양성 측면에서 아직 제한적이다. 이는 국내 스포츠교육학을 비롯한 체육학 전반의 학풍이 보수적이며 자유로운 글쓰기 형태나 민감한 학문적 주제의 경우 한국연구재단에 등재된 학회지의 동료심사 과정에서 인정받지 못하는 학문적 풍토에 기인하는 것으로 판단된다.

파격적이고 실험적 형태의 학문적 글쓰기보다 기존에 봐 왔던 정형화된 질적 연구방법론을 선호하는 경향을 극복하기 위해서는 최근 질적 연구의 동향과 관련한 국내 다른 분야 학자들의 논의에 주목할 필요가 있다. 먼저, 배은주(2008)는 경계 해체, 관계성 회복, 연구자와 참여자의 공동체 역량 강화의 필요성을 주장하였다. 또한 유해령(2011)은 해석이 질적 연구의 전부가 될 수 없으며 해방적 실천이 중요함을 주장하고 있다. 한편, 조용환(2012)은 질적 연구자는 문화적 존재로서 자신의 자각과 더불어 연구, 삶, 교육을 분리시키지 않는 질적인 삶의 수행이 중요함을 강조한다. 이러한 논의들은 모두 질적 연구가 삶과 떨어질 수 없으며 실천의 중요성을 강조하고 있다는 공통점이 있다. 따라서 체육교육 분야 질적 연구의 실험적 시도가 보다 활성화되기 위해서는 '분과학문 간의 경계 넘나들기'와 더불어 '삶과 교육을 학문에 연관짓기' 등 이론과 실천이 함께 질적 연구 속에 녹아들 수 있음을 인정하고, 학문 공동체에서 실험적 글쓰기나 파격적 주제에 대한 다양한 시도에 대해 '심판자'보다 '격려자'의 입장에서 보다 관용적인 자세를 보일 필요가 있다.

2) 향후 과제

국내 체육교육 분야의 질적 연구는 '개척기'와 '답습기'를 넘어 '자립기'에 이르렀다. 특히 체육학의 하위학문 분야 중 스포츠교육학의 경우 '질적 연구의 전성시대'를 지나 '질적 연구의 과잉시대'에 대한 일부 우려가 존재한다. 폭발적인 질적 연구물의 증가는 양적 연구 패러다임의 한계를 극복하는 차원에서 환영할 만한 일이지만, 이에 따른 문제점들도 나타나고 있기 때문이다. 따라서 이를 위한 향후 과제를 제시하면 다음과 같다.

첫째, 연구목적에 맞는 연구방법이 사용되고 있는지에 대한 충분한 설명이 필요하다. 체육 분야의 질적 연구물들은 명확한 연구방법 및 철학적 배경에 대한 이해가 부족한 채 질적 연구가 사용되는 경향이 있어 왔다(김경오, 이규일, 2013a). 국내 스포츠교육학 연구의 초창기 질적 연구물들은 문화기술지를 비롯한 소수의 질적 연구 패러다임에 갇힌 연구주제 중심으로 논의가 되어 왔다. 이후 사례연구를 활용한 질적 연구물이 급증하였고, 최근에는 자문화기술지나 셀프스터디를 활용한 질적 연구가 급증하고 있다. 시대흐름별로 특정 연구방법의 유행에 의존하기보다는 각각 질적 연구방법의 특성에 대한 깊은 이해를 통해 연구목적에 맞는 연구방법을 선택해야 한다. 예를 들어, '사례연구'는 사례의 특수성에 대한 파악에, '문화기술지'는 문화를 드러내는 데 초점을 두고 있으며, '현상학'은 개념이나 현상에 대한 체험의 본질을 드러내고, '근거이론'은 현장의 관찰을 통해 이론적 설명을 만들어 내는 일을 하며, '내러티브'는 연구참여자의 관점에서 경험을 이야기 형식으로 전하고 그 의미를 드러내며, '생애사'는 한 개인의 인생에 초점을 맞추는 등 각각의 질적 연구방법에 대한 특성을 잘 이해할 필요가 있다(한만석, 김은혜, 2015). 또한 체육학은 타 학문 영역과는 다르게 신체활동을 기반으로 한다는 특수성을 가지고 있으므로, 이러한 특성을 반영하여 체육교육 분야를 잘 드러낼 수 있는 질적 연구방법에 대한 논의가 필요하다(김경오, 이규일, 2013a).

둘째, 연구참여자 선정의 기준이 명확할 필요가 있다. 연구자의 편의대로 연구참여자를 선정하거나 선정의 기준이 불명확한 경우 체계적 질적 연구가 수행되기 어렵다. 한편, 연구참여자와 충분한 라포를 형성해야 하며 연구참여자와 함께 자료를 수집하는 과정에서 연구윤리의 기준을 명확히 세우고 절차에 맞게 연구가 진행될 필요가 있다.

셋째, 자료 수집 및 분석, 결과의 해석에서 절차적 타당성이 확보되어야 한다. 이러한 과정이 연구자의 편의에 의해서 결정되어서는 안 되며 투명하고 공정하며 구체적인 절차에 의해서 이루어져야 한다. 자료분석에서 영역분석이나 분류분석을 사용하는 경우 각 층위별 코딩에 대한 구체적인 예시나 자료분석 절차에 대한 상세한 설명이 요구된다. 최근에는 질적 연구 자료분석 소프트웨어가 많이 등장하여 활용되고 있음에도 불구하고, 스포츠교육학 분야에서의 질적 연구에서는 이러한 소프트웨어의 사용률이 현저히 떨어지는 점이 발견된다. 소프트웨어를 활용한 자료분석은 체계적인 자료 저장과 코딩의 시각화, 범주화 등에서 유용하므로 체육학 전공자를 위한 질적 소프트웨어에 대한 체계적 교육이 이루어질 필요가 있다.

넷째, 자료의 다원화가 요구된다. 체육교육 분야의 질적 연구 논문들은 면담, 참여관찰, 문서 등과 같이 다양한 자료를 수집했다고 밝히고 있지만, 실제로 연구 결과의 경우에는 대부분 면담 내용의 인용에만 의존하는 경우가 많이 발견한다(이한주, 이정화, 고봄나, 2013; 홍덕기, 류태호, 2018). 따라서 자료수집의 다원화를 결과에 반영할 필요가 있다.

다섯째, 질적 연구방법에 대한 체계적인 질적 글쓰기 훈련이 필요하다. 질적 연구에서는 현장의 맥락에 대한 '치밀한 묘사'와 면담, 관찰에 대한 깊이 있는 해석이 필요하며 창의적이고 도전적인 글쓰기 훈련이 요구된다(김원정, 2011). 새로운 방식의 글쓰기에 대한 시도 역시 필요하다. 예를 들어, 체육교육 분야에서 고백적 글쓰기, 인상주의적 글쓰기, 자서전적 글쓰기, 허구적 글쓰기, 자아성찰적 내러티브 쓰기, 시적 글쓰기 등 다양한 글쓰기 방식이 요구된다.

참고문헌

강신복(2003). 한국스포츠교육학 연구의 동향과 향후 과제. 한국스포츠교육학회지, 10(3), 1-28.

강신복(2009). 현대 스포츠교육학의 이해. 서울: 레인보우북스.

강신복, 최의창(1997). 스포츠교육학 연구의 발전과 전망. 한국스포츠교육학회지, 4(2), 29-54.

강유석, 노형규(2009). 특수체육학 분야의 질적연구 동향 고찰. 한국특수체육학회지, 17(3), 285-310.

강지민, 박상봉(2019). 한 초등학교 여자체육전담교사의 체육수업 전문성 개발의 첫 경험. 한국여성체육학회지, 33(4), 15-31.

강형길, 이규일(2017). 신체활동 증진 전략 기반 여고생 체력수업 설계 및 실행: 질적 연구 중심 혼합연구. 한국체육학회지, 56(1), 287-304.

구창모(2002). 한국스포츠사회학의 질적연구 동향과 과제. 한국스포츠사회학회지, 15(2), 375-390.

권일권, 석부길(2016). 체육학전공 박사과정생의 삶과 수학과정에 대한 질적 탐구. 한국체육학회지, 55(2), 433-445.

김경오, 이규일(2013a). 체육학 질적연구의 다원주의적 접근 모색. 한국체육학회지, 52(2), 251-264.

김경오, 이규일(2013b). 은퇴한 여자운동선수들의 사회적 장벽과 대안 모색: 포토보이스. 한국스포츠사회학회지, 26(3), 25-52.

김도헌(2016). 교육 분야 질적연구의 도구로서 사진에 관한 시론적 고찰. 교육인류학연구, 19(2), 1-35.

김명찬(2015). '상처 입은 아버지와 아들'의 회복에 대한 자문화기술지. 교육인류학연구, 18(4), 85-120.

김무영, 박정준(2014). 상황에 대한 이해와 실천적 지식연구: 스포츠교육학에서 민속방법론의 활용. 한국스포츠교육학회지, 21(3), 39-65.

김무진, 정희준(2012). 그들만의 학습: 학생선수의 학습에 대한 문화기술지. 한국체육학회지, 51(2), 51-62.

김문규, 윤명희(2001). 체육교육 연구동향. 한국스포츠교육학회지, 8(1), 1-24.

김소라, 이정래, 서금란(2017). 고가 유소년 수영클럽 선택과 사회문화적 현상. 한국체육학회지, 56(4), 93-107.

김승재(2000). 한국스포츠교육학 연구의 분석. 한국스포츠교육학회지, 7(2), 75-86.

김승재, 오수일, 김세환(2003). 스포츠교육학의 질적연구 경향 고찰. 한국체육학회지, 42(4), 289-299.

김승환, 조미혜(2020). 한국스포츠교육학의 도입과 학회 형성의 과정 탐색: 생애사 연구방법을 활용하여. 한국체육학회지, 59(4), 143-159.

김아미(2017). 시각적 연구방법에 대한 인식론적 · 방법론적 고찰. 교육인류학연구, 20(1), 1-23.

김영천(2013). 질적연구방법론 II : methods. 경기: 아카데미프레스.

김원정(2011). 체육학에서의 질적 연구방법론에 관한 다학문적 고찰. 한국체육학회지, 50(6), 21-36.

김원정(2019). 교육대학원 스포츠교육학 전공생의 논문지도과정에 대한 질적 사례연구. 한국스포츠교육학회지, 26(2), 159-193.

류태호(1992). 중학교 체육수업의 문화기술적 분석. 서울대학교 대학원 석사학위논문.

류태호(2000). 체육교사의 직업정체성 형성에 관한 생애사적 연구. 서울대학교 대학원 박사학위논문.

박대원, 박종률(2011). 스포츠교육학 전공생의 질적 연구방법에 대한 내러티브 탐구: 인터뷰와 자료분석에 관한 체험을 중심으로. 한국스포츠교육학회지, 18(4), 81-100.

박상봉, 김동식(2020). 스포츠교육 연구에서 자기연구: 자문화기술지를 중심으로. 한국체육학회지, 59(1), 161-176.

박혜진(2018). 대학 무용교육자의 교수체험에 관한 연구. 한국체육학회지, 57(2), 413-429.

배은주(2008). 질적 연구의 최근 동향과 그 의미. 교육인류학연구, 11(2), 1-27.

손천택(1994). 체육교수연구의 패러다임논쟁. 한국체육교육학회지, 1(1), 11-28.

유해령(2011). '포스트' 시대 질적 연구방법론의 경향과 논리: 해체와 생성의 패러다임. 유아교육연구, 31(6), 511-533.

윤기준, 정현수(2020). 한국스포츠교육학회지 연구 동향 분석. 한국스포츠교육학회지, 27(3), 1-16.

윤주석, 강방수(2018). 학교부적응 학생의 특별교육 프로그램에 관한 실행연구: 산악활동을 중심으로. 교육인류학연구, 21(3), 75-109.

이경준, 이원일, 김영준(2011). 특수체육 질적연구 패러다임들의 기여와 한계. 한국특수체육학회지, 19(1), 83-101.

이규일(2020). 여학생의 일상생활 신체활동을 제약하는 환경요인 탐색: 포토보이스. 체육과학연구, 31(2), 275-292.

이영국, 안양옥(2017). 1인칭 체험연구의 배경과 특징 탐색: 자문화기술지와 셀프스터디를 중심으로. 한국스포츠교육학회지, 24(3), 47-72.

이의재, 윤현수(2016). 중학교 체육교사의 월요 운동장 조회 개선 과정에 관한 내러티브 탐구. 한국체육학회지, 55(6), 239-250.

이인경(2012). 특수체육 연구에서 혼합 연구방법론 적용 사례와 향후 발전을 위한 탐색. 한국특수체육학회지, 20(4), 17-29.

이학준(2009). 무모한 도전: 체육계 교수임용 문제. 스포츠인류학연구, 4(2), 45-66.

이한주, 손나래, 이태구(2015). 스포츠교육학 분야의 연구동향과 지적구조 분석. 체육과학연구, 26(3), 445-460.

이한주, 이정화, 고봄나(2013). 스포츠교육학 질적연구의 양적 특성 분석: 2003년부터 2011년까지. 한국체육학회지, 52(1), 195-211.

임용석, 홍덕기(2019). 한 검사(劍士)의 생애사(生涯史)를 통해 바라본 대한민국 검도의 역사: 이종림 원로의 검사(劍史)를 중심으로. 대한무도학회지, 21(4), 81-100.

장용규, 김동식(2020). 젠더화된 공간: 초등학생들의 방송댄스 문화에 대한 비판적 문화기술지. 한국초등체육학회지, 25(4), 39-60.

장병권, 김영식(2016). 체육교육학 연구동향 파악을 위한 키워드 네트워크(keyword network) 분석. 한국초등체육학회지, 22(2), 81-94.

장병권, 채창목, 김영식(2017). 키워드 네트워크(keyword network) 분석을 활용한 초등체육교육학 연구 동향. 한국체육교육학회지, 21(4), 165-179.

정용철(2020). 보이지 않는 도시들-체육학의 기억, 욕망, 그리고 미래. 한국체육학 75년, 한국체육학의 현재와 미래를 논하다. 제58회 한국체육학회 온라인 학술대회.

조병호, 성창훈(2020). 학교스포츠클럽 활동이 학교폭력에 미치는 효과에 관한 혼합연구. 한국스포츠교육학회지, 27(3), 81-99.

조용환(1999). 질적 연구방법과 사례. 경기: 교육과학사.

조용환(2012). 교육인류학과 질적 연구. 교육인류학연구, 15(2), 1-21.

조용환(2015). 현장연구와 실행연구. 교육인류학연구, 18(4), 1-49.

천종문, 홍덕기(2020). 전술게임수업모형을 적용한 초등학교 필드형 게임 실행경험. 한국초등체육학회지, 25(4), 75-95.

최영래, 배재윤(2018). 중학교 학교스포츠클럽 강사의 학교체육환경 적응과정에 관한 근거이론. 체육과학연구, 29(3), 495-519.

최의창(2001). 체육교육에서의 질적연구 -발전, 현황, 전망-. 한국스포츠교육학회지, 8(1), 25-58.

최의창(2003). 스포츠교육학. 서울: 무지개사.

최의창(2016). 스포츠(교육학) 분야의 질적 연구 -한 질적 연구자의 하프 라이프 스토리-. 질적탐구, 2(2), 31-55.

한동수, 김왕균, 김윤상, 이주욱(2019). 여학생의 운동장 캠핑 수업 실천에 관한 사례연구. 한국체육교육학회지, 23(4), 63-76.

한만석, 김은혜(2015). 체육학에서의 질적연구 고찰: 스포츠교육학을 중심으로. 교육인류학연구, 18(1), 29-65.

홍덕기(2017). 나의 삶과 교육, 그리고 학문: 재미한인 체육교육 전공 초임교수의 학문적 정체성 형성에 대한 자문화기술지. 한국체육학회지, 56(2), 225-241.

홍덕기, 류태호(2018). 북미 스포츠교육학 연구경향과 시사점. 한국체육교육학회지, 23(3), 1-18.

Azzarito, L., & Kirk, D. (Eds.) (2013). *Pedagogies, physical culture, and visual methods.* New York: Routledge.

Carney, T. F. (1990). The ladder of analytical abstraction. *Qualitative Data Analysis* (2nd ed.). Thousand Oaks, CA: Sage.

Chen, A., & Zhu, W. (2001). Revisiting the assumptions for inferential statistical analyses: A conceptual guide. *Quest, 53,* 418–439.

Clandinin, D. J. (Ed.) (2006). *Handbook of narrative inquiry: Mapping a methodology.* Thousand Oaks, CA: Sage.

Creswell, J. W. (2007). *Qualitative inquiry and research design: Choosing among five approaches.* 조흥식 외 공역(2010). 질적 연구방법론: 다섯 가지 접근. 서울: 학지사.

Glaser, B., & Strauss, A. (1967). *The discovery of grounded theory: Strategies for qualitative research.* Mill Valley, CA: Sociology Press.

Hatch, J. A. (2002). *Doing Qualitative Research in Education Settings*. State University of New York Press.

Hemphill, M. A., Richards, A. R., Templin, T. J., & Blankenship, B. T. (2012). A content analysis of qualitative research in the Journal of Teaching in Physical Education from 1998 to 2008. *Journal of Teaching in Physical Education, 31*(3), 279–298.

Kulinna, P. H., Scrabis-Fletcher, K., Kodish, S., Phillips, S., & Silverman, S. (2009). A decade of research literature in physical education pedagogy. *Journal of Teaching in Physical Education, 28,* 119–140.

Lee, A. M., & Solmon, M. A. (2005). Pedagogy research through the years in RQES. *Research Quarterly for Exercise and Sport, 76*(2), S108–S121.

Locke, L. F. (1989). Qualitative research as a form of scientific inquiry in sport and physical education. *Research Quarterly for Exercise and Sport, 60,* 1–20.

McKenzie, T. L., & Lounsbery, M. A. (2013). Physical education teacher effectiveness in a public health context. *Research Quarterly for Exercise and Sport, 84*(4), 419–430.

Rhoades, J. L., Woods, A. M., Daum, D. N., Ellison, D., & Trendowski, T. N. (2016). JTPE: A 30-year retrospective of published research. *Journal of Teaching in Physical Education, 35*(1), 4–15.

Rink, J. (2012). The role of directors of comprehensive school physical activity programs. Part 1: Introduction. *Journal of Physical Education, Recreation, and*

Dance, 83(6), 28–29.

Schempp, P. (1987). Research on teaching in physical education: Beyond the limits of natural science. *Journal of Teaching in Physical Education, 6*(2), 111–121.

Silverman, S. (2005). An introduction to 75 years of the Research Quarterly for Exercise and Sport. *Research Quarterly for Exercise and Sport, 76*(2), S1–S4.

Silverman, S., & Ennis, C. D. (Eds.) (2003). *Student learning in physical education: Applying research to enhance instruction* (2nd ed.). Champaign, IL: Human Kinetics.

Silverman, S., & Skonie, R. (1997). Research on teaching in physical education: An analysis of published research. *Journal of Teaching in Physical Education, 16,* 300–311.

Strauss, A. L., & Corbin, J. (1998). *Basics of qualitative research: Techniques and procedures for developing grounded theory.* Thousand Oaks, CA: Sage.

Wang, C. C. (2006). Youth participation in photo voice as a strategy for community change. *Journal of Community Practice, 14*(1–2), 147–161.

Ward, P., & Ko, B. (2006). Publication trends in Journal of Teaching in Physical Education. *Journal of Teaching in Physical Education, 25,* 266–280.

/ 제7장 /

평화교육 분야 질적 연구의 현황과 과제[1]

오덕열(연세대학교)

1. 들어가며

'평화'는 시대와 공간을 막론하고 전 인류가 추구해 온 중요한 가치이다. 또한 개인의 심리적 안정에서부터 일상 속 분위기, 사회적 통합, 국제 협력 체제까지 '평화'라는 단어는 다의성을 갖고 있다. 그렇기 때문에 '평화'는 여러 문화권에서 다양한 의미로 개념화되기도 한다(서보혁, 정욱식, 2016). 이러한 맥락에서 살펴볼 때, 한국에서의 평화 문제는 분단이라고 하는 국가적 특수성과 함께 논의되는 경우가 많다. 따라서 통일과 동아시아의 평화 문제가 평화교육의 주요한 연구 분야로 위치하기도 한다. 최근 들어 한국사회에서도 '평화'에 관한 이슈가 다양하게 펼쳐지고 있다. 한반도의 평화 정착이라는 남북의 소망과 함께, 초국가적 전망을 함께 고민하는 세계시민교육적 차원에서의

1) 이 장은 「평화교육 분야 질적 연구의 현황과 과제」(오덕열, 2021)의 내용을 수정 · 보완하여 재구성하였음을 밝힌다.

접근(이동기, 2020), 비판 의식 함양을 위한 성찰적 배움(이대훈, 2016), 생태주의 사회로의 전환(박명규 등, 2013), 학교폭력 예방 차원으로서의 평화로운 또래 관계 추구(정진, 2016), 내면의 안정을 취하는 이너피스(inner peace)의 지향(서정아, 반은기, 박진혁, 2017) 등 평화교육은 여러 모습으로 우리와 마주하게 되었다.

이에 따라 평화교육 관련 연구도 2000년대 이후 꾸준히 늘어나고 있다. 정지수와 김경이(2020)는 2001년부터 2020년 6월까지 한국학술지인용색인(KCI)에서 '평화교육'을 주제로 검색된 등재지 및 등재후보 학술지 270편을 분석하여 연구 동향을 파악했다. 이들에 따르면 2000년 이후 평화교육에 관한 연구는 양적으로 증가하는 추세이고, 다양한 영역으로 관심이 확장되는 모습을 보인다. 평화교육 연구의 양적 성장은 남북 관계의 변화를 통한 상호교류의 진척, 평화교육 단체의 설립 및 활동 영역의 확대, 학교폭력 예방 차원으로서 평화교육에 관한 이슈 증가 등의 사회적 요인에서 기인한다(강순원, 오덕열, 2020). 따라서 최근 평화교육 분야 관심 주제의 다변화는 초기 평화교육 영역에서 다루었던 '반핵', '전쟁부재' 등의 내용과는 가시적으로도 차이를 보이고 있다(조정아 등, 2019).

평화교육 연구들은 대체로 이론적 내용을 다루고 있기 때문에 대부분 문헌연구로 이루어졌다.[2] 이에 반해 질적 연구의 비율은 약 5% 정도로 그 숫자는 비교적 적은 편이다. 이러한 시각에서 살펴보면 평화교육 분야는 아직 현장성을 적극적으로 담아내고 있다고 평가하기는 어렵다. 그렇지만 실천 및 교육 현장을 비교적 근거리에서 확인할 수 있는 질적 연구는 평화교육 분야에서 매우 요구되는 연구방법론이다. 왜냐하면 평화교육은 실천적 성격이 강하고 사회 변혁에 기여하고자 하는 목적을 갖고 있기 때문이다(Bajaj, 2008). 따라서 현지조사 및 심층면담, 참여관찰 등의 자료 수집 및 구성을 통해 수행되

2) 2001년부터 2020년 6월까지 KCI에 게재된 평화교육 관련 논문 중 87.5%가 문헌연구, 7.3%가 양적 연구, 5.2%가 질적 연구로 수행되었다(정지수, 김경이, 2020).

는 질적 연구는 평화교육 현장을 보다 세밀하게 그려 내고(정주진, 2015), 그 안에서 일어나는 역동적인 에너지들을 파악할 수 있는 적절한 안경을 제시한다. 질적 연구는 연구참여자 혹은 참여집단의 생활 모습과 현실을 고스란히 담아내어 삶의 맥락 속에서 의미를 찾아가려는 노력을 하고 있다(김영천, 이현철, 2017; Creswell, 2013; Eisner, 1998). 그렇기 때문에 특정한 현상을 일반화의 렌즈로 바라보고 공통의 행위에 관심을 두는 양적 연구와는 달리, 개별 상황을 존중하는 자세로 사회 현상을 바라보고 일상 속에서 당연하다고 여겨지는 사건들을 새롭게 보고자 하는 관점을 지향한다(박순용, 2019; 조용환, 2011; Merriam, 2002). 이와 같은 과정 속에서 현장성은 더욱 강조될 수밖에 없다. 그러므로 이 장에서는 평화교육 분야에서의 질적 연구 현황을 파악하고, 향후 나아가야 할 방향과 과제를 모색해 보고자 한다.

2. 평화교육의 다양한 얼굴

한국에서의 평화교육은 유네스코의 '국제이해교육', 서구 사회의 '비판적 평화교육' 등의 영향을 받아 성장하기 시작했다(오덕열, 강순원, 2021). 서구의 평화교육을 소개함으로써 평화교육이 싹트고 이에 대해 모색하는 단계(조정아 등, 2019)라 할 수 있는 1980년대에는 한국적인 평화교육의 모습이 형성되고 있었다. 특히 한국 사회의 반평화적 요소를 '분단 상황'으로 바라보고, '민주화 운동'과 동일한 개념으로 인지되었던 '통일' 문제가 군사정권하에서 논의되어야 할 주제로 인식되었다(이동희, 2014. 6. 15.). 그렇기 때문에 이 시기의 평화교육은 실천적인 사회 운동에 가까운 모습을 보이고 있으며, '통일' 이외의 내용은 전면적으로 다루고 있지 않다고 평가할 수 있다(강순원, 2000). 1990년대에는 개인적 자유와 자아실현 등으로 대표되는 '삶의 질' 문제가 평화교육에 있어 주요한 화두로 인식되었다(박보영, 2005). 이에 따라 인간화 교육, 생태 교육 등의 구체적인 연구들이 수행되고(오인탁, 1995, 1997; 정영수,

1993), 다양한 교육 실험을 통해 현장의 실천성을 연구에 담아내려는 연구자들이 등장하였다(박보영, 2005). 또한 교사들의 평화교육 실천뿐 아니라, 유네스코 한국위원회의 '평화와 인권', '민주주의' 교육이 각급 학교에 시행되었고, 여러 시민단체의 반전 · 평화 운동 등이 지속적으로 전개되었다(조정아 등, 2019). 그러나 이 시기 평화교육은 각각의 주제에 대한 종합적 논의가 부족하고, 평화역량에 관한 연구가 미약했다는 점이 한계점으로 분석되기도 하였다(박보영, 2005).

2000년대 이후 평화교육은 다양한 주제가 전면적으로 등장하며 외연이 넓어지고, 양적 · 질적 성장을 하게 된다. 특히 연구주제의 다원화는 통일교육 중심으로 논의되었던 기존의 평화교육과는 다른 지향점을 두며, 학교폭력 예방, 내면의 평화, 젠더, 건강, 식량, 안전 등 접근 방식의 다변화를 꾀하고 있다(강순원, 오덕열, 2020). 또한 평화교육 단체의 활동이 활발해짐에 따라 구체적인 프로그램들이 전문화 · 다양화되었다. 특히 평화교육의 목적을 지식 전달이 아닌 생활 속 실천으로 선정하며 '평화감수성'과 '평화역량' 함양에 관심을 두게 된다. 이는 이질성 극복의 모색을 통한 관계성 향상, 갈등해결과 비판적 의식 강화 등을 중심에 두는 비폭력대화(Nonviolent Communication: NVC)와 갈등해결 훈련의 영역으로 그 범주가 확장된다(박성용 등, 2015).

'NVC'와 '갈등해결'은 최근 평화교육 분야에서 중요하게 다루는 주제이기도 하다. NVC는 서로의 욕구를 충족시켜 유대관계를 형성하는 데에 목적을 둔다(Rosenberg, 2012). 따라서 NVC가 기반이 되는 교육은 공감을 토대로 인지적 · 정의적 요소뿐 아니라 의사소통 역시 중요하게 다루고 있다(Rosenberg, 2003). 이 교육 모델은 자기 내면을 잘 표현하는 것과 동시에 타자의 내면까지 이해함으로써 갈등을 해결하고 공동체를 회복하는 데 관심을 쏟는다. 그렇기 때문에 최근에는 청소년과 어린이를 위한 비폭력대화를 소개함으로써 학교 내 평화문화 조성을 위한 노력(김미경, 2013, 2015) 역시 추구하고 있다.

이와 비슷하게 학교폭력 상황 속에서 요구되는 갈등해결을 위한 '회복적 정의(restorative justice)'가 주목받고 있다. 회복적 정의는 가해자 처벌 중심의 사법체계 대안으로 시작된 개념인데, 피해자 및 지역사회 등을 주체자로 참여시켜 각자의 욕구를 확인하고 대화를 통해 갈등을 전환시키고자 하는 목표를 가진다(Zehr, 1990). 따라서 타자에 대한 배려와 존중, 관계 회복 등에 초점을 맞추고, 이를 통해 자기 성찰의 과정까지 나아가는 삶의 변화를 추구한다. 이에 따라 '회복적 사법'에 대한 비판적 검토(손진, 2020), '회복적 경찰활동'에 관한 연구(김문귀, 2020; 심보영, 2020; 이승협, 2019) 등이 증가하고 있다. 또한 회복적 정의를 기반으로 한 평화교육활동은 '회복적 생활교육', '회복적 서클' 등의 개념으로 그 지평을 넓혀 가고 있다.

한편, 세계시민교육, 국제이해교육으로 대변되는 유네스코 평화교육의 전통도 중요한 위치를 차지하고 있다. 유네스코는 제2차 세계대전 후 평화 지향을 목적으로 설립된 국제협력기구이다. 설립 이래 교육을 통한 평화, 지속적인 문화 간 대화 체제를 구축하는 데 기여해 왔다(UNESCO, 2011). 이에 따라, 보편적 가치라 할 수 있는 평화는 국가적 차원뿐만 세계적 차원에서 인류가 함께 추구해야 할 목표로서 관용과 비폭력의 방법을 통해 포용교육으로 나아가야 함을 강조한다(UNESCO, 2009). 결론적으로 유네스코의 평화교육은 문화적 다양성 · 민주주의 · 인권 · 지속가능발전 등의 가치를 이해하고 수용하는 능력을 계발하여 사회 전반에 걸쳐 평화의 문화가 확산되도록 안내하는 모든 교육활동이라 할 수 있다(Reardon, 2001). 이와 같은 유네스코의 평화교육은 학교와 연결되어 평화교육이라는 명칭을 직접적으로 사용하기도 하지만, 국제이해교육, 세계시민교육, 다문화교육, 지속가능발전교육, 인권교육, (평화)역사교육 등에 녹아들어 국어, 사회, 역사, 도덕 교과 등에서 다루어지기도 한다(김다원, 이경한, 2017).

앞서 살펴본 주제들과는 달리 통일교육은 독자적 성격이 매우 강하다. 통일교육은 해방 후 분단 이래 지금까지 시행되어 왔으며 정권의 변화에 따라 반공 · 승공교육, 통일안보교육, 평화 · 통일교육 등 명칭을 달리하며 독립적으로 학문체계를 유지해 왔다(이슬기, 2019). 그렇기 때문에 통일교육이 단순히 평화교육이라는 범주 안에 포함된다고 단정하기는 어렵다. 따라서 '평화교육'에 관한 논지가 함께 전개되거나 '평화'가 가시적으로 다루어지는 통일교육 연구물을 선별하여 논의를 전개할 필요가 있다. 통일교육은 분명 평화교육의 주요한 축이지만 독자적 영역으로 인식하는 것이 더 명확성을 가진다. 이는 평화를 어떻게 바라보는가에 어느 정도 기인하는데, 안보학 중심의 평화 논의는 남북 관계의 '최종적 결과'로서 평화를 상정(오덕열, 2019)하고 있기에, 평화교육이라는 단어가 언급되었다 하더라도 '평화적 과정'을 강조하고 '평화문화 조성'을 지향하는 평화교육 연구와는 그 성격이 다르다. 단순히 말하자면 '통일이 되면 평화가 온다.'라는 논리구조를 가지고 있는 것이다. 이러한 맥락에서 살펴보면 통일교육과 평화교육이라는 주제어가 동시에 다루어진다 할지라도 많은 연구가 '평화 지향적(평화를 최종 목표로 두는) 통일교육'을 주요한 아젠다로 삼고 있으며(박찬석, 2009), 평화체제 구축을 위한 평화와 안보의 균형적 시각을 다루는 연구들도 있음을 확인할 수 있다. 정리해 보면 '평화교육으로서의 통일교육'의 지향점이 아니라 통일교육의 틀거리 안에서 '평화'를 논의하거나, 평화체제 구축, 평화와 안보가 공존해야 하는 이유 및 타당성에 대해 밝히고 있는 것이다. 그렇기 때문에 통일교육 분야에서 평화교육의 성격이 얼마나 녹아 있는가를 탐구하기 위해서는 질적 연구로서의 다양한 접근을 확인할 필요가 있다.

지금까지 살펴본 바와 같이 '평화'가 지닌 다양한 의미만큼 '평화교육' 역시 한마디로 정의하기는 매우 어렵다. 실제로 평화교육 현장에서 활동하는 실천가들조차 정의하는 '평화교육'은 각각 다른 모습을 지닌다(정지수, 오덕열, 2019). 따라서 분석을 위한 연구 범위의 설정이 필수적으로 요구된다. 다음에서는 이에 대해 살펴보도록 하겠다.

3. 연구 범위 및 분석 대상 논문

이 글에서는 평화교육 분야 질적 연구의 현황을 파악하고 과제를 논의하기 위해 2000년부터 2020년까지의 한국연구재단 등재지 및 등재후보지 게재 논문을 주요 분석 대상으로 삼았다. 2021년 2월 14일을 기준으로 '한국학술지인용색인(KCI)'에서 '평화교육'은 1,178편, '회복적 정의'는 275편, '회복적 생활교육'은 40편, '회복적 서클'은 2편, '비폭력대화'는 49편이 검색되었다. 논문 검색은 초록, 논문 제목, 키워드를 조건으로 설정하고, 재단 등재 구분은 우수등재, 등재, 등재후보를 모두 선택하여 시행했다. 통일교육 분야의 연구물은 '통일교육'으로 검색 후, 이와 같은 키워드로 결과 내 검색을 하였다. 이렇게 일차적으로 정리된 평화교육 관련 연구들을 토대로 질적 연구의 수행 여부를 확인하였다. '질적 연구', '현상학', '문화기술지', '문화기술적 연구', '내러티브', '실행연구', '생애사', '참여관찰', '면담', '인터뷰', 'FGI' 등 질적 연구의 여러 방법론 및 관련 주요어를 중심으로 검색을 했다.

평화교육이라는 다소 추상적인 개념과 다양한 연구방법론을 포함하고 있는 질적 연구의 성격을 충분히 만족하는 분석 대상 연구물을 선정하기 위해서는 몇 가지 원칙이 필요했다. 우선, 평화교육에 대한 논의가 거의 이루어지지 않은 통일교육 관련 연구들은 연구 범위에서 제외하였다. 통일교육은 또 다른 학문 분야로서 그 위치가 공고하기 때문이다. 2017년 문재인 정부 출범을 전후하여 통일교육 분야에서도 평화교육에 대한 깊은 논의들이 이루어지고 있으며, '평화 · 통일교육'이라는 정부 기조 아래 서로의 접점을 찾기 위한 노력들이 증가하고 있다. 실제로 통일교육은 평화교육의 주요한 축으로서 그 역할을 다하고 있다. 그러나 통일교육 관련 동향 분석을 한 연구들(김하연, 2018; 성백 등, 2017; 손수민, 2019, 송명현 등, 2016; 이혜란, 2020) 중 대다수는 분석 키워드로 '평화교육' 자체를 설정하고 있지 않기에, 통일교육 분야에서 '평화교육'은 큰 관심 주제가 아니었음을 유추할 수 있다(강순원, 오덕열,

2020). 또한 안보학(security studies)과의 연결성을 가지며 통일이라는 거대 목표가 완성되면 평화의 시대가 도래한다는 논리로 이어지는 연구 역시 '평화적 수단으로서의 평화교육'(Galtung, 1995)과는 그 성격을 달리하기에 연구 범위에서 제외하였다. 그러나 일부 연구자들에 의해 천착되어 온 평화교육으로서의 통일교육 연구는 분석 대상에 포함하였다.

다음으로 학교폭력 예방, 회복적 정의, 회복적 생활교육, 비폭력대화 등을 주제로 수행된 연구라 하더라도 평화교육에 관한 연관성이 떨어진다면 분석 대상에서 제외하였다. 예를 들어, 회복적 정의에 근거한 회복적 사법 분야에서 피해자-가해자 대화모임 등의 중재 프로그램을 연구대상으로 삼지만 교육적 의미를 직접적으로 탐구하지 않은 경우는 평화교육 관련 연구라 판단하기 어렵기 때문에 검토 대상에서 제외하였다. 또한 평화역량을 다룬다 할지라도 다양한 영역 중 하나의 요소로 분류되어 있는 경우 역시 제외하였다. 다만 평화역량을 중심으로 논의를 전개하거나, 일부 요소로 다루지만 평화역량에 대한 비중이 큰 경우는 분석 대상에 포함시켰다. 그리고 평화운동을 중심으로 논의가 전개되었지만, 교육적 요소가 결여된 논문들도 분석 대상에서 제외하였다. 그리고 연구방법론적인 측면에서 '문헌 간 분석을 통한 질적 메타분석' 등 '질적'이라는 단어는 포함되어 있지만 실제로 문헌 분석으로 이루어진 연구 역시 제외하였다.

이와 같은 과정을 통해 정리된 분석 대상 논문은 총 27편으로 실행연구, 참여연구, 인터뷰 활용 연구, 사례연구, 기타 연구방법론 등으로 구분할 수 있다. 분석 논문 목록은 〈표 7-1〉과 같다.

표 7-1 분석 논문 목록

번호	분석 논문	질적 연구 방법론
1	황현정(2016). 가치를 다루는 역사수업의 실제와 가능성-민주시민 교육을 위한 가치를 중심으로.	실행연구

2	홍봉선, 남미애(2016). 학교폭력 예방을 위한 회복적 정의 실천모형 적용에서의 학교사회복지사의 실행연구.	실행연구
3	박애경(2017). 세계시민교육 패러다임 변화에 따른 수업 실천: '지구촌 문제'를 중심으로.	
4	조인실, 김세광, 안지영(2017). 다문화 공감교육 실천 사례연구-비폭력대화와 회복적 정의를 중심으로.	
5	오덕열(2018). 남북 교류 · 협력 시기 통일교육의 새로운 실천을 위한 비판적 실행연구.	
6	오덕열(2019). 평화감수성 함양을 위한 평화교육으로서의 통일교육 연구.	
7	차보은(2020). 동아시아공동체 구상을 위한 수업방안 탐색: 조선통신사 기억의 장소를 통한 트랜스문화학습.	
8	강순원(2008). 영국 브루더호프 공동체의 평화적 영성과 교육: Darvell과 Beechgrove에서의 경험을 중심으로.	현장연구
9	강순원(2009). 필리핀의 평화교육과 평화과정: 민다나오를 중심으로.	
10	고은경(2016). 지역 기반의 지속가능발전교육(ESD) 실천 사례: 제주 지역 시민사회단체의 활동 경험.	
11	김경은(2017). 기독교 화해사역을 위한 공동체 연구: 북아일랜드 코리밀라 공동체(Corrymeela Community)의 화해영성.	
12	윤세병(2015). 동아시아사 수업과 평화 인식.	인터뷰 활용연구
13	강순원(2016). 분단의 벽은 학부모들의 통합교육 열망에 의해 무너질 수 있었는가?-북아일랜드 통합교육운동에서의 학부모 내러티브를 중심으로.	
14	정민주, 김진원, 서정기(2016). 교사들의 회복적 생활교육 실천 경험에 관한 내러티브 탐구.	
15	김다원, 이경한(2017). 한국 국제이해교육 이행 현장에 관한 연구.	
16	황홍렬(2018). 학교폭력으로부터 평화로운 학교 만들기를 위한 교회의 선교과제: 좋은교사운동의 회복적 생활교육을 중심으로.	인터뷰 활용연구
17	유형철, 박주형(2018). 초등학교 학교폭력업무 담당 교사의 인식 및 경험 분석.	

18	정지수, 오덕열(2019). 평화교육 실천가들의 내러티브를 통한 평화교육의 의미 탐색.	인터뷰 활용연구
19	김창근(2020). 교육대학생들의 통일 및 학교통일교육에 대한 인식으로 본 대학통일교육의 과제: 2016~2019년「북한과 통일론」의 사례.	
20	박정욱, 조홍순(2019). 학교폭력대책자치위원회 운영의 문제점 및 개선방안 연구.	
21	이가영(2019). 회복적 정의 관점에서 본 학교폭력 사안처리 실태 및 개선 방안: A지역의 FGI 분석과 J중학교의 사례분석을 중심으로.	
22	이부미(2007). 연극놀이를 활용한 평화교육 사례연구.	사례연구
23	서정기(2012). 학교폭력 이후 해결과정에서 경험하는 갈등의 구조적 요인에 대한 질적 사례연구.	
24	권순정, 조윤정, 서화진(2020). 변혁적 세계시민교육의 가능성 모색: B중학교 평화 활동 사례를 중심으로.	
25	오덕열(2020). 문재인 정부 통일교육에 관한 평화교육적 고찰.	
26	손석영(2020). 자기 연구(Self-study)를 통한 역사 교사의 교사 교육과정 성찰-'평화통일'에 관한 한국 현대사 수업과 수행평가 결과 간 괴리 원인 분석을 중심으로-.	기타
27	임재연(2019). 화해 진행자가 경험한 학교폭력 피해 · 가해학생의 화해와 회복의 요인에 관한 합의적 질적연구.	

4. 평화교육 분야 질적 연구의 현황

1) 분석 논문 개관

평화교육 분야 질적 연구는 수업 연구와 갈등해결 및 학교폭력 관련 연구들이 주로 수행되었다.

우선, 평화교육으로서의 수업 연구는 역사교육, 다문화교육, 세계시민교육, 통일교육, 예술교육(연극) 등 다양한 분야에서 펼쳐지고 있는데, 일부 연구를 제외하면 대부분의 연구자는 강의 및 수업을 진행하는 실천가들이다. 특히 학교를 중심으로 한 교과교육 혹은 비교과 영역에서의 교수-학습 활동이 주요한 연구 배경으로 등장하고 있다. 역사(손석영, 2020; 황현정, 2016) 및 동아시아사(윤세병, 2015; 차보은, 2020), 사회(박애경, 2017), 도덕(조인실 등, 2017) 교과 등에서 평화교육을 중심으로 한 접근이 이루어졌고, 통일교육 또한 대학 수업(김창근, 2020)과 교과 외 교육(오덕열, 2018, 2019)에서 실행되었다. 이 밖에 교과 외 교육으로서 연극놀이를 활용한 평화교육(이부미, 2007), 시민사회단체의 실천 사례를 통한 지속가능발전교육(고은경, 2016), 동아리 활동을 통한 세계시민교육으로의 접근도 있었다(권순정 등, 2020).

다음으로, 갈등해결 및 학교폭력에 관한 연구가 많이 이루어졌다. 학교폭력으로 인해 야기된 갈등을 해결하기 위한 목적으로 '회복적 정의' 모형 및 '회복적 생활교육' 사례를 다루고 있으며(홍봉선, 남미애, 2016; 황홍렬, 2018), 학교폭력위원회 운영 및 관련 사안 처리에 대한 개선 방안(박정욱, 조홍순, 2019; 서정기, 2012; 이가영, 2019), 학교폭력 담당교사 및 교육 진행자의 경험 및 인식(유형철, 박주형, 2018; 임재연, 2019; 정민주 등, 2016; 정지수, 오덕열, 2019) 등을 살펴보기도 한다.

이 외에 평화교육에 대한 외국의 사례를 직접 방문하여 검토함으로써 한국사회의 시사점을 발견하는 연구(강순원, 2008, 2009, 2016; 김경은, 2017)도 다소 이루어졌다.

이와 같이 다양한 분야에서 수행된 평화교육 질적 연구는 학문적 배경 역시 다양하게 펼쳐지는 것을 확인할 수 있다. 유네스코 평화교육이 주요한 주제로 등장하는 연구들은 『국제이해교육연구』, 『글로벌교육연구』에 게재되었고, 역사 및 도덕(윤리) 교육으로서의 평화교육의 성격을 띠는 연구들은 『역사교육연구』, 『역사와 교육』, 『동북아역사논총』, 『초등도덕교육』, 『윤리연구』 등에서 다루어졌다. 또한 전반적으로 교육학 분야에서 바라보는 관점이 반영되었기에 『교육학연구』, 『미래교육학연구』, 『학습자중심교과교육연구』, 『인격교육』, 『비교교육연구』, 『교육정치학연구』, 『교육심리연구』, 『아동과 권리』 등에도 연구물이 게재되었다. 또한 질적 연구를 주로 다루는『교육인류학연구』에서도 평화교육에 관심이 있는 연구자들에 의해 수행된 관련 논문을 확인할 수 있다. 교육학 이외의 분야에서는 개신교와 사회복지 분야에 주목해 볼 수 있다. 개신교 관련 학술지『신학사상』,『신학논단』,『선교신학』등에서 종교적 평화의 관점으로 질적 연구가 수행되었고,『학교사회복지』에서도 평화교육적 접근이 이루어졌음을 알 수 있다.

2) 연구방법론 측면의 검토

(1) 실행연구

평화교육 분야에서 가장 많이 수행된 질적 연구 중 하나는 '실행연구(action research)'이다. 일반적으로 실행연구는 참여관찰을 기반으로 연구 및 교육현장의 문제점을 발견하고 개선하기 위한 실천 과정을 토대로 한다(Mills, 2003). 그렇기 때문에 스스로의 이해를 증진하려는 현장의 실천가들에 의해 주로 수행된다(McKernan, 1996).

황현정(2016)은 역사 수업을 통해 '가치'에 주목하며 민주시민교육으로서의 실행연구를 수행했다. 이를 위해 민주시민교육의 가치들을 실제 역사수업을 통해 탐구해 나가는 과정을 거치고 있다. 물론 연구자는 이 연구를 현장연구라 밝히고 있으나, 수업의 실행 과정을 분석한다는 측면에서 살펴보면 실행연구의 성격을 지닌다고 할 수 있다. 연구자는 교사로서 중학교 2학년 전체 반을 대상으로 2년 동안 운영했던 수업을 분석하여 논의를 정리한다. 특히 이 수업에서 의도된 가치를 민주주의, 평화, 인권으로 정의한 점에서 평화교육의 실천적 부분을 확인할 수 있다. 또한 민주주의를 '평화를 실현하기 위한 제도적 · 절차적 가치'로 정의하면서 평화 개념을 교육과정에 어떻게 담아낼지를 고민하고 있는데, 기존 역사 연구의 패러다임에서 전환된 관점으로 접근하고 있다. 즉, 젠더적 관점의 수용, 폭력의 현상학 등 인권과의 접점을 통해 평화 가치를 지향하고자 하며 다양한 이론과 개념에 관한 비판적 검토의 가능성을 열어 두고 있다. 이와 같은 관점을 기반으로 수업을 운영하고 있기에 학생들의 생각을 인정하고 의견을 존중하며 토론을 중심으로 상호작용이 충분한 대화의 모습이 포착된다. 따라서 학생의 말하기와 글쓰기를 중심에 두며 수업이 이루어졌고, 교사인 연구자의 역할도 조력자로 정의되었다. 수업 실행 이후 학생들이 작성한 활동지와 사진, 녹취록, 학습자 소감 등도 주요한 자료로 활용되었다.

박애경(2017)은 세계시민교육에서 평화, 인권, 문화다양성 등의 포괄적 개념은 매우 구체적으로 다루어야 함을 강조하며, 이를 수업에서 실천하기 위해 초등학교 6학년 사회과의 '지구촌 문제' 단원을 주제로 실행연구를 수행하였다. 연구자는 2015 개정 교육과정의 '지구촌 평화' 영역과 교육과정 성취 기준, 유네스코 지침서를 참고하여 수업 목표를 설정하였다. 이후 수업 중 일어나는 학생들의 답변 같은 일련의 상황, 학습지 및 소감문 작성 내용, 학생 인터뷰 등을 분석 자료로 활용했다. 또한 수업 과정에 대한 녹음과 녹화, 수업 이후 작성한 연구일지 등을 수업 개선 자료로 활용하였고, 연구자가 수행한 것과 동일한 수업을 다른 교사가 재실행함으로써 신뢰도를 높이고자 하였다.

홍봉선과 남미애(2016)는 사회복지사로서 1년차 연구에서 개발된 모형을 실제 학교 현장에 적용한 실행연구를 수행했다. 이들은 사회복지의 가치와 철학에 일치하는 회복적 정의의 적용이 학교 및 지역사회에 동시에 이루어져야 함에 천착하여 프로그램을 운영하였다. 특히 케미스와 맥타가트(Kemmis & McTaggart, 2000)의 자기성찰적 실행연구 모형에 기반을 두어 '계획-실행-성찰-수정-실행-성찰'의 나선형 단계를 순차적으로 밟아 나갔다. 연구자들은 대전 지역의 학교사회복지사 11명을 연구참여자로 선정하였는데, 이들은 회복적 실천교육과정을 이수하고 학교시범사업참여단에 참여하기를 희망한 사람들이다. 연구참여자들의 수업 실천 내용에 관한 면담, 집단 협의 내용, 사례일지, 시범사업 평가 보고서, 발간된 사례집 등이 주된 분석 자료이며, 신뢰성 확보를 위해 프로그램에 참여한 학생의 면담, 소감문 등을 통해 삼각검증

(triangulation)을 시행했다.

차보은(2020)은 동아시아공동체의 실현 가능성을 위한 수업 방안의 탐색 과정으로서 조선통신사를 통한 트랜스문화학습 실천이라는 실행연구를 진행하였다. 연구자는 2017년 두 차례 일본 현장에 방문하여 관계자 및 지역 주민들의 내러티브를 모아 교육과정을 구성하고 한국과 일본의 초등학교 6학년을 대상으로 수업을 실시하였다. 이 연구에서는 주로 한국 학생들의 수업을 중심으로 논의를 전개하고 있지만, 이후 '반성', '다시 계획'하는 절차를 통해 수업의 개선 사항을 검토하며 문화다양성교육의 실천성을 탐구하고 있다.

조인실 등(2017)은 회복적 정의와 비폭력대화를 중심으로 다문화교육을 펼쳐 보는 연구를 수행하였다. 저자 중 한 명인 교사 연구자는 외국인노동자, 다문화가정, 탈북민 자녀들이 함께 공부하는 초등학교 4학년 학급 담임을 맡고 있다. 이러한 배경에서 연구자들은 다문화교육에 관한 근본적인 물음이 제기하고, 복지 중심의 다문화교육 사업에 낙인의 위험성이 있음을 우려하고 있다. 이에 따라 상호 이해와 존중의 필요성을 깨닫고, 다문화 공감교육으로 개념화하여 비폭력대화와 회복적 정의의 요소를 전제하여 탐구하였다. 이를 위해 협력적 실행연구로 연구 문제에 접근하고자 하였다. 세 연구자는 연구 모임을 정기적으로 진행하며 서클 프로세스와 공감대화를 기반으로 교안을 재구성하고 10회기의 프로젝트 수업을 실천하였다.

오덕열(2018, 2019)은 통일교육 분야에서 평화학 및 평화교육을 접목하는 시도를 하고 있다. 평화교육으로서의 통일교육에 관한 실행연구(오덕열, 2018)와 남북 교류 · 협력 시기 통일교육의 성찰과 과제를 담아낸 비판적 실행연구(오덕열, 2019) 모두 통일교육 강사로서 학교 및 교육 현장에서 활용되는 프로그램의 고민과 반성적 과정이 그려진다. 특히 '통일=평화' 혹은 '통일의 결과로서의 평화' 개념을 검토하고 수업 과정 중 발현되는 평화적 과정에 주목하고 있으며, 남북관계와 정부의 변화에 따라 통일교육의 지향점이 차별화되는 상황을 확인하는 등 평화교육과 통일교육의 접점을 찾아가려는 노력을 지속적으로 전개하고 있다.

실행연구는 교육 및 연구 현장의 문제와 해결에 관한 지식을 생산하는 '연구자'와 이론적 지식을 실행하는 '실천가' 사이의 간극을 해체하는 특징을 지닌다. 따라서 이론과 실제가 더욱 긴밀성을 갖게 되며, 실천을 통해 이론이 정당화됨을 주장한다(McKernan, 1996). 이러한 맥락에서 살펴보면, 평화교육 분야에서 수행된 실행연구는 수업 연구를 중심으로 이루어지는 경향이 강함을 알 수 있다. 이를 통해 평화교육에 관한 개념 자체가 세계시민교육, 다문화교육, 역사교육, 통일교육, 학교폭력예방교육 등으로 확장되는 모습을 보인다. 이는 교육의 다양한 영역에서 평화교육의 철학 및 원리가 주요한 기반이 되고 있음을 의미한다. 또한 연구자의 성격이 매우 다채롭다는 특징을 지닌다. 학계의 교수 및 연구자뿐 아니라 교사, 사회복지사, 강사로서 연구에 접근하고 있으며 대부분 실천현장에서 오랜 기간 몸담아 왔던 상황이 드러난다. 그렇기 때문에 대체로 연구자의 배경에 대해 충분한 설명을 하고 있고, 수업 실천 현장에서 겪는 어려움과 고민에서 연구가 시작되어 이를 풀어 나가고 있다.

(2) 참여 중심의 현장연구

참여관찰을 통한 현장연구 또한 평화교육 분야에서 다소 이루어졌다. 물론 질적 연구에서 현장성이 부재한 연구는 존재한다고 보기 어렵다. 현장연구는 연구주제와 관련된 공간을 방문하여 참여관찰 및 면담 등을 중심으로 주요한 자료를 수집 · 분석하는 연구라 할 수 있다. 참여관찰은 기본적으로 연구현장 속에서 살아가는 사람들의 삶의 모습을 이해하고, 공감을 통한 대화를 매개로 현지자료들을 구성해 나가는 과정을 거친다(윤택림, 2004).

이와 같은 현장연구는 강순원(2008, 2009), 고은경(2016), 김경은(2017) 등이 수행하였는데, 그 성격은 다소 상이하다. 강순원(2008, 2009)은 질적 연구라는 표현을 직접적으로 사용하지는 않지만, 참여관찰을 통해 영국 브루더호프 공동체(Bruderhof Community)의 평화영성과 교육을 조망하고, 필리핀 미리엄컬리지(Miriam College) 평화교육센터에서 평화교육 수업을 진행하며 논의를 전개하고 있다.

우선 일상생활분석연구라고 소개된「영국 브루더호프 공동체의 평화적 영성과 교육: Darvell과 Beechgrove에서의 경험을 중심으로」(강순원, 2008)는 생태공동체교육을 실천하는 영국의 브루더호프 공동체를 방문한 개인적 경험을 토대로 작성되었다. 물론 주관적 해석에 대한 위험성을 언급하며, 이를 보완하기 위한 방법으로 인터넷에 올라온 다른 참가자들의 경험담, 함께 방문한 학생들의 공동평가 등도 분석 자료로 활용하고 있다. 이 연구는 다음과 같이 매우 세밀한 글쓰기가 돋보인다.

> 필자를 마중 나온 사람은 에스더였는데, 그녀 역시 머리를 뒤로 따서 묶고 공동체가 제공하는 아주 소박한 유니폼을 입고 있었었다(강순원, 2008: 251).

이러한 방식의 기술들을 통해 평화교육이 일상화된 브루더호프 공동체의 모습에서 한국의 대안교육, 기독교 공동체가 나아가야 할 방향을 제시하고 있다.

「필리핀의 평화교육과 평화과정: 민다나오를 중심으로」(강순원, 2009)는 정기적으로 방문한 필리핀 평화교육센터에서의 수업 경험을 토대로 평화의 과정과 평화교육에 대해 탐구하였는데, 기독교계와 이슬람계의 갈등 증폭 지역인 민다나오섬(Mindanao island)의 사례를 중심으로 논의를 전개하고 있다. 특히 정부와 종교인들에 주목하며 평화교육의 역할을 중심과제로 삼고 있는데, 그 근거는 수업과 심층면담이 된다. 그러나 수업 실천의 모습이 세밀하게 기술되었다기보다는 연구자의 경험적 해석을 통한 재현이 펼쳐지고 있기 때문에 참여관찰을 통한 현장연구로 파악할 수 있다.

고은경(2016)은 제주도 시민사회단체의 몇 가지 활동에 참여하여 지속가능발전교육(Education for Sustainable Development: ESD)의 실천 사례를 소개하는 연구를 하였다. 연구자는 실제적인 참여를 통해 얻게 된 경험과 참여자의 짤막한 소감들을 통해 지역에 기반하는 평화교육의 방향과 과제를 제안하고 있다. 이 연구는 시민 참여와 지역 자산 활용이라는 측면에서 지구촌 차원의 지속 가능한 발전을 목표로 활동하는 시민사회단체의 프로그램에서 시사점을 찾고자 했다. 각 프로그램에는 제주 지역의 초 · 중 · 고등학생과 대학생 및 시민들이 참여했으며, 이들의 경험적 교육이 인식의 전환을 거쳐 능동적 행동 변화로 나아감을 그려 냈다.

김경은(2017)은 북아일랜드의 코리밀라(Corrymeela) 공동체에서의 정치적 · 종교적 갈등에 대한 화해에 주목하며 현지조사와 대면 인터뷰를 시행하였다. 북아일랜드의 평화과정에 대한 소개로 시작되는 이 연구는 가톨릭과 개신교의 종교 갈등의 역사를 중심으로 이러한 갈등을 해결하기 위한 북아일랜드 교회의 노력을 살펴보고자 했다. 그래서 대표적인 화해공동체인 코리밀라에 방문한 경험과 관계자들의 인터뷰를 통해 논의를 전개했다. 이에 따른 결과로 한국 기독교 화해사역에서의 방향에 대해 제언하고 있다. 물론 연구자는 이 논문을 실천신학 분야로 분류하고 있지만, 실천신학의 영역 중 '기독교교육'이 한 분과를 담당하고 있고 공동체 속에 다분히 드러나는 평화교육적 요소가 포착되기에 평화교육 분야에서 검토할 수 있는 연구라 판단할 수 있다.

양적으로 미약하다고 평가할 수 있지만, 현장연구로서의 평화교육 연구는 주로 외국 현장을 찾아가서 수행한다는 특징을 보인다. 고은경(2016)의 연구도 한국 사회의 일상적 공간이라고 하기에는 특별함이 있는 제주도를 배경으로 하고 있다. 이는 앞서 살펴본 실행연구와는 달리 연구자들이 외부인으로서 특정한 지식과 경험을 얻기 위해 관심을 갖는 현장에 접근하고 있음을 시사한다. 제주도에서 거주하는 것으로 판단되는 고은경(2016) 역시 시민사회단체를 외부자적 관점에서 기술하고 있다. 따라서 연구자의 배경이 직접적으로 기술되어 있기보다는 평화교육의 주요한 주제인 공동체, 평화과정, 지속가능발전교육 등의 문제 제기로 연구의 시작을 알리고 있다. 또한 종교에서 다루는 평화의 문제가 전면적으로 등장하는 경향을 보이고 있는데, 특히 개신교에서 실천적 연구로 접근하는 경우가 있었다. 학교라는 공간이 아닌 공동체의 역할을 주로 담당하는 종교기관은 평화교육이 실천되는 또 다른 장이기도 하고, 현장연구를 진행하는 데 있어 적합한 환경을 마련해 주고 있다. 물론 개신교 분야의 평화교육의 모습은 성경을 공부하는 교회교육 수준의 담론보다는 훨씬 광의적이다. 기독교 배경을 중심으로 거시적 담론의 평화 문제가 평화교육의 실천 담론으로서 확장되는 모습을 보인다.

(3) 인터뷰 활용 연구

'면담(interview)'을 활용한 연구가 곧 질적 연구라고 오인하는 경우(조용환, 2019)가 있는 만큼, 인터뷰 중심의 연구는 평화교육 분야에서도 비교적 광범위하게 진행되고 있다.

윤세병(2015)은 2007 개정 교육과정에 따라 탄생한 동아시아사 수업에서의 평화인식을 탐구했다. 교과목 특성상 논쟁의 중심에 서는 주제들이 다소 있기에 학교 현장에서 수용되는 상황과 관련된 문제점을 파악하는 데 중점을 두고, 평화인식과 관련된 내용을 토대로 교사(6명)와 학생(4명)의 인터뷰를 진행하였다. 연구자는 현직 교사지만 수업 연구를 수행했다기보다는 연구참여자들의 느낌이나 생각을 정리하는 연구 방식을 택했다. 물론 이 연구는 동아시아사 수업 운영에 대한 관심이 중심에 있지만, 그 내용 중 중요하게 생각하는 가치를 '평화'에 둠으로써 평화교육으로서의 역사교육의 성격을 어느 정도 갖고 있다. 학생과 교사의 인터뷰를 통해 어려운 동아시아사 수업의 현장을 간접적으로 보여 주고 있으며, 좋은 수업이 되기 위한 노력으로써 의미 있는 수업의 사례를 내러티브 분석으로 세밀하게 살펴보고 있다.

강순원(2016)은 북아일랜드의 평화체제 정착에 통합교육운동으로서 기여한 학부모들의 내러티브를 중심으로 평화교육에 접근했다. 6명의 연구참여자의 목소리로 통합교육의 의미를 고찰하며 평화교육으로서의 평생학습의 의미도 탐색하고 있다. 이러한 연구 결과는 우리나라의 분단 사회 속 평화교육에도 큰 시사점을 주고 있다.

김다원과 이경한(2017)은 국제이해교육 담당자들과의 인터뷰를 통해 이행 현장의 현황을 분석하였다. 국제이해교육은 세계시민교육, 다문화교육, 지속가능발전교육, 인권교육 등과 더불어 평화교육으로도 실천되고 있다. 그렇기 때문에 평화교육의 측면에서 이 연구를 살펴볼 수 있다. 연구자들은 학교 및 학교 밖 기관 관계자들과 실태조사를 중심으로 한 인터뷰를 진행했다. 연구참여자는 17명이다. 교육실태 조사에 목적을 두고 있기에 일반적인 질적 연구보다는 면담자가 많은 편이다. 면담을 통해 얻게 된 자료들은 연구자의 분석 및 해석을 통해 새로운 언어로 정리되어 있어 실제 연구참여자의 목소리를 세밀하게 살펴보기는 쉽지 않다. 면담을 통한 조사연구에 가깝고 국제이해교육으로서의 평화교육 실태를 확인하는 데 도움이 된다.

정민주 등(2016)의 연구와 정지수와 오덕열(2019)의 연구는 각각 '내러티브 탐구(narrative inquiry)', '내러티브 연구(narrative research)'로 연구방법의 명칭을 다르게 사용하고 있지만, 교사 및 평화교육 실천가의 심층면담을 통해 회복적 생활교육, 평화교육 및 교수자의 의미를 탐색하고 있다는 점에서 비슷한 연구 과정을 보이고 있다. 연구자들 역시 회복적 생활교육 연수, 평화교육 연수에 참여한 경험이 있으며 연구참여자들과의 모임을 통해 혹은 팀티칭 수업을 통해 라포가 형성되어 있는 상태였다. 두 연구는 공히 본론에서 연구참여자들 삶의 이야기를 하나의 절로 삼고 있으며, 개개인의 목소리를 세밀하게 그려 내는 것에 초점을 맞추고 있다.

황홍렬(2018)은 정민주 등(2016)의 연구와 비슷하게 회복적 생활교육을 중심으로 학교폭력 문제에 접근했다. 단, 주요한 관심을 교회 선교에 두고 있어 연구목적은 다소 간 차이를 보이나, 회복적 생활교육 수업을 하고 있는 교사들과의 인터뷰를 통해 논의를 전개한 과정은 비슷한 맥락성을 지닌다. 5명의 개별 인터뷰와 3명이 참여한 집단 인터뷰가 연구의 주요한 자료가 된다. 물론 회복적 정의에 관한 문헌 검토로 연구의 시작을 알리고 있지만, 학교에서의 실천 과정을 인터뷰로 탐색하고, 안전한 학교 공동체를 추구하는 모습들을 바라보며 그 기원을 기독교 원리에서 탐구하는 등, 교회가 나아가야 할 선교 과제를 제시하고 있다. 이는 종교교육으로서의 평화교육의 모습을 갖는다 할 수 있다.

이렇듯 인터뷰 활용 연구로 접근한 연구들을 더 살펴보면 다음과 같다. 우선 유형철과 박주형(2018)은 초등학교에 근무하는 학교폭력 전담교사 5명의 인터뷰를 통해 그들의 경험과 마주하게 되는 어려움들을 확인한 후, 제도적 지원방안에 대해 논의하고 있다. 면담은 1시간 이내로 각 한 차례씩 수행되었으며, 보완적인 정보가 필요할 경우 전화 면담을 실시하였다. 대략적인 면담 질문지가 구성되어 있었으며, 녹음과 메모를 통해 자료를 분석하고 주제를 중심으로 코딩 과정을 거쳤다. 박정욱과 조홍순(2019)은 학교폭력대책자치위원회의 문제점 및 개선 방안에 대해 연구하였는데, 초점집단면담(Focus Group Interview: FGI)를 통해 자료를 수집하였다. 참여 집단을 핵심집단(Focus Group)과 참고집단(Consult Group)으로 나누어 구성하였고, 핵심집단에는 학교폭력대책자치위원회 위원장, 학교폭력업무 담당교사, 학교폭력 전담기구 소속교사, 학교폭력 지도 경험이 많은 교사가 참여하였다. 참고집단에는 교육청 학교폭력담당 장학사, 자치위원회 외부위원, 가해자 · 피해자 학부모 등이 속해 있으며 이들에게는 개별 면담을 실시했다. 연구자는 면담의 원활성을 위해 연구에 참여한 구성원이 속해 있는 두 학교의 최근 3년간의 '학교교육계획서'를 검토하고 관련 자료를 조사하였다. 또한 반구조화된 면담 가이드라인을 작성하여 연구목적에 맞는 질문을 중심으로 진행하였다. 이가영(2019) 역시, 학교폭력에 대한 사안 처리에 관한 실태와 개선 방안을 회복적 정의의 관점으로 검토하고 논의하였다. 이를 위해 학교폭력을 담당하는 장학사 및 중고등학교의 인성인권부장 선생님들을 중심으로 2번의 FGI를 수행하였다. 이와 더불어 한 중학교의 사안처리를 분석함으로써 사례연구를 병행하였는데, 사건에 관한 문서뿐 아니라 생활인권부장 선생님과 담임교사, 피해자 및 가해자와의 심층면담을 통해 자료를 수집하였다.

이 외에 문서 인터뷰를 활용한 김창근(2020)의 연구도 있다. 연구자는 학교통일교육에 대한 교육대 학생들의 인식을 토대로 대학 통일교육의 과제를 정리하고 있다. 이러한 논의를 전개하기 위해, 「북한과 통일론」이라는 과목을 사례로 삼았으며, 수업에서 주로 다루어지는 '통일'과 '통일교육'에 대한 수강생들의 인식을 테이크 홈(Take-home) 방식을 활용해 확인하고, 일부 학생들에게는 서술 답안을 발표하게 함으로써 관련 자료를 수집하였다. 통일교육 분야에서 이와 같은 접근 방식을 취한 연구를 일부 살펴볼 수 있으나, 평화 및 평화교육 원리에 대한 과제가 다루어진다는 측면에서 평화교육으로서의 통일교육을 지향한다고 평가할 수 있겠다. 물론, 연구자는 참여자들과 직접적으로 인터뷰를 실시하지는 않았지만 수업을 통해 기입식 인터뷰의 내용을 전반적으로 확인하고 있다.

인터뷰 활용 연구는 최근 들어 사회적 관심이 증폭된 학교폭력과 연관된 주제를 비교적 활발히 다루고 있다. 이 외에 동아시아 수업이나 국제이해교육 이행 등 교육현장의 모습을 반영한 연구들이 수행되고 있다. 또한 FGI, 문서 인터뷰 등 다양한 방식의 자료수집이 이루어졌다. 인터뷰는 질적 연구의 자료 구성에 있어 중요한 위치를 차지한다. 하지만 질적 연구에서 요구되는 인터뷰는 단순한 면담이 아니며 '심층면담'으로서 참여관찰, 현지자료 조사와 함께 연구 결과를 구성하는 주요한 원천이 된다(조용환, 2015). 이러한 관점에서 살펴볼 때, 인터뷰를 활용한 평화교육 연구가 얼마나 질적 연구로서의 성격을 띠고 있는가가 의문시될 수도 있다. 우선 많은 연구가 구조화 혹은 반구조화된 면담을 진행함으로써 비구조화된 면담에서 포착되는 자연적인 이야기들을 탐구하는 모습을 보이고 있지 않다. 또한 연구자와 참여자 간의 '라포(rapport)' 형성에 관한 과정이 생략되어 있는 연구도 다소 있었다. 질적 연구가 추구하는 관계성에 주목해 본다면, 심층면담 역시 연구자와 참여자가 함께 만들어 가는 '이야기하기'와 '다시 이야기하기'의 과정으로서 실행될 것이다(염지숙, 2002). 인터뷰를 통해 특정한 상황이나 사례 등을 확인하는 연구 이외에 정민주 등의 연구(2016)와 정지수와 오덕열의 연구(2019)는 모두 참여자들과의 자연스러운 만남 속에서 문제의식을 찾고, 연구자들과 참여자들이 함께 이야기를 만들어 가는 특징을 보인다. 이와 같은 접근은 평화교육 현장에서 살아가는 다양한 구성원의 삶을 여러 각도로 조망할 가능성을 열어 준다.

(4) 사례연구

사례연구(case study)는 '경계를 가진 체계(bounded system)'를 탐구하는 연구방법이다(Creswell, 2013). 따라서 '특정한 집단 혹은 기관을 심층적으로 분석'하는 과정을 거친다(이종승, 2009). 평화교육 분야에서도 학교 및 교실, 관련 프로그램, 특정한 사건 속 상황, 사회단체나 기관 등 확실한 경계를 가지는 '사례'에 주목하며, 다양한 모습을 그려 내고 있다.

이부미(2007)는 초등생 대상 연극놀이를 활용한 평화교육을 탐구하였다. 연구자는 한 단체의 '평화연극놀이' 프로그램에 참여하여 그 모습을 관찰하였고, 현장노트 및 비디오 촬영 영상을 통해 일차적인 분석 자료를 수집하였다. 또한 프로그램 종료 후 진행된 교사 평가 시간에도 참여하며 현장 자료를 구성하였다. 학교교육이 아닌 비형식적 교육의 장인 연극 프로그램을 통해 평화교육적 맥락을 중심으로 독특성을 포착하였고, 자기 표현, 타자 이해, 공동체적 사고 등 주요 요소를 기반으로 한 평화교육의 방법론적 과제를 제언하였다. 이와 더불어 일반 교과가 아닌 예술교육과의 결합을 통해 '평화 만들기 교육(peacebuilding education)'으로 나아갈 것을 논의하며, 현장 중심적 프로그램 개발의 필요성을 강조하였다.

서정기(2012)는 학교폭력 발생 이후 해결 과정 속에서 당사자들의 경험을 통해 갈등의 사회문화적 · 제도적 맥락을 질적 사례연구로 고찰하였다. 이와 같은 목적을 위해 연구자는 회복적 정의를 기반으로 피해자-가해자 대화모임(victim-offender dialogue)에 협력조정자 및 관찰자로 참여하였으며, 참여자들과의 면담을 통해 자료를 구성했다. 연구참여자는 이 연구의 주요한 사례로 등장하는 세 가지 사건의 피해자 및 가해자 가족, 학교 관계자 등이다. 이러한 연구 과정을 통해 피해자의 욕구가 아닌 가해자 처벌에 집중하는 응보적 해결이 일어나고 있음을 확인했으며, 사안에 대한 복잡한 처리 과정, 사건 종결 이후 관계 회복의 어려움을 통한 고통 등이 학교폭력 해결의 근본적 원인을 재고하는 주요한 요인이 되고 있음을 밝히고 있다.

권순정 등(2020)은 세계시민교육으로서의 평화활동에 대해 연구하였다. 이 연구는 세계시민교육의 변혁적 패러다임에 주목(이성희 등, 2015)하면서 정의롭고 포용적인 평화교육의 맥락으로서 평화활동 분석에 천착하였다. 더욱 심층적인 탐색을 위해 눈덩이 표본 추출법 및 목적 표본 추출법을 통해 사례를 선정하였고, '평화'를 주제로 운영되는 중학교 동아리 활동을 탐구하였다. 동아리 담당 교사는 문지기(Gatekeeper)로서 역할을 다해 주었고, 교장, 교사, 학생 면담 및 활동 참관을 통해 자료를 수집하였다. 면담은 반구조화된 질문지를 활용해 1~3회 이루어졌으며 전사한 자료들과 참여관찰일지는 주요한 분석 자료였다. 연구자들은 임의적 해석을 방지하기 위해 반복적 논의를 통한 비평작업을 시행하여 신뢰도를 확보하였다. 이러한 과정을 통해 세계시민교육은 평화의 문화 구축이라는 목표 설정과 함께 변화에 동참할 수 있는 행동이 수반되어야 함을 밝히고 있다. 이와 더불어 학습 과정의 중심에는 스스로 참여하는 학습자가 존재해야 함을 강조한다.

오덕열(2020a)은 문재인 정부에서 운영하는 통일교육에 대한 평화교육적 검토를 사례연구로 접근했다. 연구자는 통일교육 분야에서 평화적 관점을 강조하며 실행연구를 진행했던 경험을 기반으로, 변화된 정부 주도의 통일교육을 검토하였다. 이 연구는 문헌 분석과 함께 현장연구를 수행해 가며 논의를 전개했다. 통일부의 주요 발간자료와 통일교육원에서 제공되는 표준강의안, 평화교육 이론에 관한 정리가 이루어졌고, 통일교육 현장에서 일어나는 일련의 사건과 경험을 토대로 작성된 수업일지가 중요한 분석 대상이었다. 이러한 연구 과정을 통해, 경쟁의 원리 재고, 다양한 의견이 공존하는 통일교육으로의 전환, 수업 과정 속에 평화적 원리 반영, 평화에 대한 접근 방식의 변화 등 평화교육 기반의 통일교육의 과제를 제안했다.

이와 같이 특정한 사례에 대한 다양한 접근은 비교적 자기 영역이 확실한 실천가들이 수행하고 있다. 이 연구들은 각자의 영역에서 일정 기간 활동하며 특정한 공간 및 상황 속에서 일어나는 역동적인 모습을 비교적 세밀하게 기술하고 있다. 이부미(2007) 역시 '초등생 연극수업에서의 평화교육'을 살펴보기 위해 외부자로서 참여관찰하였으나, 시간이 흐를수록 '낯설지 않은 자원봉사자'로 연구참여자들에게 인식되면서(이부미, 2007: 239) 연구현장에 적극적으로 다가서는 모습을 보인다. 질적 사례연구로서의 평화교육 연구는 연구현장의 진입 과정에서부터 마무리까지 연구자의 전문적 시각이 드러나며 대체로 현장에 대한 심도 있는 분석이 이루어지고 있다.

(5) 기타 연구

앞서 살펴본 평화교육의 질적 연구 이외에 다른 접근의 연구들도 있다. 손석영(2020)은 역사교사로서의 성찰을 담은 자기 연구(Self-study)를 진행했다. 연구자는 한국 현대사 교과의 한 주제인 '평화통일'에 관한 수업 내용과 수행평가 결과 간의 차이점에 주목하며 이에 대한 원인을 분석했다. 이를 위해 교사인 자신에 대해 검토하며 문제를 제기하는 단계를 거쳤으며, 자기 수업의 회상과 탐구, 학생 인터뷰, 자료를 공유한 동료의 피드백 등 참여관찰 및 심층면담, 현지자료 조사에 충실한 연구를 진행하였다. 이 연구는 자전적 연구의 성격을 지닌다. 자전적 연구는 질적 연구의 한 분야로 '자기 내러티브(self-narrative)'를 통한 '나'의 이야기로 논의가 전개된다(박순용 등, 2010). 또한 연구자의 경험을 기반으로 시대적 문화에 대해 여러 의미를 밝혀내는 데 목적을 둔다(김영천, 이희용, 2008). 연구자 역시 다양한 교육 자료를 검토한 후 평화통일 시민성을 지향하는 수업을 계획하였으나, 수행평가의 결과와 여전히 국가 담론 중심의 답안들이 기술되는 상황을 보며 자기 반성을 하고, 교사 교육과정의 문제점을 찾게 된다. 또한 자신의 교수 경험을 추적하며 평화와 배치되는 사례를 수업에서 다룸으로써 학생들에게 평화의 개념이 내면화될 수 없었던 환경들을 확인하였다. 이러한 성찰 과정을 통해 교사는 '인간 이해자'로서 학습자의 삶, 교수자-학습자의 협업을 통해 실천적 지식을 만들어 가는 전문성 등을 가져야 함을 밝히고 있다.

임재연(2019)은 합의적 질적 연구(Consensual Qualitative Research: CQR)를 통해 학교폭력 피해 및 가해 학생의 화해 · 회복 요인을 탐구하였다. 화해모임 전문가와 교사 13명을 연구참여자로 선정했으며, 분석 절차를 위해 연구자를 포함한 3명의 평정자와 1명의 감수자를 분석팀으로 구성하였다. CQR은 연구참여자의 경험을 중심으로 수집된 자료들을 분석하고 구조화하는 과정에서 연구자들이 합의를 이루어 나가며 공통된 이해를 찾고자 하는 질적 연구방법이다(Hill, 2012). CQR이 다른 질적 연구들과 차이를 보이는 지점은 다양한 연구자와 자문이 함께 합의점을 찾아 나감으로써 연구의 신뢰도를 높이고자 한다는 것이다. 이 연구 역시 연구참여자에게 반구조화된 1시간 내외의 면담을 실시함으로써 기초 자료를 수집하였고 평정자들이 각자 영역을 분류한 후 모여 일치 여부를 확인하였다. 불일치의 경우에는 논의를 통해 다수의 의견으로 합의점을 만들어 나갔다. 이후 이루어진 중심 개념 구성, 교차 분석 등을 통해 최종적인 범주를 확정하고 '일반적', '전형적', '드문' 등으로 빈도를 설정하였다. 이러한 과정을 통해 화해의 의미와 선행 요건, 방해 요인, 결과 등의 영역과 범주를 도출하였다.

질적 연구는 다양한 방법론을 활용해 연구주제에 접근하고 있다. 특히 포스트모더니즘 이후 새롭게 등장한 자전적 경향의 등장은 '우리'의 이야기를 만들어 가고자 하는 연구자들의 관심이 반영된 결과이기도 하다(배은주, 2008). 그동안 평화교육 연구들이 '평화'에 대한 인식, 평화교육 프로그램을 실행하는 실천가들의 모습, 프로그램 평가 등에 주목하고 있었다면 평화교육 실천가로서 자신의 모습을 되돌아보고 그것이 발현되는 교육의 사태를 성찰하는 '나'의 이야기는 세계 속에 살아가는 '누군가들'에게 또 다른 울림을 줄 것이다.

다른 한편, 질적 연구에 끊임없기 제기되는 타당성 문제에 관한 대답을 찾기 위한 노력도 계속되고 있다. 이에 따라 연구자 개인의 주관적 해석의 편협성을 경계하며 '합의에 이르는 연구 과정'에 주목하기도 한다. 개인의 주체성에 관심을 두는 질적 연구의 철학적 특성상 '질적 연구'에 대한 연구자들의 인식은 서로 다를 수 있기에 '합의'라는 절차는 분명 논쟁의 소지가 있다. 그러나 지금까지 무수한 변화를 통해 발전을 거듭해 온 질적 연구의 역사를 고려해 볼 때, 다양한 접근의 시도는 매우 긍정적인 변화라 평가할 수 있을 것이다.

5. 평화교육이 지향해야 할 또 다른 도전

평화교육은 다양한 개념을 가진 그 성격만큼이나 다채로운 연구방법의 수행 가능성을 열어 두고 있다. 이와 같은 맥락에서 평화교육 분야 질적 연구에 관한 향후 과제를 검토해 보면 다음과 같다.

첫째, 다양한 질적 연구를 통해 평화교육의 여러 모습을 탐구할 필요가 있다. 앞서 살펴본 평화교육 연구들이 담아낸 연구방법론은 대체로 몇 가지에 한정되어 있다. 그렇기 때문에 '현상학(phenomenology)', '문화기술지(ethnography)', '생애사(life history)' 등 질적 연구 분야에서 대표성을 가지는 접근은 찾아볼 수 없었다. 따라서 다양한 연구방법론으로의 도전이 필요하다. 질적 연구는 방법론마다 각기 다른 색깔을 낸다. 주관적 경험에 의미를 부여하고 그 의식 구조에 큰 관심을 갖는 현상학적 연구는 연구참여자들의 생생한 경험(live experience: 체험)을 보다 잘 그려 낼 수 있을 것이다(박순용, 2019). 장기간에 걸쳐 연구 현장에서 생활하면서 여러 상황 속에서 일어나는 맥락을 파악하고, 문화적 과정 속에 내재되어 있는 교육적 의미를 탐색하는 문화기술지 연구, 생애 전반에 걸친 삶의 모습을 포착하며 사회적 맥락으로 인해 변화되는 과정에 의미를 찾는 생애사 연구(김영천, 민성은, 2017) 등은 현재까지 탐구하지 못한 평화교육 분야의 새로운 모습을 발견하는 데 튼튼한 디딤돌이 될 것이다.

둘째, 질적 연구방법론에 대한 세밀한 검토가 필요하다. 질적 연구가 지향하는 현상학적 인식론에 비추어 볼 때, 연구자가 지니는 주관성은 더욱 깊이 있는 연구를 가능케 한다(조정호, 2010). 그러나 평화교육 분야에서는 여전히 질적 연구가 지닌 주관성에 대한 논의가 지속되는 것으로 보인다. 일부 연구자들은 주관성 극복에 대한 여러 가지 안전한 방법에 대해 연구를 설계하고 있다(강순원, 2008; 박정욱, 조홍순, 2019). 하지만 오히려 '평화'라고 하는 다의적 가치를 명료화된 개념으로 정리하려면 질적 연구 수행 시 연구자의 배경을 드러내어 주관성에 관한 렌즈를 과감히 보여 줄 필요가 있다.

또한 각각의 연구방법론에 대한 특성에도 보다 관심을 기울여야 할 것이다. 실행연구라는 이름하에 여러 연구가 수행되었지만, 협력적 실행연구(조인실 등, 2017) 및 비판적 실행연구(오덕열, 2018) 같은 결이 다른 목적을 지닌 연구 역시 일반적인 실행연구처럼 그 확장성을 높여야 한다. 인터뷰를 활용한 연구는 단순한 자료로서의 '이야기'를 뛰어넘어 내러티브가 형성되는 탐구 과정에 초점을 두는 '내러티브 탐구', 내러티브 자체의 세밀한 분석을 지향하는 '내러티브 연구' 등의 특징들을 숙지하여 세밀한 연구 과정으로 나아가야 할 것이다(김영천, 이현철, 2017).

셋째, 연구자의 반성적 측면이 강조되는 성찰적 연구가 요구된다. 질적 연구는 연구현장과 참여자를 대상화하지 않는다. 타자를 이해하는 데 목적이 있지만, 자신을 이해하기 위한 목적 역시 지니고 있다(배은주, 2008). 이와 같은 질적 연구의 특징은 평화교육과 그 맥을 같이한다. 평화라는 가치는 '나'와 '타자'의 관계 속에서 논의가 된다. 더 나아가 내가 속한 공동체, 사회, 국가, 세계까지 그 지평이 넓어진다. 그러나 지금까지의 평화교육 연구는 대체로 '평화'와 '평화교육 현장'을 연구자가 분석하려는 경향성을 보이고 있다. 따라서 손석영(2020)의 연구처럼 교육현장에서 포착되는 일련의 사태에 관해 '나'를 되돌아보며 평가하고 개선 사항을 찾아가는 접근이 필요할 것이다. 또한 학교나 사회에 내재되어 있는 비평화적 상황을 찾아보고 왜 우리는 평화적 부재에 침묵했는가를 교육적 의미로 탐구해 나가는 자세 역시 평화교육 연구에서 다루어야 할 중요한 주제이다.

넷째, 다양한 재현을 시도함으로써 질적 글쓰기로의 공감 확장이 필요하다. 지금까지 살펴 본 평화교육 연구에서는 질적 글쓰기가 가시적으로 목격

되지 않는다. 대체로 연구자의 해석을 통한 연구적 글쓰기의 모습이 많이 보인다. 그러나 최근의 질적 연구는 연행적 경향을 보임으로써 획일적인 표현 방식에서의 전환을 모색하고 있다(배은주, 2008). 이는 보편적 · 초월적 지식을 표현하려는 연구자가 아닌 주관적 사실성과 진실성을 담아내고자 하는 '질적 연구자'로서의 글쓰기(곽영순, 2009)라 할 수 있다. 이에 따라 문학적 글쓰기, 소설적 기법(오덕열, 2020b) 및 예술적 표현(전가일, 2021) 등으로 평화교육의 여러 모습을 그려 내는 시도가 필요하다. 이미 타학문 분야에서의 연행적 경향이 다양하게 나타나고 있는 만큼 평화교육 연구에서도 수많은 시도가 이루어지길 바란다. 질적 연구의 맛이 느껴지는 평화교육 연구는 평화학이 추구하는 다양한 모습의 수용을 보다 생동감 있게 표현할 수 있을 것이다.

평화교육은 여러 인접 학문 분야와 연결되어 다양한 교육 영역과 접점을 이루며 그 역사를 이어 왔다. 특히 국제질서의 다변화와 코로나19의 도래 등으로 인해 평화에 대한 가치는 심신의 안정에서부터 국제평화의 요구까지 다원적 차원으로 나아가고 있다. 이러한 환경 속에서 '평화'와 '평화교육'에 관한 일반 서적이 양적으로 증가하고 있는 데 반해, 학계에서는 연구로의 확장성을 담보하지 못하는 분위기이다. 이는 평화교육이 지속적으로 고민해 온 이론과 현장의 결합이 여전히 부족함을 방증한다. 질적 연구는 이와 같은 한계점을 보완할 길을 마련하고 있다. 평화교육과 질적 연구의 만남을 통한 '평화적 향연'을 기대해 본다.

지금까지 평화교육 분야 질적 연구의 방향과 과제에 대해 살펴보았다. 그럼에도 불구하고 이 글은 평화교육이라는 명료하지 개념의 한계, 연구자에 의한 질적 연구의 범주 설정이라는 제한점을 지닌다. 통일교육 분야도 일부의 연구를 제외하고는 연구 범위에 직접적으로 포함시키지 않았다. 향후 통일교육 분야 질적 연구 동향에 관한 연구 역시 수행되어 현장의 모습이 이론적으로 잘 그려지기를 소망한다. 더 나아가 다채로운 교육들 간의 대화가 더욱 빛을 발할 수 있도록 이 글이 하나의 씨앗으로 발현되기를 소망한다.

참고문헌

강순원(2000). 평화 · 인권 · 교육. 서울: 한울.

강순원(2008). 영국 브루더호프 공동체의 평화적 영성과 교육: Darvell과 Beechgrove 에서의 경험을 중심으로. 신학사상, 143, 247-276.

강순원(2009). 필리핀의 평화교육과 평화과정: 민다나오를 중심으로. 비교교육연구, 19(3), 203-225.

강순원(2016). 분단의 벽은 학부모들의 통합교육 열망에 의해 무너질 수 있었는가?-북 아일랜드 통합교육운동에서의 학부모 내러티브를 중심으로. 국제이해교육연구, 11(2), 49-80.

강순원, 오덕열(2020). 유네스코 평화교육과 한국 평화 · 통일교육의 비판적 접목. 앨런 스미스 외 공저, 한국 평화교육의 비판적 검토: 유네스코 평화교육의 관점에서 (pp. 63-194). 서울: 유네스코 아시아태평양 국제이해교육원.

고은경(2016). 지역 기반의 지속가능발전교육(ESD) 실천 사례: 제주지역 시민사회단 체의 활동 경험. 글로벌연구학회, 8(2), 33-57.

곽영순(2009). 질적 연구. 경기: 교육과학사.

권순정, 조윤정, 서화진(2020). 변혁적 세계시민교육의 가능성 모색: B중학교 평화 활 동 사례를 중심으로. 교육학연구, 58(1), 245-273.

김경은(2017). 기독교 화해사역을 위한 공동체 연구: 북아일랜드 코리밀라 공동체 (Corrymeela Community)의 화해영성. 신학논단, 89, 47-75.

김다원, 이경한(2017). 한국 국제이해교육 이행 현장에 관한 연구. 국제이해교육연구, 12(2), 44-95.

김문귀(2020). 회복적 경찰활동에 관한 연구-회복적 경찰활동 관련 위법성 및 책임 문 제를 중심으로 -. 법이론실무연구, 8(3), 251-279.

김미경(2013). 청소년을 위한 비폭력대화. 서울: 우리학교.

김미경(2015). 어린이를 위한 비폭력대화. 서울: 우리학교.

김영천, 민성은(2017). 생애사 연구. 김영천 외 편, 질적연구: 열다섯 가지 접근 (pp.

299-297). 경기: 아카데미프레스.

김영천, 이현철 편(2017). 질적연구: 열다섯 가지 접근. 경기: 아카데미프레스.

김영천, 이희용(2008). 질적연구에서의 글쓰기: 문학적 표현양식들의 이해. 중등교육연구, 56(3), 187-222.

김창근(2020). 교육대학생들의 통일 및 학교통일교육에 대한 인식으로 본 대학통일교육의 과제: 2016~2019년 「북한과 통일론」의 사례. 윤리연구, 129, 1-79.

김하연(2018). 도덕과 통일교육 학술 연구 경향 분석. 윤리교육연구, 48, 85-115.

박명규, 김성철, 이찬수, 신문수, 서보혁, 박희병, 이동기, 정주진, 구도완(2013). 녹색평화란 무엇인가. 서울: 아카넷.

박보영(2005). 한국의 평화교육 연구사: 1980년대 이후를 중심으로. 기독교교육논총, 11, 17-196.

박성용, 고인성, 권순정, 김은호, 문아영, 반은기(2015). 평화 실천을 위한 사회적 기획: 네트워크형 시민평화대학의 가능성을 향하여. 서울: 아름대운재단.

박순용(2019). 교육의 질적연구방법: 연구철학과 유용성. 강상진 외 공저, 미래를 여는 교육학. 서울: 박영스토리.

박순용, 장희원, 조민아(2010). 자문화기술지: 방법론적 특징을 통해 본 교육인류학적 가치 탐색. 교육인류학연구, 13(2), 5-79.

박애경(2017). 세계시민교육 패러다임 변화에 따른 수업 실천: '지구촌 문제'를 중심으로. 국제이해교육연구, 12(1), 121-157.

박정욱, 조홍순(2019). 학교폭력대책자치위원회 운영의 문제점 및 개선방안 연구. 학습자중심교과교육연구, 19(10), 79-99.

박찬석(2009). 평화 지향적 통일교육의 의의와 방향. 초등도덕교육, 30, 166-195.

배은주(2008). 질적 연구의 최근 동향과 그 의미. 교육인류학연구, 11(2), 1-27.

서보혁, 정욱식(2016). 평화학과 평화운동. 서울: 모시는 사람들.

서정기(2012). 학교폭력 이후 해결과정에서 경험하는 갈등의 구조적 요인에 대한 질적 사례연구. 교육인류학연구, 15(3), 134-163.

서정아, 반은기, 박진혁(2017). 서클타임 실전 매뉴얼. 서울: 비폭력평화물결.

성백, 박형서, 공기인, 안창진, 서유림(2017). 기독교교육 분야에서 통일교육연구의 동향 분석. 기독교교육정보, 55, 97-119.

손석영(2020). 자기 연구(Self-study)를 통한 역사 교사의 교사 교육과정 성찰 -'평화통일'에 관한 한국 현대사 수업과 수행평가 결과 간 괴리 원인 분석을 중심으로-. 역사와 교육, 31, 63-101.

손수민(2019). 유아 통일교육 관련 연구동향 분석. 한국보육학회지, 19(1), 129-144.

손진(2020). 경찰의 회복적 사법에 대한 비판적 검토. 피해자학연구, 28(1), 29-60.

송명현, 김두정, 김소영, 이윤소(2016). 초 · 중등학교 통일 교육과정 연구동향과 과제. 한국교육문제연구, 34(3), 1-20.

심보영(2020). 회복적 경찰활동 운영 성과와 향후 과제. 피해자학연구, 28(1), 213-238.

염지숙(2002). 교육 연구에서 내러티브 탐구(Narrative Inquiry)의 개념, 절차, 그리고 딜레마. 교육인류학연구, 6(1), 119-140.

오덕열(2018). 남북 교류 · 협력 시기 통일교육의 새로운 실천을 위한 비판적 실행연구. 교육인류학연구, 21(4), 239-275.

오덕열(2019). 평화감수성 함양을 위한 평화교육으로서의 통일교육 연구. 인격교육, 13(1). 75-107.

오덕열(2020a). 문재인 정부 통일교육에 관한 평화교육적 고찰. 미래교육학연구, 33(1), 47-71.

오덕열(2020b). 탈북민 참여 질적 연구에서 문화기술적 소설(ethnegraphic nevel)의 활용 가능성 탐구: 인격교육적 관점을 중심으로. 인격교육, 14(3), 25-45.

오덕열(2021). 평화교육 분야 질적 연구의 현황과 과제. 인격교육, 15(1), 45-68.

오덕열, 강순원(2021). 평화교육으로의 재구성을 위한 통일교육의 비판적 검토. 국제이해교육연구, 16(1), 33-65.

오인탁(1995). 대학과 생명교육. 대학교육, 73, 64-78.

오인탁(1997). 통일교육의 방향. 이영선 편, 통일준비 (pp. 129-168). 서울: 오름.

유형철, 박주형(2018). 초등학교 학교폭력업무 담당 교사의 인식 및 경험 분석. 교육정치학연구, 25(4), 177-198.

윤택림(2004). 문화와 역사를 위한 질적연구방법론. 서울: 아르케.

윤세병(2015). 동아시아사 수업과 평화 인식. 동북아역사논총, 47, 241-280.

이가영(2019). 회복적 정의 관점에서 본 학교폭력 사안처리 실태 및 개선 방안: A지역의 FGI 분석과 J중학교의 사례분석을 중심으로. 교육법학연구, 31(2), 41-72.

이대훈(2016). 모두가 모두에게 배우는 P.E.A.C.E. 페다고지 평화교육. 서울: 피스모모.
이동기(2020). 세계시민 관점의 평화교육. 유네스코 아시아태평양 국제이해교육원 편, 한국 세계시민교육이 나아갈 길을 묻다 (pp. 157-177). 서울: 살림터.
이부미(2007). 연극놀이를 활용한 평화교육 사례연구. 아동과 권리, 11(2), 231-264.
이상우(2017). 내러티브 탐구. 김영천 외 편, 질적연구: 열다섯 가지 접근 (pp. 549-603). 경기: 아카데미프레스.
이성희, 김미숙, 정바울, 박영, 조윤정, 송수희, 이승진(2015). 세계시민교육의 실태와 실천 과제(RR 2015-25). 서울: 한국교육개발원.
이슬기(2019). 평화통일교육의 방향 모색: 탈분단 담론을 중심으로. 도덕윤리과교육, 55, 83-102.
이승협(2019). 회복적 경찰활동 도입 방안에 관한 연구. 경찰학연구, 19(1), 211-242.
이종승(2009). 교육, 심리, 사회 연구방법론. 경기: 교육과학사.
이혜란(2020). 국내 통일교육 관련 연구 동향: 2010-2019년 연구를 중심으로. 학습자중심교과교육연구, 20(13), 257-276.
임재연(2019). 화해 진행자가 경험한 학교폭력 피해 · 가해학생의 화해와 회복의 요인에 관한 합의적 질적연구. 교육심리연구, 33(3), 509-535.
전가일(2021). 질적 연구, 계획에서 글쓰기까지. 서울: 학이시습.
정민주, 김진원, 서정기(2016). 교사들의 회복적 생활교육 실천 경험에 관한 내러티브 탐구. 교육인류학연구, 19(2), 37-73.
정영수(1993). 평화교육의 과제와 전망. 교육학연구, 31(5), 173-193.
정주진(2015). 평화를 보는 눈. 고양: 개마고원.
정지수, 김경이(2020). 평화교육 연구동향 분석: 2000년~2020년 국내 학술지 논문을 대상으로. 인격교육, 14(3), 65-86.
정지수, 오덕열(2019). 평화교육 실천가들의 내러티브를 통한 평화교육의 의미 탐색. 국제이해교육연구, 14(2), 97-137.
정진(2016). 회복적 생활교육 학급운영 가이드북. 경기: 피스빌딩.
조용환(2011). 질적 연구논문의 작성과 평가. 서울: 서울대학교 교수학습센터 글쓰기교실.
조용환(2015). 현장연구와 실행연구. 교육인류학연구, 18(4), 1-49.
조용환(2019). 질적 연구의 글쓰기 작업. 한국교육인류학회 하계워크숍 자료집 (pp.

3-29). 한국교육인류학회.

조인실, 김세광, 안지영(2017). 다문화 공감교육 실천 사례연구 -비폭력대화와 회복적 정의를 중심으로. 초등도덕교육, 55, 89-130.

조정아, 김엘리, 문아영, 윤보영(2019). 평화교육의 실태와 쟁점: 통일교육과의 접점을 중심으로: KINU연구총서 19-23. 서울: 통일연구원.

조정호(2010). 인격교육 연구방법 소고 : 질적 연구를 중심으로. 인격교육, 4(1), 47-65.

차보은(2020). 동아시아공동체 구상을 위한 수업방안 탐색: 조선통신사 기억의 장소를 통한 트랜스문화학습. 국제이해교육연구, 15(2), 135-180.

홍봉선, 남미애(2016). 학교폭력 예방을 위한 회복적 정의 실천모형 적용에서의 학교사회복지사의 실행연구. 학교사회복지, 35, 303-337.

황현정(2016). 가치를 다루는 역사수업의 실제와 가능성 - 민주시민 교육을 위한 가치를 중심으로. 역사교육연구, 24, 213-254.

황홍렬(2018). 학교폭력으로부터 평화로운 학교 만들기를 위한 교회의 선교과제: 좋은교사운동의 회복적 생활교육을 중심으로. 선교신학, 49, 433-474.

APCEIU. (2017). *Global Citizenship Education: a guide for policy makers*. 유네스코아시아태평양 국제이해교육원 역(2017). 세계시민교육 정책 개발을 위한 가이드. 서울: 유네스코아시아태평양 국제이해교육원.

Bajaj, M. (Ed.) (2008). *Encyclopedia of Peace Education*. NC: IAP.

Creswell, J. (2013). *Qualitative Inquiry and Research Design: Choosing Among Five Approaches* (3rd ed.). 조홍식 외 공역(2015). 질적 연구방법론-다섯 가지 접근. 서울: 학지사.

Eisner, E. (1998). *THE ENLIGHTENED EYE: Qualitative Inquiry and the Enhancement of Educational Practice*. 박병기 외 공역(2004). 질적 연구와 교육. 서울: 학이당.

Galtung, J. (1995). *Peace by Peaful Means*. 이재봉 외 공역(2000). 평화적 수단에 의한 평화. 서울: 들녘.

Hill, C. (2012). *Consensual Qualitative Research: A Practical Resource for Investigating Social Science Phenomena*. 주은선 역(2016). 합의적 질적 연구-사회과학 현상 탐

구의 실질적 접근. 서울: 학지사.

Kemmis, S., & McTaggart, R. (2000). Participatory Action Research. In N. K. Denzin & Y. S. Lincoln (Eds.), *The Handbook of Qualitative Research*. London: Sage Publications.

McKernan. J. (1996). *Curriculum Action Research* (2nd ed.). 이광우 외 공역(2015). 교육과정 실행연구. 경기: 교육과학사.

Merriam, S. (2002). *Qualitative Research in Practice.* CA: Jossey-Bass.

Mills, G. E. (2003). *Action Research*. 강성우 외 공역(2005). 교사를 위한 실행연구. 서울: 우리교육.

Reardon, B. (2001). *Education for a Culture of Peace in a Gender Perspective*. Paris: UNESCO.

Rosenberg, M. (2003). *Nonviolent Communication : A Language of Life*. 캐서린 한 역(2016). 비폭력대화-일상에서 쓰는 평화의 언어, 삶의 언어. 서울: 한국NVC센터.

Rosenberg, M. (2012). *Living Nonviolent Communication*. 김온양 외 공역(2016). 비폭력대화-인성, 갈등, 화해. 경기: 북스타.

UNESCO. (2009). *Policy guidelines on inclusion in education*. Paris. UNESCO.

UNESCO. (2011). *UNESCO and education.* Paris: UNESCO.

Zehr, H. (1990). *Changing Lenses: A New focus for Crime and Justice*. Herald Press, Scottdale, Pennsylvania.

이동희(2014. 6. 15.). 평화통일 운동, 교회에서 먼저 시작됐다. 데일리굿뉴스. http://www.goodnews1.com/news/news_view.asp?seq=58251 (2020. 9. 25. 인출)

찾아보기

인명

내용

저 | 자 | 소 | 개

조용환(Jo, Yong-Hwan)

미국 University of Illinois at Urbana-Champaign 박사(교육학)

전 서울대학교 교육연구소 소장

한국교육인류학회 회장

한국교육개발원 책임연구원

숙명여자대학교 교수

현 서울대학교 교육학과 명예교수

〈대표 저서〉

『교육다운 교육』(2021, 바른북스)

『질적 연구: 방법과 사례』(1999, 교육과학사)

『사회화와 교육』(1997, 교육과학사)

옥일남(Ok, Ilnam)

서울대학교 대학원 석 · 박사(교육학)

전 서울사대부속중학교 사회과 교사

현 서원대학교 사회교육과 교수

〈대표 저서 및 논문〉

『민주시민교육의 이해와 적용』(공저, 2020, 한국문화사)

『한국의 민주시민교육』(공저, 2010, 동문사)

「글로벌 시대 민주시민교육을 위한 정치적 쟁점 주제의 적용 원칙과 교사 유형 탐색」(2019, 시민교육연구)

박윤경(Park, Yun-Kyoung)

서울대학교 대학원 석 · 박사(교육학)

현 청주교육대학교 사회과교육과 교수

한국사회과교육학회 부회장

한국다문화교육학회 편집위원

한국교육인류학회 편집위원

〈대표 저서 및 논문〉

『교육과정 문해력 프로토콜』(공저, 2021, 교육공동체벗)

『다문화교육의 이론과 실제』(공저, 2018, 정민사)

「성 소수자 관련 이슈에 대한 청소년들의 생각: 다문화 시민 교육에의 시사점을 중심으로」(공동 연구, 2021, 시민교육연구)

신현정(Shin, Hyunjung)

숙명여자대학교 대학원 박사(아동심리치료)

전 한국치료놀이학회 회장

현 연성대학교 사회복지과 부교수

한국치료놀이협회 회장

〈대표 저서 및 논문〉

『치료놀이의 이해와 적용』(2009, 학지사)

「이기고 싶어 하는 아동-부모 간 상호작용: 치료놀이(Theraplay®)와 MIM(Marschak Interaction Method)을 중심으로」(2020, 발달지원연구)

「'잘 큼'과 '잘 키움' 사이의 상호주관적(intersubjective) 교차: 아동상담가의 양육체험 및 자녀의 면담을 중심으로」(2016, 가족과 문화)

강경숙(Kang, Kyungsook)

이화여자대학교 대학원 석사(교육학)

이화여자대학교 대학원 박사(특수교육학)

전 대통령직속 국가교육회의 1기 본회의 위원

미국 University of Washington 연구교수

교육부 국립특수교육원 교육연구사

현 원광대학교 중등특수교육과 교수

대통령직속 국가균형발전위원회 본회의 위원

유네스코한국위원회 집행위원

〈대표 저서 및 논문〉

『지적장애 학생 교육(3판)』(공저, 2022, 학지사)

『코로나 이후 비형식 원격교육 분야 개발협력사업 시행방안 및 과제』(2020, 유네스코한국위원회)

「INCLUDING LEARNERS with Low Incidence Disabilities: International Perspectives on Inclusive Education」(2014, Emerald Group Publishing Limited)

홍덕기(Hong, Deockki)

미국 University of North Carolina at Greensboro 박사(스포츠교육학)

전 미국 University of Northern Iowa 체육학과 조교수

문화체육관광부 스포츠혁신위원회 위원

현 경상국립대학교 체육교육과 조교수, 부교수

체육시민연대 집행위원장

〈대표 저 · 역서〉

『소수자 인권과 인권 감수성』(공저, 2021, 경상국립대학교 출판부)

『학습자중심 체육교수론』(공역, 2020, 레인보우북스)

『생각하는 스포츠인권 교과서』(공저, 2020, 생각비행)

오덕열(Oh, Duk-Lyoul)

연세대학교 대학원 박사(교육학)

현 연세대학교 교육연구소 전문연구원

통일부 국립통일교육원 강사

경기도 평화통일교육위원회 위원

숙명여자대학교, 한국체육대학교 강사

〈대표 저서 및 논문〉

『평화교육: 과거, 현재 그리고 미래를 그리다』(공역, 2022, 살림터)

『평화학 기반의 통일교육: 그 가벼운 첫걸음』(2021, 남북평화재단)

「탈북민 참여 질적연구에서 문화기술적 소설(ethnographic novel)의 활용 가능성 탐구: 인격교육적 관점을 중심으로」(2020, 인격교육)

박선운(Park, Sunun)

미국 University of Washington 박사(다문화교육)

전 서울 금천고등학교 사회과 교사

서울대학교 사회교육과 강사

경인교육대학교 교육대학원 강사

현 청주교육대학교 사회과교육과 조교수

〈대표 저서 및 논문〉

『문화적 민감성을 높인 질적 연구의 이론과 실제』(공저, 2021, 교육과학사)

「Explaining academic achievement gaps in South Korea with multicultural education paradigms」(공동 연구, 2021, Asia Pacific Journal of Education)

강성종(Kang, Seong-Jong)

대구대학교 대학원 박사(특수교육학)

홍익대학교 대학원 박사(교육학)

전 한국우진학교 교사

한국경진학교 교감

현 서울농학교 교감

〈대표 논문〉

「한국 특수교육에서의 학문융합 사고적 접근」(공동 연구, 2010, 특수교육학연구)

「한국 특수교육에서의 질적 연구 동향 분석과 향후 과제」(공동 연구, 2012, 지체 · 중복 · 건강장애연구)

한국교육인류학회 방법론 총서 발간위원회 1기

서덕희 • 조선대학교 교육학과

전가일 • 연세대학교 교육연구소

오덕열 • 연세대학교 교육연구소

한국교육인류학회 방법론 총서 3
질적 연구
분야별 접근
Qualitative Research Methodology 3
Fields and Trends

2022년 7월 5일 1판 1쇄 인쇄
2022년 7월 10일 1판 1쇄 발행

지은이 • 조용환 · 옥일남 · 박윤경 · 신현정 · 강경숙 · 홍덕기 · 오덕열 · 박선운 · 강성종
펴낸이 • 김진환
펴낸곳 • (주) 학지사
04031 서울특별시 마포구 양화로 15길 20 마인드월드빌딩
대표전화 • 02)330-5114 팩스 • 02)324-2345
등록번호 • 제313-2006-000265호

홈페이지 • http://www.hakjisa.co.kr
페이스북 • https://www.facebook.com/hakjisabook

ISBN 978-89-997-2686-6 93370

정가 20,000원